KB023818

나병식 평전

걷고 또 걸었다 풀빛으로

나병식 평전

걷고 또 걸었다 풀빛으로

이재호 지음

◁광주일고 3학년 재학시 교정에서
(1968)

◁고교 시절 증명사진(1968)

△서울대 4학년 재학시 학생증(1973)

▲10·2데모로 구속되었다 출소하는 날. 정문화, 김병곤, 강영원 등과 함께(1973)

▼동지들의 환영을 받으며(1973)

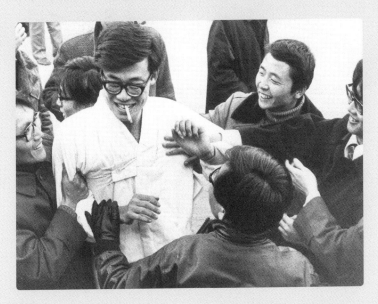

△풀빛 출판사 사무실에서(1983)

▽자필로 쓴 회고글 '10·2데모의 충격과 확산' 원고 일부(2000년 경)

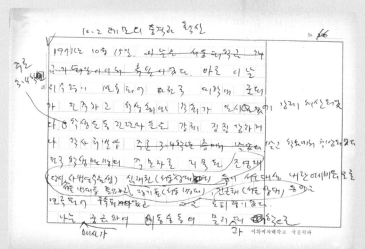

▵주례를 해주셨던 박형규 목사와 함께(1977)

△ 망원동 집에서 바둑 삼매경(1981)

▷ 가족여행 중 보현사에서 아이들과
　함께(1985)

▲출판 탄압에 항의하는 농성장에서(1987)
▼한국출판문화운동협의회 제3기 회장으로 선출되고(1988)

◁어머님, 슬기와 함께 나들이(1986)

▽아내의 가톨릭교리신학원 졸업식
에서 가족이 함께(2008)

▲균형사회를 여는 모임 현판식(1993)

▼광주 광산구 국회의원 무소속 출마 당시 후원의 밤(2000)

▲민주화운동기념사업회 박형규 이사장과 4·19학생혁명기념탑에서(2002)

▼6월항쟁 기념 '6월 난장 - Oh! Peace Corea' 서울시청 앞 광장에서(2003)

▲민청학련 30주년 기념행사를 마치고 덕수궁 앞에서(2003)
▼백두산역사탐방단과 고구려 장군총 앞에서(2009)

▲70학번 친구들과 심학산 아래서(2012)

▽추모행사 '나병식과 마지막 만찬'에 전시된 풀빛 책들(2013)

얼음장 겨울부터 찬연한 풀빛 시절까지

나병식과 함께 걸었던 모든 분들께 이 책을 바칩니다.

여전히 풀빛의 생명력과 희망을 꿈꾸는 이들에게도.

차 례

1장

송정리에서 세상으로

변방

　기차역이 가까운 동네였다. 사람들이 옹기종기 어등산 자락에 터를 잡았다. 황룡강은 들판을 가르고 아심찬히 물길을 대고는 극락강과 몸을 섞어 다시 꿈틀꿈틀 영산강을 만나러 흘렀다. 강이 몸을 트는 물가에는 모래밭 풀밭이 이어지고 아이들이 멱을 감고 귀를 대고 모로 누울 너른 바위도 있었다. 송정(松汀), 물가에 소나무 숲이 있어 옛 사람들이 그리 일렀겠지만, 이름 덕도 없이 황룡강은 해마다 물이 넘었다. 홍수가 나면 동네 사람들은 우르르 물구경하다 돌아와 다시 입술을 깨물고 스산한 살림을 다독였다. 100여 가구가 모여 살던 전라남도 광산군 송정읍 송정리 신덕1구였다.

　근처로 삼양타이어 공장이 들어섰다. 1960년의 일이고 1978년 공장은 금호타이어로 이름을 바꾼다. 신덕 사람들은 공장 등쌀에 동네가 밀려났다 믿는다. 황룡강에 뛰어들어 다슬기를 잡고 빨래를 하고 "이놈의 새끼, 이놈의 가시내 뭐 하느라 빨리 안 오냐." 어머니가 난리를 치던 그 여름도 소란도 저편으로 잊혔다.

　기찻길 쇠바퀴 밑으로 많은 것들이 붐비었다. 교실 두 개를 이어 놓았을까, 작은 역사 앞에 몇 번씩 기차가 멈춰 짐을 풀거나 사람들을 내려놓고 기침을 하며 떠났다. 기차에는 꿈과 욕망들이 잔뜩 실렸다. 기차역은 나날이 커졌고 오가는 사람도 많아졌다. 오가는 기차의 크기도 수도 속력도 상상을 넘어 달라졌다. 논밭이 먼저 사라졌고 집은 더 늘었으나 이웃은 스르르 줄었다. 통학 열차를 타려 모자를 삐딱하게 쓴 검정 교복의 청춘들 보이지 않고, 밀고 다니는 가방의 바퀴 소리가 쿵쿵대며 서로 부딪치지 않으려 애를 쓰는 혼잡한 역이 되었다. 역전 송정시장은 늙은 당산나무처럼 기다리지만, 사람들은 높이 올라선 역사의 창문을 통해 그 낯설음을 기웃할 뿐이다.

아직도 그곳을 송정리라 부른다. 그곳에 태를 묻고 자란 이들을 송정리 사람이라 한다. 옛 지명에 묶인 사람들은 싫든 좋든 공간의 이미지에 사로잡힌 사람들이다. 그 지칭을 스스로 애착한다면 그곳 살던 방식을 여전히 그리워한다는 뜻이다.

어쨌든 송정리는 도시가 걸어오다 그만 멈춘 곳, 도회지 물결이 초라한 지붕들과 중첩된 어스름하고 허름한 풍경을 가진 변경이었다. 풍경으로 삶의 방식으로 부의 편재로부터의 변방이었다. 송정리 사람들에겐 내면화된 변방의식이 감돌고 가끔은 들키듯 도전과 불온의 낌새를 풍겼다. 광주는 부러움의 땅이었다. 자신들의 삶은 더 치열했지만 어딘가 모자랐고 그것을 더 채우기 위해서 가야 할 곳이었다. 어른들은 돈을 벌러 갔고 형편이 되는 아이들은 공부를 하러 갔다. 광주는 기차를 타고 가야 할 대처였다.

한참을 지나 1988년 송정리는 광주 식구가 되었다. 광산군 송정읍이 송정시로 딴살림을 차렸다가 한 해 만에 접고 광주직할시와 하나 되었다. 100만 인구가 되어야 직할시로 올라서는데 조금 모자라 합친 것이었다. 그러고도 역 이름은 그대로 송정역이었다. 마음이 하나 되려면 이름부터 뭉쳐야 한다는 설득도 있었고, 광주를 가는데 왜 송정역 표를 끊어야 하는지 헷갈려 하는 이들을 배려하기도 해야 했다. 지금은 광주송정역이라 부른다.

송정리 사람으로 가장 유명한 사람은 임방울이다. 나병식도 그 고향 사람 이야기를 자주 했다. 술자리에서 "그 양반 소리는 뭐가 좀 달라."라거나 "따를 사람이 없다."며 자랑했다. 뭐가 달랐을까? 나병식은 여러 소리들의 차이와 기교를 분간하고 설파할 만큼 국악에 조예가 깊었던 것은 아니었다. 그리 장담한 이유는 정서적 친밀감이 주는 공감의 직접성이라 봐야 한다. 정연한 평보다는 홀연 반함의 고백에 가까운 것이었다. 임방울 소리의 서민성이 전라도 촌놈들 눈물 길과 맞닿았고 동향의 자부심마저 붙어 크게 공명했을 것이다. 거기에 더해 풍문에도 어떤 간이 배어 있었다.

임방울은 나라 안에서만 알아주는 국창은 아니었다. 그는 몇 차례 일본 여러 도시를 돌며 공연을 했고, 레코드 판매도 엄청났다. "50년대 후반, 임방울은 한국예술단환영위원회 주최로 박귀희, 임춘앵, 임유행, 박왕진, 이진관, 안복진, 고미라 등과 함께 일본 공연을 다녀왔다. 한 번은 임춘앵 일행과 함께 〈견우직녀〉를 가지고 동경과 오사카에서 공연하였다. 이 공연 후 임방울은 급작

스럽게 몸이 쇠약해진다. 임방울은 일본 공연에서, 당시로는 금기였던 조총련계에서 공연을 했던 것 같다. 그리고 임방울이 귀국한 직후 정보기관에 불려가서 한동안 시달렸다고 한다."('문제의 일본 공연', 사단법인 임방울국악진흥회 홈페이지)

소문은 여러 갈래로 번졌다. 조총련에서 돈을 받은 혐의로 고문당했다 하고, 고문 탓에 몸이 상해 죽음에 이르렀다는 설도 돌았다. 또는 일본 공연 중에 "북한 가서도 공연할 의향이 있습니까?"라는 기자 질문에 무대를 욕심내는 순전한 소리꾼 입장에서 "갈 수 있으면 좋죠."라고 답한 일이 중앙정보부의 분노를 불렀다고도 했다. 그는 1961년 3월에 천하제일의 '쑥대머리' 소릴 남기고 세상을 떴다. 송정리에는 임방울전시관, 임방울대로가 있고 임방울국악제도 열린다.

시간이 흐르면 이별은 자석처럼 따라온다. 이별 후에도 시간은 어김없이 앞서 간다. 영영 보낸 이들, 그 시절, 그 장소도 이제 '문득'이나 '어쩌다' 없이는 오지 않는 시간을 우리는 걷고 있다. 우리가 나누었던 마지막 인사들도 낡아지고 그나마 여전한 것은 노래다.

여기 노래를 부른 이 있었다. '추억', 임방울의 노래다. 영영 이별 앞에서 그가 짓고 부른 단가. 송정리, 그리운 사람, 문득 세 가지가 담겼다. 휘적휘적 큰 걸음으로 송정리를 걸었을 한 사람도 불러 세운다. '과거를 묻지 마세요'란 노래는 한참 뒤의 일이다.

"앞산도 첩첩허고 뒷산도 첩첩헌디 혼은 어디로 향하신가. … 왔다가면 그저나 가지 노던 터에다 값진 이름을 두고 가며, 동무에게 정을 두고 가서 … 세상에 있난 동무들은 … 어느 곳에서 만나보리오. 무정허고 야속헌 사람아. … 각도 각골 방방곡곡 다니던 일을 곽속에 들어도 나는 못잊겠네. … 무정허고 야속헌 사람아. 어데를 가고서 못오는가. 보고지고 보고지고 임의 얼굴을 보고지고.”

변방이란 말이 지리학의 경계를 넘으면 사회경제적 어떤 층위의 외롭고 쓸쓸한 지점을 말하게 된다. 한 사람의 내면, 지적 정신적 의지적 종합을 일단 그리 불러보면, 한 사람의 내면은 형성되고 변형되고 종합되는 과정으로 나타난다. 송정리는, 한 전투적 지식인의 삶을 감싸고 있었던 긴장 요소들을 가늠하는 데 딱 제격인 공간이며 문화적 상징이다. 나병식은 변방, 송정리에서 시작하여 세상으로 겁 없이 걷기 시작했다.

누가 함부로 못했지

1949년 2월 25일 나병식은 송정리 신덕1구 마을에서 태어났다. 아버지 나정주와 어머니 김공순은 결혼 후 첫 아이로 병식을 낳았다. 위로는 여섯 살 위 누나가 나병식과 동생들을 미리 기다리고 있었다. 재혼한 어머니가 먼저 이룬 가족이었다. 이어서 네 살 터울 여동생 나병순 그리고 또 터울을 두고 여동생과 남동생이 태어났다.

가난부터 이야기해야 한다. 그러나 나병식은 가난에 대해 이야기하는 걸 좋아하지 않았다. 아내 김순진도 어쩌다 토막 이야기로 들었을 뿐, 어떤 서사나 구조를 지닌 이야기로 제대로 들은 바 없다. 기억의 손거울이 비추는 쓸쓸한 장면으로 잠시 멈추다 지나갈 뿐이었다. 언젠가 아들 나힘찬이 걷기 예찬론을 펼치는 아버지께 "왜 그렇게 걸었어요?" 물었을 때, "배가 고픈 걸 잊어버리려 부지런히 걸었다."고 답하는 식으로 가난은 간단히 회고되었다.

짐작컨대, 나병식의 가난에 대한 태도는 침묵이 주된 전략이었다. 더 설명하는 것은 감정의 소진이었다. 가난한 사람들에 대한 연민, 가족을 포함하여 그런 사람들을 위해 무언가 해야 한다는 일념이 우선이었다. 감성적 소란보다는 의욕에 찬 행동이 필요했다. 밤낮없이 허기에 응전해야 하는 사람은 가난을 추억으로 회고할 여유가 없는 편이기도 하다.

하지만 누나가 기억하는 형편은 매우 또렷하며 여전히 몸서리쳐지는 이야기다. "우리 병식이 낳고는 아버지가 살림을 망해 버렸어. 쌀장사를 하시다가 많은 살림 망해 불고, 육이오사변 나고 그때쯤이지."

한국전쟁이 나자 어머니, 누나, 나병식은 나주의 외갓집으로 피난을 간다. 광주에 인민군이 온다는 소문이 파다하여 송정리를 뜬 것이다. 돓 지난 지 얼마 되지 않은 나병식을 어머니가 업고 나주까지 걸었다. 네댓 달 피난을 마치고 돌아온 송정리, 떠날 때 쌀가마 가득했던 작은 방은 텅 비어 있었다. 난리통에 이웃에게 퍼준 쌀도 있고 노름꾼에게 빌려주고 못 받은 가마도 있고, 이러저러하게 엮이기도 했던 모양이었다.

아버지는 성격이 칼칼하다 못해 괴팍한 데가 있었다. 그는 가난한 농부의 아들로 태어난 데다 벌이도 늘 시원찮았다. 그가 속수무책 아무 일을 안 한 것은 아니다. 오히려 쌀장사, 집 지어 파는 일 등 여러 일을 했다. 식구를 건사하기 위해 여러 일을 했다는 것은 오히려 그의 곤란한 처지를 말해 준다. 어머니가 여러 장사를 하며 근근이 생활은 이어졌다.

아내 김순진은 이런 말을 한다. "변두리 중에 변두리, 비주류 중에 비주류의 삶이었다." 가난한 촌놈의 타고난 운명, 운동을 하든 먹고살기를 하든 유리한 조건 하나 없이 스스로 살아내야만 했던 안쓰러운 남편에 대한 진술이다.

어머니는 송정리역 역전에서 기차를 타고 오가는 사람들을 대상으로 김밥을 팔았다. 머리에 인 다라이, 표시도 없는 역전 좌판이 전부였다. 송정리역 화물 열차에 매달려 사는 허기진 노동자들이나 먼 길을 오가는 이들에게 밥을 먹이고 그들 덕에 가난한 식구들은 고맙게 밥을 먹었다.

어머니는 유복한 집의 둘째 딸로 태어나 일찍이 부모님이 정해 준 혼처로 시집을 갔다. 멀지 않은 곳의 황씨 집안이었다. 부족함 없이 지내다 딸 경자를 낳고 얼마 안 있어 남편은 병을 앓다 세상을 떴다. 친정이 그나마 처지가 나은 탓에 딸을 데리고 친정에 와 머물다 중매쟁이의 손을 거쳐 새 남편을 만났다.

하지만 딸아이를 데리고 온 과부의 재가라는 멍에는 그녀가 늘 헌신적으로 살도록 하는 사회적 압력이었다. 구습의 위력은 가난한 살림에서는 끝없는 인내를 강요하다시피 하는 데까지 이르렀다. 한스러워해야 하지만, 어머니들은 묘한 논리를 펴며 비극을 견뎠다. 보란 듯이 장한 병식이도 낳고 병순이도 낳고 같이 온 경자도 없던 아버지도 생기고 올망졸망 동생들과 의좋게 지내는데 새끼들 먹여 살리자고 하는 고생이 무에 그리 서러울 일인가.

당시라고 좌판 김밥장사가 사정이 나았을 리 없었다. 그나마 오가는 돈이 불자 이문이 그래도 좀 나은 게 과일장사라 싶어 이제 과일을 팔았다.

나병순은 초등학교 다닐 때 어머니를 따라 과수원에 가서 과일을 사서 이고 오곤 했다. "거기 가면 과일을 실컷 먹을 수 있어요. 떨어진 거, 실컷 먹을 수 있었죠." 나병순은 먼 길을 마다하지 않았다. 어머니도 나병순도 과일에 제철이 있다는 게 좋았다. 복숭아철은 또 포도 철은 그렇게 새로운 과일을 나무 상자에 담아 들고 열차가 정차하는 동안 차창 건너로 흥정하고 팔았다. 지나가는 사람들에게 팔고 기차 오는 시간이 되면 줄달음을 쳐 과일을 팔았다.

장사를 위해 집안에 두고 있던 과일을 나병식이 한두 개 먹다 아버지한테 혼이 나고, 여섯 살 위 누나는 자기는 침을 꼴딱 삼키면서도 애닳아하는 동생을 위해 몰래 꺼내 먹이기도 했다. 나병식에겐 엄마가 둘이었을까, 아주 나중에 많이 아팠을 때 누나가 보고 싶다고 애원하듯 말하던 나병식은 그 기억을 떠올렸을지도 모른다.

아버지는 동네를 벗어나 출입은 잦았으나 별반 수입 없이 이런 일 저런 일에 귀를 쉬 내맡기고 덤볐다가도 목돈 타령을 하다 주저앉고 그랬다. 도시빈민 한량에 가까운 삶의 태도가 경제 활동에도 여실히 관철되고 있었다.

언제부터인지 아버지는 어머니 일을 가끔 뒤치다꺼리하는 정도로 쉬엄쉬엄 지내다 뭔가 결심을 한 듯 집 지어 파는 일을 시작했다. 그나마 심성 좋고 말주변도 있고 술친구도 많아 이를 신용 삼아 외상으로 집을 짓고 파는 일을 시작할 수 있었다.

그가 집을 지어 파는 일은 요즈음 건설업과 사뭇 다른, 노동을 파는 또 다른 방식에 불과했다. 그리고 가족이 동원되는 일이었다. 나병순은 그 일을 이렇게 회상한다. "집 짓는 거는요, 끔찍해요. 아들은 공부한다고 안 시키고 나는 하루 종일 아버지에게 붙들려 서까래를 깎았어요. 아버지가 낫으로 나무를 깎으면 나는 안 흔들리게 잡고 있고, 그러다 맨날 졸아요. 땡볕에 잡고 앉았으면서." 벽돌도 직접 찍었다. 벽돌을 마당에 널어놓고 시간에 맞춰 물을 뿌려야 했다. 그도 나병순의 몫이었다.

아버지의 성격은 끈질긴 데가 있었다. 매사 끝까지 했다. "우리 언니가 결혼을 해 가지고 형부가 무슨 돈을 몇 년을 못 받아 어쩌고저쩌고했는데, 아버지가 뭐 아니면 도끼로 끝까지 패는 거지, 이러면서 끝까지 물고 늘어져 재판을 이겼대요. 아버지가 좀 끈질긴 데가 있어 한번 옳다고 생각하면 끝까지 가는 거는 있어요." 여동생은 그런 아버지를 오빠가 닮기도 하고 아니기도 하다고 말한다. "아버지는 긍께 성격이 쪼그마한 거에 굉장히 저기해요. 큰 거는 남한테 홀라당 넘겨 버리고. 근데 우리 오빠는 또 큰 거를 탁 이렇게 잘 하잖아요. 근데 세밀한 건 그래요. 큰일 추진하고 이런 거는 괜찮다고 생각을 하는데, 우리는 그런 생각을 못 하잖아요. 근데 오빠는 그런 건 잘했지요. 아버지하고 좀 반대였긴 했죠."

아버지가 집을 지어 팔았지만 그래도 여전히 살림은 나아지지 않았다. 그때의 가난은 하고 싶은 것을 하지 못하는 욕망의 금줄 같은 가난이 아니었다. 사고 싶은 것을 갖지 못하는 아쉬움과 분함으로 깨닫는 가난이 아니었다. 나병식도 누나도 여동생도 배고픔으로 그것을 알았다. 하루 한 끼의 밥에서 하루에 두 끼를 먹고 싶은 것이 소원이 되는 지독한 것이었다. 그들은 가난을 이고 지고 깔고 앉아 버텨야 하는 것으로 받아들였다. 가난을 수긍하는 일은 몸이 착실하게 알려 주었다.

나병식은 집에서 멀지 않은 송정서초등학교를 다녔다. 매일 누나와 손을 잡고 학교를 오갔다. "갈 때도 같이 가고, 올 때도 같이 오고." 그렇게 손을 잡고 다녔다. 동네 사람들이 늘 칭찬을 했다. "긍께 다 모다 사람들이 말해, 세상에 좋은 남매, 의가 좋다고…." 누나는 지금도 옛일을 생각하면 짠한 맘뿐이다. 먼저 수업이 파한 병식이 학교 앞에서 가방 들고 왔다 갔다 내내 기다리다 누나를 부르면서 뛰어오던 동생의 모습을, 둘이 손을 잡고 집으로 오던 순한 날들을. 이제라도 그런 이야기나 하며 흰머리 남매로 오순도순 살아보면 얼마나 좋았을까. 늙은 누나는 생각하면 눈물만 난다.

학교생활은 어땠을까. 큰 덩치에 학교에서 싸우거나 그러지 않았을까. 누나는 고개를 저었다. "누가 싸울 사람 없어, 덩치도 크고 공부도 잘하고 그렁께. 누가 함부로 못했지."

나병식은 나면서부터 키가 컸다. 몸도 성격도 외탁이 역력했다. 누나며 외삼촌이며 외갓집 식구들 모두 덩치가 컸다. 나병식의 외갓집은 유복했다. 외할아버지가 금천면 면장을 지냈고 당연히 집도 살림도 위세를 부릴 만했다. 그러나 외할아버지는 온화하고 정이 많아 그 덕을 본 동네 사람들이 공덕비를 세워 주고 그랬다.

송정리 식구들과 어머니 친정은 한동안 친밀했다. 나병식도 그렇고 누나도 여동생도 외가가 있어 마음이 한결 미더웠다. 할아버지가 와서는 살펴주기도 했고, 특히 큰이모는 집도 부자였고 손이 커 살뜰히 조카들을 챙겨 주었다. 무엇보다 외갓집에 가면 배부른 세상이 있었다. 아내 김순진이 꺼낸 말이다. "옛날에 나주 영산포 외가는 잘 살았대요. 근데 너무 배가 고픈 거야. 초등학교 4학년 때, 그래가지고서 외가에 가서 이제 실컷 먹고 오는 거지. 먹었는데 너무 많이 먹어 목에 차올랐대. 그래서 오는 길에 움직일 수가 없어서 가만히 전봇대에 기대고 서 있었대. 그때 그 얘기를 듣고 너무 슬펐어요. 한참 굶주리다가 정말 숨이 차도록 먹어서 가만히 전봇대에 기대고 서 있는 아이의 모습. 얼마나 슬픈 광경이야."

그러다 나중에는 외갓집과 발길이 뚝 끊긴다. 나병식이 대학 시절 사고를 치면서다. 외가에도 해방정국과 한국전쟁을 거치며 이념의 불똥이 튀어 곤혹을 치른 일이 있었다. 그래서 나병식이 사건을 칠 때마다 송정리와 나주는 한 걸음씩 멀어졌다. 왕래가 뜸해지고 의도적인 두절도 있었다. 큰이모네 사촌형제 중에는 경찰도 있어 서로가 불편하기 그지없었다. 비단 외갓집뿐만은 아니었다. 한마을 친척들도 그랬고 이웃사촌들도 그리되어 갔다. 시대가 갈라놓은 가족과 공동체의 너나없는 아픔이었다.

배고픈 건 배고픈 거고, 나병식은 공부를 잘했다. 나병식은 초등학교 시절 내내 전교에서 일등을 하거나 늘 그 자릴 다툼하는 곳에 있었다. 그 덕에 초등학교 졸업할 때는 전남도지사상을 받았다. 공부를 잘하는 나병식을 두고 동네 사람들 칭찬이 자자했다. 공부 잘하는 아이에게 기특하다 잘났다고 하는 데 비해서 나병식을 두고는 그 칭찬이 한 단계 높았다. "인물 났다."거나 "큰 인물 될 거다." 했는데, 그가 몸집이 당당한 데다 하는 행동거지도 늠름한 데가 있어서였다.

주변의 기대와 동경만 있는 것은 아니었다. 100가구 정도 큰 마을에 나씨 친척들이 제법 있었다. 그러나 다들 먹고살기 바쁜 처지라 서로 도움이 되지는 못했다. 친척집마다 다 고만고만한 또래가 있고 또 접촉과 교류가 더한 만큼 묘한 경쟁심도 있어 약간의 시기와 질투도 있었다. 누나는 친척들이 보인 시기와 질투에 아직도 불편함이 남았다. 집은 어려운데 공부는 잘하는 경우는 장한 일이 되기도 하지만 시기를 받기도 하는 법이었다.

나병식도 이런 주변 사람들의 양가감정과 저간의 분위기를 알고 있었다. 아들 나힘찬이 들은 이야기도 그런 분위기와 닿아 있다. "아버지가 밤에 공부를 해야 되는데 불이 없어 책을 보고 싶어도 볼 수가 없어 그게 속상했다 그러시더라고요. 그래서 그때 할머니가 밤이나 새벽에 마늘 까고 채소 다듬고 할 때 같이 불 키고 공부했대요. 어쨌든 가난하다고 무시당하지 않으려고 공부를 더 열심히 했다고 그러셨어요."

이런 노력 덕분이리라. 나병식은 1961년 명문 광주서중에 입학한다. 주변에서는 집이 가난하여 병식이는 서중 가기 힘들 거라 했지만 보란 듯 떡하니 붙었다. 누나는 다른 사람 한 사람도 못 가고 병식이만 서중 시험에 붙었다 기억한다. 하지만 송정서초 졸업생들 말은 다르다. 당시 송정서초에서 해마다 열 명 정도 서중에 합격을 했다. 그러나 누나의 왜곡도 이해해야 한다. 그 잘난 동생, 나중엔 남 못하던 큰일도 서슴없이 하던 동생, 그가 가장 잘나 보였고 오직 동생만이 보였을 거였다. 그리고 그는 지금 애달프게도 영영 떠나 버렸다. 그리운 마음에 촌로는 정확성을 양보하고 아무도 따라올 수 없이 저만치 잘났던 동생의 이미지에 자신의 기억을 일치하기로 한다.

아버지는 아주 엄하게 자녀들을 대했다. 나병식은 묵묵히 견뎌 냈다. 누나는 병식이 아버지께 호되게 매를 맞았던 기억을 갖고 있다. 어느 여름, 동네 언니가 대여섯 아이를 데리고 친정에 왔다. 그녀는 황룡강에 멱을 감으러 갔고 안타깝게도 아이가 잘못되었다. 그런 일은 해를 거르지 않고 황룡강가에 찾아왔다. 그때마다 굿이 열렸다. 그날도 누나는 거기 가서 울고불고 설움에 푹 빠져 있었다. 아버지는 나병식을 시켜 누나를 데려오라 했다. 누나를 부르러 갔던 나병식도 그 비극의 만가에 젖어 심부름을 까마득히 잊고 울었다. 집으로 돌아온 늦은 저녁, 아버지는 매질을 했다. 묵묵히 견디던 동생 모습이 떠올라 누나는 혀를 찼다.

그 시절 권위적이고 자존심 셌던 가난한 아버지들이 있었다. 아버지들은 교육적 이정표라도 세우려는 듯 자주 훈육을 일삼았다. 연민에 빠진 아들의 심사를 어루만지며 손을 잡아주기에 아버지들은 훈련되어 있지 못했다. 많은 것들에 짓눌려 까닭 없이 강팍했다. 가난이 그리했겠지만 그것만이 전부는 아니었다. 직심을 두고 정성을 다해 일하며 의지하여 살아갈 땅이 없었다. 산업화가 시작도 안 했던, 막 꿈틀거렸다 해도 먼 동네 이야기인 전라도 지방 도시 주변부에 사는 아버지들이 살기 위해 믿고 잡을 만한 것은 딱히 없었다. 그런데도 남자라는 생물학적 권력에 타고 내려온 가부장의 허위의식은 자신의 존재가 인정받고 상처받지 않도록 하는 유일한 무기로 삼을 만 했다.

어쨌든 자신의 무력한 삶을 노동의 질박함으로 바꾸는 일이 정답이었음에도 아버지는 자꾸 요령을 피우는 쪽을 택했다. 나병순은 그런 아버지의 무력함을 말한다. "사람한테 사기당하고 맨날 안 돼. 맨날 뭐를 하는데 맨날 안 돼. 그냥 차라리 그냥 아무것도 안 하시고 사는 게 나아. 그니까 아버지가 그냥 하얀 구두 신고 왔다 갔다 하는 게 차라리 우리 마음이 편했어요." 아버지의 요령과 수완의 실패는 권위와 고집의 강화로 만회되었고 식구들은 그 화를 견뎌야 했다.

나병식이 그런 아버지를 어렴풋이 알아가는 과정이 그가 가장 예민했던 시절이었다. 그가 극복해야 했던 근대는 아버지의 부성이기도 했다. 다만 그 시절 나병식은 아버지를 견디는 것으로 나중에는 변방에서 부대끼는 가난한 아버지의 삶을 이해하려 노력했다. 성장한 나병식이 보여 준 가족에 대한 강한 애착과 장남의 책임을 다하려는 노력도 여기서 싹텄다. 무엇보다 그 고생을 하던 어머니가 한시도 잊을 수 없이 눈에 밟혔고 누나도, 초등학교도 졸업 못한 동생도 가슴에 치고 들었다.

의젓하게 홀로

"그때도 병식이 성은 좀 철이 많이 들었던 거 같애." 송정서초 1년 후배로 시작해서 서중을 같이 다니고 광주일고에서는 동기로, 서울대도 동기로 친구로 동지로 평생을 어울렸던 정찬용은 중학생 나병식을 철든 사내로 기억한다. 그는 나병식을 두고 말할 때, 때론 '성'이라 그러다가 '병식'이라 그러다가 호칭이 늘 뒤섞인다. 평생을 허물없이 맞물려 살아온 탓이다. "내가 전학 가니까 병식이는 6학년이고 나는 잘 몰랐지, 뭐 한 학년 나보다 위이고 하니까. 그리고 이제 중학교를 같이 다니니까 같이 따라 댕겼지요. 덩치도 크고."

철이 들었던 중학생 나병식은 서중을 다니며 과외 아르바이트를 한다. "오빠가 서중 들어가서는 우리하고 생활부터 달랐어요. 왜냐면, 동네에서 서중 간 사람이 귀하다 보니, 과외가 들어올 거 아니에요. 광주 가서는 과외 하는 집 들어 가서 살고 그랬죠." 나병순은 의젓했던 오빠를 이렇게 떠올린다.

'중학생이 뭔 과외.' 하고 의아해 할 사람 있겠지만, 당시 서중과 광주일고 재학생에겐 불가능한 일이 아니었다. 서중과 광주일고 학생들은 초등학생, 심지어 다른 학교 동년배를 가르치기도 했다. 그렇다고 많은 학생이 과외를 한 것은 아니었다. 나병식의 경우가 특이한 경우였다. 당시의 과외는 자기 공부하면서 가르치는 일로 학생이 막히거나 풀지 못하는 문제를 같이 풀어주는 것에 가까웠다. 동년배라면 같이 공부하면 되는 거였고, 아래라면 자신이 했던 공부를 되새김하면 되는 정도였다. 그래도 과외를 들인다는 것은 광주의 먹고살 만한 사람들이 누리는 여유이자 호사인 것은 분명했다.

입주 과외는 재워주고 먹여주는 것이 전부였다. 그 외에 손에 쥐여주는 돈은 그야말로 푼돈이었다. 그래도 나병식에게 입주 과외만큼 도움 되는 것도 없었다. 입주 과외는 서중 시절부터 광주일고 그리고 서울대에 들어간 이후까지 나병식의 동아줄이었다.

입주 과외는 청년기 나병식의 사회경제적 인식에도 크게 작용했을 것이다. 입주해 있던 집의 단란하고 걱정 없는 분위기, 그들과 같이 먹었던 밥상의 높이와 먹는 것 앞에서의 여유, 표 나지 않은 미묘한 차별과 이질감, 그 분위기에서 자꾸 방바닥을 바라보던 소년의 쓸쓸함은 부모와 형제의 삶을 이해하고 자신의 삶의 조건을 이해하는 데 어떤 영향을 주었을 것이다.

어느 날인가 나병식이 밀가루 포대를 들쳐 업고 집으로 왔다.

"밀가루 한 포대를 메고 왔거든요. 어디서 나눠준다고 해서 받아 왔다는 거예요. 그걸로 찐빵을 해서 온 가족이 푸짐하게 잘 먹었어요." 여동생은 가족을 챙기던 오빠를 책임감이란 말에다 가져다 잇는다. 함께 있던 아내 김순진도 거들었다. "그 사람이 찐빵, 그런 거 해 놓으면 되게 좋아했어. 나도 옛날에 들었는데, 아마 제중원 같은 데서 줬다는 거 같아. 장학생들 뭐 어쩌고 하면서, 원조가 있었잖아요. 밀가루 원조가."

동네 아이들과 어울리기도 했지만 나병식은 그들이 하는 온갖 일을 함께하는 데는 염사가 없었다. 당시 송정리역엔 화물 열차가 자주 다녔다. 주로 무연탄을 실어 날랐다. 없는 시절 사람들은 화물 열차에서 무연탄을 훔쳐 팔기도 했다. 송정리역으로 온 화물 열차는 목포 방향과 광주 방향으로 선로를 바꾸고 가다서다 느려지며 틈을 주기 마련이었다. 그때 화물 열차에 뛰어올라 무연탄을 선로로 퍼냈다. 그러곤 뛰어내려 자기가 퍼부은 것을 집으로 가져 왔다. 그다음엔 재주껏 연탄을 찍어 쓰기도 하고 내다 팔기도 하며 소소하게 벌이를 했다. 주로 송정리에서도 시내 방향이 아닌 농촌 쪽으로 난 새터라 불리던 나병식의 마을 사람들이 많았고 또래 중학생 고등학생 아이들도 주력부대였다.

어느 날, 저녁에 난리가 났다. "근데 오빠가 그게 신기하고 재밌게 보였는지 어쩐지 모르지만 거길 갔어요. 아버지가 절대 그런 데 구경도 말라 그랬는데 갔다가 아버지가 노발대발을 했죠. '도둑놈 새끼 될라고 갔어.' 그래 집에 끌려와 빨래 널라고 세워두는 장대를 뽑아 '너 이놈의 새끼 공부고 뭐고, 다 때려처라.' 그러면서 두들겨 팼어요." 분이 덜 풀린 아버지는 나병순에게 방에 가서 있는 책 없는 책 다 끌고 나오라고 해 마당에 책을 쏟았다. "너는 공부할 자격 없다." 여동생은 아버지한테 매달려 울며 말렸다. 그때 태우려면 진짜 태웠을 것이다. 결국 아버지는 "니 동생 때문에 봐주는 거다." 성냥통을 그냥 던져 버렸다.

대한민국 아들들은 모두 다 누나들 그리고 여동생들의 희생으로 여기까지 왔다. 누나는 초등학교를 졸업하고 진학을 접었다. 집에서 동생들 밥해주고 빨래하며 누나는 기를 쓰고 수놓는 일을 배웠다. 테이블보, 횟댓보 등에 수를 놓았다. 바늘땀이 뛰어 버는 돈이 얼마나 되었을까만, 한 푼 두 푼 모이면 주변에 돈을 빌려주고 작게나마 이자를 받기도 했다.

나병식은 광주서중을 졸업하고 광주상고에 입학한다. 그러다 일 년도 안 돼 자퇴하고 다음 해 광주일고에 입학한다. 취업을 서둘러 할 수 있는 광주상고를 선택하는 데 아버지의 권유가 있었다 하나 집안 걱정을 해야 했던 나병식의 의중도 상당 작용했다. 광주상고는 광주에 있는 유일한 남자상고였고 공부를 잘해야 갈 수 있는 톱클래스 학교였다. 당시 더 높은 곳을 바라볼 수 있었지만 자신의 집 지붕 높이만큼에서 미래를 스스로 결정해야 했던 또 다른 나병식들은 어찌 그 시절을 견디었을까?

나병식은 광주일고에 가기 위해 자퇴하고 다시 공부하는 일을 가족들과 긴히 상의하지는 않은 듯하다. 누나도 공부와 진학 문제는 병식을 전적으로 믿었다. 해 줄 수 있는 말은 "니 알아서 해라." 그게 다였다. 누나는 그 시절 혼자서 결정하고 혼자서 끙끙 앓았을 나병식을 떠올리며 연거푸 혼잣말을 했다. "세상 불쌍한 놈이지…. 세상…." 가고 싶던 광주일고를 합격하고는 뭐라 말했을까. "그냥 합격했다. 그랬을 거야. 뭐 반갑게도 안 했어. 누나, 나 합격했다고 반갑게도 안 했어."

나병식은 어려서부터 많은 것을 혼자 결정해야 했다. 세상의 길을 설명해주는 믿고 따를 친절하거나 경험 많은 삼촌도 이모도 고모도 그 흔한 사촌형도 없었다. 어린 나이에 혼자 결정하고 자신의 행동에 책임을 져야 했다. 외로운 청춘들이 어쩔 수 없이 건너야하는 시퍼런 강 앞에, 손 이끌어 상담해 주는 이 있었으면 얼마나 좋았겠는가. 그래도 많은 청춘들은 눈물 대신 땀을 닦으며 강을 건넜다. 그들은 자신도 모르게 훈련되어 단단해지고 강해졌다. 사람들은 그들을 두고 철들었다 의젓하다고 무심하게 말들 한다.

나병식은 혼자서 결정하고 책임지는 일에 익숙해졌다. 결단이 가져 올 이후의 전개에 대해서도 크게 두려워하며 못 견딜 일도 아니었다. 그도 기개라면 기개였다.

나병식은 1966년 광주일고에 들어갔다.

기차 통학

송정리 학생들은 대개 광주의 중·고등학교를 내내 기차를 타고 다녔다. 광주선이라 부르는 기찻길은 송정역에서 광주역까지 12킬로 지선철도다. 학생들은 가끔은 장난으로 더러는 가난을 핑계로 도둑 기차를 탔다. "부잣집은 버스 통학을 해. 부자들은 버스 타고 다니고 우리는 기차 타고 다니는데, 그것도 없어 가지고 도둑 기차 타고 다니고 그랬구만. 그것 좀 남는 거 갖고 덴뿌라집 있었어, 거 가서 덴뿌라도 사 먹고 그랬어." 정찬용이 밝히는 도둑 기차 이유와 노하우다. "기차가 이러고 왔다 갔다 할 때 타. 천천히 가니까 그거 타. 그러고 있으면 승무원이 와서 표 검사를 해. 그러면 뒤에 칸부터 승무원이 오니까 한 칸씩 한 칸씩 앞칸으로 도망가는 거지. 승무원이 쫌 부지런하고 센 사람 같으면 그냥 끝까지 가불고, 쪼끔 봐준 사람이면 그냥 가다가 서고 그랬지. 그때 극락강역 북광주역도 있었고, 그때 역이 몇 개 있었네. 그때쯤에 차가 잘 못 올라가요 언덕이 있어서. 차가 고물차라서 미카 뭐 그런 것이었는데, 거기서 이제 뛰어내려. 북광주역 지나서 거기서 바로 학교로 가 버려. 광주역에 들어가면 검표하니까. 역 구내 들어가기 전에 내려서 가분다 말이여."

꼭 도둑 기차를 타지 않더라도 서중이나 일고 학생들은 광주역까지 가지 않았다. 중간에 뛰어내려 학교 가는 지름길을 택했다.

나병식의 1년 후배로 서울대 상대에 진학해 함께 운동을 했던 임상택도 그랬다. "광주역까지 가서 학교까지 올라면 멀거든. 그래서 광주북중 있는데 이렇게 오르막길에 돌아가는 데서 천천히 가면은 뛰어내리고 그랬지. 학교가 더 가까우니까." 신나는 일에도 요령이 필요했다. 그들은 변방의 삶이 요구하는 것들을 일찍이 몸으로 익혔다. "뛰어내릴 때 기차가 가는 방향으로 앞으로 뛰어야 해. 뒤로 하면은 그냥 여지없이 코 박지."

기차는 온갖 추억을 만들었고 또 저항도 만들었다. 1929년 11월 3일 광주학생항일운동도 바로 이들이 타고 다니던 기차에서 시작되었다. 그렇기에 기차 통학파들은 내심 자부심이 대단했다. 그들에게 기차는 뛰어서 타고 뛰어서 내리는 교통수단에 불과하지 않았다. 그들은 기찻길이 품은 항일운동의 역사를 잘 알고 있었다. 교정에 있는 학생운동기념탑을 보며 등하교를 해야 하는 그들이 모를 수가 없었다. 기차가 들려주는 이야기를 들으며 그들은 내면에 어떤 흔들리지 않는 역사의식을 채웠다.

"광주학생운동이 기차 통학에서 시작됐잖아. 나주 광주 왔다 갔다 하는 기차 통학에서 시작되었잖은가. 고등학교 때, 기차 통학하면서 남학생 여학생들 히히덕거리고 그런 게 굉장히 보기 싫었어. 그래서 글을 써서 뿌리려고 했어. '광주학생운동의 산실인 기차 통학에서 히덕거리고 이럴 일이냐.' 뭐 그런 유인물을 뿌릴까 생각도 했다닌께." 임상택의 추억이다.

1929년 10월 30일, 광주에서 나주로 가는 기차 안에서는 이런 일이 있었다. 당시 일본인 학교인 광주중학교 4학년 후쿠다 슈조, 스메요시 가쓰오 등이 광주여자고등보통학교 학생 박기옥과 이광춘의 댕기머리를 당기며 희롱했다. 이를 보고 달려온 박기옥의 사촌동생 박준채에게 일본 학생은 "조센징 주제에….".로 대응했고, 박준채가 주먹을 날렸고 이는 이후 광주고등보통학교와 광주중학교 학생들의 패싸움으로 번졌다. 며칠 뒤 11월 3일, 이날의 사건을 본격적인 항일운동으로 삼아 학생독립운동기념일로 정한다. 그날은 일본인들이 중요시하는 메이지 유신을 기념하는 명치절로 마침 일요일이었다. 일본 제국은 학생들에게 등교하여 신사참배할 것을 명했다. 광주고등보통학교 학생들은 기념식에서 기미가요 제창과 신사참배를 거부했다. 기념식이 끝나고 광주중학교 일본인 학생 14명과 광주고등보통학교 학생 8명이 패싸움을 벌였고, 급기야 수백 명으로 불어 일본인 학생들과 광주고등보통학교 학생들의 전면전이 되었다.

어찌어찌 싸움은 끝났으나 광주고등보통학교 학생들은 항일운동을 할 것을 결의하고 시내 각 학교 학생들도 함께 뜻을 모았다. 오후 2시경부터 행진가를 부르며 시내로 진출해 '조선 독립 만세', '식민지 노예교육 철폐', '일제 타도' 등의 구호를 외치고 애국가와 응원가를 불렀다. 이후에 여러 여학교에서도 합류하고 시민까지 가세해 3만 명이 넘는 시위대가 광주 시내를 휩쓸었다. 그치지 않았다. 광주의 분노는 전국으로 번졌다. 시위나 동맹 휴학이 지속되어 전국의 212개 학교의 54,000여 명이 참여했다. 이로 인해 퇴학 582명, 무기정학 2,330명, 잡혀간 사람이 1,462명이었다.

까마득한 선배들이 기차 통학하면서 독립운동하고 그랬는데, 생각 없이 연애나 하고 희희덕거리는 학생들을 보며 울분을 감추지 못했던 그들. 나병식, 정찬용, 임상택…. 그들은 대학을 가고 그리고 보고 듣고 배운 대로 역사의 복판으로 걸어 들어갔다.

인생의 원형

"내가 다닌 1960년대 광주서중·일고는 청년기 인생의 원형을 만들어 준 어머니의 품속 같은 그 무엇이었다. 우선 맨 먼저 광주학생운동이라는 모교의 면면한 전통이 우리들의 자부심을 한껏 채워줬다. 은사들 또한 학교의 전통에 걸맞게 학생으로서의 시대적 역할에 충실하도록 긍지를 북돋웠다. 결기 있는 친구 선후배들과 어울려 우리가 앞으로 어떻게 살아야 하는지 방책도 없이 중구난방의 토론도 하면서 꽤나 고민도 했었다. 도서관에서 미지의 세계를 탐험하듯이 닥치는 대로 책을 잡았고 유도장에서 온몸으로 뒹굴면서 근력을 단련하기도 했다. 이런 원시적이고 질긴 인연들에 힘입어, 60년대 개발독재의 이면에서 부대끼는 우리들 부모형제의 삶을 어렴풋하게나마 이해하기 시작했고, 자유와 정의 그리고 민주주의의 소중함을 깨닫게 됐다."

나병식이 쓰다 만 회고글이 한 편 있다. 이 글을 일단 〈원고〉라 부르자. 앞에 둔 인용글은 〈원고〉의 첫머리다. 세상사와 사람의 이야기를 기록으로 남기고 전하는 출판을 했던 나병식이지만 그는 기록을 전혀 남기지 않았다. 기록에 관한 한 그는 의도적인 게으름뱅이다. 시대가 그리 몰랐고 그가 하던 일이 기록을 반가워하지 않았다. 반독재투쟁의 시기에 기록은 흔적이었고 탄압과 처벌의 증거였다. 하여 운동하던 모든 이들은 한결같이 기록 남기기를 꺼렸다.

나아가 나병식은 유달리 기억력이 비상했다. 굳이 위험을 무릅쓰고 빌미를 남길 이유가 없었다. 동시대 기록이야 그렇다 치자. 메마른 회고는 왜인가. 세상이 좀 더 좋아지면 한꺼번에 내리 쓰려 그랬을까. 옛일을 소상히 남기는데, 별만큼이나 모래알만큼이나 시간은 충분하다 믿었을까.

어쨌든 그런 그가 육필로 하나의 짧은 원고를 남겼다. 추정컨대 2000년 무렵 글로 보인다. '이화여대 국문학과'가 찍힌 원고용지에 볼펜으로 속기로 써 내려가고 곳곳에 수정과 가필을 한 초고다. 어디에 발표되거나 전달되지는 않았다. 그 무렵 자신이 걸어온 길을 정리해야 할 이유가 있었던 듯하다. 원고는 200자 원고지

19매에서 아쉽게도 멈춘다.

그중에서도 광주에서의 서중과 광주일고 이야기는 앞서 인용한 2매가량이 전부다. 중고 시절 이야기를 꺼낸 속내도 그 시절 깊은 이야기를 풀 요량이 아니라 다음 배경 설명을 위해서다. "광주 서중 일고 시절 어느 정도 체득한 우리 사회의 진로는 대학에 진학하면서부터 70년대 박정희 정권과는 양립할 수 없다는 인식이 확고해졌다."

서울대 문리대 국사학과 입학과 함께 학생운동에 뛰어들게 된 서사를 설명하는 장면이다. 광주일고를 졸업하고 재수 끝에 서울대에 입학할 무렵 그는 운동의 소양을 상당 부분 갖추고 있었다. 나병식뿐만이 아니었다. 수많은 광주일고 졸업생들이 민주화운동에 뛰어들었다. 과장을 좀 하면, 저항운동성이라는 디폴트 값이 광주일고 출신들에게 있다 말할 만하다.

나병식도 광주일고의 교육되는 전통과 상속되는 성향의 모범적 수혜자였다. 액자로 박제된 전통은 상징일 뿐 교육되지 않는다. 하지만 광주일고가 특별한 것은 그 전통이 늘 교실 안팎에서 교육되었다는 점이다. 그것이 차이를 만들었다. 그리고 기질과 성향은 어떤 문화로 전해지고 답습되고 일상에서 반복적으로 재현되었다. 그것은 선배와 후배의 만남에서 구현되기도 했고 여러 행사를 통한 체험이기도 했고 특별히 광주라는 땅이 가진 어떤 정치적 사상적 분위기에 의해 달궈지기도 했다. 어떤 이들은 무등산

을 바라보기만 해도, '무등'을 곰곰 생각하는 것만으로도 그런 걸
느낀다고 구라를 치기도 한다.

11월 3일은 학생의 날이다. 광주학생항일운동을 기념하면서
변천하여 온 기념일이다. 한때 유신 정권은 학생의 날을 폐지한
다. 기념일이 너무 많다는 이유를 내세웠지만 1973년 학생 시위
가 연속되자 학생의 날이 시위의 계기가 되거나 학생들의 저항 정
신 고취에 이용되는 것을 막고 싶어서였다. 그러다 학생의 날은
1984년 11월에 국가기념일로 부활했다. 그해 대학생들은 연세대
에 모여 얼씨구나 시위를 했다. 이를 시작으로 학생의 날은 민주
화운동 시위의 날로 자리 잡았다. 정부가 학생의 날을 챙기기 시
작한 것은 1999년 김대중 대통령이 학생의 날 70주년 기념식에 참
석하면서다. 2005년부터는 학생의 날이 학생독립운동기념일로
바뀌었다.

광주일고 교정에는 일찍이 1953년 9월 10일에 광주학생독립운
동기념탑을 세웠다. 그해 10월 정부는 학생의 날을 공식 기념일
로 제정하였다. 광주일고 학생독립운동기념탑에는 이렇게 새겨
있다. "우리는 피 끓는 학생이다. 오직 바른 길만이 우리의 생명
이다."

정의로운 저항을 학생의 본분으로, 따라야 할 바른 길로 배운
다는 것은 특별한 경험이며 유별난 정신 자산이 된다. 그것도 교
과서가 아니라 선배들의 구체적 행동을 통해 배운다는 것은 행운

이다. 광주일고 학생들에게 광주학생독립운동기념탑은 자아 형성의 표상이자 광주일고 아비투스의 정점이다. 그리고 이 거대한 전승의 규범에서 어긋날 때 세계사를 가르치던 김용근 선생님은 일갈했다. "느그들은 학생탑을 쳐다 볼 자격도 없는 놈들이여." 광주일고는 지금도 '일고'라 불릴 만큼 광주 명문의 의미가 강하다. 하지만 진짜 명문의 가치는 바른 길을 안내하는 전통에 있고 이를 받아들이는 후배들의 마음가짐으로 구현된다. 나병식을 비롯한 많은 광주일고 학생들은 학생항일운동의 후배가 기꺼이 되고자 했다.

앞서 나병식이 남긴 기록의 부족함을 이야기했지만 아예 전무는 아니다. 민주화운동기념사업회 구술사료 채록의 일환으로 2007년 8월 19일 '서울대 10·2데모'에 대해 구술했고, 2007년 11월 25일 이종구, 문국주와 함께 다시 '10·2데모'에 대해 구술했다. 두 번의 구술 모두 신주백이 면담자로 참여했다. 이 구술 녹취 자료들은 나병식의 민주화운동과 삶을 재구성하는데 유력한 텍스트가 된다. (본문에 별도 표기 없이 인용한 나병식의 이야기는 이 녹취 자료에서 인용했다.)

그뿐 아니었다. 무엇보다 나병식은 좋은 선생님을 만나 자유롭고 열린 영혼의 길을 안내받았다. 광주일고에는 유달리 좋은 선생님이 많았다. 나병식은 먼저 두 선생님을 떠올린다. "강태풍, 수학 선생님인데 이 양반 아버지가 사회주의운동을 하셨던 분이라고 알고 있어요. 이 양반이 우리 고등학교 때 일상 학교 활동에 굉장히 많은 지침이 되었어요. 또 한 분은 김용근 선생님이 계셨어요. 그분은 연대 사학과를 나왔는데 기독교사회주의자였어요. 강태풍 선생은 아버지가 호남사회주의운동을 건설했던 사람일 거예요. 인상적인 게 67년인가 68년에 자기 아버님이 돌아가셨어요. 그때 박정희가 공화당 총재 이름으로 화환을 보냈어요. 조문을 갔더니 우리를 불러 놓고 박정희 욕을 막 하는 거예요. '이 자식이 왜 화환을 보냈지? 차라리 빵값이나 보내지. 애들 과자값이나 하게.' 이러면서."

찬찬히 한번 살펴보자. 2017년 《나를 깨운 역사 강의》라는 김용근 선생의 기념문집이 제자들이 힘을 모은 기념사업회에서 발간되었다. 그곳에 실린 약력을 소개하면 이렇다. "석은 김용근(碩隱 金容根 1917~1985)은 전라남도 강진군 작천면 현산리에서 태어나 평양 숭실학교와 연희전문학교에서 수학하였다. 숭실학교 재학 때 신사참배를 반대하였고, 연희전문 시절에는 두 차례에 걸쳐 3년여 옥고를 치렀다. 해방 후 연세대학교에서 역사학을 수학하고 전주고등학교, 광주고등학교, 광주제일고등학교, 전남고등학교 등에서 후학을 가르쳤다. 은퇴 후 강진 작천으로 귀향해 농사를 짓다가 1980년 5·18 때 제자 윤한봉, 정용화, 김남표, 은우근을 숨겨 주었다는 이유로 투옥돼 집행유예를 받았다. 선생은 감옥에서 얻은 심근경색증으로 1985년 5월 22일 타계하였다. 1987년에 항일독립운동 관련 독립유공자로, 5·18 때 체포·구금으로 국가유공자로 선정되었다. 1997년 가을 장지인 강진 작천 선영에서 광주 망월동 5·18민주묘역으로 이장되었다."

나병식이 광주일고 재학 시절에 국어 선생님으로 학생들에 웅혼한 이상과 저항의 미학을 가르치셨던 문병란 선생은, 당시 함께 근무했던 김용근 선생에게 드리는 헌시에서 이렇게 기렸다. "당신은 이 땅의 참스승이었습니다./ 평생토록 멀고 괴로운 고난에 찬 평교사의 길/ 무명의 헌신된 형극로를 걸어오신/ 당신은 뜨거운 눈물을 가진 인간의 스승이었습니다." 선생의 제자들은 "모가지를 걸고 공부하라."고 호통치던 선생님이 타계한 지 30년이 지난 지금도 김용근민족교육상을 운영하며 그 정신을 따르고 있다.

광주일고에서 33회부터 49회 졸업생까지 수학을 가르쳤던 강태풍 선생은 민주화운동에 나섰던 광주일고 출신들이 가장 많이 기억하는 선생님이다. 강태풍 선생의 부친은 야정 강석봉으로 일제 강점기 3·1운동의 주역으로, 이후에도 독립운동을 지속했던 사회주의자였다. 야정은 1919년 3·1운동 당시 광주의 만세시위 참여로 징역 1년을 선고받고 1921년 출옥했다. 이후 일본으로 유학하여 사회주의 사상을 공부하고 귀국하여 조선공산당과 관련된 활동을 하다가 해방 직후 건국준비위원회 전남지부 부위원장과 전남도인민위원회 부위원장으로 활동했다. 그런 아버지 아래서 자란 강태풍 선생의 사상적 너른 지평과 학생들에 대한 열린 교육은 청춘들에게 비판의식과 저항의 품새를 갖추는데 큰 기둥이 되었다.

거기서 그치지 않는다. 광주일고 학생들은 선배들이 가만두지도 않았다. 먼저 나병식의 광주일고 3년 후배이자 나병식으로 인해 민청학련사건에 연루되어 감옥에 갔던 최권행의 기억이다. "그땐 서울대에 다니던 선배들이 학교에 찾아와 후배들에게 이런저런 이야기를 해주곤 하는 게 어떤 문화였어요. 강당에 모아놓고 이야기를 한 선배들도 있었지만, 자연스럽게 만나기도 했어요. 당시 교정에서 삼삼오오 모인 자리에서 병식이 형이 우리에게 이런 책도 좀 읽으라고 권했던 것이 《역사란 무엇인가》그 책이었어요. 다른 선배들이 와서는 '열심히 공부해라.' 이야기하는데 병식이 형이 그런 이야기하는 것이 참 인상 깊었어요."

다른 하나는, 나병식과 떼려야 뗄 수 없는 후배인 문국주의 이야기다. 그 또한 광주일고 3년 후배로 서울대에 들어간 1학년 때 광주일고 동문회에서 나병식이 했던 말을 기억하고 있다. "다들 뭐가 되겠다 그런 목표를 정하고 왔을 텐데, 정말 인간답게 살려면 그런 출세 목표를 내려놓아야 한다. 엘리트주의에 젖어 뭐가 되겠다 그런 출세욕을 버리는 게 우선이다."

이런 선생님들 아래서 학생들은 자유로운 공부를 했고 더 중요한 것은 폭넓은 공부를 했다. 나병식은 모교에 대한 자부심을 이렇게 구술했다. "우리 중고등학교가 굉장히 지금 생각해 보면 아주 뛰어난 학교였던 거 같아요. 중학교 때 《신동아》 같은 것도 읽었고, 고등학교 때 《들어라 양키들아》 뭐 이런 것도 읽은 거 같고, 그담에 임종철 선생이 쓴 《사회주의의 제문제》 이런 책도 읽고 그랬어요."

나병식은 광주일고 재학 시절 2년 동안 도서반장을 한다. 그가 원고에 쓴 "도서관에서 미지의 세계를 탐험하듯이 닥치는 대로 책을 잡았다."라는 진술은 그가 도서관으로 숨었다는 말로 이해된다. 책으로의 망명은 나중 일이었다. 아무래도 그가 갈 마땅한 곳은 도서관이 아니었을까. 고학생에 다름 아니었던 결핍의 청춘이 세상을 피하고 자신의 욕망에 철조망을 치기에 도서관이 가장 적격이었을 것이다.

교문을 열다

나병식이 3학년이 되는 해 연초부터 전국은 온통 반공 규탄 열기로 달아올랐다. 1968년 1월 23일, 북한 원산항 앞 해상에서 미국의 정보수집함 푸에블로호가 북한의 해군초계정에 의해 나포된다. 이 사건은 냉전시대 북한과 미국이 맞붙은 사건으로 국제정치는 물론 국내적으로도 큰 파장이 일었다. 공교롭게 푸에블로호사건이 있기 이틀 전 김신조 무장공작원 31명이 청와대를 습격하기 위해 서울에 침투한 사건이 더해져 반공 규탄 분위기는 더욱 뜨거웠다. 또 한편으로 푸에블로호가 납북된 지점이 북한 영해였고 승무원 석방 협상 과정에서 한국 정부가 배제된 사실이 알려지며 미국에 대한 비판도 움트고 있었다.

푸에블로호사건이 나고 한 달쯤 지나 광주일고에서는 1, 2학년 약 1,000여 명의 학생이 미국을 성토하는 집회를 개최한다. 이 시위의 배후에는 서클 '광랑'이 있었다. 광랑 회원들은 학생회 간부는 아니었지만 학생회장이나 반장들을 움직일 수 있는 그런 위치에 있었다. 주동자 중 한 사람이었던 김희택이 들려준다. "우리가 미리 계획을 했고 학생회와 반장들에게 이렇게 하자 제안해 가지고 받아들여진 거죠. 사전에 성명서를 미리 준비했어요. 그리고 준비했던 성명서를 운동장 구령대에 올라가서 낭독했고요."

당시 논의를 주도한 사람들은 3학년으로 올라가던 정상용, 김희택, 주석중, 박영규, 김영신, 이양현, 강상백 등 모두 광랑의 회원이었다. 김희택에 따르면 가장 먼저 제안을 한 이는 주석중이었다. "이 사건은 아주 심각한 사건이다. 미국의 행태는 명백한 침범이다. 우리가 목소리를 내야 될 사건이다." 그의 제안에 회원들은 단숨에 한마음이 되었다.

그렇게 시작된 성토대회에서 학생들은 미국을 규탄하는 성명서를 낭독하고 거리로 나가 시위를 하려 교문으로 몰려갔다. 지켜보던 선생님들이 나서 교문을 막았다. "나가는 건 절대 안 된다. 뭐 하고 싶은 얘기는 다 했지 않느냐. 교문 나가서 가두 시위는 안 된다." 선생님들이 교문을 닫아걸고 저지선을 쳤다. 그때였다. 목소리 높이면서 옥신각신 씨름하고 있을 때, 키 큰 아저씨 같은 학생이 뚜벅뚜벅 선생님들 앞으로 걸어 나왔다. 그러고선 선생님들을 밀쳤다. 나병식이었다. 그가 낸 파열구를 학생들이 따라나서 저지선은 허망하게 뚫려 버렸다.

그들은 그렇게 교문을 나섰고, 충장로를 따라 시위를 하다 미공보원 앞에서 멈췄다. 지금은 미문화원으로 이름을 바꿨지만 당시 미공보원은 충장로1가 끝에서 오른쪽으로 몇 십 미터 꺾어 돌면 있었다. 시위대는 연좌를 하고 구호를 외쳤다. 그러다 누군가 "성조기 내려라." 외치고 그걸 내려서 태우기도 했다. 그리고 학교로 돌아왔다.

현장에 경찰이 출동하여 진압하지는 않았다. 학교 당국의 여러 물밑 작업이 있었고, 큰 사건을 막지 못한 경찰들도 사건을 키우는 것이 좋을 리 만무하여 유야무야 넘어갔다. "오후에 경찰이 학교에 와서 선생님들을 만나고 조사하고 했는데, 우리를 부르거나 직접 조사하지는 않았어요." 그 반공 규탄 열기가 달아오를 때 광주일고 학생들은 반미 시위를 할 만큼 그들은 간이 컸던 학생들이었다.

광주일고 학생들은 이후 유신체제에 대항하는 시위도 선도적으로 했다. 특히 1974년부터 1975년에 이르는 시기, 서울대 문리대 10·2데모와 민청학련사건 이후 유신 반대 시위가 확산될 때는 서울의 신일고, 경기고, 대광고와 함께 '유신 헌법 철폐' 목소리를 내며 시위를 했다. 이후에도 광주일고는 대학생들의 유신 반대 시위가 있을 때마다 막내가 형들을 따라하듯 빠짐없이 참여했다.

김희택이 간추리는 광랑의 역사는 이러하다. 광랑은 1960년에 광주일고 36회 고현석, 박창규 등에 의해 '농촌연구반'이라는 이름으로 창립됐고. 창립 당시 광랑의 활동은 일제 강점기에 펼쳐졌던 계몽주의운동과 흡사했다. 4·19로 변화 욕구가 분출되던 시기에 만들어진 학생모임이다. 일주일에 한 번씩 하는 특활활동이 생기자 여기에 향토반으로 정식 등록한다. 광랑은 꾸준히 독서모임을 가지며 사회참여와 학생운동의 소질과 의지를 키우는 산실이 되고 그런 힘으로 1960~70년대 광주일고의 학생운동과 시위를 주도한다. 초기 멤버 고현석은 첫 민선 곡성군수를 지냈고, 훗날 나병식과 '균형사회를 여는 모임'을 함께한다.

나병식은 광랑의 회원은 아니었지만, 그들과 자주 어울렸고 그들의 일에 자주 함께했다. 광랑에 영향을 받았던 것일까. 나병식은 2학년 때 본인이 나서서 '탑'이라는 서클을 만든다. 이름은 교정의 광주학생독립운동기념탑에서 따왔다. 그가 탑의 무용담을 소상히 말하지 않은 탓에 몇 사람이 모였고 누구였으며 무슨 공부나 놀이를 했는지는 알려진 바가 없다. 아마도 광랑 친구들이 누리는 소속감을 그도 꿈꾸었는지 모른다. 전통과 역사를 가진 서클과 어깨를 견주어보고 싶었는지, 그가 이후 민주화운동을 하며 숱하게 증명해 보인 조직가의 역량을 실험했던 건지 모를 일이다.

역사학자의 꿈

나병식은 광주일고 3년 내내 검정 고무신을 신고 다녔다. 큰 키에 고무신만 신는 나병식은 이래저래 유명했다. 같은 반을 두 번이나 한 김희택은 나병식이 체육 시간에도 고무신을 신거나 맨발로 수업을 들었다 기억한다. 당시에 고무신을 신은 다른 학생은 없었다. 그래서 검정 고무신 하면 나병식, 나병식 하면 검정 고무신이었다. 세상을 향한 반항적 태도, 자신의 처지를 수긍하되 약간 비틀고 어긋지게 되받아치는 위악스러움이 나병식에게 있었다.

친구들은 한 해 꿇고 들어온 거구의 병식이 우쭐대는 대신 자기 멋에 빠져 양말도 없이 고무신을 신고 다니는 색다른 분위기에 관심을 두었지만, 그렇다고 선뜻 다가가지는 못했다. 맨 뒷줄에 앉아 있다가 수업이 끝나면 나병식은 도서관으로 가서 살다시피 했다.

"병식이는 고등학교 때부터 키가 컸어요. 쩌 맨 뒷줄에 앉았지.

나이도 한 살 위인데다가 뭐 체격도 그렇고 하니 약간 다른 물에서 놀았어요." 활발한 교우관계도 아니고 그렇다고 홀로 섬도 아닌 채 나병식은 자기 세계를 가지고 학교생활을 했다. 어디 몰려다니며 뻐기는 것도 남세스럽고 골목대장 노릇 하긴 좀 멋쩍고 혼자 할 일이 있는 형, 딱 그 모습이었다.

3학년 여름, 그런 밤도 있었다. 교사에 ㅁ자로 둘러싸인 중정(中庭) 잔디밭에서 술자리가 벌어졌다. 돌연 나병식의 제안이었다. 그러더니 주조장에서 가서 막걸리를 바께스로 한 통 사 왔다. 네댓이 조용히 그렇게 말술을 비우고 아무 일 없이 각자 갈 길을 갔다. 까까머리 고등학생들이 교정의 아늑한 장소에서 바께스에 받아온 막걸리를 마시는 밤은, 분명 별들에게도 기특한 밤이었다.

나병식은 이미 애주가였고 사람들을 모여들게 할 수 있는 사람이었으며 나서서 술도 사 오는 사람이었다. 그 자리에 함께했던 김희택은 말한다. "그러니까 '야, 같이 뭐 하자.'라고 하는 어떤 중심축 같은 뭐 그런 게 있었던 친구죠." 나병식은 한 살 위의 키 큰 형으로 고무신을 신고 도서관에 처박혀 있으면서도 친구들을 모아놓고 술판도 주관하고 그랬다. "혼자서 착실하게 공부나 하고 왔다 갔다 하는 학생은 아니었어요. 아무튼 충장로 시위할 때 검정 고무신을 신고 앞에서 돌파를 하던 나병식은 정말 대단했어요."

나병식은 1969년 서울대 사학과 입시에 실패한다. 왜 사학과를 택했는지에 대해선 여동생 나병순의 기억이 있다. "오빠가 아부지랑 다툰 적이 거의 없는데, 대학 갈 때 아버지랑 한 번 싸웠어요. 아부진 법대를 가라 그랬어요. 근데 오빠는 '난 법대 안 간다, 일제 때 판검사들이 얼마나 우리 국민들 괴롭히고 나쁜 놈들이었는데, 법대 가서 판검사 돼서 나 그런 거 하기 싫다.'고 그랬어요. 자기는 역사학자로 대학교수 그런 걸 하고 싶다고 하여튼 그렇게 선택한다고 우겼어요. 그러니까 아부지하고 대판 싸웠어요. 저는 어린 나이였지만 오빠가 그런 소리를 하는 게 너무 존경스러웠어요."

왜 역사학이었을까. 그가 평소에 역사적 서사에 대한 강렬한 끌림과 관심을 보여 주었기에 사실 다른 학문을 그와 연관지어 떠올리기 어려울 정도다. 한갓지게 여행을 떠나는 차 안이나 특별한 현안이 없는 술자리에서 박학다식 초식을 펼치며 쏟아 내는 그의 열변의 주제 태반은 역사였다.

그는 언뜻언뜻 헤겔의 역사철학에 상당히 경도된 성향을 보이기도 했다. 역사를 의미 있는 무엇으로 크고 중하게 이해하려는 사유가 그에게 매우 강하게 나타났다는 뜻에서다. 나병식은 일찍이 역사에 매료되었다 보아야 할 것이다.

나병식의 입시 실패 사연도 쓸쓸한 이야기다. 혈혈단신 시험을 보러 서울로 온 그가 시험 전날 찾아든 곳은 허름한 독서실이었다. 그는 내일을 기대하며 잠들었다. 시험 당일 새벽에 눈을 떴을 때 머리가 심하게 아팠다. 속도 메스꺼웠고 잠이 깨지 않은 듯 몽롱하여 정신을 차리기가 어려웠다. 연탄가스를 마신 게 분명했다. 점차 나아질 거라 생각하며 시험장에 겨우겨우 찾아갔다. 그리고 시험을 봤다. 훗날 나병식은 연탄가스 이야기를 아내 김순진에게 했다. "시험지를 딱 펼쳐보는 순간에 아무것도 안 보이더래요. 눈앞이 캄캄하고 그래서 제대로 답을 못 썼다. 그랬어요."

나병식의 재수 시절 이야기를 기억하는 이는 없다. 송정리 살던 누나나 여동생도 모르는 일이니 서울에서 입시 공부를 한 것만은 분명하다. 그해에 재수를 하던 정찬용도 학원 등지에서 그를 마주친 적 없다 하니 학원을 다니며 공부한 것도 아닌 듯하다.

그런 나병식에겐 답십리에 사는 먼 친척되는 고모의 딸, 승자 누나의 도움이 그럭저럭 힘이 되었다. 고운 얼굴에 시내 어느 다방에서 레지를 하는 그녀는, 묽어서 그만두어도 상관없는 먼 피붙이에 대한 책임보단 홀로 서야 하는 한 청년에 대한 연민으로 마음을 열었다. 과외 소개며 용돈이며 자신이 줄 수 있는 것이 있어 다행이라 생각했다. 그 누나는 결혼과 함께 미국으로 떠났다.

나병식은 어느새 송정리에서 광주로 그리고 서울로 와 있었다.

2장

다시 민중으로

후사연에 들다

곡절 없이 달려왔다면 두 해나 늦을 일은 아니었다. 모퉁이를
돌 때마다 바람이 불어 주춤거렸지만 나병식은 광장에 발을 디뎠
다. 1970년 서울대 문리대 국사학과 신입생에겐 여러 길이 있었
다. 나병식은 굳이 복판으로 가는 길을 정한다. 이미 좋은 선생님
들의 영향과 많은 책을 읽으며 개발독재의 이면에서 고통받는 서
민의 삶과 부조리한 세상에 대한 안목을 닦은 터였다. 그는 철이
들 대로 들어 서울로 왔고 불의 앞에 머뭇거리지 않는 청년의 소
양을 갖춘 채 대학생이 되었다.

1970년 당시 서울대 캠퍼스는 분산되어 있었다. 경성제국대학
에서 경성대학으로 다시 1946년 미군정에 의해 국립대학교가 된
서울대는 경성대학과 10개의 전문학교를 합쳐 만든 까닭에 캠퍼
스가 제각각이었다. 문리대는 대학본부, 길 건너 법대와 함께 동
숭동에 있었다. 그 건너편에 의대가 있었다. 상대는 종암동, 공대
는 공릉동 지금의 서울과학기술대학교 자리에 있었다. 서울대 캠
퍼스 종합화계획이 마련되고 관악산 아래로의 이전은 1975년이
었다.

나병식은 서울 외곽의 공릉동에서 대학 생활을 시작했다. 1969
년부터 서울대는 교양과정부를 만들어 공릉동 캠퍼스에서 신입
생들이 일 년간 교양 과정을 마치고 나서 2학년부터 본 대학인 단

과대에서 강의를 듣도록 했다. 각 단과대학별로 신입생 교양 과정을 운영하는 것은 여러모로 어려움이 있었고, 그래서 나온 대책이 교양과정부를 만들어 신입생 교양 과정을 통합하는 조치였다. 캠퍼스는 공대가 있는 공릉동 캠퍼스로 정했다. 당시 운동권 일각에서는 신입생과 선배들을 떼어놓으려는 학교의 꼼수라고 반발하기도 했다.

나병식이 이렇게 말하는 것도 무리는 아니었다. "교양과정부에 다니는데 이게 대학인가 싶을 정도로 안 맞더라고, 좀 뭐랄까 교과목도 시원찮고…. 그때 후진국사회연구회를 만난 거예요." 2학년 선배들은 하루가 멀다고 서클의 신입 회원을 모집하려 공릉동에 드나들었다. 그 덕에 그는 이내 '후진국사회연구회'의 일원이 된다. 광주일고 동기이자 함께 후사연에 가입했던 법대의 김경남은 후사연 가입에 고교 선배들의 "명령 같은 권유"가 있었다 회고한다. 당시 광주일고 출신 후사연 2학년은 강우영, 김수호, 김상곤 등이었다.

후사연은 당시로서는 파격적인 서클이었다. 출발부터 평지돌출이었다. 서클은 보통 문리대 문우회, 법대의 사회법학회, 공대의 산업사회연구회 등 단과대별로 조직되어 있었다. 그러나 후사연은 교양과정부 1학년 학생들이 선배들과 상관없이 독자적으로 결성한 서클이었다. 교양과정부의 여러 단과대 학생들이 속한 서클이 2학년 본 대학으로 가서도 계속 유지되다보니 단과대 연합 서클의 형태를 갖추게 된 것이다. 교양과정부 신설이 만든 새로운 풍경이었다.

나병식이 입학하기 1년 전, 공릉동 교양과정부에 모여든 69학번들은 남달랐다. 신입생 중에 한일협정 반대, 3선개헌 반대운동 경험을 가진 학생들이 많았다. 심재권은 1945년생이고, 신동수는 1946년생인데 69학번으로 들어와 동기들보다 4~5년 위였다. 그들은 나이도 많고 사회운동에 관심이나 경험이 동급생에 비해 월등했다. 이들은 자연스레 문리대, 법대, 상대 신입생들을 규합했다. 그렇게 모인 회원들이 안현수, 손예철, 강우영, 이호웅, 김상곤 등이다. 기존 단과대 서클의 2, 3학년들은 이 후발 서클 후사연이 껄끄럽기 그지없었다. 당장 단과대별로 안정적 신입 회원 영입이 어긋나기 시작하고, 주도자들이 나이도 많고 고등학교 선배이기도 하여 말도 마음대로 할 수 없었다. 후사연은 이후에도 단과대 서클들과 학생운동 주도권을 두고 여러 갈등을 겪는다.

나병식과 함께 후사연 70학번 첫 오리엔테이션에 참가했던 회원들은 강영원, 김경남, 손호철, 진홍순, 박재묵, 김문수, 강철구, 조기대, 박원표, 정문화 등이었다. 이후에도 정우량, 김효순, 김재근 등 회원은 계속 불어났다. 김경남은 회고록에서 후사연 모임의 첫 교재 C. 라이트 밀즈의《들어라 양키들아》를 공부한 소감을 이렇게 말한다. "공산주의자들이 주동이 된 폭력 혁명이라고 알려진 쿠바혁명을 찬양하는 이 책을 공부하는 것이 불온한 일이라는 생각을 할 수밖에 없었다."

　나병식은 후사연 서클 공부가 썩 마음에 들지 않았다. 고등학생 때 이미 읽은 책들이었고, 교양 수준을 맴도는 지지부진한 진도가 영 성에 차지 않았다. 급기야 그는 별도의 서클 '농촌사회활동반'을 만든다. 시골 출신 회원들이 모여 함께 공부도 하고 여름방학과 겨울방학에 시골에 가서 활동도 했다. 나병식은 2학년 되어서도 이 모임을 연합 서클로 지속하고 싶었으나 흩어지게 되어 못내 아쉬웠다. 비록 새로운 서클이 안착되진 못했지만 상황을 돌파하고 사태를 바꾸려는 나병식의 적극성과 주도성을 엿볼 수 있는 대목이다. 이런 적극성은 두고두고 나병식의 특별한 캐릭터가 되고 그가 가진 리더십의 특징이 된다.

　후사연 공부가 탐탁지 않았음에도 나병식은 후사연 활동에 열심히 참가한다. 그중 하나가 '청계천 빈민 실태조사'다. 강영원의 경험담이다. "대학교 1학년 들어가서 맨 처음에 했던 게 거의 한 달 정도 용두동 판자촌에서 합숙을 한 거예요. 용두동 판자촌 굉장히 좁은 방에 열 몇 명씩 들어가 합숙하고 그러면서 서로 친해졌어요." 그들은 판자촌에서 민중이라 불리는 사람들 일상의 어려움과 거칠고 단순함에 충격을 받았고 '민중 속으로'라는 말이 얼마나 벅찬 일인지 실감했다.

　후사연 회원들은 여름방학 때는 2주 정도 전남 나주 공산면에서 농촌봉사 활동을 했다. 2학기에는 조용범 교수의 《후진국 경제론》으로 공부하고 겨울방학에는 이른바 하방으로 노동현장에 들어가 노동자의 삶을 직접 체험해 보기도 하였다.

후사연의 강점은 현장 지향성에 있었다. 나병식의 평이다. "후사연은 학생운동을 변혁시켜야 되겠다는, 이런 흐름이 좀 있었던 거 같아요. 그래서 농촌봉사 활동, 판잣집 조사, 빈민촌 활동을 열심히 했죠. 이런 거야 그전에도 있었지만 후사연이 현장에 대한 관심이 더 많았어요. 69년, 70년을 전후로 민중지향적 운동으로 가는 분위기에 발 빠르게 맞춘 거라 봐야지요." 그 민중지향성은 책에서가 아니라 민중이 피어올린 불꽃에 영혼을 태운 대학생들의 성찰에서 나왔다.

불꽃이 솟았다. 우리 현대사의 가장 처연하고 막강한 불꽃이었다. 1970년 11월 13일, 서울 청계천 평화시장 앞에서 노동자 전태일이 "근로기준법을 준수하라!", "우리는 기계가 아니다!", "노동자들을 혹사하지 말라!" 절규하며 근로기준법책과 함께 불꽃이 되었다.

"오늘 서울시내 각 대학 학생대표, 각 청년학생 종교단체 대표는 모든 근로자의 스승이며 모든 청년의 스승이며 또한 모든 종교인의 스승인 고 전태일 선생의 죽음 앞에서 다음과 같이 결의한다."(서울시내 각 대학 학생회장, 각 청년학생 종교단체 대표, 〈공동결의문〉) 모두의 스승이었고, 더 결정적인 것은 그가 아무도 말하지 않던 노동하는 인간의 존엄과 권리에 대해 가르쳤다는 것이다. 일대 사건이었다. 공부하는 인간들의 이상을 논하던 대학생들이 무너진 것은 당연했다. 나병식도 후사연 친구들도 예외 없이 주저앉았다.

대학생들은 새로운 길을 인도받았다. "내게 대학생 친구가 한 명 있었다면."이라는 호명이 없었다면 대학생들이 깨어나는 것은 더욱 나중의 일이었을 것이다. "학생들이여! 우리는 항상 민족이익을 신장하고, 민주주의를 창달하는 첨병으로 자부하여 왔고, 또 이것을 지키는 최후의 보루로 있어 왔다. 우리는 우리만이 할 수 있는 위대한 일을 하여 왔다. 그러나 전태일 선생의 죽음은 우리에게 숙연한 반성의 눈물을 삼키게 하고 있지 않은가. '나에게는 왜 대학생 친구 하나 없는가! 이럴 때 대학생 친구가 하나 있었으면 얼마나 힘이 될까!' 이렇게 한탄하며 근로기준법을 연구하던 전태일 선생. 아아! 부끄럽고 수치스럽구나! 이 영웅적인 투사의 죽음을 방관한 우리는 죽고 싶구나. 우리는 선생 앞에 고개를 들 수가 없구나!"(서울시내 각 대학 학생회 일동, 〈전태일 열사의 유지를 받들며〉)

부끄러움, 부채감, 죄의식이란 감정이 역사와 연결되고 마땅히 해야 할 실천과 결단으로 이어지는 성찰의 시작이 바로 전태일의 불꽃에서 시작되었다. 이후 1980년 광주가 다시 한번 '살아남은 자의 부끄러움'으로 사람들을 깨어나게 한다. 우리 현대사의 가장 위대한 두 장면은 전태일의 스스로 타오름 그리고 오월 광주 마지막 날 도청에 있던 젊음들이 새벽을 향한 눈빛으로 받아 안았던 총탄의 전율이다.

전태일의 죽음으로 깨어 일어선 대학생들의 중심에는 장기표와 조영래가 있었다. 장기표는 법대 학생회장으로 전태일 열사의 유족과 평화시장 노동자들과의 중간 다리 역할을 맡았고 대학의 시위를 조직하고 연대 투쟁을 이끌었다. 조영래는 교회 등 외부 단체와의 공동 투쟁을 이끌어내는 데 열심이었다. 장기표로부터 이소선 여사가 전달한 전태일 열사의 일기 등을 받아 든 조영래는 민청학련사건으로 도피 생활을 하면서 책을 쓴다. 1983년 《어느 청년노동자의 삶과 죽음-전태일 평전》이 그것이다.

일 년의 대학 생활과 후사연 활동은 나병식에게 원시적 분노를 가진 청년에서 사회를 변화시키려는 운동가의 삶으로 바꾸어 가는 과정이었다. "각종 세미나와 농촌빈민 활동 등을 통해 한국 사회를 정확하게 이해하고, 사회적 실천의 방도를 모색하기 위해 열심히 활동했다."(나병식, 〈원고〉) 불꽃으로 피어날 수밖에 없는 민중의 처절함과 그 고통받는 주체들의 본능적 저항을 더 정확하고 체계적으로 이해하게 된 것이다.

나병식이 가슴에 품고 있던 가난과 소외의 정서 그리고 청년의 역사의식은 이제 분노와 울분을 넘어 민중지향적 실천의 영역으로 나아가고 있었다. 그리고 자신의 삶이 무엇을 위해 일해야 하는지도 점차 분명해져 갔다. 선배와 동료들과 함께 공부하고 일을 도모하며 자신감도 훨씬 커졌다. 타고난 민중에서 꿈꾸는 민중으로의 성장이었다.

선거로는 안 되겠다

2학년이 되어 동숭동 문리대 캠퍼스로 온 나병식은 활력이 솟았다. 선배들도 자유롭게 만나고 수업도 한결 여유로웠다. 개강하고 3월은 수강 신청하고 그러다보니 슬렁슬렁 갔다. 1학기 수업은 대여섯 번 정도가 전부였다. 4월부터 선거참관인단 활동에 부정 선거 규탄 시위에 교련 반대 시위가 연달았다. 해가 뜨면 데모, 자고 나면 또 데모였다. 나병식은 시간이 나는 대로 교내 도서관에 갔다. 그곳에 어지간한 책들이 다 있었다.

1971년 4월 27일은 박정희와 김대중이 맞붙은 대통령 선거일이었다. 3선개헌 반대운동의 실패로 좌절하고 있던 재야 진영에서는 다가오는 선거를 앞두고 1971년을 '민주수호의 해'로 선언하고 전열을 가다듬었다. 제일 급선무는 부정 선거를 틀어막아 박정희의 장기 집권을 막는 것이었다. 그리하여 김재준, 이병린, 천관우가 중심이 되고 신순언, 이호철, 조향록, 김정례, 법정, 한철하, 계훈제 등이 참여한 '민주수호국민협의회'가 4월 8일에 발족한다. 이는 3선개헌 투쟁 이후에 오랜만에 결성된 재야 지식인 연합체로 대통령 선거와 국회의원 선거에서 부정 선거를 막기 위한 '범국민운동'을 펼친다.

여기에 호응하여 서울대 등 12개 대학의 학생대표들이 '민주수호전국청년학생연맹'을 결성한다. 심재권, 이신범 등이 주축이었고 서울시내 대부분의 대학이 참여하였다. 또한 4·19 및 6·3운동에 참여했던 김지하, 김정남, 정수일, 이재오 등이 주도하여 '민주수호청년협의회'도 출범한다. 기독교 학생단체들이 연합하여 '민주수호기독청년협의회'도 결성한다.

민주수호전국청년학생연맹은 대선을 앞두고 1,250명의 학생선거참관인단을 구성하여 부정 선거 감시 활동에 들어간다. 학생선거참관인단은 투표 하루 전인 4월 26일 민주수호국민협의회의 신임장을 갖고 전국 각지로 가서 부정 선거 감시 활동을 펼친다.

나병식은 학생선거참관인단 활동을 위해 경기도 가평으로 갔다. "71년 4월 달에 우리가 경기도 가평으로 배정을 받아 가지고 갔어요. 당시 국회의원인 오치성의 지역구였어요. 가평군 운악산 밑에 상팔리, 하팔리를 우리가 맡게 되었어요. 그 전날 가서 신민당 참관인을 봤는데 이 사람이 굉장히 친절하더라고요. 술도 사주고. 그런데 다음 날 굉장히 기분 나쁘게 대해요. 왜 그런가 했더니 학생 참관인이 와서 자기가 참관인 수당을 못 받는 모양이에요. 이 사람들에게 그 당시 큰돈이었던 것 같아요. 그리고 투표날 안 나와 버려요. 나 혼자 투표장으로 갔는데, 그런데 아침에 투표가 10시에 딱 끝나버리더라고. 근처에 사는 사람들을 한두 시간 동안 쓰리쿼터 뭐 이런 걸로 싣고 오는 거예요. 산골에 사는 사람들이에요. 그러니까 투표율이 100%에요. 대통령 선거는 하나 마나구나. 선거참관인단은 완전 들러리구나."

2학년이 되어 새로운 다짐으로 도서관에서 고시를 준비하던 김경남도 법대 선배 장기표의 부름을 받았다. "대통령 선거 참관인단에 참가했으면 좋겠다." 강원도 홍성으로 간 그를 맞이한 건 "투표는 안 하고 남의 마을에 와서 무슨 지랄들이냐?"는 노골적인 반감 그리고 노골적인 부정 투표였다. 노인들을 부축한다는 구실로 기표소에 젊은 사람이 함께 들어가 노인들의 손가락을 잡아 투표하는 '피아노 투표'가 거리낌 없이 벌어졌다. 줄을 선 노인들 사이사이에 젊은 사람이 들어가 투표하고 나와서 뒤에 있는 노인에게 투표할 번호를 알려주는 '릴레이 투표'도 버젓이 일어났다.

나병식도 김경남도 눈앞에서 벌어지는 부정 선거를 바라보며 무기력과 치욕을 느낄 수밖에 없었다. 박정희는 김대중보다 95만 표를 더 얻어 3선에 성공하였다. '선거로는 안 되겠다.' 나병식은 이렇게 결론을 내렸다. "우리들이 직접 경험한 선거는 외양만의 주권행사였고 부정과 관권이 원천적으로 조직화된 요식 행위에 불과했다. 우리들의 감시 활동 자체도 장기 집권의 들러리만 섰을 뿐이었다. 박정희 정권은 결코 선거로는 정권을 내놓지 않을 것이라는 확신이 들었다."(나병식, 〈원고〉)

선거가 끝나고 부정 선거 감시를 위해 현장에 나갔던 학생들은 돌아와 보고대회를 열고 이번 대선은 부정 선거이며 무효라고 결론지었다. 연일 많은 대학에서 부정 선거 규탄과 무효화 집회가 열렸다. 그러나 아무것도 달라지지 않았다. 이대로라면 다가오는

5월의 총선도 부정 선거로 끝날 게 뻔했다. 이에 대학생들은 총선 보이콧을 주장했다. 참다못한 서울대 참관인단 40여 명이 신민당 당사를 방문하여 총선을 보이콧하라고 요구했다. 그리고 그 자리에서 농성을 시작한다.

이를 독재 정권이 놓칠 리 없었다. 이를 '서울대생신민당사난입 사건'으로 명명하고 농성 학생들을 업무방해죄와 건조물침입죄로 8명을 구속한다. 이때 구속된 이들이 김경남, 손호철, 이근성, 김호경, 한석태, 정우량, 정계성, 우양구이다. 재판에서 신민당 측은 "학생들과 평화로운 대화였다."며 검찰의 공소사실에 반박했다. 다행히 재판을 맡았던 양 헌 판사의 양심적인 판결로 학생들은 무죄 판결을 받고 석방되었다. 이 판결 후 양 헌 판사는 정권의 강압에 의해 판사직을 사임한다. 이후 종로5가 기독교회관에 변호사 사무실을 내고 약자들의 변호 활동을 한다.

하나를 보면 열을 안다고, 사법부를 이대로 그냥 두어서는 안 되겠다는 정권의 대대적인 공격이 박정희 취임 이후 곧바로 시작된다. 유명한 '제1차 사법파동'이다. 다른 공안 사건 무죄 판결에 대한 보복으로 판사들에 대한 뇌물 수사가 시작되고 이에 판사들이 '사법권 독립'을 주장하며 전국의 판사 455명 중 150여 명이 사표를 제출한다. 정권의 사법권 침해에 판사들이 맞서 일어난 반발과 대치는 앞장선 판사들이 사임하고 나머지 판사들이 사표를 철회하면서 진정되었다.

'선거로는 안 되겠다.' 제7대 대통령 선거를 치르고 똑같은 생각을 한 사람이 있었다. 바로 박정희였다. 그가 김종필 총리를 불러 김대중 후보에게 근소한 차이로밖에 이기지 못한 것을 질책했다는 설이 세간에 돌았다. 선거로 정권을 연장하는 일이 쉽지 않다는 것을 안 이상 다른 방법을 찾아야 했다. 그 답이 유신 헌법이었다. 대통령 직선제의 폐지와 간선제 도입, 정당의 정치 활동 제한 등 선거 자체를 하나 마나 한 것으로 만드는 영구 집권의 음모가 극비리에 진행되었다.

박정희가 '선거로는 안 되겠다.'라고 생각한 것은 단순히 표 계산을 통한 결론만은 아니었다. 더 치명적인 위협이 다가오고 있었다. 1970년부터 터져 나오는 경제사회적 모순의 폭발이었다. 정권에 반대하는 이들은 비단 학생들뿐만 아니었다. 농민과 노동자의 희생을 바탕으로 성장하는 산업화가 가져온 부익부빈익빈의 처절한 고통으로 민중의 저항이 깨어나고 있었기 때문이다. 70년의 전태일 열사의 분신, 71년의 대학가의 교련 반대 시위, 71년 8월의 광주대단지 이주민들의 시위, 9월의 임금체불에 항의하는 한진상사 노동자들의 격렬한 항의 시위 등 저항은 봇물 터지듯 이어졌다.

한편 학생운동도 만만치 않았다. 1971년 학생운동의 주된 이슈는 교련 반대 시위였다. 교련 반대 시위는 3선개헌 반대 시위가 시들해지고 학생운동의 명맥을 유지하는 징검다리가 된다. 서울대 문리대 같은 리버럴한 대학일수록 학원병영화 반대 논리가 더 크게 호응을 얻었다. 1971년 학원가를 달군 교련 반대 시위는 대학에서 교련 교육을 주당 2시간에서 3시간으로, 연간 88시간 집체교육을 받도록 하는 문교부의 교련 교육 강화 방침이 문제였다. 위기에 몰린 정권의 학원통제 조치가 틀림없었다. 2학기 서울대 연합 시위에는 화염병도 등장할 만큼 격렬했다. 교련 교육 강화 방침은 거센 데모에 시행되지 못하다 1975년 긴급조치 9호가 발표된 뒤에야 실시된다.

가을이 오고 데모로 바쁜 나병식의 한 해도 이제 끝이 보였다. 그런데 정말 데모는 하루아침에 끝장났다. 박정희 정권은 학생 시위가 교련 반대, 부정 선거 규탄에서 정권퇴진운동으로 번져가자 특단의 조치를 내렸다. 1971년 10월 15일 위수령을 선포하고 전국 대학의 학생회와 학회를 해산하고 모든 학생 자치 활동을 강제로 중단시켰다. 뒤이어 12월 6일 국가비상사태를 선언하고, 12월 27일 '국가보위에 관한 특별조치법'을 발동하여 영구 집권으로 가는 디딤돌을 놓기 시작했다.

위수령이라는 이 괴상한 조치는 비상사태나 자연재해 등으로 경찰만으로 치안 유지가 어렵다고 판단해 군대가 출동하여 자신의 위수지역을 무장력으로 관할하는 제도로 1950년 대통령령으로 제정되어 2018년까지 존재했다. 1979년 부마민주항쟁에도 정권은 이 칼을 휘둘렀다.

어쨌든 박정희 정권은 서울특별시 일원에 위수령을 발동시켜 10개 대학에 강제휴교령과 함께 장갑차를 앞세우고 한 학교당 200~500여 명의 무장 군인을 주둔시킨다. 위수령으로 1,889명의 학생이 연행되고 그중 119명이 구속 기소되었다. 23개 대학의 74개 서클 강제 해산, 13종의 학내 간행물 폐간, 7개 대학의 학생회 기능이 정지되었다. 시위의 주동자 역할을 했던 각 대학의 학생회 간부와 대의원 174명이 제적되고 제적된 학생 중 68명이 곧바로 징집영장을 받고 군대로 끌려갔다.

다행히 나병식은 제적을 피했다. 제적된 학생들은 학생운동의 주도적 위치에 있었던 3학년 이상 선배들이었다. 학생운동 주력을 제적과 강제 징집을 통해 궤멸적으로 타격하고 학생운동 기반이었던 서클과 학생회를 해체한 정권은 안도의 한숨을 내쉬었다. 여론도 좋지 않고 이만하면 되었다 싶었는지, 박정희 정권은 10월 23일 학원에서 군대를 철수하고 30일에는 대학휴교령도 해제한다. 그러나 짧은 광풍이 몰아치고 간 대학에는 아무것도 남아 있지 않았다. 자유분방도 활기도 데모도 열띤 토론도 낙엽 따라 가버렸다. 학생들에겐 총과 탱크를 가까이서 보고난 후의 공포가 악몽처럼 엄습했다.

11월 12일에는 '서울대생내란예비음모사건'이 발표된다. 당시 학생운동의 지도적 위치에 있던 심재권, 장기표, 조영래, 이신범 등 4명이 구속된다. 내란음모라는 어마어마한 죄명을 붙인 조작

사건을 통해 학생들을 옥죄기 시작한다. 독재 정권에 대한 민심 이반과 저항이 무르익어갈 무렵 박정희 정권은 차근차근 무언가를 준비하고 있었다. 손에 잡힐 듯 잡히지 않는 커다란 음모가 어른거렸다.

공부

나병식은 대학 생활 내내 과외를 통해 학자금과 생활비를 조달해야 했다. 데모도 하고 서클 활동도 하는 그였지만 그 일에서 벗어날 수 없었다. 답십리 승자 누나도 일을 소개해주고 강영원도 자신에게 들어온 과외를 연결해 주었다. 후사연에서 함께 공부하고 10·2데모와 민청학련을 함께했던 김효순은 당시 나병식의 처지를 이렇게 말한다. "병식이 대학 시절은 참 곤란했어요. 병식이 대학교 다닐 때 우리 집에 놀러 오면 내 방에 꽂혀 있는 책을 보며 '너는 뭐 이렇게 뭐 책이 많냐.' 그러면서 자기는 책 살 돈도 없고 꼭 필요한 책 뭐 한 두 권만 들고 다닌다 뭐 그런 얘기를 했어요."

그는 자취방과 하숙방 그리고 친구 집을 전전했다. 사정이 여의치 않을 땐 방인철의 도움이 제일 컸다. 방인철은 서울 출신이었고 집안 살림이 제법 넉넉했다. 나병식과 같은 국사학과여서 둘은 잘 붙어 다녔다. 방인철의 돈암동 집에서 나병식은 잠도 자고 밥도 얻어먹고 나중엔 가리방 긁으며 유인물도 찍고 그랬다. 방인철도 이후 나병식과 함께 10·2데모와 민청학련사건으로 구속되었다. 그는 대학을 마치고 중앙일보에 들어가 기자로 25년을 일했다. 1980년 신군부의 언론통폐합 때 중앙일보 문화부 기자로 있던 그는 강제 해직을 당한다. 이후 무려 7년의 실직 생활 끝에 1988년 복직되었다.

한 사람의 발자취를 따르다 보면, 빈 구석이 나오기 마련이다. 나병식의 경우 대학 시절이 그렇다. 운동 이야기야 알려진 것이 많지만 일상의 흔적들은 텅 빈다. 어디에서 몸을 뉘었는지, 영화를 보기는 했는지, 좋아하는 여자나 슬그머니 다가오는 여자는 없었는지 술회되지 않는다. 나병식의 이런 일상을 이야기해 줄 수 있는 사람으로 주변에서는 단연 방인철을 꼽는다. 그가 많은 것을 알고 있다는 데 다들 동의한다. 하지만 그도 떠났다.

나병식이 대학에 들어온 1970년부터 학생운동에 미묘한 변화가 시작되더니 불과 한두 해 만에 커다란 물줄기가 일어나 방향을 틀고 전환이 일어났다. 크게 보면 학생운동의 한 세대가 마무리되고 새로운 세대가 시작되는 결절점이 1970년부터라 할 수 있다. 나병식은 당시의 학생운동 상황에 대해 소상히 구술한다. "4월혁명에서 시작된 소위 사회운동으로서 학생운동은 3선개헌으로 막을 내린다고 봐야 된다. 3선개헌으로 60년대를 이어왔던 두 이념적 지주인 민족과 민주가 70년에 오면 유신체제의 폭압 아래서 독점의 강화, 예속의 강화 상황에서 새로운 민중 지향이라는 물줄기로 바뀌기 시작한다."

전환의 핵심은 이러했다. 학생운동은 새롭게 터져 나오는 여러 민중생존권 문제들을 주목했다. 그리고 이에 대해 지지와 연대 활동을 열정적으로 실천했다. 이러한 과정을 거치면서 권력의 본질과 반민중적이고 억압적인 유신 정권의 성격을 인식하기에 이른다. 바로 독재와 폭압 정권에 대한 투쟁의 필요성을 민중의 삶과 연결하여 바라보기 시작한 것이다.

1970년대에 들어서자 학생운동에서 이념에 대한 거리두기가 나타나기 시작했다. 인혁당, 통혁당 등 이념적 문제에 대한 관심이 정점에 올랐다가 일정 멀리하게 되는 상황이 되었다. "알게 모르게 사상성과 현실의 문제에 있어서 미묘한 이런 게 있었다고 봐요. 소위 이념성에 관해서 기피하고 … 70년대는 그런 것에 관해서 극도로 자제하는 모습이 나타난다."

나병식은 2학년 무렵 이런 공부를 하고 있었다. "그때 난 사학과니까 역사책을 주로 많이 봤고 그 당시에 사회과학 책이라는 게 우리 때는 별로 없었어요. 그래 가지고 옛날 묵은 책들, 저쪽으로 올라간 사람들 꺼, 《자본론》 보고, … 사회경제사로 백남운 것은 모르게 봤고 그다음에 연대 교수 조 누가 쓴 무슨 경제사가 하나 있어. 그런 책 봤고 그다음에 임종철의 《사회주의의 제문제》 봤고 그다음에 프란츠 파농 책도 있잖아, 그다음에 《페다고지》 보고 그다음에 신좌파 거. 뉴레프트책들을 돌아다니던 복사본으로 강독을 주로 많이 했었지."

　더러는 청계천 헌책방에서 책을 구하기도 했다. 운이 좋아 볼만한 책을 발견하면 "절대 다른 사람 빌려주지 마라." 신신당부하며 돌려 읽었다. 서클 회원은 대개 동기들과 책을 읽고 토론하는 형식으로 공부했다. 선배들이 와서 지도를 해 주는 경우가 있었지만, 늘상 그런 방식을 취한 것은 아니었다. 나병식의 말이다. "그때는 선배라고 해 봤자 무슨 이론이 있겠어. 책 하나 더 읽는 것이 임자지. 그리고 그때는 실천이 더 중요하기도 했지."

　나병식의 관심은 다른 이들보다 조금 폭넓었다. 학과 공부에 기대가 컸지만, 금세 눈을 돌렸다. "난 학교 다니면서 선생님들을 별로 존경하지 않았어. 친하긴 했는데 현실에 관해서 너무 무딘 이런 것 때문에." 그래도 그는 사학도였다. 다른 친구들이 외국의 이론에 푹 빠져 있고 호기심을 부릴 때 그는 근현대사 같은 우리 역사에 대한 관심을 소홀히 하지 않았다. "정치학과나 사회학과, 이쪽 사람들은 굉장히 한국학 자체를 낮게 봤었거든, 왜냐면 한국 상황을 설명하는 데 있어 사실 한국 역사책이란 게 못 따라가고 있었거든. 사회과학 방법이나 수준도 낮았고 솔직히. 그 당시에 글이나 책이 별로 없었잖아요. 나는 사학과기 때문에 관심이 많았지. 예를 들면 내재적 발전론, 자본주의 맹아론 이런 것. 다른 친구들은 '야. 서양 것이 빨라.' 그랬지만. 내가 그때 느낀 것은 한국의 사회운동이 너무 횡적인 공부를 많이 한 게 아닌가 종적인 공부를 너무 안 했어. 문화랄까 그런 부분들 있잖아. 생활사나 이런 거는 무시할 때였거든."

나병식의 역사 공부는 학교 밖 공부모임에서도 충족되었다. 바로 '역사모임'이라 칭하는 서울시내 대학 사학과 학생들의 연합 모임이었다. 이 모임은 당대 최고 지성인이라 불리는 천관우 아래 모여 공부를 했다. 천관우를 통해 여타의 지식인들도 연결되었는데 대표적으로 리영희도 베트남 문제 등을 이들에게 강의하기도 했다. 천관우는 반독재 민주화운동을 했던 대표적인 언론인이자 평생을 한국 고대사 연구에 바친 역사학자였다. 그와는 서울대 사학과를 졸업했다는 인연이 전부였지만 넉살 좋은 나병식은 공부모임 이외에도 그의 집으로 자주 찾아갔다. 천관우가 동아일보를 그만두고 재야에 힘을 싣고 있던 시절이었다.

천관우는 역사학도를 특별히 좋아했다. 덩치도 크고 시원시원하며 선이 굵은 나병식을 아끼는 마음도 각별했다. "천관우 선생님은 자유민주의 신념이 확고했어요. 그리고 당시에는 어떤 사회과학적인 지식보다 용기가 필요한 시절이었지요. 그분이 민주수호국민회의 만들어서 동아일보 쫓겨나고 진짜 어려운 생활을 하는 걸 보면서 존경하게 되었죠." 나병식의 천관우에 대한 지극한 마음이다. 명성도 자자했지만 무엇보다 밥벌이도 잃고 변방으로 내몰려도 정권에 맞서 우람하게 싸우는 천관우의 결기를 따르고 싶었다.

여기서 나병식의 국사학과 1년 후배 강창일의 이야기를 덧대어 보자. 나병식이 학생 때 일은 아니지만 천관우와의 오랜 인연을 짐작할 만하다. "당시 천관우 선생은 당대 지성의 희망이었죠. 천관우 선생은 신화가 있는 사람인데 역사학자로서 대학교 졸업논문이 〈반계 유형원론〉인데 최고였어요. 실학의 계보를 학문적으로 정리한 것도 최초가 천관우 선생님이었어요. 거기에다가 유명한 사설 '무릎 꿇고 사느니 서서 죽겠다.' 뭐 그런 것도 쓰고 그러니까 60년대 70년대에 역사학도의 롤 모델이었어요. … 천관우 선생은 나와 병식이 형이 가면 되게 아껴 주었어요. 연말 되면 천관우 선생 댁으로 양주 선물이 많이 와요. 그러면 사모님이 신촌 어디 시장에 가서 소주로 바꿔왔어요. 그래서 소주로 손님들 접대하고 그랬지요. 우리가 새해에 세배 가면 그렇게 술 주고 그랬어요."

그러다 두 사람이 대판 싸운 적이 있었다. 그날의 사건을 강창일은 이렇게 기억한다. "언젠가 천관우 선생 댁에 갔어요. 거기서 잘 요량으로 늦게까지 술을 마셨는데, 병식이 형하고 천관우 선생이 막 싸우는 거예요. 뭐 변절했다 하는 전두환 시절 이전이니 그걸 갖고 싸운 건 아니고, 아무튼 정치적 견해 차이로 막 싸우는 거예요. 둘 다 덩치가 어마어마했잖아요. 그러다가 천관우 선생이

'나가 이놈아!' 소리를 치고, 병식이 형은 욕 비슷한 걸 하며 씩씩 대면서 나갔던 기억이 있어요. 눈이 많이 오던 밤이었지요. 그거 야 어떤 해프닝이고, 사실 병식이 형하고 나하고 찾아가 술도 얻 어먹으며 많은 이야기를 듣고 배우고 그랬어요." 뭐로 보나 월등 했던 천관우의 아량이 우선이었겠지만 두 사람이 호쾌하게 교류 했다.

그런 일 있고 얼마 후, 전두환 정권에서 천관우가 평화통일자 문회의 의장을 맡게 되고 그러곤 인연이 닿지 않았다. 중간 어디 쯤에 금줄을 긋고 무리를 이쪽과 저쪽으로 적군과 아군으로 나누 어야 하는 시절이 있었다. 천재였고 지사이자 곤궁했던 거인은 밥 을 빌려 잠시 건너편 동네로 갔다가 동지들 곁으로 돌아오지 못했 다. 문도 걸어 닫고 마음 열지 않았던 이들의 분노가 너무 강해 거 인이 역사에 남긴 이전의 족적도 다 지워 버렸다.

나병식은 대학 시절 읽은 인상 깊은 책으로 마르쿠제의《이성 과 혁명》을 꼽는다. 마치 그에게서 세례라도 받은 양 이곳저곳에 서 마르쿠제 이야기를 한다. "마르쿠제에게는 서양 사상을 관념론 에서 유물론까지 전부 다, 가장 쉽게 요약한 게 마르쿠제였던 거 같아." 헤겔에서 마르크스로 넘어가는 과정이 진짜 궁금했던 그는 마르쿠제《이성과 혁명》에서 이를 해소하고 마르쿠제가 개괄하고 정리해 주는 마르크스의 핵심 사상에 이끌렸다. 하지만 당시 마르 쿠제 책을 밑줄 치며 읽는 일은 반공법 위반이었다. 운 좋게도 나병식은 얼마 안 있어 마르쿠제를 제대로 배울 기회를 얻게 된다.

　왜 마르쿠제, 그것도 《이성과 혁명》이었을까. 1970년대 초 대학을 비롯한 우리나라의 지적 지형에서 마르크스주의를 공부하는 것에는 많은 제약이 있었다. 백남운, 박치우 등의 월북한 사회주의자들의 저작에 기대고 있었고, 마르크스주의에 대한 원전들은 아주 부분적으로 그것도 매우 부정확한 번역에 의존하여 몰래 돌려보는 복사본의 형태로 소개되고 있었다. 이런 시기에 서구 마르크스 이론의 한 유파인 프랑크푸르트학파와 여러 네오마르크스주의에 대한 나병식의 공부는 사실 마르크스주의의 우회적 수용이라고 볼 수 있다.

　지배계급에 대한 비판과 민중의 혁명성에 대한 인식의 확고한 정립을 바라고 있던 나병식을 비롯한 당시의 가슴 뜨거운 청년들에게 마르쿠제가 특별히 다가왔던 것은, 그가 《이성과 혁명》에서 펼쳐 보이는 부정의 사유, 바로 변증법 사유의 진수를 헤겔에서 마르크스까지 이어주며 이를 풍부하게 소개하고 있었기 때문으로 보인다. 물론 1980년대 이후 마르크스주의가 본격적으로 수용되면서, 1970년대의 비판이론 수용은 지식인들의 지적 욕구나 계급성이 탈각된 쁘띠부르조아적인 행태로 치부되기도 하였다. 그러나 이데올로기의 절해고도였던 우리 사회에는 황혼 무렵의 부엉이 울음처럼 서구 사상이 저녁의 축복처럼 들어온 측면도 있다.

　당시엔 여럿이 함께 대놓고 볼만한 책은 없었다. 볼 만하다 싶으면 반공법에 걸리고 무난하다 싶으면 읽어 뭐에 쓰나 하는 책이었다. 그렇기에 그 시절 지식에 목마른 이들은 이 굶주림을 해결하기 위해 신좌파책들을 복사해서 같이 세미나를 했다. 마르쿠제를 비롯한 신좌파책들 대여섯 권이 복사되어 대학을 돌았다. "그때 그 장사를 최혁배가 주로 많이 했어. 법대. 어디서 구해다가 복사해서 팔고, '절대 나한테 샀다 말하지 마라. 책장사가 와서 팔았다 그래라.' 그랬지. 잡히면 전부 반공법이니까. 최혁배는 결국 《자본론》 때문에 징역을 살았어. 75년에."

당시 운동권들의 향학열을 채워주던 최혁배는 이런 사람이다. 경북고를 나와 1970년 서울대 법대에 입학하고 1970년 11월 전태일 분신에 서울대 법대를 중심으로 한 대학생 친구들의 뒤늦은 헌신에 열심이었다. 나병식과 함께 후사연 활동도 했다. 이후 전태일 열사의 어머니 이소선 여사를 곁에서 도왔다. 독일 유학도 하고 미국의 로스쿨도 나오고 변호사가 되어 활동했으나 그의 별명은 '전태일과 청계피복 노동자의 벗 최혁배'이다.

돌이켜 보면, 나병식은 공부를 통해 마르크스주의 문턱에까지 이르렀다 볼 수 있다. 프롤레타리아 혁명의 당위성에 대한 완전한 동의는 아니더라도 자본주의 너머를 그려보는 이상적 상은 분명히 갖게 되었을 것으로 짐작된다. 그의 원시적 분노와 본능적 저항이 이론적으로 서서히 구조화된 결과였다. 물론 당시 운동권이 서 있던 지적이고 이데올로기적 지형에 따른 자연스러운 결과이기도 했다. 아직은 확고히 가다듬어지지 않는 이상적 사회에 대한 전망, 그러나 그에게 더 절실한 것은 전망보다는 용기였고 지금 당장 실천의 문제였다.

세상이 흘러온 연유와 그 하염없는 아픔을 치유하기 위한 지적 지도를 찾는 탐험에 몰입해 있던 나병식은, 더 지평이 너른 곳으로 가야 했고, 그 길은 역설적이게도 박정희 정권이 안내했다.

확장 그리고 도약

위수령이 발표된 1971년 10월 15일. 나병식은 종암동에서 아침을 먹고 특유의 걸음걸이로 동숭동 문리대에 갔다. 스산한 가을바람이 마로니에 잎을 흔들어 대고 있었다. 노랗게 물든 나뭇잎 아래에 탱크가 교문을 가로막고 서 있었고, 집총한 군인들이 휑한 교정을 지키고 있었다. 마침 개교기념일이어서 오가는 학생들도 없었고 적막감이 흘렀다.

교문 출입을 못하게 막고 있는 군인들을 뒤로하고 나병식은 멍하니 혼자 서 있다 ROTC 복장을 한 유초하를 만났다. 유초하가 "어. 들어와도 괜찮아." 하며 손짓하여 같이 교정으로 들어갔다. 그렇게 교정을 서성이며 잔디밭에서 서로 말없이 쳐다만 봤다.

'당분간 학생운동은 어렵겠구나.' 이심전심으로 걱정하며. 이내 둘은 학교를 나와 막걸리를 마시러 갔다.

"유초하는 앞으로 기관원 등의 감시를 생각하면 문리대에서는 학생 활동이 불가능하니 우리를 감싸줄 수 있는 가까운 서울제일교회나 KSCF(한국기독학생회총연맹)에 나가서 당분간이라도 학생운동을 재건하는 게 어떠냐고 나의 의향을 물으면서 권했다. 나는 교회운동에 관해서는 직접적인 연계가 없어 좀 생소했으나 들은 풍월이 있어서 그것도 괜찮은 생각이라고 들어 그다음 날로 유초하와 함께 KSCF로 갔다."(나병식, 〈원고〉)

이것이 나병식이 KSCF와 서울제일교회로 가게 된 내력이다. 사실 그는 당시에 기독학생회가 있다는 사실도 모르고 있었다. 그런데 기독학생회 멤버인 유초하를 만나 신세계에 눈을 떴다. 유초하는 박형규 목사의 장남인 박종렬과 친한 사이였고, 함께 기독학생회 활동을 하고 있었다.

KSCF의 역사로 가 보자. 1960년대 기독교 청년학생단체는 다양한 교파에 따라 여러 기독교 청년학생단체가 있었다. 대표적으로 세 단체가 유력했는데 한국기독학생회, YMCA, YWCA였다. 이들 단체를 통합해야 한다는 여러 요구가 있었고 노력 끝에 1968년 4월 17일 한국기독학생회, YMCA 대학부, YWCA의 대학생부 세 단체가 통합하기로 결의하였다. 7월에는 통합을 위해 '한국을 새롭게'라는 주제 아래 세 단체의 800여 명의 회원들이 수원의 서울대 농대에서 개최한 전국여름대회에 참여했다. 그러나 YWCA 대학생부는 '여성 운동체의 독자성 고수'를 이유로 통합에 참여하지 않았고, 한국기독학생회와 YMCA 대학부가 '학생기독교운동 통합선언문'을 발표한다. 두 단체는 공동 사업으로 '학생사회개발단운동'을 전개하면서 실제적인 활동 통합을 이루어 갔는데, 1969년 11월 23일 서울 YMCA 강당에서 전국 69개 대학이 참여하여 KSCF가 정식으로 출범하였다. KSCF는 초대회장에 박종렬, 초대 사무총장에 오재식, 사무국 간사로 학사단의 이직형, 전용환, 안재웅, 김경재, 김정일을 선출하였다. (한국기독교사회문제연구원, 《1970년대 민주화운동과 기독교》 참고) 이렇게 기독교학생운동의 거점이 만들어진 것이었다.

새로운 세계를 알게 된 나병식은 곧바로 KSCF에 나가기 시작한다. 그리고 그곳에서 서클 해산으로 오갈 데가 없는 처지에서 공부방을 얻었다. "거기 갔더니 굉장히 사람들이 따뜻하더라고. 학교가 박살 나 버려서 갈 데가 없는데, 여기서 세미나 좀 하면 어떠냐 하니까, 세미나 하라고. 방도 좋잖아, 옛날 종로5가 빌딩." 공부방을 얻으면 공부를 해야 하는 게 순서다. 서둘러 나병식은 공부할 동지들을 모았다. 강영원, 정문화, 이채언, 윤한택, 이원덕 등 예닐곱 명이 모였다. 그렇게 친구들을 모아 일주일에 한 번씩 마르쿠제의 《이성과 혁명》을 유초하에게 소개받은 최혜성의 지도 아래 강독했다.

최혜성은 서울대 철학과 60학번으로 한일협정 반대에 앞장선 6·3세대였다. 같은 6·3세대 김중태의 처남이기도 했다. 최혜성은 1960년대 프랑크푸르트학파의 영향을 받은 신좌파에 대해 일가견의 공부를 한 사람이었다. 백기완과 함께 백범사상연구소에서도 일했고, 김지하, 박재일과 한살림운동을 함께하며 한살림선언문을 작성에 참여하기도 하였다. 평전을 위해 당시의 나병식과 마르쿠제 강독한 일을 물었을 때 그는 오래전 일임에도 또렷하게 기억하고 있었다. 그는 나병식을 두고 "가벼이 나대거나 하지 않고 잡된 생각 없이 점잖았던 사람"으로 기억한다.

나병식은 특유의 적극성으로 이제 박형규 목사가 시무하고 있던 서울제일교회에도 둥지를 튼다. 박형규 목사는 조승혁 목사, 권호경, 김동완 전도사 등과 함께 당시 기독교사회운동을 이끄는 중심이었다. 강독을 통해 《이성과 혁명》을 떼고 나니 연달아 공부할 거리가 생겨났다. 강영원, 정문화 등과 서울제일교회에 옮겨가서는 후사연 멤버들을 하나둘 불러 모은다. 김경남, 황인성, 임상택, 박원표, 김희곤, 이영우 등이 차례로 합류했다.

서울제일교회에는 서울대생만 모인 게 아니었다. 박형규 목사의 소문을 듣고 여러 대학에서 학생들이 몰려 왔다. 새문안교회 다니며 피아노 연주하고 그러다 시시하고 재미없어 하던 이화여대 김은혜와 함께 차옥숭 등의 새얼회 회원들이 오고, 고려대 민우지, 검은10월단사건의 여파로 혼자 있던 윤관덕도 오고 서울제일교회는 점점 하나의 거점이 되어 갔다.

나병식은 그때까지 살아오면서 교회에 크게 관심이 없었다. 그나마 역사학도로서 천주교엔 관심이 있었는데, 천주교에 순교자가워낙 많았기 때문이었다. 그러나 그가 서울제일교회에서 마주한기독교계 운동 수준은 나병식의 상상을 넘어 있었다. "가 보니까우리보다 훨씬 사회운동에 관심이 크더라고. 알린스키, 풀뿌리운동, 그담에 뭐 하비 콕스의 책 《세속도시》. 이런 것도 공부해 보자,그래서 보니까 재밌더라고. 전통적 책보다 훨씬 더 생생하고 구체적이었어요." 더 도움이 되는 것은 거기서 만나는 목사, 전도사 그리고 활동가들이었다. "KSCF를 출입하면서 여러 사람을 만났지.그때 간사가 누구냐면, 이직형. 민청학련 때 같이 징역 살았던 사람이여. 그담에 안재웅 선생, 그담에 정상복 선생, 그다음에 신필균 이 네 사람이 간사를 했어요. 대표 간사는 이직형이 했고…."

나병식의 인식의 확장을 이끌었던 책들은 개혁적 성직자들이새롭게 받아들이던 신학 사상이었다. 당시 해외의 새로운 신학 사상이 한신대와 연세대에서 조직신학을 가르치던 서남동 목사와박형규 목사 등에 의해 번역, 소개되고 있었다. 그 대표적인 책이하비 콕스의 《세속도시》이다. 박형규 목사는 이렇게 들려준다."이 책은 세계적으로 주목받은데다가 그 내용이 당시 교회 갱신운동을 벌이던 교회 지도자들이나 신학자들의 생각과 일치하여 큰관심을 모았다. 하나님은 하늘 위에만 계신 것이 아니다. 그분은 세상의 현실 속에서, 세속적인 사회 속에서 일하신다. 그러므로 교회도 세상의 현실을 외면하고 하늘나라 갈 생각만 할 것이 아니라 매일매일 살아가는 사회현실 속에서 하나님을 만나야 한다.'는 내용이 담긴 것으로 기억한다."(신홍범, 《박형규 회고록 - 나의 믿음은 길 위에 있다》, 139쪽)

나병식은 그때 김지하도 만난다. 서울대 문리대 학생운동 울타리에서는 닿기 어려운 사람들과 자연스럽게 인연이 닿았다. "김지하 선배가 천주교운동을 원주에서 하고 있을 때였지. 지학순 주교, 장일순 선생하고. 그런데 기독교에 마땅한 놈이 없나 그러다, 나를 어떻게 본 거야. 그러면서 나보고 '야. 너 이거 어떻게 알고 왔냐.' 그러는 거야." 김지하는 나병식에게 교회와 연결된 활동을 적극 권하고 교회의 여러 사람들에게도 나병식 그룹과 결합하여 여러 일을 하라고 부추겼다.

그렇게 만난 김지하와는 이후에도 찾아가 도움을 청하고 조언을 구하는 사이가 되었다. 김지하의 회고록에는 이런 대목이 나온다. "그들 가운데 제일 기억에 남는 것이 네 사람인데 나병식 아우와 김근태 아우가 한 그룹이고 이부영 형과 최 열 아우가 또 한 그룹이었다. 다들 고생 많이 한 사람들이었는데 김근태 아우는 두번 와서 당시의 청년조직을 맡아 달라고 부탁했으나 나는 이제 정치가 아닌 어떤 다른 일을 찾고 있노라고 사양했고 나병식 아우는 그보다 더 자주 와서 옛날과 같은 나의 적극적 역할을 기대했으나 나는 이른바 생명운동의 일개 개척자로서 내 길을 가겠다고 타일렀다."(김지하, 〈김지하 회고록 '나의 회상, 모로 누운 돌부처' 246 - 번뇌〉, 프레시안) 김지하 자신이 생명운동을 시작한 1980년대 초 자신을 운동전선으로 불러내려는 여러 시도들을 회고하는 장면이다.

나병식은 개척 정신의 소유자였다. 1971년 10월 이후에는 나병식의 개척 정신이 만개한 시기라 할 수 있다. 행동 반경이나 교류 폭, 인식과 지평이 크게 확장되고 도약하였다. 그가 용기 있고 진취적이었기에 가능했다. 그는 미지의 영역에도 두려움 없이 발을 들였고 불확실한 일도 서슴없이 착수했다. 그런 적극성과 부지런함이 새로운 세계를 만나 두텁고 너른 인연을 쌓고 현실을 깊이 있게 경험하는 동력이 되었다. 미국의 프론티어 정신에 탐욕과 파괴가 따랐다면, 나병식의 개척 정신에는 동지들과의 끈끈한 결속이 따라왔다. 하나를 더 보태면 그는 대단한 직관력의 소유자였다. 세상사와 돌아가는 판을 빠르게 감 잡고 그것의 의미와 가치를 잡아채 거침없이 추진력으로 밀고 나갔다. 이런 그의 직관력은 이후 출판사 운영에서도 유감없이 발휘된다.

나병식의 KSCF와 서울제일교회에서의 활동은 애초에 상상할 수 없었던 운동의 거점들이 그물처럼 연결되는 성과로 이어진다. 나병식의 자평이다. "어디까지 넓어진 것이냐 하면, 그때 활동 범위가 엄청 넓어졌지, 전국적으로 넓어진 거야. 아무래도 미션스쿨이니까, 이화여대, 연세대 그렇게 한신대까지 연결되었지. 전국적인 네트워크가 한 2년 만에 만들어진 거지, KSCF 활동을 통해서. 학교 내 전통적인 학생운동권의 담을 넘을 수 있었던 거지. 내가 볼 때 기독교 쪽하고 박형규 목사를 만난 게 큰 행운이었던 같애. 71년, 72년에 교회 쪽으로 굉장히 인간관계가 넓어진 거야. 전국 대학으로, KSCF를 통해서."

나병식은 기독교계의 박형규 목사를 위시한 진보적 목회자들과의 깊은 신뢰와 연계를 토대로 여러 대학의 기독학생회 그리고 새문안교회, 창현교회, 향린교회 대학생회 등과도 탄탄하게 연결된다. 더 나아가 김말룡, 김낙중 등 노동계와도 연결된다. 이 인적 네트워크들은 이후 대학 간 연대 그리고 민청학련의 연결 고리로도 요긴하게 작동한다. 나병식과 KSCF에 참여하던 김경남, 황인성은 아예 운동의 근거지를 KSCF로 옮겨 기독교사회운동의 중심인물로 발돋움한다.

그뿐이 아니었다. 그들의 공부는 학생운동 이념 서클의 커리큘럼을 뛰어넘고 앞질러 나가게 된다. 바로 민중신학, 빈민운동, 전국적 조직운동에 대한 매우 폭넓고 실천적인 이해에 접근하고 있었다. "그때 우리가 알게 된 게 뭐냐. 신학이론, 칼 바르트 민중신학, 뭐 희망신학, 공부를 하게 되지. 남미가 어떻고 동독, 서독은 뭐 어떻고 신학 공부를 하게 됐지."

그들은 제3세계와 아프리카의 민족 민중 투쟁에 대한 세계사적 안목과 종속이론 등 새로운 변혁운동 이론도 빠르게 접할 수 있었다. 아울러 주민조직이론, 민중교육론 등의 현장운동의 방법론과 경험들을 습득하고 이를 현실에서 실천할 수 있는 소중한 기회를 제한적이나마 갖게 된다. 또한 당시 고대 노동문제연구소 연구원이던 김낙중 등 외부의 전문가들을 초빙하여 노동현실과 노동운동의 전망에 대해서도 공부한다. 학내에서 머물러 있었다면 접할 수 없는 귀중한 지식들이었다. 마당을 나와 길을 나선 이들이 만난 축복이었다. 물론 거기에는 교회의 첨탑이 아니라 길 위에 믿음도 하느님도 있다고 믿은 지도자들이 있었다.

서울제일교회가 운동권의 보금자리가 된 데에는 박형규 목사의 인품과 지도력이 결정적이었다. 박형규 목사의 명망과 너른 품이 방황하던 운동권 학생들을 소리 없이 끌어당겼다. 박형규 목사가 따르는 하나님은 "이것 하지 말라. 저것 하지 말라고 하시면서 인간을 속박하고 금지하는 분이 아니라, 역사의 수레바퀴를 돌리시며 나의 목덜미를 잡아 그 역사의 현장으로 끌어가시는 역사적이고 역동적인 분"이었다. 서울대 법대생에서 목사가 된 김경남은 박형규 목사의 바로 이 말을 신앙 고백으로 삼아 목회자의 길에 들었다.

박형규 목사는 "교회 와서 담배나 피워 댄다." 꾸지람하면서도 대학생들을 받아들였다. 사실 나병식은 박형규 목사가 "야, 담배 피지 마."하며 끝까지 나무랐으면 서울제일교회 출입을 그만두고도 남을 사람이었다. 다행히 그런 일은 일어나지 않았고, 박형규 목사는 세미나 참석은 물론 시간이 나는 대로 찻집에서 대화를 나누며 지도교수 역할을 자처했다. 대학생들을 지도하고 이끈 사람은 또 있었다. 바로 서울제일교회에서 전도사로 있던 권호경이었다. 그도 큰형처럼 동생들을 돌보고 이끌어주었다.

운 좋게도 나병식은 박형규 목사와 그의 삶의 몇몇 결정적 순간들을 함께한다. 서울제일교회에서의 만남 그리고 민청학련 거사 자금을 청하러 간 금잔디다방에서의 만남, 민주화운동기념사업회에서의 만남이 그러하다.

교회에 찾아든 대학생들도 받기만 하고 가만있지만은 않았다. 김경남, 황인성, 김은혜, 차옥숭 등 교회에 다녔던 이들이 교회 예배에 참석하고 신앙 활동을 하면서 기존의 청년 대학생 신도들도 합세하여 서울제일교회 대학생회가 출범하였다. 나중에 강영원은 기독교로 개종하고 가족들을 서울제일교회로 인도하기도 하였다. 그들은 단지 일요일 오후의 세미나만이 아니라 오전의 교회 예배에도 참여하고 성가대에도 서게 되면서 교회 활동에 온전히 스며들었다. 서울제일교회는 저항 문화의 실험극장이 되기도 하였다. 대학생회를 통해 다른 교회 대학생회와의 연대 활동도 본격적으로 추진된다. 교회에서 성탄절에 노동자 투쟁을 다룬 사회극 '어느 노동자의 크리스마스' 등을 공연하기도 한다. 이 연극은 당시 문리대 4학년이던 홍세화가 연출을 맡았고 서울대 연극반 반원들이 함께했다. 다음 해에는 사회극 '청산별곡'을 공연하는데, 이는 김지하가 쓰고 임진택이 연출하고 채희완이 안무를 맡은 작품이었다.

서울제일교회 대학생회는 농촌 활동과 빈민야학, 노동야학 활동하면서 새문안교회, 창현교회 대학생회 등과 긴밀히 교류한다. 김경남은 서울제일교회 대학생회의 학번별 회원들을 자신의 회고록에 남겼다. "70학번 나병식, 강영원, 박원표, 김회곤, 김경남, 신혜수, 김은혜, 차옥숭/ 71학번 임상택, 황인성, 최준영, 이영우/ 72학번 구창완, 정인숙, 조중래, 강정례, 윤관덕, 박혜숙/ 73학번 한승호, 오세구, 황은선, 백미서, 김희은, 이형숙, 양두석, 신희춘, 김기정" 등이다.

훈련

나병식은 서울제일교회에서 공부를 하고 사람을 만나면서도 노동현장 활동을 마음에 두고 있었다. 그만 유별난 것이 아니라 당시의 학생운동가 대부분의 일반적인 의지이자 열망이었다. 학생운동 출신들이 70년, 71년 무렵 공장에 들어가고 활동했지만 현장에 착근하여 노동운동 성과를 내고 있지는 못했다. 민중지향의 의지는 강렬했지만 현실의 벽은 높았고 경험은 일천했다. "민중지향적인 활동으로 나도 공장 생활해 보려고 돌아다녔는데 안 되더라고. 공장 찾아 많이 돌아다녔어 전국을." 나병식은 당시의 고충을 이렇게 말한다. "한일합섬. 그때는 '한일대학'이라 '자유대학'이라고 불렀는데, 거길 가 볼라고 마산을 수없이 내려갔는데 안 되더라고, 뽑아주질 않는 거야. 말단 공원으로 들어갈려 해도 안 돼. 왜냐면 학생이라는 신분도 금방 노출이 되고, 사실 먹물티를 벗는다는 게 힘들더라고."

나병식이 그때 노동자의 삶으로 완전히 이전했다면, 잘할 수 있었을까. 잘했을 거라는 단서를 신철영의 회고에서 굳이 찾을 수 있다. "어느 자리에서 나병식이 노래를 하게 되었는데, 노동자들 노래를 하겠노라 호언장담을 하더니만, 결국 트로트를 부르더라고. 무슨 운동권 노래를 부를 꺼라 생각했는데 당시 노동자들이 자주 불렀던 건 트로트였으니 나병식 말이 맞았던 거지." 나병식은 이런 친근감으로 사람들과 어울리며 "짜장면이나 먹으러 가자."고 하면서 잘했을 수도 있을 테지만 반대 의견이 강할 것이다. 그의 한없는 지적 욕구와 토론 선호, 큰판을 만들고 걱정일랑 던져버리고 몰아붙이는 추진력, 아무래도 다른 판이 어울렸다 하는 것이 맞을 것이다.

다행이었다. 그러던 중 나병식은 크리스챤아카데미 사무총장을 맡고 있던 조승혁 목사를 만났다. 당시 나병식 그룹이 미국의 민권운동가 솔 D. 알린스키의 주민조직 이론을 공부하고 있을 때였다. 주민조직 이론은 공동체의 주민들, 특히 가난한 도시빈민들이 자발적으로 조직을 만들어 각성하고 단결된 힘으로 자신들의 문제를 해결한다는 것을 핵심으로 한다. 우리나라에는 미국의 조지 오글 목사가 오재식 목사, 박형규 목사 등을 통해 소개하여 도시빈민선교에 많은 영향을 주었고, 그는 활동비 등 실질적 지원도 아끼지 않았다.

조승혁 목사는 나병식 그룹을 흐뭇하게 지켜보고 있었다. 어느 날 나병식에게 물었다. "야, 너 일 안 해 볼래?", "뭔 일이요?", "노조 결성 한번 해 볼래.", "노조요? 아, 한번 해 봅시다." 조승혁 목사가 KSCF 산하의 '한국학생사회개발단' 활동의 일환으로 노조 결성 지원 일을 제안한 것이었다.

당시 한국노총에는 김말룡이라는 한국노총의 민주노조계를 대표는 걸출한 인물이 있었다. 그는 노총위원장에 도전하고 있었는데 여러 산별노조의 지원이 필요했다. 하지만 김말룡에겐 강주헌이 위원장으로 있는 외국인투자기업노조연합이 유일한 우군이었다. 그런데 외기노조마저도 세력이 자꾸 약해져 독립된 산별노조 지위를 잃고 여러 직종이 모여 있는 연합노조에 편입될 처지에 있었다. 외기노조의 주력부대가 미8군에 취업하고 있는 한국인 노동자들이었는데 1969년 닉슨 독트린으로 군무원이 줄어들면서 점점 세가 약화된 탓이다. 그래서 외기노조 세를 유지하기 위해 아직 조직화되어 있지 않은 중화요식업 노조 결성을 시도한다. 당시 중화요식업은 대부분 화교가 운영하고 있어 외국 기업의 범주에 들었다. 김말룡, 김낙중, 강주헌, 조승혁 목사는 결단을 내린다. '학생들을 투입해서 한번 해 보자.' 믿을만한 팀은 생각 외로 가까이 있었다.

이런 내력으로 나병식과 중국집에서 만나는 자리에서 어김없이 들었을 중화요식업 노동자를 조직하기 위해 뛰어다녔던 무용담이 탄생한다. 중화요식업 종사자들의 노조 결성을 목표로 한 활동은 '외국인 투자기업 노동자 실태조사'부터 진행되었다. 나병식과 10여 명의 무리는 실태조사를 마치고 중화요식업 노동자들의 노조조직을 위해 4개월 정도 북창동 일대의 중국음식점들을 돌아다닌다.

당시는 70년 전태일 열사 분신 이후 민주적 노동조합운동의 동이 터오던 시기로 소규모 기업들에서도 노동조합 결성이 기지개를 켜고 있었다. 서울시내 용달차 운전사 노조, 양복점 종업원 노조, 청소부 노조 등이 결성되던 시기에 중화요식업 노동자 노조건설은 그 자체로도 매우 의미 있는 과제였다. 아울러 대한노총의 민주노조계 강화와 세력재편을 위해서도 매우 중요한 일이었다.

노동운동가 김말룡의 삶은 파란만장했다. 이승만 정권에서부터 시작한 민주노조의 꿈을 위해 전국노동조합협의회를 결성했고, 4·19혁명 이후에는 한국노동조합총연합회의 중앙위원회 의장으로 선출돼 최초의 민주적 노조위원장이 되었다. 1961년 5·16쿠데타로 한국노동조합총연맹이 출범했고 한국노동조합총연합회은 해산된다. 그는 이후 3차례나 노총위원장직에 도전했지만 실패했다. 나병식은 그때 만난 김말룡과 김낙중을 이렇게 말한다. "이 사람이 반공주의자이긴 한데, 민중의식이 있는 지도자였지요. 당시 비주류 우대하는 차원에서 자릴 줘서 노총 상임지도위원으로 있었지. 김낙중은 당시 한국노총에 정책자문위원으로 있었는데, 고려대 노동문제연구소 김금수, 조성준, 이원보 그런 사람들의 수장이었지요."

나병식 그룹은 이 일을 본격적인 노동운동을 위한 훈련으로 받아들였다. 그리고 당시 노동운동의 지도자들인 김말룡과 김낙중을 만난 것을 큰 행운으로 알고 최선을 다했다. 나병식의 회고다. "저기 뭐야 정찬용이부터 해 가지고 정문화, 임상택 해서 문리대와 상대 중심으로 한 10명 정도 팀을 만들었어요. 그렇게 노조 지원 활동을 했어요. 근데 이것이 일이 진행되면서 중정한테 발각이돼 가지고 쫓기게 되었어요. 3월달 개학하자마자 우리를 잡으러다니는 거예요."

당시 함께했던 황인성에게 이 활동은 뜻깊었다. "내 나이 또래의 젊은이들이 기술을 배운다는 명목으로 단지 먹고 자는 것을 해결하는 것만으로 거의 보수 없이 주방이나 홀에서 그리고 배달로하루 종일 비참하게 일하는 것을 보면서, 어떻게 하면 가난한 이들이 제대로 대접받는 세상을 만들 수 있을까 하는 생각과 여러가지로 어렵다고는 하지만 그들보다 훨씬 나은 처지에 있는 대학생이 지녀야 할 소명의식과 과제에 대해 고민하기도 하였다."(황인

성, 〈10·2 유신반대시위에 대한 회고〉, 《10·2시위 자료집》, 28쪽)

그들의 노력에도 불구하고 중화요식업의 노조 조직화엔 여러 어려움이 있었다. "석 달 동안 카운터, 주방을 들치면서 노조의 중요성을 말하며 다녔는데, 근데 결성이 잘 안 돼요. 중국집이란 특성 때문에. 그때는 참 비참할 때인데, 오죽하면 인육시장이라 불렀어요. 서울역하고 북창동 노동시장을. 새벽에 촌에서 올라온 사람, 덩치 큰 놈들은 주방으로 보내고 얼굴 좀 잘생기면 카운터로 보냈어요. 그때는 월급이 거의 없었어요. 밥 먹고 자는 그런 정도였다고. 촌에서 와 올 데 갈 데가 없으니께." 나병식의 회고다. 북창동, 서울역 소위 인육시장에서 막무가내로 먹고살기 위해 끌려왔다시피 한 노동자들을 북창동 중국집 거리를 돌며 조직화하고자 했으니 성과가 쉽게 날 리 만무했다. 또한 노동운동에 경험도 없는 신출내기들의 일이었으니 오죽했겠는가. 노동운동을 위한 준비 단계로 생각하고 죽기 살기로 매달려 봤지만 성과와 전망은 나오지 않았다.

그러던 중에 고려대 김낙중이 연루된 간첩조작사건이 터졌다. 김낙중과 만나고 있던 나병식 그룹도 절체절명의 위기였다. 만일 김낙중이 수사 과정에서 그들 존재를 말했다면 영락없이 조작된 사건에 엮일 게 자명했다. 천만다행, 나병식과 함께한 그들은 안도의 한숨을 쉬며 "야! 안 되겠구나." 학교로 돌아간다. 나병식은 4학년이 되어 있었다.

3장

용기와 10·2데모

역사가 오는 건널목들

해방 이후 강대국의 한반도 개입과 분단, 한국전쟁으로 민족상 잔까지 겪은 현대사가 박정희 군사 정권으로 귀결된 것은 가장 비극적 결론이었다. 국가는 군인들에게 강탈되었다. 총부리가 향하는 곳이 역사가 나아갈 방향이었고 총 든 군인들의 군홧발이 대한민국의 길을 내었다. 그 길에서 자유도 민주도 평화도 평등도 결코 빛나거나 꽃 피지 못한 채 스러졌다.

1961년 5·16군사쿠데타 이후 박정희는 1963년 10월 15일 대통령에 당선된다. 군복을 벗은 박정희였지만 새롭게 출범한 정부는 뿌리도 줄기도 군사 정권 행태 그대로였다. 오히려 더 능란하고 노골적이고 야욕에 찬 독재체제로 발전했다. 1964년 3월부터 굴욕적인 한일협정을 반대하는 대학생 시위가 격화되다 6월 3일 전국적 시위로 정점에 이르자 정권은 비상계엄령을 선포하고 군대를 동원하여 진압한다. 6·3항쟁은 직접적으로는 굴욕적인 한일협정에 대한 민족자주적 반대운동이었지만 본질에 있어서는 정치 사회경제 구조에 대한 항거였고 박정희 정권의 폭정에 대한 항의였다.

박정희는 1967년 5월 대통령에 재선된다. 곧 이어진 6월의 제7대 총선에서 부정 선거로 헌법 개정이 가능한 압도적인 의석을 획득하고, 1968년 12월부터 장기 집권을 위한 3선개헌을 본격화했다. 반대 시위가 이어졌지만 휴교령과 경찰 병력이 매듭을 지었다. 결국 1969년 10월 박정희는 3선개헌을 이루고 1971년 대통령 선거에서 김대중 후보와 접전을 벌이고 다시 대통령에 당선된다. 말할 나위 없이 부정 선거의 힘이었다.

세 번의 대통령 임기에도 박정희의 야욕은 채워지지 않았다. 1972년 10월 17일, 대통령 특별선언에서 국회 해산, 정당 및 정치 활동 중지, 비상계엄령을 선포한다. 계엄사령부가 설치되고 정치활동 목적의 옥내외 집회 및 시위를 일절 금지하고 언론·출판·보도 및 방송은 사전 검열을 받고, 대학들을 모조리 휴교시켰다. 열흘 뒤 10월 27일에 헌법 개정안이 국회의 권한을 대신하는 비상국무회의에서 의결되고, 11월 21일 국민투표에 부쳐져 12월 27일에 공포되었다. 헌법 개정이 새마을운동 지붕 개량보다 쉽고 빨랐다. 유신 헌법이 통과되고 두 달 후 통일주체국민회의 대의원 선거가 실시되어 2,359명의 대의원이 선출되고, 12월 23일 박정희가 단독 입후보하여 찬성 2,357표, 무효 2표로 임기 6년의 제8대 대통령에 선출된다.

유신체제는 전격적으로 와서 공포를 뿌리고는 이내 굴종을 낳았다. 유신체제는 영구 집권의 발판이고 국민기본권의 말살, 억압과 통제의 시스템이었다. 유신 헌법은 거대한 얼음장이 되어 온 세상을 덮쳤다. 얼음장 아래에는 분노와 울분이 가득했지만 아직은 침묵과 망연자실, 체념의 결정들만 들러붙고 있었다. 유신 헌법 철폐라는 시대적 과제를 모두가 알고 있었지만, 칠흑의 어둠에서 번뜩이는 건 탄압의 칼날뿐이었다.

그도 그럴 것이, 1972년 10월 17일 전국에 비상계엄령이 내려진 가운데 10월 유신이 선포되었고 1973년 2월에는 많은 언론기관이 폐쇄되었으며 8월에는 야당 정치인 김대중이 동경에서 납치되었다. 유신체제에 대한 저항에는 금도가 없는 탄압이 기다리고 있었다. '반대하는 자 목숨을 걸어라.' 박정희 정권은 김대중납치사건을 통해 국민에게 분명히 말했다. 폭압이 일상화되었고 저항은 죽음을 떠올리기에 충분했다. 세상의 적막함은 어쩌면 폭압이 심어놓은 공포 때문이었다.

상황은 엄혹했다. 그러나 사람들은 알고 있었다. 이제 유신체제와 싸우는 것이 절대 명령이라는 사실을. 유신체제를 부수는 것만이 민중들에게 더 나은 삶의 조건이 되리란 사실을.

어느새 거대한 얼음장을 깨려는 돌멩이들이 날아올랐다. 분노가 대공세가 되기에는 더 많은 사람들이 필요했지만, 분노가 결기가 되고 몸짓이 되는 데엔 많은 시간이 필요하지 않았다. 모든 역사에서 저항은 먼저 진실을 말하는 일, 몇 사람, 첫 발걸음으로 시작된다.

"이런 것들이 쌓여서 10·2데모로 오는 길이거든요. 이런 건널목들을 건너서." 나병식이 말하는 역사의 건널목들은 어떤 것들일까. 이 길을 뚜벅뚜벅 걸어온 이들은 또 누구일까. 당시 국민들이 유신 헌법에 대한 분노와 울분을 달래는 메시지는 김대중의 성명이었다. "개헌 국민투표는 비합법적이고 무효이다." 정치적 핍박을 피해 일본에서 던진 호소였다.

이제는 국민적 저항이었다. 유신 헌법이 통과된 바로 다음 날, 1972년 11월 22일 전주시 전주고 학생들이 '유신반대 반파쇼선언문'을 낭독한다. 고교 3학년이던 소병훈, 최규엽, 채수찬, 박경희, 최수열, 오용석, 박종영 등은 앰프와 플래카드를 준비하여 운동장에서 교내 시위를 주도하다 이내 연행되었다. 이들은 전북도경 대공분실에서 조사받고 일주일 후 소병훈, 채수찬, 박경희가 제적되고, 최규엽, 박종영, 최수열, 오용석은 무기정학을 당하였다. 이들의 함성은 학생들 가슴을 울렸으나 보도통제로 학교 울타리를 넘어 울려 퍼지지는 못했다.

"대한민국 대통령 박정희와 그 주구들은 권력에 굶주린 나머지 종신집권 야망에 국민의 눈과 귀에 총부리를 겨누었으며, 한국적 민주주의란 가면을 쓰고 국민의 고혈을 강취하고 있다. 자학과 어두움 속에 허탈에 빠진 언론, 문화인, 청년학생, 시민이여! 우리의 함성이 들리지 않는가."(〈함성〉) 1972년 12월 두 달 동안 강제 휴교 상태였던 전남대에 개강을 앞두고 '함성'이란 제목의 유인물이 뿌려졌다. "그 거대한 공포체제에 저항의 물꼬를 트는 최초의 행위를 이 어수룩한 두 청년이 개시하고 있었다." 두 청년은 바로 이

강, 김남주였다. 그들은 우선 8절 크기의 등사판 유인물 500여 장을 배포했다. 계속해서 '고발'이란 제하의 유인물을 뿌리고 이후 전국의 대학에 뿌릴 계획도 준비하였다. 하지만 이듬해 3월 30일을 시작으로 경찰은 이 강과 김남주 그리고 박석무, 김정길, 김용래, 이평의, 이정호, 윤영훈 등 제작과 배포를 도운 이들을 잡아들여 국가보안법과 반공법 위반으로 구속한다. 함성지사건 관련자 15명 중 이 강은 징역 3년, 김남주, 박석무는 2년, 나머지 사람들은 집행유예를 선고받았다. (김형수, 《김남주 평전》 참고)

유신 반대 첫 유인물 배포였다. 이들이 구속되고 재판을 받는 과정에서 유신 반대 저항의 물결이 일기 시작했다. 광주전남 민주화운동 세력 결집의 계기도 되었으며 저항시인 김남주의 이름과 글이 역사에 등단한 것이기도 했다.

1972년 12월 2일 고려대 정문에 걸린 '한국적 민주주의 이 땅에 뿌리박자'라는 현수막이 불탔다. 그리고 고려대 서클 한맥회 정진영, 박영환, 윤경로는 1973년 3월 개학날에 맞춰서 '민족, 민주, 통일의 햇불을 들자'는 유인물을 학내에 뿌린다. 3월 12일, '민우'(民友)라는 지하신문을 발행하고 4월에 2호를 내며 유신에 대한 비판을 시작한다. 공안당국은 이들을 엮어 고려대 'NH회사건'이라 칭하고 간첩단 사건으로 키웠다. 고려대 노동문제연구소 사무국장 김낙중은 간첩 활동 혐의로, 정발기, 최기영, 박세희, 김영곤 등 10명의 학생은 반국가단체조직과 불온유인물살포 등의 혐의로 구속된다.

1973년 5월에는 고려대 서클 한국민족사상연구회가 등림회로 재건되어 활동을 시작하자 '야생화'라는 제하의 지하 유인물을 발간했다하여 제 철, 최영주, 박원복, 유경식, 김용경, 유영래, 이강린 등을 남영동 대공분실로 끌고 갔다. 이른바 '검은10월단사건'이라 명명된 조작 사건이었다. 이들은 유신 반대에 대한 가차 없는 처벌의 본보기로 탄압을 받은 것이었다.

1973년 4월 22일 부활절 예배는 특별했다. 기독교의 진보 세력인 한국기독교교회협의회와 보수 세력 연합인 대한기독교연합회가 처음으로 연합 예배를 서울 남산의 야외음악당에서 하기로 한 날이었다. "당시의 사회 분위기는 유신 정권의 살벌한 강압조치로 극도로 위축되어 있었다. 어디에서라도 조그만 목소리를 내서 이 상황에 돌파구를 열어야 하지 않을까? 그렇다면 수많은 기독교신자들이 모이는 부활절 예배야말로 좋은 기회가 아닌가?"(신홍범, 앞의 책, 218쪽) 부활절 연합예배를 앞두고 박형규 목사가 새긴 결의였다.

박형규 목사는 유신체제를 비판하는 플래카드와 전단을 만들기로 하고 권호경 전도사와 공해방지협회 이사를 했던 신민당 당원 남삼우와 일의 진행을 협의한다. 당시 권호경 전도사는 도시빈민선교 활동을 위해 초교파 인사들이 1971년 9월에 발족한 '수도권도시선교위원회'에서 활동하고 있었다. 반석교회의 김동완 전도사도 이 위원회에서 함께 일하고 있었다. 이들은 유신 반대의 분명한 의지를 밝히면서도 교인들에게 공감받을 수 있도록 성경 구절을 인용하거나 기독교적 표현들을 담아 현수막과 전단의 구호로 삼았다. "주여, 어리석은 왕을 불쌍히 여기소서", "선열의 피로 지킨 조국, 독재국가 웬말이냐", "서글픈 부활절, 통곡하는 민주주의", "회개하라 이후락 정보부장" 등의 구호를 넣어 플래카드 10개, 전단 2,000장을 준비한다.

행사 당일, 정작 플래카드는 행사장을 포위한 경찰의 삼엄한 경계로 인해 현장으로 들어가지 못했다. 대신 부활절 전날 김동완 전도사로부터 부름을 받은 KSCF 회장 나상기, 정명기, 이상윤, 황인성, 서창석 등 20여 명이 근처 여관에서 하룻밤을 보내고 새벽에 유인물을 옷 속에 숨겨 현장으로 들어갈 수 있었다. 그들은 예배를 마치고 교인들에게 전단을 나누어 주고 승용차 등에 넣어 주었다.

사전에 세운 계획에 비하면 거사는 초라하게 진행되었지만 사건은 어느새 내란예비음모가 되어 버렸다. 서중석은 이를 두고 "단체 사건의 한 원형"이라고 설명한다. "각본을 이렇게 어마어마하게 만들어 발표한 건데, 이런 식의 각본이 그후 계속해서 사용된다. 유신 반대 운동을 벌이면 어떤 식으로 각본을 만들어내 탄압할 것인지 모범 답안을 보여준 것이 바로 이 연합예배 사건이다."(서중석, 《서중석의 현대사 이야기》 12, 35쪽)

이 사건으로 박형규, 권호경, 남상우, 이종란 등은 내란음모죄로 구속되기에 이른다. 박형규 목사와 권호경 전도사에게 징역 2년, 남상우 징역 1년 6월, 이종란 징역 1년이 선고되었다. 유인물을 배포했던 KSCF 간부들 나상기, 정명기, 황인성, 이상윤, 서창석 등 5명은 일명 '빙고호텔'이라 불리던 보안사 서빙고분실에 끌려가 모진 고문을 당하고 남대문경찰서로 넘겨져 29일의 구류처분을 받았다.

유신 반대 유인물 배포가 공안당국에 의해 드라마틱하게 극화되고 꼭두각시 사법부에 의해 절찬리에 공연되었다. 검찰이 발표한 스토리는 이랬다. "플래카드와 삐라를 지참한 행동대원들이 예배 군중들을 선동해서 방송국을 점거하고 서울시내로 진입해 중앙청과 국회 의사당을 비롯한 중앙 관공서를 파괴, 점거하고 서울시내를 완전히 장악한 다음 일반 국민과 윤필용 추종 세력의 지지 아래 현 정부를 강제로 축출, 타도하고 각계각층의 양심적이고 민주적인 인사들로 임시통치기구를 구성한 후 유신 헌법을 폐기하고 새 헌법을 제정한다." 역사적 사건들과 인물들은 "한번은 비극으로 한번은 희극으로" 나타난다 했지만, 대한민국에서 이런 비극은 유신시대가 종말을 고할 때까지 아니, 그 너머까지 현실에서 숱하게 반복되고 재현되었다.

1973년 5월에는 연이어 '1973년 한국 그리스도인 선언'이 발표된다. 선언은 유신을 "사악한 인간들이 그 지배와 이익을 위하여 마련한 국민들에 대한 반역"으로 규정한다. 나아가 "1972년 10월 17일 이후 국민의 주권을 전적으로 무시한 채 제정된 법률, 명령, 정책 또는 독재를 위한 정치적 절차를 우리는 한국 국민으로서 단호히 거부한다. … 이 투쟁을 위하여 우리 그리스도인들은 신학적 사고와 신념을 심화하고, 신앙적 자세를 분명하게 하며, 눌리고 가난한 자들과의 연대를 강화하고, 하나님의 나라를 선포하는 복음을 널리 전파하며, 말씀에 서서 조국을 위해 기도함으로써 교회를 새롭게 하자." 등을 밝히며 국민, 기독교인 그리고 세계의 기독교인들을 향해 각각의 행동과 지지를 호소한다. 이 선언은 '한국기독교 유지 교역자 일동' 명의로 발표되었는데, 민중신학을 탄생시킨 대표적 인물이었던 서남동이 주도했다. 당시에는 이 선언이 큰 주목을 받지 못했지만 향후 기독교계의 민주화운동의 신앙 고백이자 신학적 근거이자 행동원리가 된다.

부활절예배사건으로 박형규 목사 등이 구속되고 학생들이 수사를 받자 교회에서는 일대 파문이 일어난다. 많은 교회에서 줄을 이어 연일 구속자를 위한 기도회와 예배가 열린다. 소장 목회자들뿐만 아니라 NCC와 교단 차원에서도 정권을 비판하며 구속자 석방을 요구한다. 이러한 싸움을 이끌어간 것은 KSCF의 소속 대학생들의 노력이 결정적이었다. 그들은 서울시내 대형 교회를 일일이 찾아다니며 호소하여 동참을 이끌어내고 조직적으로 석방요구 기도회를 개최하였다. 이러한 기독교계의 유신 반대 선언과 행동은 한국 교회의 민주화와 인권운동의 실질적 첫걸음이 되었다. 교회의 대전환이었고 민주화운동사의 중요한 전환점이기도 했다.

유신이 강요하는 침묵과 굴종을 거부하는 사람들이 힘겹게 싸우기 시작했다. 폭압의 어둠 속 별빛이 되어 길을 인도하고 있었다. 그 별빛을 따라 뒤이어 길을 나선 이들이 있었다. 새벽을 맞이하려면 좀 더 서둘러야 한다고 믿는 사람들이었다. 나병식도 그들 중 하나였다.

결단

바깥바람을 쏘이고 와서 차분하게 바라보는 교정은 봄이라 하기엔 생동감이 너무 없었다. 활기 없는 교정은 나병식의 몸을 쑤석거렸다. 게다가 4학년이었다. 자신도 모르게 책임감이 몰려와 마음을 짓눌렀다. 하지만 그동안의 학생운동 관례로 볼 때 나병식이 느꼈던 책임감은 사실 좀 일반적인 것은 아니었다. 통상 학생운동을 하다가 4학년이 되면 운동을 3학년 후배들에게 맡기고 취직을 준비하거나 대학원 진학 등에 신경을 썼다. 그러나 나병식은 기존의 관례를 답습할 수 없었다. 우선 엄혹한 상황에서 학생운동이 너무 지리멸렬해 아무도 나서지 못하고 있었다. '나라도 해야 한다.' 낭만적인 관념적인 학생운동과의 결별은 새로운 관습을 만드는 일이었고 이것이 질적 도약을 만들 것이라 믿었다. 나아가 나병식은 학교 밖에서의 활동의 경험을 토대로 여러 대학과 교회 등이 연결된 '동시에 몰아붙이는 데모'의 구상이 머릿속에 분명하게 그려져 있었다. 이를 위해 해야 할 일이 있었다.

제일 먼저 위수령이 해제된 학내의 열린 공간에서 운동의 기둥을 다시 세우고 침체된 분위기를 일신해야 한다고 생각했다. 학교에 돌아온 나병식과 정문화, 강영원은 곧바로 학생회 부활을 위해 노력한다. 일단 학기 초에 그간 후사연을 함께했던 이들과 후배 등 50여 명을 모아 북한산을 등반하며 학생회 부활에 대한 의견을 모은다. 서클도 다시 등록하기로 했다. 위수령으로 해체된 후사연 기존 회원들을 다시 규합하고 다른 문리대 소그룹들과도 힘을 합쳐 '한국문화연구회'를 꾸려 공식 서클로 등록했다.

예상은 했지만, 학생회라는 공개조직을 만들어 학내에서 운동을 전개한다는 의견엔 반대가 만만치 않았다. 일각에서는 "철없는 애들이 학생회 부활해서 운동 역량을 한입에 정보기관에 털어넣으려 한다."며 반대했다. 그 염려가 이해 못할 바는 아니었다. 당시 학교에는 준비론과 현장론이 공존하고 있었다. 나병식은 당시 상황을 이렇게 구술한다. "우리는 현장론을 지향했거든. '학내는 학내 현장대로, 밖의 노동현장은 민중 현장대로 다 뛰어야 된다.' 이게 현장론이었죠. 준비론은 '대오를 가지고 오래 준비해서 해야 된다.'는 것이고요. 그 부분에서 갈등이 있었어요. 선배들의 경우는 대개 준비론에 가까웠고 우리 또래서부터 현장론에 가까웠어요. 이 갈등이 결국은 73년 학생회 부활부터 터진 거예요. 학생회 부활 때부터 선배들은 학생회 부활이 그나마 있는 싹도 갔다가 정보기관에 바친다는 우려가 있었어요. 그게 사실이었고요. 그때는 학내에 정보기관들이 상주를 했기 때문에."

그럼에도 나병식은 이젠 밀어붙여야 할 때라 생각했다. 다행히 학내 4학년 중에서 이근성, 정찬용, 김효순 등도 학생회 부활에 뜻을 같이 했다.

학생회 부활을 앞두고 나병식은 문리대 학생회장 후보를 물색했다. 그가 보기엔 사회학과 3학년 도종수가 제격이었다. 경기고를 졸업한 도종수는 고등학교 선배 이 철에게서도 출마 권유를 받아 어느 정도 마음이 기울어져 있었다. 그러나 집안 설득이 걱정이었다. "형님이 우리 아버지께 잘 말씀드려 허락받아 주면 출마할 게요." 나병식은 도종수와 함께 그의 부모님을 설득하기 위해 대전으로 향했다. 경찰 출신의 도종수의 아버지는 상가번영회 회장을 맡고 있었다. "제가 종수를 학생회장으로 추대하려 합니다.", "우리 아들이 학생대중 활동하는 건 좋은데 너희들 분명히 데모를 할 것 아니냐?", "아이, 아버님, 절대 데모 안 합니다. 솔직히 하고 싶어도 능력이 없어 못합니다." 당시의 학교 상황을 볼 때 타당한 말이기도 했지만, 나병식의 능청스러운 대답에 아버지는 도종수의 출마를 허락했다.

부회장 후보 나현수도 문제였다. 그는 동양사학과 3학년으로 흥사단 아카데미 출신이었다. 나병식은 그의 아버지를 만나러 다시 면목동으로 간다. 그의 부친은 서울대 나종일 교수로 서울대 사학과를 나온 고향 선배이기도 했다. "유신체제인데 혹시 현수를 부회장으로 출마시켜도 괜찮겠습니까?", "데모만 안 일어나면 해도 괜찮지." 그렇게 하여 1973년 서울대 문리대에 학생회가 재건되었다. 아울러 상대에서는 정금채, 법대는 홍정기가 학생회장에 당선되었다. 모두 흥사단 아카데미 출신이었다. 이렇게 하여 학생회라는 공개적인 자리에 운동의 기반이 마련되었다. 나병식을 포함한 4학년들은 안도의 한숨을 쉬면서 이제 진짜 일을 벌일 준비에 돌입했다. 여름방학을 앞두고 나병식과 정문화, 강영원은 분명한 하나의 결론에 도달해 있었다.

'유신 반대 대규모 시위를 만들자!' 이렇게 결단하고 나니 나병식의 머릿속에서 모든 것이 환하게 정리되었다. 그동안 몸부림쳐 왔지만 잡히지 않던 민중지향운동의 방향도 잡혔다. 유신체제는 민중의 삶의 조건을 극도로 옥죄는 체제이니 제일로 타격해야 할 목표였다. 패배주의가 만연한 학생운동의 타개책도 보였다. 목사님들도 하고 앞서서 다른 학생들도 저항했는데 우리도 뭔가 해야 한다는 결단도 분명해졌다. 그것이 바로 나병식이 말한 "건널목들을 건너서" 온 앞선 유신 반대 투쟁의 용기에 대한 진실한 응답이었다.

나병식에겐 믿을 만한 구석이 있었다. 그간의 학교 밖에서의 활동의 성과였다. 확장과 도약이 만든 담대함이랄까, 그는 연합 시위 그것도 파장이 큰 시위를 꿈꾸고 있었다. '우선 문리대가 앞장서 법대, 상대와 데모를 하자. 이어서 KSCF와 서울제일교회에서 연결된 이화여대, 한신대 등도 나설 수 있을 것이다. 그리고 전남대, 경북대도 일어나 싸울 수 있을 것이다.'

나병식은 유신 반대 시위가 가을에는 일어나야 한다고 생각했다. 성공하지 못하더라도 지금이 학생운동의 선도투쟁이 절실하게 필요하다는 생각이었다. 전태일열사분신사건, 광주대단지 이주민들의 저항, 한진상사 노동자들의 KAL빌딩방화사건을 보면서 민중지향성을 어떻게 실천할 수 있는지에 몸부림치고 있었다. 그러면서 학생운동의 무력감, 좌절감을 보면서 질문을 던지고 있었다. '아, 이걸 어떻게 뚫어야 하나.' 유신체제에 정면 도전하는 데모밖에 답이 없었다.

당시의 분위기를 나병식은 〈원고〉에 이렇게 적고 있다. "유신체제가 선포되어 대탄압의 족쇄가 채워지자 세상은 온통 침묵과 굴종만이 강요되는 듯한 분위기가 사회의 전반을 지배하였다. 민주주의는 무덤 속에서나 찾을 수 있을 것만 같았다. 모든 사회운동도 일거에 활력을 잃고 정지되었으며, 학생운동도 예외는 아니었다. 10월 유신은 그것이 이루어진 과정이나 목적을 보더라도 사실상 제2의 5·16이었다. 유신 독재는 체제의 위기를 한 차원 끌어올린 새로운 폭압체제에 다름 아니었다. 학생운동권에서도 이심전심으로 유신 폭압에 대한 대응의 방도를 놓고서 깊은 자성과 함께 새로운 분발이 꿈틀거리기 시작했다."

나병식은 '굴종'에 대해 생각했다. 그리고 '새로운 분발'에 대해 고민했다. 굴종이라는 인식이 매우 중요하다. 상황에 대한 객관적 진단을 넘어 그것이 초래한 역사 주체들의 상태를 보는 것, 그것이 사태를 변화시키고자 할 때 '무엇을 할 것인가'에 대한 확실한 답으로 안내했다. 그 혼자만의 진단은 아니었겠지만, 현 사태의 핵심을 '굴종'으로 본다면 '새로운 분발'은 당연히 떨쳐 일어나는 것이다. 비참하게 자신의 생각과 뜻을 굽히는 굴종에서 용기를 내어 싸우러 나가는 일이다. 나병식이 사태를 굴종으로 인식하는 한 그에게 다른 선택지는 없었다.

나병식이 최우선적으로 해야 할 일은 학내에 만연한 침묵과 굴종을 깨는 일이었다. 유신체제 이전에는 어지간히 데모를 해도 구속되지는 않았다. 격렬했던 6·3시위 몇 개를 빼놓고는 학생들이 일반적인 시위로 구속되는 경우는 없었다. 그러나 유신체제가 등장하고서는 상황은 완전히 달라졌다. 데모는 구속이었다. 그러다보니 데모는 '성과 없이 개죽음이다.', '계란으로 바위 치기'라는 패배주의, 투항주의가 학내에 자리 잡고 있었다. 그걸 깨야 했다. 강요된 굴종과 침묵을 기어이 깨고 싶었다.

나병식은 치밀한 탐색을 시작했다. 방학이 되자 문리대 학생회장 도종수의 지원을 받아 전국의 대학을 돌았다. 분위기도 보고 시위도 권유도 할 참이었다. 전남대에 들러 여러 사람을 만났다. 경북대의 김기협, 부산대의 박종만도 찾아가 만났다. 한신대 학생회장 이창식도 만났다. 유신 정권과 싸워야 한다는 데는 다들 동의하지만 지금 당장 시위를 하는 것에는 모두 망설이고 있었다.

8월이 되자 나병식은 후사연 회원 15명과 여행을 떠난다. 남도 역사탐방이라는 명분을 내세웠다. 부산으로 전라도로 여행을 떠나 자연스럽게 투쟁 의지를 모아보고자 했다. 하지만 쉽게 결의가 모아지지는 않았다. 사실 4학년 입장에서 한 학기만 등록하고 마치면 졸업하는 마당에 사고 칠 생각을 하기란 쉽지 않은 상황이었다.

2학기가 시작되고 다시 학내에서 시위에 대한 의견을 모아보고자 했다. 하지만 반대가 극심했다. 아무도 저항하지 않는 이 시점에 학생들이 나서서 투쟁의 기치를 올려야 한다는 투쟁론과 그랬다가는 그나마 남은 역량도 다 망가진다는 준비론은 피할 수 없이 충돌했다.

"준비론과 투쟁론이 싸우면 항상 투쟁론이 이긴다." 자조 섞인 주장이 있긴 하지만 실기하는 준비론보다 피해를 감수하는 투쟁론이 더 의미 있는 파장을 만들어냈다는 것은 주지의 사실이다.

나병식과 강영원, 정문화는 투쟁론의 입장에 확고하게 서 있었다. 여기에 행동주의자라 불리는 이 철, 안양로, 김문수 등이 합세했다. 이 철은 평전을 위해 청한 인터뷰에서 이렇게 회고했다. 그는 먼저 사후 평가가 가져올 몇 가지 위험에 대해 충분히 고려할 것을 주문했다. "난 이런 질문에 답을 사양하는 편이에요. 그러니까 이야기를 하기 시작하면 어떤 논리가 옳으냐 하는 논쟁이 되니까. 마치 '내가 옳았다.' 하는 뭐 그런 식의 어떤 주장에 빠지기 때문에요. 하지만 그 문제는 당시 문리대 안에서 항상 끝없이 논쟁이 되는 주제였어요. 준비론, 조직론의 주된 이야기는 우리가 공부도 안 돼 있고 조직이 준비가 안 돼 있다. 이런 상황에서 무슨 행동이냐. 그거 때문에 전부 박살 나고 완전히 황폐화되고 전열이 완전히 바닥나 버린다는 이야기입니다. 선배 그룹이 했지요. 아주 강력한 조직론자는 이런 이야기까지 했어요. '우리가 100년 동안 아무것도 못 해도 만반의 준비를 갖추어야 된다.' 저는 반대 논리를 이렇게 펼쳤어요. '조직, 조직하면 우리가 정부조직과 경찰조직과 군대조직을 어떻게 능가하느냐 우리는 몸을 던져서 하여튼 행동할 수 있으면 끝없이 몸을 던져서 우리의 시체로 계단을 만들어나가야 한다.'"

데모를 준비하던 70학번 4학년들에게 "나병식과 몇몇은 아무것도 준비하지 않고 날뛰는 놈들이다." 이런 심한 이야기가 심심치 않게 들리는 상황에서 "시체로 계단을 만들어야 한다. 우리는 그 계단을 딛고 올라설 수밖에 없다."는 이 철의 비장함은 많은 도움이 되었다.

치열한 논쟁은 상처를 남기기 마련이다. 나병식의 경우 선배 그룹과 치열한 논쟁을 하고 나와서는 분한 마음에 눈물을 흘리기도 했다. 나병식이 보기엔 그것은 논쟁으로 해결할 문제도 아니었다. 그는 실제로 싸움을 준비하는 일에 매진한다. 사람들을 만나 결의를 모으고 더 많은 이들을 규합하는 것이었다. 만나는 사람마다 "학생들이 데모로 억압체제에 자그마한 구멍이라도 내야 한다."고 설득하고 호소했다. 이를 이 철이 증언한다. "나병식은 끝없이 활동을 했어요. 에너지가 충만하고 저렇게 부지런하고 저렇게 다방면으로 저렇게 열심히 뛸 수가 있나. 모두가 감탄을 자아냈어요. 사실 나병식에게는 준비론 주전론 이런 거 별로 중요하지도 않았어요. 자기 혼자 그냥 나가서 뛰었다고 봐야 합니다. 여기저기 혼자 쑤시고 다닙니다. 그러니 그건 뭐 표현할 필요도 없이 주전론자죠. 근데 그는 행동으로 보여주었습니다. 행동으로. 참 열정적인 친구였어요."

투쟁론과 준비론의 논쟁이 결론이 난 것은 아니었다. 아니, 날수가 없었다. 다만 상황은 투쟁론으로 상당히 기울고 있었다. 이것은 논쟁의 승리가 아니라 적극적인 노력의 결과였다. 나병식, 정문화, 강영원 그룹에 4학년 동기들의 합류가 속속 이어졌다. 정찬용이 합류했고, 준비론에 서 있던 이근성도 함께하기로 했다. 여기에 상대의 김문수도 의견을 함께했다. 여기에 더해 신동수, 조영래, 심재권, 안양로 등의 선배 그룹이 조용히 힘을 실어 주었다.

무르익는 상황

의지는 충만했으나 현실적으로 대규모 시위를 준비하는 데 어려움을 겪고 있을 때 하나의 충격적인 사건이 터진다. 김대중납치사건이었다. 1973년 8월 8일 김대중은 일본 도쿄에서 한 호텔에서 한국의 정보기관원에게 납치되어 죽음 직전에 극적으로 구출되어 8월 13일 밤 집으로 돌아온다. 이 사건은 유신체제의 폭압성을 극명하게 보여주며 동시에 박정희 정권의 국내외 고립을 자초하는 사건이었다.

황인성은 남산부활절사건으로 유치장에서 구류를 살다 나와 고향을 다녀와서 8월경에 나병식을 만났다. 그때 나병식에게서 김대중납치사건에 대한 외신 보도를 체크해 보라는 의견을 듣고 일본 신문을 보러 갔다. "창덕궁 돈화문 건너편에 있는 일본문화원 열람실에 가서 일본 신문을 뒤졌다. 신문 열람대에 걸려 있는 요미우리, 마이니찌, 아사히 등 일간지 묶음철들은 얼마나 많은 사람들이 와서 보았는지 지면이 너덜너덜할 정도로 손때가 묻어 있었다. 기사들은 일본 경시청의 수사로 주일한국공사의 지문이 확인됨으로써 북한이 아니라 한국 정부의 기관원들이 김 씨를 납치해 바다에 수장하려 한 엄청난 범죄였다는 점과 주권 침해문제로 한일 정부 간에 외교적 긴장이 조성된 사정도 말해 주고 있었다."(황인성, 앞의 글, 32쪽)

나병식은 김대중납치사건을 보며 유신 반대 데모를 보다 앞당기고 서둘러야 한다고 생각했다. 나병식과 선도적 시위를 준비하는 이들이 보기에, 김대중납치사건은 유신 정권의 폭압을 여지없이 보여주는 사건이었다. 마치 살인자의 손에서 떨어지고 있는 피처럼 박정희 정권의 폭압의 명백한 증거이자 정권에 대한 분노가 폭발하는 데 도화선이 될 수 있으리라 생각했다. 또한 이 사건이 박정희 정권의 처지를 궁지로 몰고 있다고 판단했다. 외신이 전하는 소식들에 따르면 미국과 일본 등 국제 사회에서의 박정희 정권이 고립되고 비판받고 있다는 점은 분명해 보였다. 고립된 적을 치는 것은 전술의 기본이었다. 어찌 되었든, 파쇼통치의 원흉인 중앙정보부 무소불위의 권력을 공격할 호기이기도 했다. 김대중납치사건에 대한 이러한 인식은 이후 10·2데모 '선언문'과 '결의사항'에 정확히 반영되어 있다.

김대중납치사건에 대해서 운동권의 적극적인 대응을 보여주는 하나의 사건이 있다. 이 사건은 크게 알려지지 않았지만, 김대중납치사건으로 유신 정권 폭압성을 폭로하는 최영희와 장명국의

'유인물배포사건'이다. 이 사건의 전개 과정에 나병식이 매우 유머러스하게 등장한다. 평전을 위한 인터뷰에서 최영희가 들려준 생생한 이야기다. "그때 내가 인천 산선에 있어 사람들을 못 만나다 오랜만에 이미경을 만났는데, 김대중납치사건 진상이 밝혀졌다는 거야. 워싱턴 포스트에 났다고. '니가 봤어.' 그랬더니, 봤대. 그래. 이미경이 이대 영문과도 나오고, 봤대니까 진짜 읽었나 보다 했지. 근데 어디서 봤냐 했더니 미문화원에서 봤대요. 그래서 진짠가보다 하는데, 박종규가 진두지휘해 가지고 김대중을 납치했다고 그러더라고. 저는 그런 걸 들으면 그냥 못 지나가요. 그래서 문건을 만들었어요. 만들긴 했는데 혼자 뿌리기는 좀 겁이 났어. 그때 연애할 땐데 이거 산업선교회 가서 프린트 해야겠다 그랬어. 그랬더니 장 선생이 그럼 산업선교회가 망가진대. 저녁에 자기 집으로 가자고 그러더라구. 시어머니 될 분을 아직 그렇게 봐야 될 처지가 아닌데 유인물을 만들러 집에 간 거지. 기계가 있었어요. 이걸 어떻게 구했느냐 그랬더니, 아르바이트 오랫동안 해 가지고 28만 원을 주고 월남전에 갔다 온 육군 대위한테서 사 놨대요. 근데 잘 안 돼. 그래서 다음 날 산선에 가가지고 살짝 해서 왔지. 그리고 유인물을 뿌렸어요. 한 장도 안 남기지 않기로 둘이 약속을 했는데, 이 양반이 아까웠나 봐. 한 장을 딱 남긴 거야. 그래서 서울 법대 후배한테 이거를 준거야. 그랬는데 잡혀 버린 거야. 그 사람이 죽도록 뚜드려 맞았을 거 아니야. 그때 장 선생이 고열이 나서 병원에 입원했는데 신장염이래요. 병원비 아깝다고 이틀인가 있다 약 받고 나와 버렸어. 이튿날 아침 10시쯤 됐는데 그 법대 후배한테 전화가 온 거야. 형님 급히 상의할 게 있다. 만나서 좀 얘기를 하자고. 몸은 아픈데 뭐 잠깐이니까 하고 덕수제과로 간 거야. 문을 탁 여는데 바로 수갑을 채워서 잡혀갔어요. 진짜 심하게 고문을 많이 당했죠. 그때 치안본부였던 거 같애. 근데 자기가 쓴 게 아니잖아. 타이프친 것도 아니고 그러니까 너무 난감해진 거예요. 차마 나를 댈 수도 없고. 진짜 고생 많이 했어. 거의 한 달인가를 붙잡혀 있었어요."

여기까지가 김대중납치사건을 최초로 폭로한 유인물배포사건의 이야기다. 그런데 문제는 그 유인물 내용에 핵심 주동자가 중앙정보부 부장인 이후락이 아니라 박종규로 적시됐다는 점이었다. 그리고 이미경이 워싱턴 포스트를 미문화원에서 보고 그 사실을 최영희에게 말한 것이 아니라, 이미경이 나병식에게 듣고 이 사실을 말했다는 것이다. 최영희는 애초에 이미경이 나병식에게 들었다고 했다면 그런 유인물을 만들지 않았을 거라고 웃으면서 말했다. 순수한 아마추어인 자신에 비하면 나병식 같은 꾼들의 정치적 노련함에 대해 신뢰하지 않았기 때문이라 했다. "하지만 미경이가 지가 봤다고 큰소리를 치니까." 했다는 것이다. 약간의 오류가 있는 나병식 발 뉴스가 유신 정권과 맞서는 행동을 부추겼던 일화이다.

일반적으로 당시 학생운동권은 기성세대와 정치권에 대한 강한 거부감과 정치인 또는 정치권과 연결되는 것을 경계하는 측면이 있었다. 지금이야 운동권 경력이 정치적 자산이 되지만 70년대만 해도 정치권과의 연계는 순수한 운동에 대한 샛길이라고 보는 시각이 있었다. 그런 점에서 10·2데모에서 배포된 선언문의 마지막 요구 사항 중에 "정보 파쇼 통치의 원흉인 중앙정보부를 즉각 해체하고 만인공노할 김대중사건의 진상을 즉각 밝히라."라는 내용이 들어간 것은 획기적이었다. 또 이를 부자유스러운 것으로 보는 경향도 있었다.

나병식이 보기에 유신의 폭압을 폭로하는 데 김대중납치사건만한 것은 없었다. 정치적 지지와는 상관없었다. 그것은 유신의 폭압이었고 대중의 분노라는 감정선을 건들이는 문제였다. 그렇기에 당연히 주장해야 할 것이었다.

두려움과 용기

9월 초 개학을 하고서는 나병식은 본격적인 시위 준비에 들어갔다. 이 철, 안부근, 안양로 선배를 만나 적극적인 지원을 얻었다. 3학년은 황인성에게 참여를 준비하자고 했고, 2학년은 고아석, 강구철과 접촉했다. 4학년 모임은 학교를 떠나 태릉 배밭으로 가서 논의했다. 나병식, 정문화, 강영원, 이근성, 박재묵, 정찬용, 김효순, 오병연, 한석태 등 문리대 4학년이 함께했다. 논의에서 시위를 추진하기로 하고 특히 김대중납치사건은 좋은 기회라고 의견들이 오갔다. 국제적으로 고립된 박정희 정권을 공격하기 좋은 기회라 생각했다.

9월 초 문리대 차원에서 시위를 논의하기 위해 2학년, 3학년, 4학년 학생들이 문리대 유도장으로 모였다. 각 학회, 학생회 간부 등 20여 명이었다. 정문화가 나서 현 정세와 시위의 당위성을 힘주어 강조했지만, 참석자들은 다들 성공 여부와 사건 이후의 피해에 대해서만 생각하고 있었다. 아무도 가타부타 말이 없었다. 결론이 나지 않았다.

거기서 멈출 수는 없었다. 9월 12일, 시위를 논의하기 위해 다시 오류동에 있는 지금의 성공회대학교 전신인 미카엘신학원에서 모였다. 한문연 총회가 열리는 날을 기회로 다시 모인 것이다. 나병식은 장소를 알아보고 예약하는 일을 황인성에게 부탁한다. KSCF에서 활동하고 있던 황인성은 학사단 이름으로 장소를 예약한다. 그들이 자주 이용하던 장소였다. 이날 모임에는 4학년 나병식, 정문화, 강영원, 박재묵, 이근성과 3학년 김덕수, 도종수, 황인성. 2학년 최병두, 강구철, 곽성문, 이해찬 등 30여 명이 참석했다. 한문연 총회의 프로그램을 마치고 시위 문제를 논의했으나 할 것인지 말 것인지를 놓고 설왕설래가 있었다.

나병식은 시위를 준비하는 논의에 참여했던 이들이 가졌던 유신체제의 폭압과 데모에 대한 심리적 압박감을 이렇게 구술한다. "미카엘신학원에 가서 논의를 했어요. 보통 데모 이야기를 하면 대개 말이 다 새거든요. 그 당시는 겁도 많고 너무 엄혹했기 때문에 데모 이야기를 어디 가서도 못한 거예요, 논의에 참가하던 사람들이. 그러니까 보안이 지켜졌죠. 당시의 학생운동은 보안이 잘 안 지켜졌거든. 그때는 하여간 데모에 참가하면 구속되는 건 뻔하고 불발되더라도 전부 다 구속되는 상황이기 때문에 다들 입을 굳게 다물었지요." 엄혹한 상황에서 두려움을 안고 논의는 계속되었다.

사흘 뒤, 9월 15일 남산시립도서관 앞에서 나병식, 정문화, 강영원, 오병연, 정찬용, 이근성, 박재묵, 김효순 등이 만났다. 미카엘신학원 총회 이후 후배들과의 접촉이 호의적이었으며 해볼 만하다는 의견을 나누었다. 그리고 4학년들의 의지를 좀 더 확고하게 확인하고 9월 21일에 시위를 하기로 잠정 결정했다.

시위를 준비하고 참여하는 데 가장 열정적인 그룹은 고아석을 중심으로 한 문리대 2학년들이었다. 고아석은 이 철이 주도한 공부모임에 참여하면서 가장 열성적으로 학생운동에 참여하고 있었다. 그는 다른 친구들이 망설이고 있을 때 하숙집을 돌며 시위 당위성을 역설했다.

9월 중순이 지나 다시 미카엘신학원으로 모였다. 1차 모임보다 더 많은 이들이 참석했다. 학생회 간부들도 더 많이 오고 서클 회원을 포함하여 30여 명이 모였다. 2학년 고아석, 강구철, 신대균과 1학년 문국주도 참석했다. 하지만 그날도 논의가 일사천리로 진행되지는 않았다. 2학년 참석자들이 강력하게 투쟁을 주장했고, 4학년들은 "우리는 어차피 한 번하고 5~6명이 징역을 가기로 했다."고 결의를 밝혔다. 그러나 학생회를 맡고 있는 3학년들이 소극적이었다.

나병식은 당시를 이렇게 구술한다. "한 달 동안 논의했는데 3학년이 굉장히 약체였어요. 왜냐하면 회장이나 임원은 우리 쪽이었지만, 결단을 내리기 어렵잖아요. 어차피 학생회가 결단을 내려야 되는 건데. 2학년은 이해찬, 정동영 이 그룹들인데 의외로 씩씩하더라고, 2학년은 겁을 모르잖아. 3학년만 되도 세상 물정을 알고 2학년은 교양 과정에 있다가 본 대학에 오니까 해방감을 느끼고 선배들이 하자고 하니까 이 친구들은 의외로 생기가 있었어. 반면 3학년은 너무 싸늘한 거야. 학생회장단은 그럴 수밖에 없고. 또 우리 4학년에서 보니까 반틈은 반대고 반틈은 찬성을 했어요."

당시 3학년들의 분위기는 황인성의 글에서 확인된다. "나병식 선배는 지금이 학생 시위의 적기라는 자신의 판단에는 변함이 없음을 강조했다. 그리고 자신이 학생회 간부를 설득할 테니 서클 내의 3학년 동료를 규합해 달라고 했다. 나는 정치학과 최경락, 국사학과 김덕수, 심리학과 윤종현 등을 만나 진지하게 협의했다. …
그러나 논의를 꺼리거나 반대 입장을 표명하였다. … 성공가능성
이 낮다는 것이 주된 이유였다."(황인성, 앞의 글, 33쪽) 3학년들의 조
직적 참여는 미비했으나, 황인성은 이 시위에 참여하여 구속된다.

나병식은 시위의 폭발력을 높이기 위해 법대 학생회장 홍정기,
상대 학생회장 정금채, 의대의 사회의학연구회 리더 양길승과 동
시다발 시위를 협의했다. 광주일고 동창 전남대의 김정길과 서울
제일교회 대학생부 회원인 이화여대의 김은혜에게도 시위를 요
청했다.

선배 그룹의 대응도 신중했다. 후배들이 준비하고 있는 데모에
대해 논의하는 모임을 갖기도 했지만 신중론이 우세했다. 그러저
런 이유로 애초에 세웠던 9월의 시위는 멀어지고 있었다. 다시 날
짜를 잡아 9월 25일 유엔총회가 열리는 날 시위를 계획했으나 예
정시간이 되어도 시위를 주도할 학생회 간부들이 나오지 않아서
또 무산되고 말았다.

나병식은 시위를 어떤 일이 있어도 성사시켜야 한다고 생각했
다. 이대로 가다간 패배주의에 서로에 대한 신뢰의 위기까지 덮칠
상황이었다. 나아가 교회를 통한 네트워크, 법대와 상대의 동조,
흥사단아카데미 그룹과 연결되어 있는 이 고리를 반드시 작동시
켜야 한다고 생각했다.

심기일전 다시 논의를 이끌어갔다. 9월 30일 저녁, 파고다공원

에서 나병식, 정문화, 강영원, 이근성, 황인성, 도종수 등이 모여 다시 논의를 시작했다. 여관으로까지 가서 논의를 이어가서 10월 2일을 거사일로 잡았다. 4학년은 선언문을, 3학년은 플래카드와 마이크 등 당일 진행을, 2학년은 학생들의 동원을 맡기로 했다. 다른 대학과는 KSCF와 서울제일교회, 역사모임을 통해서 연락하여 동조 시위를 조직하기로 했다.

구체적인 역할 분담도 정했다. 정문화가 시위 현장을 지휘하고, 강영원은 시위 이후 교회 등으로 선언문을 전달하여 시위를 확산하는 역할을 맡고, 나병식은 언론과 외신에 시위 소식과 선언문을 전달하는 일을 하기로 했다. 선언문은 여러 논의 내용을 종합하여 이근성이 작성하기로 하였다. 시위를 하루 앞두고 유인물은 정문화, 이근성, 정찬용, 이해찬이 수유동 여관에서 만들었다. 시위 당일에 쓸 플래카드는 나병식과 도종수, 김덕수, 김재남, 최병두가 유인물 제작팀 근처의 또다른 여관에서 만들었다. "정권의 유신이냐, 국민의 노예화냐", "허수아비 경제개발 내년부터 무얼 먹냐"였다.

시위 준비팀은 거사를 앞두고 성동격서 전술을 구사한다. 10·2데모를 노출하지 않기 위해 시위 전날 나병식, 강영원, 방인철 셋이서 별도의 유인물을 만들어 중앙대와 단국대 등에 뿌렸다. 정보기관의 시선을 다른 대학으로 돌리기 위한 사전 공작이었다. 이유인물은 방인철의 집에서 만들었고 이로 인해 이후 10·2데모와 별도로 방인철은 구속된다.

시위 날짜와 관련된 비화도 나병식은 구술했다. "나는 10월 1일을 주장했어요. 국군의 날이거든. 그래서 10월 1일로 하자. 기왕에 군사 정권과 싸우려면 아예 기치를 선명히 하자. 그런데 도종수하고 후배들하고 친구들이 '하루만 피하자.', '그날 하면 죽을 것 같다.'고들 했죠. 나는 극약으로 이제 '기왕 죽을 거 10월 1일에 하고 잡혀 가자.', '10월 1일이 안전하다. 모든 촉각이 여의도 국군의 날 행사에 모였을 때 동숭동은 무방비 상태일 거다.'라고 우겼죠. 근데 도종수가 '형님, 하루만 연기합시다.' 그래서 10월 2일이에요." 인터뷰에서 강영원의 증언도 같은 맥락이다. 10월 2일을 정하고 나서는 나병식이 이런 이야기를 했다 한다. "얘네들 보나 마나 술 처먹고 난리칠 거다. 그때 우리가 하면은, 10월 2일 하면은 쉽게 진출할 수 있을 거다." 그는 실컷 10월 1일을 주장해 놓고선 고심 끝에 날짜를 바꾼 후엔 10월 2일 적합설을 풀며 용기를 북돋았다.

나병식은 데모를 준비하면서 인간적인 고뇌에 빠져들었다. 도종수를 학생회장에 천거하고 그의 아버지께 "데모 하고 싶어도 못 합니다." 그렇게 둘러대던 기억도 떠올랐다. 아, 이 친구들이 이렇게 힘들어 하는데, 잡혀가고 제적되고 고초를 겪을 게 뻔한데…. 전선에 선 사람들의 피할 수 없는 운명적 고뇌였다.

시위를 준비하는 과정엔 예상보다 많은 돈이 들었다. 이를 나병식이 조달했는데, 많은 돈이 문리대 학생회에서 나왔다. 학생회장 도종수가 총무부장과 싸워 가면서 학생회 예산에서 10만 원의 거금을 나병식에게 전달했다. 그리고 1972년 가을부터 나병식이 팔았던 박은식의 《한국독립운동지혈사》 판매 수익금이 여기에 더해졌다.

10·2데모는 유신 반대 '첫' 시위라 불린다. 여기서 최초가 강조될 필요는 없다. 10·2데모는 나병식이 충격으로 받아들이면서 '우리도 한번 해야 한다.'고 다짐하게 만들었던 앞선 사건들의 결정체이자 매듭이었기 때문이다. 그럼에도 양상은 달랐고 파장도 달랐다. 유신체제에 대한 첫 공개 비판, 첫 유인물 배포, 대규모 첫 시위 등으로 각기 다른 모습을 가졌다. 그리고 10·2데모는 유신체제 초기 저항운동의 대전환을 이끌어낸 일대 사건이라는 점에서 평가할 만하다.

10·2데모를 준비하던 모든 이들에겐 너나없이 두려움이 있었다. 하지만 그들은 용기를 발휘했다. 그들은 "두려움에 저항하고 그것을 장악"하는 데 성공했다. 고통과 위험을 감수하고 결단하고 행동할 때 '첫'이라는 이름을 얻는다. 용기는 탁월한 인간의 표상이자 가장 중요한 덕목이다. 용기 있는 이들의 품성에는 대담성, 끈기, 진실성, 활력이 있다. 나병식은 늘 당당하고 자신만만했다. 그러면서 훈련되었다. "인간은 용감한 행위를 실천하며 용감해진다." 나병식도 그렇게 용감해졌다.

빅뱅처럼

"불이야, 불이야! 도서관에 불이 났다." 1973년 10월 2일 오전 11시 서울대 문리대 강의실 복도에서 외침이 들렸다. 최병두, 김재남의 외침이었다. 다른 곳에서 안양로, 문국주의 목소리도 들려왔다. 강의실에서는 "모이자 4·19탑 앞으로!" 외침이 이어졌다. 학생들은 우르르 교내 4·19기념탑 앞으로 모여들었다. 100명이 모이고 200명이 모이고 급기야 학교에 있던 학생들이 다 쏟아져 나왔다. 500명이 넘었다. 당일 문리대에 있던 사람들은 모두 나와 시위대에 합류하거나 주위를 에워쌌다. 시위 지도부는 애초에 3분 정도 선언문을 읽을 수 있으면 다행이라고 생각했다.

집회에 자리를 잡은 학생들 앞에서 처음으로 마이크를 잡은 이는 정문화였다. 그가 선언문을 읽고 시위를 주도할 계획이었다. 그러나 예상보다 많은 학생들이 모이자 그는 허둥대기 시작했다. 정문화를 보고 있던 강영원이 급하게 뛰어올랐다. 그리고 선언문을 읽고 연설을 했다. 사람들은 박수로 호응했다. 강영원은 시위 이후에 선언문을 여러 교회에 전달하고 확산시키는 역할을 맡고 있었기에 대열에도 앉지 않고 마치 구경꾼처럼 잔디밭에 앉아 있었다. "뛰어나갔죠. 할 수 없었죠. 안 뛰어나가면 이거 안 될 것 같아 가지고. 누군가가 진행을 해야 되는데 그리고 가서 선언문 낭독하고 뭐 이러면서 이제 리드를 하기 시작했어요."

선 언 문

오늘 우리는 전 국민 대중의 생존권을 위협하는 이 참혹한 현실을 더 이상 좌시할 수 없어 스스로의 양심의 명령에 따라 무언의 저항을 넘어서 분연히 일어섰다.

極에 달한 不正과 不義, 억압과 빈곤이 全 國民大衆을 무서운 절망으로 몰아넣고 소수 特权層의 만행적인 부패와 패륜이 民族的 良心과 道德을 최악의 구렁까지 타락시키고 있다.

보라! 민중을 수탈하여 살찐 불의의 무리가 홀로 포식하며 오만무례하게 거드럭거린다.

보라! 권력을 쥔 부정의 무리가 생존의 권리를 요구하는 민중의 몸 위에 무시무시한 정보통치의 쇠사슬을 무겁게 씌우고 있다. 인간의 존엄성은 유린되고 자유는 압살되고 도덕은 타락하여 퇴폐와 불신이 우리를 깊은 절망으로 몰아넣고 있다.

이미 그 흔적마저 찾아볼 수 없는 自由의 死角지대에서 우리는, 민족을 외면한 현정권의 정보·파쇼 통치를 목격한다. 미·중공의 화해는 반공 일변의 現体制에 심각한 모순을 야기시켰으니 그들의 최후 발악은 국민대중을 칠흑같은 공포 속에 몰아넣고 정보·파쇼체제를 제도화하여 민족적 양심인 자유 민주주의의 信念을 철저히 말살하는 것이다. 그들은 입법부의 시녀화, 사법부의 계열화 등 일체의 국가기구를 파쇼통치의 장식물로 전락시키고 학원과 언론에 가증스러운 탄압을 가함으로써 영구집권을 기도하고 있다.

민족의 생존을 위한 자립경제와 국민복지를 외면한 채, 国內外의 소수 독점자본의 만용에 영합하여 국민대중에 대한 가혹한 수탈을 강화하고 対日 경제예속의 加速化는 민족 경제의 자립발전을 결정적으로 저해하여 숨통을 끊고 있다.

학우여!

自由와 正義, 그리고 眞理는 대학의 生命이다.

오늘 우리는 너무도 悲痛하고 참담한 조국의 現実을 直視하며, 사회에 만연된 무기력과 좌절감, 不義의 권력에 비굴하게 목숨을 구걸한 모든 敗北主義, 투항주의, 무사안일주의와 모든 굴종의 자기기만을 단호히 걷어치우고 의연하게 악과 불의에 항거하여 이 땅에 정의, 자유 그리고 진리를 기어코 실현하려는 역사적인 민주투쟁의 첫 봉화에 불을 붙인다.

절대로 굴복하지않고 절대로 타협하지않고 절대로 주저앉지않고 과감히 항거하는 우리의 투쟁은 더없이 뜨거운 正義의 불꽃이며 더없이 힘찬 민중의 아우성이며 더없이 고귀한 민족 생존의 활로이다.

우리의 외침을 억누를 자 그 누구냐?

결의사항

• 정보 파쇼 통치를 즉각 중지하고, 국민의 기본권을 보장하는 자유민주체제를 확립하라.

• 대일 예속화를 즉각 중지하고 민족자립경제체제를 확립하여 국민의 생존권을 보장하라.

• 정보 파쇼 통치의 원흉인 중앙정보부를 즉각 해체하고 만인 공노할 김 대중 사건의 진상을 즉각 밝히라.

• 기성 정치인과 언론인은 猛省하라.

1973년 10월 2일

서울대학교 문리과 대학 학생회

학생들은 계속해서 모여들었고 특별한 연설이나 연사를 준비하지 않은 탓에 선언문을 읽고 또 읽을 수밖에 없었다. 대열 맨 앞줄에서 도종수, 권진관, 강구철, 신대균 등이 구호를 선창했다. 김형배, 고아석, 황지우 등 2학년들도 앞쪽에 앉아 있었다. 200명 넘게 모여든 학생들은 어느새 일어서 스크럼을 짜고 교정을 돌기 시작했다. "정권의 유신이냐 국민의 노예화냐"라는 현수막이 앞서 있었다. 사람들 가슴에 해방감이 퍼지고 있었다. 자꾸만 불어나는 학생들의 숫자에 누구도 두려워하지 않았다. 교수진들이 막아서고 만류했다. 하지만 학생들을 막을 수도 설득할 수도 없었다. 학생 수는 500명을 넘어서고 있었다. 누구도 예상하지 못한 큰 규모였다. 맨 앞에는 강영원이 여전히 구호를 선창했다. "독재 타도" 구호를 외치고 노래를 불렀다. 긴 시위 대열은 길게 길게 기차놀이를 하듯 꾸불꾸불 문리대 교정을 돌고 또 돌았다. 그도 성에 차지 않았다. 구름다리를 넘어 법대까지 돌고 왔다. 그렇게 두 시간을 돌았다. 다시 모여 앉아 연설하고 구호를 외치고 여학생들이 현장에서 돈을 모아 사온 빵도 나눠 먹었다.

이제 교문 앞에서 연좌 시위를 했다. 시위 계획에 대해 아무 정보도 없이 맥없이 당하고 있던 경찰은 오후 1시경에 교문 앞에 진을 쳤다. 사복형사들과 정보프락치들이 무수히 사진을 찍었다. 어느새 도착한 언론사들도 사진을 찍었다. 연좌하여 계속 구호를 외쳤다. "정보파쇼통치 중단하라. 언론자유·국민생존권 보장하

라. 중앙정보부 해체하라." 학생들은 전혀 두려워하지 않았다. 그러나 경찰이 학내에 진입할지 말지를 두고는 설왕설래를 했다. 3시간이 지나자 경찰은 이내 교내로 난입하기 시작했다. 학생들은 도서관 쪽으로 강의실로 또 담을 넘어 달리기 시작했다. 경찰들은 현장은 물론 건물 안까지 따라와 화장실까지 뒤지며 180명의 시위대를 무자비하게 연행했다.

강영원의 현장 탈출기다. "제가 뭐 갑자기 선봉대장이 돼버린 셈인데. 그때 제가 빨간 잠바를 입었어요. 빨간 잠바를 입으니까 리드하기는 굉장히 좋았던 것 같아요. 사람들 시선이 집중되니까. 또 나중에 도망칠 땐 벗으니까, 숨기도 좋더라고요." 그가 한참을 빨간 잠바를 입고 시위를 이끌고 있을 때 이 철이 다가왔다. "야 아무리 봐도 쟤들이 들어올라 그래. 튀어야 돼.", "아니 저기 애들하고 같이 있어야 되는 거 아닙니까?", "아니야. 튀어, 무조건 튀어야 돼." 강영원은 스크럼 짜고 돌면서 얼른 옷을 벗어서 가방에 집어넣고 현장을 빠져나왔다. 그가 떠나자 앞줄에 있던 2학년 신대균이 다시 현장을 리드해 갔다. 여러 사람이 돌아가며 시위대를 이끌었다.

10월 2일 11시, 나병식은 서울대 의대 쪽에서 시위대를 바라보고 있었다. 뜨거운 눈물이 흘렀다. 지난 한 달여의 고생이 눈물에 씻겨가는 듯했다. "진짜 성공할까, 그 수많은 논쟁을 하면서 시위를 한다는 게 가능할까, 사실 회의적이었죠. 그런데 침묵이나 굴종에 불을 붙이니까 폭발적으로 퍼져 버리더라고." 그는 하늘을 보다 다시 시위대를 보고선 서둘러 자리를 떴다.

그는 아침에 이미 유인물팀에서 언론사에 뿌릴 유인물 100장을 받아 들고 있었다. 제일 먼저 KSCF에 들러서 유인물 20장을 주고 외신 등지에 뿌려줄 것을 요청했다. 이후 한국일보로 향했다. 한국일보 노조 분회장으로 있는 광주일고 선배 김태홍과 박정삼에게 유인물과 함께 시위 소식을 전했다. 다음에는 동아일보로 갔다. 유인물을 수위실에 맡겨 놓고 편집부로 전화를 했다. 문리대에서 시위하고 있다고 했더니 "요즘에 무슨 데모냐?" 영 믿지 않았다. 그럴 만도 했다. 이 엄혹한 시절에 데모가 나다니 기자들도 믿을 수가 없었던 모양이었다. "수위실에 유인물 갖다놨으니 찾아가라."고 말하고 서둘러 전화를 끊었다. 중앙일보에 가서는 유인물을 병에 담아 쓰레기통 근처에 놓고선 전화를 했다. 중앙일보는 아사히신문 등이 같은 건물에 있어서 유인물을 많이 넣었다. 나병식이 이렇게 언론사에 시위 소식과 유인물을 전달하는 일에 윤혜영과 또 한 명의 동양사학과 여자 후배가 함께했다. 언론사 작업을 마친 나병식은 저녁 무렵 역사모임을 하는 서울시내 사학과 학생들을 만나 유인물을 건네주었다.

이렇게 어렵게 시위 사실을 알렸지만, CBS 방송에서 단신으로 '서울문리대시위' 뉴스가 잠깐 나가고, 동아일보에서 1단 기사지만 기사화되기 직전, 그야말로 인쇄 직전에 삭제되어 해당 기사 부분이 공란으로 발행되었다. 언론에 기사가 나지 않았지만 선언문은 이곳저곳에 퍼져 나갔다. 나병식과 서울제일교회 그룹, KSCF, 서울시내 대학 사학과모임 등이 전파의 루트가 되었다. 10월 7일에야 한국일보가 시위에 대해 첫 보도를 했다. 그다음으로 동아일보가 보도를 했다.

한편 10·2데모를 준비했던 핵심 주동자들은 현장에서 아무도 잡히지 않았다. 학생 동원을 책임지고 현장에서도 최선을 다해 시위를 이끌고 또 참여했던 2학년 학생들이 무더기로 잡혔고 많은 단순 현장 참가자들이 잡혔다. 현장에서 시위 주동자를 놓친 경찰은 대대적인 추격전에 돌입한다.

경찰은 문리대 학생회장 등을 검거하려 했으나 열흘이 지나도록 잡지 못했다. 사태를 마무리하기 위해 10월 13일 동대문서에 자진 출두했던 문리대 학생회장 도종수와 시위 관련 혐의로 연행된 김 일이 17일에 구속되었다. 경찰은 주동자로 나병식, 강영원, 황인성, 정문화, 강구철 등 다섯 명을 전국에 수배령을 내렸다. 10·2데모의 피해는 막심했다. 10월 4일 법대, 10월 5일 상대 시위 주동자를 합쳐서 20명 구속되었고 23명이 제적당했으며, 18명은 자퇴 처리되었다. 구류를 처분받은 56명은 무기정학을 당했다. 그리고 많은 학생이 강제로 군대로 끌려갔다. 연행된 학생들은 즉심에 넘겨져 구류 25일을 꼬박 다 채우고 석방되었다. 석방된 학생들에 대해 서울대 문리대는 10월 28일에, 교양학부는 29일 오전에 각각 교수 회의를 열고 이들에 대한 무기정학을 해제한다. 한

편 11월 1일, 서울지검 공안부는 "10월 2일부터 5일 사이에 서울대 문리대·법대·상대에서 있었던 학원 시위 사건과 관련하여 구속 송치된 서울대생 30명 가운데 22명을 기소유예 처분하고, 불구속 입건된 10명도 기소유예 처분한다."고 발표했다. 검찰이 구속기소한 사람은 나병식, 강영원, 정문화, 김병곤이었다.

강영원은 현장에서 정처 없이 튀었다. "주머니에 돈도 없었기 때문에 딱 생각난 약국을 하고 있던 누나 집으로 갔다. 거기서 얼른 몇 가지만 챙겨 가지고, ROTC 친구 집에 들러 하룻밤을 묵었다. 다음 날 친구 집을 나와 길을 걷다 아는 지인을 만나 반갑게 인사를 했다. '그는 서울대 데모 났다면서.' 하고 사태를 물어 왔다." 강영원은 사정을 이야기하고 그 친구 집에 가서 일주일을 숨어 있었다. 그러다 우연히 명동에서 나병식을 만났다. 둘은 같이 도망 다니기로 하고 홍제동의 문화촌에 들어가 서둘러 사글셋방을 얻어 거기서 며칠을 기거했다. 그러던 어느 날 나병식을 만나기로 했는데 나타나지 않아 강영원은 사태를 직감하고 그날로 튀었다. 나병식이 잡힌 지 일주일 정도 후에 강영원도 잡혔다. "하여간 저보다 먼저 잡혔죠. 왜냐하면, 난 안 돌아다니고 가만히 있었고, 나병식은 주로 밖에를 많이 돌아 댕기고 그러다 보니까, 잡혔던 거죠." 나병식은 10월 13일 오후 4시경 서울 신촌로터리 지금은 백화점이 들어서 있는 신촌시장에서 광주일고 후배 정해일에게 겨울

옷을 받으러 나갔다가 중앙정보부 6국 수사관에게 체포되었다.

나병식, 강영원, 정문화는 서울구치소에 수감되었다. 11월 5일 이후 다시 불붙은 시위가 전국으로 확산되자 초강경 정책으로 일관하던 박정희 정권은 12월 7일 그들을 석방하고 연행되었던 학생들의 학사 처벌 등을 백지화하였다. '구속 학생 석방' 등을 내걸고 계속되는 시위에 대한 일종의 타협책이었다. 나병식도 12월 10일 검찰 측의 공소취하로 풀려난다.

10·2데모는 유신체제 저항의 새 역사를 썼다. 더불어 그 역사적 사건에 참여한 행위자들의 삶의 역사도 새로 쓰게 된다. 그들은 구속, 제적, 구류, 강제 징집 등으로 일신의 상처를 입었으나 역사의 영광을 얻었다. 상처는 있었지만 예견된 것이었고 또 시작에 불과한 것이었다. 그들은 이제 더 힘차게 역사의 부름 앞에서 설 수밖에 없었다. 승산도 고통도 당장은 가늠할 수 없었다. 나병식은 회고에서 이런 말을 여러 번 한다. "함께한 사람들이 엄청 많이 있었어요. 그런 사람들이 헌신한 거죠."

일파만파

10월 2일 문리대시위가 있자 연달아 10월 4일 법대, 5일 상대에서 바통을 받아 유신 반대 시위를 이어 갔다. 애초에 문리대, 법대, 상대는 연합 시위를 준비했지만 성사되지 않았다. 10·2데모에 함께하지 못한 법대 학생회장 홍종기, 부회장 박인제, 총무부장 이문성 세 사람은 문리대시위 소식을 듣자마자 10월 2일부터 잠적해 3일에 시위 준비를 하고 4일 시위를 결행했다. 법대에서 늘 하던 방식대로 교정의 '정의의 종'을 타종하고 비상학생총회를 열자 200여 명이 참석하였다. 시위대는 선언문 낭독, 구호 제창 등을 한 후 후문을 통해 종로5가 쪽으로 진출하여 동대문까지 가는 거리 시위에 나섰다. 그러나 경찰이 뒤에서 차단할 경우 생길 피해를 우려해 거리 시위를 중단하고 다시 돌아와 시위를 해산하였다. 이 시위로 학생회 기획부장 최동준이 구속되고 4명이 연행되어 구류처분을 받았다.

10월 5일에는 상대에서 시위가 이어졌다. 5일 10시, 학생 300여 명이 '자유민주주의 확립은 우리의 살 길이며 지상과제다'라는 선언문을 낭독하고 동맹 휴학을 결의한 후 농성에 돌입하였다. 10월 4일 법대 시위가 있자 정금채를 비롯한 9명이 수유리 4·19묘지에서 만나 시위를 논의한다. 참석자는 3학년 김병곤, 노진귀, 임상택, 정금채, 홍성우 그리고 4학년의 김문수, 박덕제, 이원덕, 최홍봉 등이었다. 논의에서 시위를 강력하게 주장한 이는 김문수와 김병곤이었다. 학생회장 정금채도 문리대의 투쟁을 이어가는 것이 중요하다는 입장이었다. 이들은 다음 날 시위의 결행을 결정하고 그날 저녁부터 시위를 준비했다. 김병곤, 노진귀, 임상택, 정금채, 홍성우 5명은 김병곤의 자취방에서 베토벤의 운명교향곡이 나오는 라디오를 크게 틀고 등사기로 유인물을 밀었다. 훗날 임상택은 자신들에게 다가올 운명을 생각하며 그 자리에 있던 모두가 비장해졌다고 회고했다. 그렇게 하여 10월 5일 정금채 등의 주도로 200여 명이 모여 집회를 열고, 이후 김병곤이 주도하여 교문을 나서 천변을 따라 가두 시위를 했다. 김병곤은 이날 시위 주도로 구속되었다. 상대시위에서 유신 이후 처음으로 동맹 휴학이 결의되었는데, 단발성 시위가 아니라 지속적 투쟁의 일환으로 채택된 동맹 휴학은 이후 전국의 여러 대학으로 확산되었다.

10·2데모 이후 구속과 수배, 강제 입영이 계속된다. 그러나 법대와 상대의 시위 말곤 다른 학교들로 시위가 확산되지 못하고 있었다. 나병식은 속이 탔다. 불씨를 계속 살려야 했다. 그는 이화여대로 찾아가 김은혜를 만난다. 10·2데모에 뿌렸던 유인물도 주면서 말했다. "야, 니네도 뭘 해야 되지 않겠냐.", "우리도 나름대로 여러 가지를 하고 있다." 이화여대도 준비하고 있었다.

잠잠하던 대학가가 다시 투쟁을 시작한 것은 한 달여가 지난 11월 5일이었다. 경북대였다. 10월 30일에 시위를 시도하다 실패한 경북대에서 학생 200여 명이 다시 시가행진을 하며 시위를 벌인다. 정화영, 임규영, 이강철, 황철식, 이광하, 최재룡, 강기룡, 최문수 등의 비상한 노력과 준비가 있었다. 유정선, 여정남 등 선배들의 지원도 큰 힘이 되었다. "11월 5일 오전 9시부터 준비를 시작한 주동 학생들은 10시에 몇 개의 조로 나누어 강의실로 뛰어 들어가 준비한 격문과 '경북대학교 반독재구국투쟁위원회' 명의의 '반독재민주구국선언문'을 나누어주면서 동참을 호소하였다. 강의실에서 200여 명의 학생들이 몰려나오면서 대열을 형성하였다. 이어 '박정희 물러가라'고 쓴 현수막을 앞세우고 유신헌법 철폐, 민주헌법 제정, 언론자유 보장, 민중생존권 보장, 김대중납치사건 진상규명 등의 구호를 외치면서 교내를 행진하였고, 잠시 교외로 진출하는 데까지 성공하였다."(민주화운동기념사업회, 《한국민주화운동사 2: 유신체제기》, 108쪽)

　경북대의 시위는 다시 숨을 고르고 있던 대학들의 투쟁의 도화선이 되었다. 이화여대의 투쟁은 더 드라마틱하다. 11월 12일, 이화여대 학생들은 채플이 끝나고 학교 대강당에서 4,000여 명이 모인 가운데 '민주체제 확립, 언론·집회의 자유 보장, 구속 학생 즉시 석방, 대학인의 양심의 소리에 정부는 귀 기울일 것' 등의 주장을 담은 결의문을 채택하고, 요구가 관철될 때까지 가슴에 검은 리본을 달기로 결의한다. 항의 표시로 달기 시작한 검은 리본은 10·2 데모로 구속된 강영원의 동생 강정례의 치마를 잘라 만들었다. 이는 시각적 예술 요소를 동원한 첫 시위가 아닐까 한다. 이대생들은 여세를 몰아 11월 28일에도 대규모 집회를 열고 이대 입구 로터리 가두 시위까지 성공한다. 김은혜, 차옥숭, 김명희, 강명순,

김선욱 등의 노력이 주효했다. 당시 학생들의 시위에 동조하고 학생들을 보호해 주었던 김옥길 총장의 모습은 오래도록 참스승의 귀감이 되었다.

이후 전국의 대학이 시위에 동참한다. 11월 5일 이후 12월 31일까지 하루도 쉬지 않은 대장정이었다. 경북대, 한국외국어대, 한신대, 서울대 치대, 서울대 약대, 이화여대, 감리교신학대, 중앙대, 고려대, 연세대, 서울신학대, 성균관대, 전남대, 숭전대, 서강대, 동국대, 한양대, 숙명여대, 경희대, 영남대, 수도여사대, 덕성여대, 홍익대, 부산대, 동덕여대, 단국대, 가톨릭의대, 한국항공대, 명지대, 대구효성여대, 국제대, 대구영남신학대. 여기에 광주일고, 신일고에서도 학생들이 일어난다. 이들은 수업 거부, 동맹 휴학, 연좌 농성, 점거 농성, 성토대회, 교내 시위, 가두 시위 등의 온갖 방식으로 유신 반대의 길에 동참한다.

일파만파였다. 10·2데모는 유신체제 반대의 전 국민적 분노에 불씨를 댕겼다. 그리고 이 싸움은 이제 학생운동을 넘어 종교계, 지식인, 언론인들이 참여하는 전 국민적 저항의 깊고도 넓은 전선을 펼치게 된다. 유신체제 이래 숨죽이고 있던 학생운동이 "패배주의, 투항주의, 무사안일주의와 모든 굴종의 자기기만을 단호히 걷어치우고" 첫 포문을 열자, 유신 반대의 들불이 전국으로 번져 타오른 것이었다.

10·2데모에 대한 교회의 응답은 KSCF를 중심으로 터져 나왔다.

10월 28일 회원이었던 나병식, 정문화, 강영원, 황인성 등 KSCF 회원들의 구속 소식을 접한 나상기 등 임원단은 즉각 '구속기독학생대책위원회'를 만든다. 여기에 YWCA 대학부와 가톨릭학생회도 참여한다. 대책위원회는 구속자들을 위한 옥바라지와 함께 석방기도회를 개최한다. 이러한 활동은 민주화운동사에 하나의 물꼬를 텄다. 이후 수천 번도 더 구성되고 운영되었을 구속자대책위원회, 구속자가족협의회, 석방기도회 등의 시발인 것이다. 또 인권변호사들의 조직적 사건 대응의 모범적 선례도 만든다. KSCF의 정상복 간사에 의한 한승헌, 이세중 변호사 선임에서 비롯된 것이다. 아울러 구속학생학부모대책위원회가 처음으로 구성되는데, 회장은 강영원의 부친 강승택이 맡았다. 10·2데모는 여러모로 민주화운동사에 새로운 현상을 일으켰다.

지식인들과 재야인사들의 투쟁도 본격적으로 전개된다. 11월 5일 지식인들은 '시국선언문'을 발표한다. 강기철, 계훈제, 김숭경, 김재준, 김지하, 박삼세, 법정, 이재오, 이호철, 정수일, 조향록, 지학순, 천관우, 함석헌, 홍남순 등 재야 지식인 15명 명의였다. "현 정권의 독재정치·공포정치로 국민의 양심과 일상생활은 더없이 위축되고, 우방 각국의 신뢰와 친선 관계는 극도로 실추되어 대한민국은 내외로 최악의 상태에 직면하게 되었다. … 이 중대한 현실을 직시하여, 무엇보다도 민주적 제질서를 시급히 회복하라. 그것은 결코 어떤 미봉으로 될 일이 아니요, 민주체제를 근저에서 재건설하는 것이 되어야 한다."

언론자유 수호운동도 촉발되었다. 10·2데모와 이후의 시위들에 대한 보도 기사 누락을 계기로 동아일보 기자들의 철야 농성이 일어나고, 여타 신문사들의 언론자유 수호운동에 불이 붙었다. 유신체제에 저항하는 첫 시위가 발생했지만 이를 보도조차 할 수 없었던 언론인들의 자성과 함께 언론자유 수호투쟁이 시작되었다. 동아일보 기자들은 10월 4일과 5일 이틀 동안 학생 시위 기사를 1단으로라도 보도하려 했지만, 인쇄 과정에서 삭제된다. 이에 젊은 기자 50여 명은 편집국에서 철야 농성을 벌인다. 기사 누락과 철야 농성이 몇 차례 반복된다. 11월 20일 "모든 언론인은 용기와 신념으로 외부 압력을 배척, 언론의 본분을 지키자."는 언론자유 수호 '제2선언'을 발표한다. 12월 3일, 동아일보 전체 기자 369명이 기자 총회를 열고 언론자유 수호 '제3선언'을 채택한다. 경향신문 기자들과 한국일보 기자들도 '언론자유 확립 결의문'을 채택한다. 11월 27일과 30일에는 조선일보와 중앙일보 기자들이 '결의문'을 채택한다. 기자협회, 기독교방송국, 문화방송, 신아일보 등에서도 '언론자유 수호 결의문'을 채택한다.

1973년 12월 24일에는 '개헌청원100만인서명운동'이 공식적으로 시작된다. 함석헌, 장준하, 천관우, 김동길, 계훈제, 백기완 등이 중심이 되어 유신 헌법에 대한 본격적인 저항이 시작된 것이다. 여러 갈래로 갈라져 지지부진한 모습을 보이던 반유신운동이 하나의 커다란 물줄기로 모여들게 되었다. 여기에는 법정, 김재준, 유진오, 이희승, 김수환, 백낙준, 김관석, 안병무, 김지하, 지학순, 박두진, 문동환, 김정준, 김찬국, 문상희, 이병린, 김홍일, 이인, 이상은, 이호철, 이정규, 김윤수, 김숭경, 홍남순 등이 참여했다. 헌법 개정을 거론하는 것 자체가 금기시되는 상황에서 서명운동은 열흘 만에 30만 명이 서명할 정도로 국민적 호응을 받았다.

상황이 심상치 않게 전개되자, 박정희 정권은 유신 헌법 개헌 논의를 정권 자체에 대한 도전으로 받아들이고 강경하게 대처했다. 김종필은 라디오에 나와 "세상을 어지럽히는 자는 다스리지 않을 수 없다."고 경고했고, 29일에는 박정희가 담화를 발표하여 "유신체제를 부정하는 일체의 불온 언동과 소위 개헌청원서명운동을 즉각 중지할 것"을 강력히 경고했다.

급기야 긴급조치 1, 2호가 발표되었다. 개헌청원100만인서명운동에 대한 대응이었다. 유신 헌법이 가진 가장 가공할 무기 중의 하나는 "제53조 ① 대통령은 천재·지변 또는 중대한 재정·경제상의 위기에 처하거나, 국가의 안전보장 또는 공공의 안녕질서가 중대한 위협을 받거나 받을 우려가 있어, 신속한 조치를 할 필요가 있다고 판단할 때에는 내정·외교·국방·경제·재정·사법 등 국정 전반에 걸쳐 필요한 긴급조치를 할 수 있다."는 대통령의 긴급조치 권한이었다.

긴급조치 1호는 유신 헌법을 부정, 반대, 왜곡 또는 비방하거나 개정 또는 폐지를 주장, 발의, 청원하는 행위를 법원의 영장 없이 잡아다가 15년 이하의 징역에 처하겠다는 것이었다. 긴급조치 2호는 이런 일을 착실하게 수행할 비상군법회의를 설치하고 이를 중앙정보부에 맡아 한다는 것이다. 긴급조치 1, 2호는 개헌청원 100만인서명운동을 막기 위한 그야말로 비상조치였다.

1974년이 되자 문학인들이 반유신 대열에 합류한다. 이희승, 이헌구, 김광섭, 안수길, 이호철, 백낙청 등은 서울 명동의 코스모폴리탄 지하 다방에서 문인 61명이 서명한 성명을 발표한다. 이들은 성명에서 "양심의 자유와 표현의 자유를 포함한 국민의 기본적 인권이 보장되어야 하고, 헌법 개정 청원은 국민의 당연한 권리이며 이 권리를 포기하지 않을 것"이라 결의를 밝힌다.

10·2데모로 구속되었다 출소한 이후 나병식은 조사 과정에서 받은 고문 사실을 폭로하는 기자회견을 갖는다. 이 고문 폭로는 뉴스위크, 더 타임스 등 외신에 기사화되어 유신체제의 폭압의 치부를 여지없이 드러냈다.

선하고 정의로운 일이 자신이 계획했던 것보다 훨씬 더 잘 전개된다면 경이로움을 떠올리면 된다. 10·2데모 이후 일파만파로 번진 반유신 투쟁은 민중의 힘이 만든 역사적 경이였다.

4장

유신과의 정면 대결

전국 동시다발 시위

'전국에서 동시다발로 강력한 투쟁을 할 수 있다면, 유신의 끝을 볼 수도 있겠다.' 10·2데모가 불붙인 반유신투쟁이 전국으로 번지고 학생운동을 넘어 지식인, 언론인, 문학인 그리고 종교인들로 크게 전선을 확장하는 이 놀라운 광경을 보며 유신체제를 끝낼 수도 있다고 생각하는 사람들이 있었다. 유인태, 서중석, 이 철, 여정남 그 외 수많은 사람들이었다. 그들은 반유신의 열기에서 고조되는 혁명의 새벽 종소리를 들었다. 그리고 멀지 않은 과거 4·19를 떠올렸다. 그렇다고 혁명 전야의 흥분에 빠지지는 않았다. 당장 방아쇠를 당길 생각도 아니었다. 그들은 전국 동시다발 시위야말로 혁명의 아침을 여는 일이라 생각했다. 그들은 이를 준비할 충분한 안목과 역량이 있었다.

유인태는 10·2데모가 보여준 가능성을 이렇게 설명했다. "이날의 시위는 선배들이 보기에는 더 없이 감격적이었다. 6·3시위 이래 일순간에 이렇게 많은 학생들이 모이기는 드문 일이었다. … 서울대 문리대생들의 대량 구속·대량 제적은 훨씬 더 큰 파문을 불러일으켰다. … 10월 하순부터 서울대 등 전국 각 대학에서 이 학생들의 석방과 처벌 백지화를 요구하는 움직임이 요원의 불길처럼 무섭게 번져 간 것이다."(유인태, 〈내가 겪은 민청학련 사건〉, 월간 중앙, 1988년 5월호)

12월 7일, 감옥에서 나온 나병식, 정문화, 강영원, 김병곤은 자신들이 했던 일이 일파만파로 번지고 있음을 눈으로 확인할 수 있었다. 그들을 맞이한 건 환호와 박수였다. 구속 학생 환영회에 엄청난 사람들이 참석했다. 이 철이 말한다. "10·2데모로 구속됐던 사람들이 나왔을 때 환영회가 굉장히 열광적으로 열렸어요. 그 환영회의 열기를 보면서 우리가 제대로 분위기를 읽었구나 확신이 들었어요. 10·2데모를 통해 감격스러울 정도로 반유신 의식이 고양되었어요. 집회나 다름없는 환영회에 사람들이 모이는 걸 보면 누구라도 확신할 수 있었어요. 그때 세 명 이상 모이면 무조건 끌려갈 때인데 그렇게 모인 것을 보고, 다들 세상이 완전 뒤집혔다며 감격했죠." 나병식이 친구들을 만나고 정신없이 시간을 보내고 있을 무렵 담대한 구상을 하고 있던 이들이 연락했다. 다시 학생운동의 복판으로 들어온 나병식은 약간의 유명세를 느끼며 자신감이 넘쳤다.

'전국 동시다발 유신 반대 시위를 조직하자.' 긴급조치 1, 2호가 발표된 이틀 후인 1974년 1월 10일, 전국 시위를 본격적으로 논의하는 첫 번째 모임을 가졌다. 조직 연결 문제와 상황 점검, 투쟁 방법 등을 집중적으로 논의하기 위해 서중석, 유인태, 이 철, 나병식 네 명이 정기적으로 만나기로 한 첫 모임이었다. 미아동에 있는 유인태의 집이었다.

나병식의 자신감은 선배들을 만나며 배가되었다. 비록 그가 충분히 예견하고 시작한 일은 아니었지만, 그가 '저지른' 투쟁이 세상에 불을 질렀고 이제는 더 많은 사람과 더 탄탄한 연계로 전국적 시위를 준비한다는 사실이 뿌듯하면서도 실감이 나지 않았다. 이제는 더 이상 준비론이니 투쟁론이니 다툴 필요도 없이 모두가 한마음으로 팔을 걷어붙이고 나설 수 있어 흥이 났다.

민청학련이 조직체가 아님에도 조직의 구조를 갖춘 이유는 그것이 동시다발적 연대 투쟁을 위한 연계와 공유를 절대적으로 필요로 했기 때문이다. 연대의 고리는 우선 인맥이었다. 문리대 선후배가 먼저 연결되고 전국의 주요 대학과 연결을 시작했다. 그 학교에서 누가 열심히 운동을 하는지 웬만하면 다 알았다. 아울러 각 대학의 이념 서클 간에는 다양한 형태의 인적 연계가 있었다. 선후배 관계를 통해 연결되었고, 또한 각 대학의 이념 서클들이 주최하는 학술대회 등에 참가하면서 맺은 유대가 끈이 되었다. 유인태와 이 철이 여정남을 만나는 계기도 1971년 4월 경북대 정진회 주최 토론회에 참석하고 정진회 대표들이 고려대 한맥회 주최 토론회에 참가하면서부터다.

그들은 전국 동시다발 시위 연결망 구축에서 333원칙을 큰 기둥으로 삼았다. 서울대 문리대, 법대, 상대가 서울대의 각 단과대들의 투쟁을 선도하고, 서울대, 고려대, 연세대가 서울시내 대학들 연계의 중심에 서고, 전국적으로는 서울대, 경북대, 전남대가 각각의 권역을 맡아 일제히 투쟁을 끌고 가자는 구상이었다.

처음 네 명의 모임에 여정남, 정윤광, 강구철, 김효순이 합류했다. 그리고 정문화, 황인성, 김병곤이 가담하며 속도가 붙었다. 평소 가지고 있던 인간관계를 총동원하여 투쟁 의지를 확인하고 함께할 것을 약속하고 지속적인 연락 관계를 맺는 것이 그들의 일이었다. 모두가 힘을 합쳤다. "거 누구 알아?" 또는 "그 사람이 적당한데." 이런 대화들이 반복되고 사람을 추천하고 만나면서 연결망은 탄탄해졌다.

조직 연결에 힘을 쏟은 모두가 이중 삼중의 노력으로 협력했다. 나병식은 특히 고향이자 광주일고 동기들이 있는 전남대와의 연결에 많은 공을 들였다. 한번은 황인성과 함께 김정길을 만났고, 이 철과 함께 전남대 법대 고재득을 만나기도 했다. 이 철과 나병식은 다각적인 접촉을 하다가 1월 말 광주가톨릭센터에서 김정길, 이 강과 만나게 되면서 전남대가 본격적으로 결합되었다. 이후 김남주와 이 강이 활동력, 조직력, 지도력, 비밀 유지 능력을 겸비한 인물로 추천한 윤한봉과도 만난다.

이에 대하여 윤한봉은 이런 구술을 남겼다. "그게 인자 광주로 내려와 가지고 전남대의 인자 그런 역할을 책임 있게 대표성을 가지고 할 수 있는 사람을 찾는 과정에서 인자 당연히 끼리끼리 뭐야, 함성, 고발지사건으로라든지, 이 강 씨 이렇게 접촉을 해 가지고, 김남주 등에게 한 사람을 추천해 달라. 그래 가지고 인자 내가 추천된 거지. 김정길이가 와 갖고 날더러 한 번 만나자 하드만 형님 어째 공부만 모범생으로 하실라요? 아니여 인자 나도 싸울 거여. 그래요? 그럼 한번 만나 보실라요? 좋다. 그래 갖고 만난 것이 이 철이랑 나병식 씨, 황인성이, 이런 친구들이 내려왔었는데, 그래 갖고 인자 만났지. 만나서 긴 이야기가 필요 없었지 척 하면 삼천리였으니까. 좋다. 하자."(윤한봉, 〈구술녹취문 8 - 민청학련사건〉, 합수 윤한봉 기념사업회 홈페이지)

이화여대와의 연결에도 나병식은 거들었다. 이 철, 정문화와 함께 이화여대의 오성숙, 유재원을 만났다. 이 철과 함께 전북대의 김성중을 만나기도 했다.

2월 하순이 되자 조직은 거의 연결되어 있었다. 3월 7일 서중석, 유인태, 이 철, 정문화, 나병식은 밤 9시 유인태의 집에서 모였다. 훗날 검찰은 이날을 민청학련 결성일로 삼았다. 이날 4월의 전국적 시위에 대한 많은 계획이 새벽 3시까지 논의되었다. 그들은 조직을 이원화하여 초창기 활동가들이 2선으로 물러나고 1선이 체포될 경우 제2의 투쟁을 조직하는 것으로 정했다. 서중석과 유인태 그리고 이름이 많이 알려진 나병식은 2선을 담당하기로 했다. 1선은 이 철, 정문화, 김병곤, 황인성이 맡기로 하고 이들은 합숙하기로 한다. 나병식은 2선이지만 교회와 노동계의 연결을 계속 맡기로 했다.

위험한 잔을 들다

　나병식의 서울제일교회와 KSCF에서의 활동 경험은 기독교계
와 연결을 구축하는 데 더할 나위 없이 좋은 자산이었다. 그러나
나병식은 10·2데모로 드러나 있어 활동에 많은 제약이 따랐다. 그
리하여 공개적으로 노출되어 있는 기독학생운동 세력과 교회 청
년회와의 연결은 서중석이 나서 서경석 등과 연결하였다. 나병식
은 친구인 김경남, 한신대와 연결하는 정도였다.

　민청학련사건으로 가장 많은 구속자를 낸 그룹은 기독교계였
다. 박형규 목사 등 지도자들은 물론 KSCF 조직이 통째로 엮여 들
었다. 물론 황인성, 김경남, 신대균, 이원희 등 학생운동 세력이
합류하여 노력한 것도 있지만 KSCF는 이미 조직적으로 잘 완성
되어 있었다. 때문에 그 산하에 있는 수많은 인사가 한꺼번에 연
계되어 버린 것이다. 만일 성공적인 동시다발 시위가 전개되었다
면, KSCF 회원들의 높은 정치의식과 현장 활동으로 다져진 막강
한 투쟁력이 큰 힘을 발휘했을 것이다.

　당시 준비팀에서 기독교계에 대한 관심은 지대했다. 유인태는
말한다. "한편 전국적인 유신 반대 시위에는 반드시 기독교, 천주
교 등 종교세력과 선배들을 포함한 사회세력을 적극 끌어들이기
로 하였다. 이미 종교계에서는 적극적으로 유신 반대 운동을 전개
하고 있었기 때문에 사회 저명인사들을 끌어들이는 것은 정부가

우리를 공산주의 활동으로 몰거나 탄압하는 데 방패막이가 될 수 있을 것이란 생각도 없지 않았다."(유인태, 앞의 글)

나병식은 선배 그룹과도 활발히 교류했다. 중앙일보에 있던 유근일에게 자문을 구하고 조영래, 이현배 등 선배들을 만나 정세 인식과 시위 방향에 대해 협의했다. 당시의 나병식의 적극성을 유인태는 이렇게 말했다. "당시 나병식은 10·2데모로 유명인사가 되어 있었고, 선배 그룹들을 만나는데 매우 적극적으로 나섰다."

이 무렵 나병식은 데모 준비에 있어 누군가는 나서서 해야 할 일 그러나 위험천만한 일에 자발적으로 나섰다. 바로 활동 자금을 마련하는 일이었다. 나병식은 10·2데모 경험을 통해 규모가 큰 데모에는 돈이 필요하다는 것을 잘 알고 있었다. 그렇기에 나병식은 기꺼이 위험한 잔을 들었다. 그가 적극적으로 움직인 것은 주변에 돈을 부탁할 만한 사람들이 있었기 때문이었다. 박형규 목사, 정상복 목사, 안재웅 목사를 만나 활동 자금을 요청했다. 이 활동 자금 문제는 이후에 엄청난 폭풍을 몰고 온다.

그 폭풍을 몰아오던 봄날의 이야기는 박형규 목사 회고록《나의 믿음은 길 위에 있다》에 기록되어 있다. "아직 날씨가 풀리지 않은 어느 추운 날이었다. 나병식이 나를 만나고 싶다고 했다. 사찰대상이 된 사람들에겐 감시와 미행이 따라다녔기 때문에 우리 집이나 교회에서 만나지 않고 집 근처 수도여자사범대 가까이에 있는 '금잔디다방'에서 만났다. 시끄러운 데서 만나면 말하기가 편했다. 나병식은 내가 알아도 괜찮을 만한 그동안의 진행상황을 대충 이야기해 주고는 이렇게 말했다. '목사님, 조직은 다 되었습니다. 거사날만 남겨 놓고 있는데, 돈이 없습니다. 유인물과 플래카드도 만들어야 하고 그밖에도 돈이 필요한데, 돈 만드는 일이 잘 안 됩니다. 제가 재정을 맡아 돈을 만들기로 했는데, 잘 안 되네요. 목사님, 저희를 좀 도와주세요.'(신흥범, 앞의 책, 241쪽)

박형규 목사는 돈을 마련하기 위해 윤보선 전 대통령을 찾아간다. 3월 초, 통행금지가 해제된 직후의 시간을 택해 자전거를 타고 안국동에 있는 해위의 집을 찾아갔다. 문 앞의 배달된 신문 여백에 "급히 도움이 필요합니다. 1백만 원쯤 만들어 주십시오. 규(圭)."라는 메모를 남기고 다시 대문 안으로 밀어 넣었다. 얼마 후 윤보선 전 대통령은 부인 공덕귀 여사를 기독교회관으로 보내 기독교장로회 여신도회 이우정에게 45만원을 전달한다. 이 봉투는 박형규 목사를 거쳐 안재웅 목사에게 그리고 정상복 목사를 통해 35만원이 나병식에게 전달되었다.

4월 20일 박형규 목사는 중앙정보부 5~6명의 기관원들에 의해 집에서 연행되어 나병식에게 건네준 돈을 추궁받는다. "목사님, 다 끝났습니다. 목사님 자백만 받으면 모든 게 다 끝납니다. 협조해 주세요. 길게 끌 게 뭐 있습니까? 우리 스무고개를 한번 하지요. '금잔디다방'이라고 하면 아시겠습니까?"(신흥범, 앞의 책, 246쪽) 나병식에게 돈을 준 것이 들통났다는 사실을 알고 버티는 것은 무

의미하다 생각한 박형규 목사는 윤보선 전 대통령의 일을 사실대로 말해 준다. "전임 대통령이자 재야 민주화운동의 큰 어른이 이 사건에 깊이 관여돼 있다면 사건은 새로운 국면으로 발전될 것이 틀림없었다. 수사관은 급히 자리를 떠 위층으로 올라갔다. 곧바로 긴급 회의를 하는 것 같더니 부산하게 움직이는 소리가 들려왔다. '당장 가서 알아봐!', '밤중에 가서 그럴 필요까지 있을까요? 내일 아침에 가서 데려와도 될 것 같습니다.' 하는 소리도 들려왔다. 그러나 청와대의 지시에 따라 수사관들은 밤중에 안국동의 해위 선생 자택으로 가서 해위가 나에게 거사 자금을 주었다는 사실을 확인하고 왔다."(신홍범, 앞의 책, 246쪽)

그러나 나병식과 안재웅은 조사에서 박형규 목사를 지키기 위해 다른 이야기를 했다. 미리 돈의 출처를 안재웅의 결혼식 축의금으로 말을 맞추어 놓은 것이다. 안재웅 목사는 이를 고수하여 조사 과정에서 축의금 내역을 하객과 액수를 써내고 진술조서 작성까지 마친 상태로 구치소에서 재판을 기다리고 있었다. 그러나 박형규 목사가 사실대로 진술하면서 안재웅 목사는 다시 서빙고동 지하 조사실로 끌려와 죽도록 두들겨 맞고서 다시 조사를 받아야 했다. 이후 나병식도 박형규 목사에게서 돈을 받은 것을 진술하기에 이른다.

돈의 출처는 사실 매우 민감한 문제였다. 나병식이 받은 돈의 출처가 제대로 확인되지 않았다면 사건은 엉뚱하게 번져서 용공

조작 사건의 빌미가 될 수 있었다. 박형규 목사의 **빠른** 판단이 이러한 위험을 제거하는 데 결정적이었다.

당시 구속되어 고초를 겪었던 김지하의 회고록에 지나칠 수 없는 증언이 나온다. "그 무렵 나는 지 주교님이 마련하신 돈 1백20만 원을 한꺼번에 건넸다. 누구로부터란 말은 없었고 주교님께도 누구에게 간다는 말은 없었다. 1백20만 원이면 그 무렵으로서는 큰돈이었다. 뒷날 조사과정에서 내가 확인한 것은 돈이 서중석과 나병식에게 정확하게 갔다는 것이고, 내가 중간연락망을 통해 나병식에게 다 불어버리라고 해서 그가 불어버린 결과 나병식 아우 주변은 엄청나게 확대되었으나 서중석 아우는 물론 조사진이 눈치는 챘지만 묵묵부답 내 연락에도 불구하고 입을 꽉 닫아 버려서 주변의 확대가 거의 없었다."(김지하, 〈김지하 회고록 '나의 회상, 모로 누운 돌부처' 197 - 조영래〉, 프레시안) 돈과 관련된 수사에서 이상하게 엮이지 않게 만들려는 김지하의 판단과 대처에 대한 진술이다. 이때 김지하가 지학순 주교에게서 돈을 받아 직접 건네 준 이는 조영래였다.

당시 김지하는 조영래와 상당히 긴밀한 이야기를 나누고 있었다. 이를 유추할 몇몇 대목을 기록으로 남겼는데, 당시 민청학련 관련 선배 그룹이 어떤 각오와 구상을 가지고 있었는지 엿볼 수 있다. "내가 **빠지려는** 게 아닐세. 나는 이 일 이후 몇 차례의 물결을 더 일으켜야 한다네. 물론 자네와 함께지. 절대 노출되지 말고 통제탑을 구축하시게. 한두 사람으로 족하지 않을까? 내 생각엔 역사학과의 서중석이 신중하고 신의가 있으며 기독교 쪽의 나병식이 기획력이 좋고 마당발일세. 그러나 그건 자네가 알아서 하게. 만약 내가 잡히면 자금의 출처를 불걸세. 그래야 일이 되네. '슬라이딩 태클'이지. 자네가 잡혀도 그렇게 하게. 그러나 자네는 잘 숨어야 하네. 부탁일세. 더 이상의 옥살이는 안 돼! 믿을 만한 통제탑이 필요해! 내가 가더라도 자네만 있으면 일은 굴러가네."(김지하, 앞의 글)

나병식이 자금 지원을 부탁한 일로 인해 박형규 목사, 이우정, 안재웅 목사, 윤보선 전 대통령, 공덕귀 여사 등이 줄줄이 조사를 받고 모진 고문을 당하고 법정에 섰고 징역을 살았다. 그들을 포함해 나병식이 내민 손을 기꺼이 잡아준 수많은 선배, 친구, 후배들도 구속되어 모진 고초를 당했다. 그들에게 무슨 말을 할 수 있을까? 투사가 감내해야 할 운명적인 고뇌였다. 더욱이 실패한 거사로 인한 자괴감은 나병식을 더욱 처절하게 만들었다. 자신이 사형수가 되었다는 사실이 그나마 작은 위로가 되었다.

하지만 나병식은 그들로부터 원망하는 소릴 한 번도 듣지 못했다. 그들은 오히려 자신을 걱정해 주었다. 당장 재판에서도 박형규 목사는 이렇게 진술했다. "나는 학생들이 희생과 고통을 각오하고 민주주의를 위해 행동했다고 본다. 학생들이 좁은 문을 향해 길을 나서는데 나만 뒤처져 있을 수 없어 늦은 감이 있지만 참여하기로 했다. 학생들을 움직인 것은 나라를 위한 충정이요, 3·1정신과 4·19정신이지 누구의 선동에 의한 것이 아니다. 학생들보다 가벼운 죄가 아닌 더 무거운 죄를 내려주기 바란다."

이런 사람을 어찌 존경하지 않을 수 있단 말인가? 나병식은 그가 살면서 박형규 목사를 만난 것을 한없이 큰 행운이라 생각했다. 그는 민주화운동을 되돌아보는 여러 인물의 공적을 가볍든 심각하게든 논하는 자리마다 늘 이렇게 말했다. "민주화운동에 가장 큰일을 하신 분은 뭐 누가 어떻고 해도 난 박형규 목사님이라고 생각혀."

악전고투

민청학련은 전국적인 연대 시위를 준비하면서 여러 유인물을 준비하였다. 이후에 사건명이 되고, 정부 전복을 위한 무시무시한 조직으로 불리게 되는 '전국민주청년학생총연맹'이라는 조직명은 이들이 여러 유인물에 신뢰성을 높이기 위해 표기한 이름이었다. 당시 몇몇 아이디어가 있었으나 최종적으로 황인성이 제안한 민청학련이 채택되었다.

3월 27일경에 전국 동시 시위의 날짜가 4월 3일로 정해졌다. 전국 동시 시위에 쓸 유인물 준비는 삼양동 합숙소의 네 명의 멤버가 맡아했다.

전국 동시 시위를 위해 준비된 유인물은 '민중·민족·민주선언', '결의문', '민중의 소리', '지식인, 언론인, 종교인에게 드리는 글' 4종이었다. 이 중에서 '민중·민족·민주선언'은 나병식이 쓴 원고와 또 다른 원고를 인용하여 이 철이 쓴 것을 네 명이 돌려보며 수정하고 확정한 것이다. 나머지 글들은 이근성이 미리 준비한 원고와 여러 자료를 참조하여 작성되었다. 유인물은 방학동에 마련한 두 개의 방과 광화문의 레코드 가게 우드스탁 옆 방 등 여러 곳에서 제작되었다.

결의문

오늘 우리의 궐기는 학생과 민중과 민족의 의사를 대변하고 이 땅에 진정한 자유와 평등을 실현하기 위한 민중적·민족적·민주적 운동임을 밝히면서 아래와 같이 결의한다.

1. 부패 특권족벌의 치부를 위한 경제정책을 시정하고 부정부패 특권의 원흉을 즉각 처단하라.
2. 서민의 세금을 대폭 감면하고 국민경제의 밑받침인 근로대중의 최저생활을 보장하라.
3. 모든 노동악법을 철폐함으로써 노동운동의 자유를 보장하라.
4. 국가 비상사태, 1·8조치 등으로 구속된 모든 애국인사들을 즉각 석방하고 유신체제를 폐기하여 진정한 민주주의체제를 확립하라.
5. 모든 정보 폭압정치의 원천인 중앙정보부를 즉각 해체하라.

6. 반민족적 대외 의존경제를 청산하고 자립 경제체제를 확립하라.

이상 우리의 주장을 관철시키기 위하여 최후의 1인까지 투쟁할 것을 역사와 민족 앞에 엄숙히 선언한다. 서울 시내 전 학생과 시민은 금일 하오 2시에 시청 앞 광장과 청계천5가 네거리에 집결한다.

준비한 유인물 전반에는 민청학련의 "민중적 민족적 민주적 운동"의 목표와 의의가 담겨 있다. 민중과 민족이 처한 현실의 문제와 해결 과제를 민주-민족-민중의 담론으로 제시하며 민중을 위한, 민족의 자립을 위한, 자유와 민주주의가 꽃피는 세상을 꿈꿨다. 그동안 학생운동에서 또렷이 자리 잡은 민중지향성과 민족현실의 당면한 과제인 외세에 예속된 경제, 민주와 자유의 적인 폭압적 유신체제 극복의 과제를 명확히 깃발에 아로새긴 것은 이후 운동이 발판을 삼을 만한 커다란 진일보였다.

전국 동시 시위의 거사일은 4월 3일이지만 3월부터 개별학교에서 순차적으로 시위를 조직하여 투쟁 열기를 높여 가고자 했다. 그 첫 출발은 3월 10일 한신대시위였다. 하지만 이창식 학생회장이 주도한 시위는 성공하지 못하고 이후 단식 농성으로 이어졌지만 많은 학생이 참여하지는 않았다.

이어서 경북대가 3월 21일 선도투쟁을 일으키기로 하였다. 준비팀은 천여 명 이상이 가두로 진출하여 대구에서 일대 전기가 일어나길 기대했다. 하지만 '반독재구국선언문'을 뿌리며 시위를 유도했음에도 10·2데모의 불길을 다시 일으킨 지난해 11월 5일 데모의 수준에 한참 못 미치는 적은 학생들만이 참여하였다. 애초에 계획한 시위 효과를 내기엔 명백한 실패였다.

다시 3월 28일 서강대시위에 기대를 걸었다. 김 윤, 임성균, 허운홍, 박호용 등이 앞장서 '유신 헌법과 대통령 긴급조치 철폐를 위한 서강인의 성토대회'를 열었다. 300여 명의 학생이 참여했으나 큰 시위로 발전하여 전국 동시다발 시위의 불씨를 붙이기엔 역시 한계가 있었다.

3월 28일 서강대생들이 성토대회를 하고 있을 때 나병식은 정문화와 함께 신촌로터리에 있었다. 서강대시위의 성공을 가까이서 보고 싶었다. 그러나 한 시간도 안 되어 시위가 해산되자 풀이 죽었다. 전국 동시 시위 준비팀이 의욕적인 계획을 거침없이 준비하고 있었지만, 학생들의 호응은 기대 이하였고 대학의 분위기는 식어만 갔다. 나병식은 점점 의욕이 꺾였지만, 차분해지려 노력했다. 10·2데모의 예측하지 못했던 성공을 직접 겪은 그였기에 여전히 학생들의 분노와 열정을 믿었다. 그럼에도 그는 현실을 돌아봤다. '우리의 힘은 여기까지인가?' 불길함을 떨칠 수 없었다.

그러는 사이 공안당국은 대대적인 검거를 시작했다. 침탈이 시작됐지만, 4월 3일 시위를 포기할 수 없었다. 4월 1일 연세대시위로 다시 분위기를 띄우고 4월 3일 전국 시위와 서울시청 앞 5만 명의 시위대를 조직하고자 했다. 그러나 4월 1일 연세대시위도 준비한 주동자들이 사전에 검거되는 등의 곡절을 겪은 후에 송무호가 자해 위협을 하며 채플 연단에서 유신 헌법 철폐 구호를 외치는 것이 전부였다.

나병식은 정윤광과 이 철을 만나 전국 동시다발 시위의 성공가능성에 대해 의견을 나누었다. 이 철 또한 연세대시위의 실패를 인정하고 4월 3일의 거사의 성공 여부를 걱정하면서도 여기서 멈출 수 없다고 이야기했다. 나병식도 수긍했다. 실패가 예견되지만 공안당국의 검거가 시작되고 있는 이상, 마지막 사력을 다하는 것이 필요하다 생각했다. 누구보다 현실을 보고 유연한 태도를 갖는 그였지만, 패배주의적인 낙담과 포기로 가서는 안 된다고 마음다잡았다. 여전히 역사를 밀고 가는 주체들의 역동적 힘을 믿고 싶었다.

이 철, 정문화, 김병곤, 황인성 등도 같은 생각 같은 결론을 내렸다. "여기서 포기하면 오히려 재기 불능이 되고 말아. 이미 전국조직이 모두 드러날 대로 드러나 있어.", "여기서 중단하면 오히려 운동조직만 싸그리 뿌리 뽑힐 수 있습니다. 외통수요. 싸우는 길밖에 없어요." 유인태도 복잡한 심경이었지만 "필사의 각오로 싸우지 않을 수 없다."고 생각했다.

4월 3일 11시 서울대 문리대, 상대, 의대, 이화여대, 성균관대, 고려대, 서울여대, 감리교신학대, 명지대에서 유신 철폐 시위가 시도되었다. 그러나 어느 대학도 가두 시위를 성공하지 못했다.

시위다운 시위는 성균관대생 400여 명이 교문에서 경찰과 대치하며 투석전을 벌인 것뿐이었다. 김수길, 백한열, 황의선, 이기승, 장준영, 신형철 등이 악전고투 끝에 준비한 성과였다. (민청학련계승사업회,《민청학련》참고)

전국적으로 연결된 엄청난 규모의 연락망을 알아차린 공안당국은 긴급조치 4호를 발동하여 특단의 조치를 내리고 최강의 수로 대처했다. "소위 '전국민주청년학생총연맹'이라는 지하조직을 결성하여 공산주의자들이 말하는 이른바 '人民革命'의 수행을 기도하였던 것입니다." 그들의 수사 발표에 비극은 이미 발아하고 있었다.

1974년 4월 3일 선포된 긴급조치 4호의 주요 내용을 정리하면 이런 것이었다. 민청학련과 관련된 일에 관여하는 일체의 행위, 그들의 뜻과 목소리를 전하고 나누는 일체의 행위, 그들을 지지하는 의사 표현의 일체의 행위에 대해 "5년 이상의 유기징역에서 최고 사형까지 처할 수" 있다는 것이었다.

4월 3일 전국 시위가 불발되고 긴급조치 4호가 선포되었지만, 그래서 데모를 계속하면 사형에 처한다는 정권의 발표가 있었지만, 그 누구도 쉽사리 투쟁을 접지 않았다. 당장 다음 날 유인태와 이 철은 '긴급조치 4호란 명목의 최후 발악을 규탄한다'는 긴급조치 부당성과 시위에 대한 왜곡선전을 반박하는 성명서를 제작하여 배포했다. 그리고 애초에 준비했던 제2선의 인사들이 조직을 추슬러 6월의 2차 봉기를 계획했다. 이들은 자신들의 공개 수배 사진이 거리에 붙은 이후에도 멈추지 않았다.

나병식은 4월 5일 자신의 자취방에서 강구철, 정윤광, 정찬용을 만나 대책을 논의한다. '누가 정말 반국가적인지 공개토론을 하자'는 반박 성명을 내자고 합의하고 나병식이 초안을 만들고 정찬용과 정윤광이 등사와 배포를 맡는다. 정찬용은 이 일을 위해 방학동에 방을 얻어 등사기를 들이고 광주일고 후배 최권행, 권오걸과 함께 생활하며 유인물을 제작했다. 이 팀에 강구철도 합류한다. 이들은 4월 15일 '반민족 부패 재벌 파쇼집단에게 고한다'라는 제목의 유인물 900장을 완성하여 배포하러 나섰다. 4월 17일 이근성과 강구철, 권오걸, 최권행이 명동 국립극장 앞 맥주홀에서 살포한다. 또한 을지로1가 옛 내무부 앞 횡단보도에서 신호가 바뀌기 전에 공중에 뿌리고 횡단보도를 건너 숨었다.

유신 반대 시위를 계속하려는 여러 노력에도 불구하고 시위를 준비했던 이들은 잇따라 검거되었다. 한 학생회 간부의 결정적인 배신으로 인해 수사 당국에게 정보가 고스란히 넘어갔다.

민청학련의 준비팀의 이상적 목표는 4·19혁명의 재현이었다. 대학생들의 전국 동시 시위가 기폭제가 되어 국민적 저항이 폭발하여 유신체제를 붕괴시키는 시나리오. 그러나 그들은 지나치게 낙관적인 정세 인식과 더불어 자신들의 역량을 과대평가하고 있었다. 그러다가 공안기관의 감시망에 노출되어 함께했던 이들이 일거에 검거되는 상황을 맞았다. 1월부터 본격적으로 움직여 4월 3일을 기해 봉기하고자 했던 100여 일의 온갖 노력은 성사되지 못했다. 그러나 그것이 끝이 아니었다는 점에서 민청학련사건은 예수의 부활을 떠올리게 한다.

이렇듯 비록 시위는 좌절되었지만 '민청학련사건'이라는 이름으로 민주화운동사에 엄청난 파도를 일으켰다. 작용이 실제로 작동되지 못했지만 준비된 작용만으로 엄청난 반작용을 일으킨 것이다. 역사적 아이러니이다. 하기야, 역사는 작용의 힘의 세기나 성공적 작동만으로 펼쳐지지 않는다.

이 저항과 탄압의 변증법적 관계를 정확히 설명하는 사람이 있다. 하버드대 사회학과 폴 Y. 장 교수의 《저항 변증법 : 국가의 억압과 한국의 민주화운동》이다. "저자의 주장을 한마디로 요약하자면, 유신체제의 억압력과 민주화운동의 역동성은 서로의 궤적에 영향을 미치며 더불어 발전했다는 것이다. 다시 말해, 1970년대 민주화운동은 유신체제하에서 발동된 일련의 긴급조치로 인해 위축되긴 했으나, 그 과정에서 민주화를 위해 싸우는 저항집단이 다양한 부문에서 출현하고 전략적으로 진화했음을 강조한다."(홍성태, 〈서평: 1970년대 독재와 저항의 역동적 관계에 대한 종횡 분석〉, 《기억과 전망》 40호, 384쪽)

탄압은 저항의 위축을 가져왔지만, 피상적인 것이고 역설적이게도 민주화를 열망하는 더 많은 사회 집단의 저항과 행동을 만들었다. 뿐만 아니라 민주화운동을 이끌어갈 전사들을 양성해 냈다. 그리고 저항의 위대한 서사들을 제공했다. 민청학련에 대한 무도한 탄압과 인혁당사법살인은 세상의 양심을 깨어나게 했다.

죽지 않는 죽음

1974년 4월 6일 오후 1시경, 나병식은 동교동로터리에서 서울 남부경찰서 형사대에 체포된다. 곧바로 중앙정보국 6국에 끌려가 혹독한 고문을 받고 서울구치소에 수감되었다. 나병식은 체포된 지 석 달이 지난 7월 13일 서울 남영동 육군본부 내 비상보통군법회의 법정에서 국가내란음모, 내란선동, 국가보안법, 반공법, 긴급조치 1호, 4호 위반으로 사형을 선고받는다. 이 철, 유인태, 여정남, 김병곤, 김지하, 이현배 등과 함께였다. 정문화, 황인성, 서중석, 안양로, 이근성, 김효순, 유근일 일곱 명은 무기징역을 선고받았다.

나병식이 여러 후배 중에도 가장 미안해한 사람이 있었다. 최권행이다. 정작 최권행 자신은 대범했고 추호도 내색한 적 없었지만, 나병식은 그를 두고 내내 아파했다. 어떤 한 인생이 달라지는데, 그에게 감당할 수 없는 아픔이 몰아치는 데, 내가 아프지 않을 수 있겠는가. 비단 동지들 뿐이겠는가. 내가 그 사람을 사랑하지 않았다면 그는 더 행복했을 것이다라는 아픈 자각, 사랑의 일에 지극함이 있다면 그 일도 이 일도 별반 다르지 않다.

최권행은 민청학련사건으로 구속되어 15년 형을 선고받는다. 어느 날 재판에 나가기 전 나병식을 마주친다. 최권행은 자신이 있던 방에서 이런 이야기를 듣고 나왔다. 말을 건 이는 고아 출신의 동료 수감자였다. "몇 년 받았어?", "15년.", "아이고, 서울대까지 갔는데 인생 종쳐 버렸네, 서른다섯 살에 다시 보겠습니다." 그러다 재판을 받으러 나온 길이었다. 나병식은 환하게 웃고 있었다. "권행아, 걱정하지 마라." 사형을 선고받은 사람이 나에게 위로를 건넨다니. 그의 환한 미소로부터 어떤 빛이 퍼져 나오는 것 같았다. 최권행은 그 빛을 나병식이 가진 '어떤 힘'이라 생각했다.

삶과 죽음의 경계엔 수많은 본능과 사연, 얼굴들이 진을 치고 있다. 그리하여 그토록 준엄하며 수많은 표정과 자세가 감돌고 있다. 삶이 송두리째 걸렸지 않는가? 어스름 저녁에 창살 안에 앉아 오지 않을 지 모를 내일을 생각하는 일이다. 홀로 죽음의 예고장을 받아들고 기다리는 일이다. 아무것도 할 수 없는 처지에서 물끄러미 어둠 속 허공을 바라보는 일이다. 그 상황에서도 나병식은 담담했다. 담대함이 만드는 평온이었다. 나병식은 섣부른 예측과 전망에 매달리지 않았다. 감옥에서 기대할 변화는 시간뿐이었다. 어머니도 아버지도 누나도 여동생 둘도 막둥이도 보고 싶었다. 통방을 하는 동지들이 큰 도움이 되었다. 삶 앞에 용기가 있었듯 죽음 앞에서도 살아가고자 하는 용기가 있었다.

다행이었다. 나병식은 비상보통군법회의에서 사형 선고를 받고 일주일 후 7월 20일에 국방부 장관 확인조치로 무기형으로 감형되었다. 같은 해 비상고등군법회의에서 20년형을 선고받았다. 상고를 포기하고 11월에 안양교도소로 이감되었다. 국내외의 비판과 저항을 견디지 못한 박정희 정권의 타협책이었다.

1974년 내내 군법회의 공판정에서 사형, 무기징역, 20년, 15년형의 유례가 없는 중형을 선고하는 방망이 소리가 나라를 위협하고 있었지만 갇힌 이들은 한결같이 의연했다. 그리고 창살 밖 세상은 더 뜨겁게 일어섰다. 개신교의 목요기도회가 구속자 가족과 재야인사들이 참여한 가운데 매주 종로5가 기독교회관에서 개최되었다. 구속자 석방을 요구하는 집회 시위가 연일 계속되며, 각계각층의 반독재 민주화투쟁은 오히려 증폭되고 뭉치기 시작했다. 향후 민주화운동의 버팀목이 되었던 천주교정의구현전국사제단이 시국기도회를 전개하며 출범했으며, 언론인들의 자유언론실천선언이 나왔고, 국민들의 응원이 쇄도했다. 그 후 자유실천문인협의회의 선언 등이 잇따르며 문화예술계도 반독재민주화 깃발을 들었다. 민주회복국민회의가 조직되어 재야운동권의 구심이 만들어지면서, 유신 헌법 철폐의 투쟁의 탄탄한 밑돌을 놓기 시작했다.

10·2데모가 유신체제 저항에 첫 불을 놓고 유신 반대 투쟁의 일파만파를 만들었고, 민청학련은 유신 철폐투쟁에 각계각층의 참여를 유발하는 또 한번의 일파만파를 불러 일으켰다. 비록 학생운동 역량이 결집된 연합 시위는 꺾였지만 그 용기와 전투성과 당당함이 기폭제가 되어 유신체제 폭압의 근간을 흔들었다. 승리는 더기다려야 했지만 싸움은 이미 이겨가고 있었다.

나병식은 1975년 2월 15일 안양교도소에서 형집행정지로 풀려난다. 당시 동아일보 기자 김종철의 회고는 생생하다. 그는 민청학련 56명이 석방되는 날, 이 철과 나병식을 취재하라는 데스크의 지시를 받았다. 김종철은 석방 다음 날인 16일, 종로5가 기독교회관에서 나병식을 만났다. "키가 180센티가 넘는데다 기골이 장대한 나병식은 첫 인상부터 거인처럼 보였다. '남산'에서 살인적 고문을 당한 뒤 군사법정에서 사형선고까지 받은 청년답지 않게, 굵은 검은테 안경을 쓴 그의 얼굴은 투지에 넘치고 있었다. 나는 그에게서 풍겨 나오는 강렬한 기운에 압도당하면서 기자로서 여러 가지 질문을 했다."(김종철, 〈다정과 격정의 거인〉, 《황토바람에 풀빛》, 119-120쪽)

나병식은 그 인터뷰에서 체포된 뒤부터 석방되기까지 겪은 일들을 담담하게, 때로는 격정적으로 이야기했다. 특히 고문을 당하던 때의 정황을 소름 끼칠 정도로 상세하게 들려 주었다. "1974년 4월 6일 중앙정보부에 연행된 뒤 물고문, 전기고문, 잠 안 재우기, 해전(거꾸로 매달고 양동이로 물을 끼얹는 고문), 육전(전신을 마구 두들겨 패는 고문), 공전(공중에 매달고 빙빙 돌리는 고문)은 보통이고, 총살을 하겠다는 등 갖가지 정신적 협박과 육체적 고문을 날마다 받았습니다. 그런 고문을 못 이겨 결국 용공국가를 건설하기 위해 학생 데모를 주도했다고 거짓 자백을 하게 되었지요."(김종철, 앞의 책, 120쪽)

민청학련 관련자들에게 한 박정희 정권의 고문과 사건 조작에 관한 기사들은 동아일보에만 보도되었을 뿐, 다른 언론에는 보도되지 않았다. 나병식은 1975년 2월 17일, 석방된 지 이틀 만에 고문을 폭로하는 기자회견을 열어 "학생 데모의 목적이 용공국가의 건설에 있는 것처럼 허위 자백을 강요했다."며 수사에서 중앙정보부가 저지른 구타, 물고문, 전기고문 사실을 폭로했다. 이 사실은 영국의 더 타임스 등 내외신을 타고 세계 각국으로 전해졌다. 나병식은 10·2데모 이후 고문 폭로, 민청학련 고문 폭로로 박정희 정권의 폭압의 상징인 고문에 대한 최초 그리고 두 번째 폭로 기자회견 주인공이 되었다.

1975년 2월 12일 유신 헌법에 대한 찬반 국민투표에서 승리했다고 판단한 박정희 정권은 민청학련사건을 비롯한 긴급조치 위반 구속자들을 전격 석방한다.

1975년 2월 17일자 동아일보 3면에는, '내 신념 누가 꺾으랴' 제하의 민청학련 석방자 인터뷰 기사가 전면을 채운다. 김지하, 김동길, 박형규, 백기완, 김정길, 나병식의 인터뷰가 차례로 실린다. 박형규 목사 인터뷰 기사 제목은 "羊이 가는 길을 함께 - 투쟁했던 문제 하나도 해결 안 돼"였다. 김지하는 "정치와 예술은 하나 - 천천히 날카롭게 할 일 해 나갈 터", 김동길은 "감옥 안팎이 안 달라 - 필요하면 언제라도 다시 들어갈 터", 백기완은 "민주 위해 계속 투쟁 - 소감옥서 대감옥으로 이감되었을 뿐", 김정길은 "자기네 멋대로 정죄 - 재판 인정할 수 없어 변호사 안돼."였다.

나병식 인터뷰 기사는 '갖은 고문 다 당했다 - 집행정지 술책은 기만적인 회유'라는 제목을 달았다.

"간밤을 뜬눈으로 지샜다는 나병식 군(26, 서울대 문리학과 국사학과 4년)은 16일 날이 밝기가 무섭게 평소 다니던 서울제일교회(목사 박형규)에 나가 교우들과 인사를 나누기 바빴다.

- 간밤에 가족과 어떤 얘기들을 나누었는지… "10개월 동안 갇혀 있다 나와 보니 그렇게도 보고 싶던 두 동생들은 보이지 않고 어머니마저 불구의 몸이 되어 계시더군요. 집도 전남 광산군에서 서울로 이사를 했고…. 서로 부둥켜 안고 울다보니 식구대로 한숨도 못잤습니다."

- 동생들의 참변 소식은 언제 알았는지… "어젯밤 나와서 처음 알았습니다. 교도소 안에서도 동료들의 태도로 우리 집에 무언가 불행한 일이 있구나 하는 정도는 눈치챘었지만 교도소를 나와 나를 위로하는 말을 듣고 비로소 그 내용을 알았습니다. 내가 감옥에 있지 않

고 따라서 아버지가 집에만 계셨대도 그런 일이 없었을 것이라 생각하니 두 동생에 대한 죄책감이 듭니다." 작년 11월 10일 나 군의 아버지 나정주 씨가 서울서 열린 '구속자를 위한 기도회'에 참석하러 서울에 올라와 있는 사이 전남 광산군 송정읍 신동 집에서는 나군의 두 동생이 연탄가스 중독으로 숨지고 어머니 김공순 부인은 하반신이 마비되는(몸이 많이 상했지만 하반신 마비는 아니었다._ 필자 주) 비극이 있었던 것.

　- 그동안 많은 괴로움을 겪었을 텐데… "사전에 조작해 놓은 각본대로 죄를 뒤집어 씌우기 위해 갖은 육체적 정신적 고문을 했습니다. 학생들의 데모는 어디까지나 민주회복에 있었으며 공산주의자의 사주나 용공국가의 건설 등은 모두 날조된 것입니다."

　- 이번 석방조치에 대해서는… "같이 싸우다 같은 어려움을 당해 같은 감방에 있었는데 나만 먼저 나오게 돼 가슴이 아픕니다. 특별사면이나 일반 사면으로 국민의 기대에 부응할 수도 있었을 텐데 앞으로의 사회적 활동을 막기 위해 형집행정지라는 술책을 쓴 것은 국민의 기대를 배신한 기만적인 회유의 한 표현으로 봅니다."

　- 앞으로의 계획은… "구속되기 전과 달라진 것은 아무것도 없다고 봅니다. 현 정권의 퇴진만이 유일한 사태수습책임을 믿고 그것을 위해 계속 노력하겠습니다."

정권이 가공할 법적 처벌을 하였다가 국내외의 거센 반발에 수습책으로 내놓은 구속자 석방을 맞은 당사자가 그런 얄팍한 수는 아무짝에도 쓸모없다는 선언을 한 것이다. 유신체제의 퇴진만이 자신이 추구할 유일한 목표라는 선전포고였다.

그날의 인터뷰가 실린 지면의 하단에는 독자들의 의견광고가 실렸다. "의인이 악인 앞에 굴복하는 것은 우물의 흐리어짐과 샘의 더러워짐을 같으니라. (잠언 25장 26절) - 미아10동 임", "정상 상태로 되돌아가려는 것은 자연의 기본법칙이다. - 물리학" 등 모두 정권 비판의 시민 목소리였다.

광주 송정리에 나병식의 구속 소식이 다시 전해졌다. 아버지는 그리 놀라지 않았다. 이미 한번 겪은 일이었다. 누나도 눈물이 났지만 첫 구속 때처럼 혼이 나가지는 않았다. 어머니는 무너지는 가슴을 눈물로 다시 붙들어 세우고는 남편을 재촉했다. "얼른얼른 챙기시요." 아버지는 짐을 서둘러 챙겼다. 서울로 가서 뭐라도 해야 했다. 명동성당에서 열린 구속자를 위한 기도회에 참석하기 위해 서울로 왔다. 여동생 병순도 서울에 와 있었다.

송정리 집에는 어머니와 중앙여고 1학년에 다니는 여동생 영순 그리고 초등학교 5학년에 다니는 병문이 남았다. 어머니는 아들 걱정에 한숨을 쉬며 돌아눕기를 몇 번, 과일행상에 지친 몸을 누이고 허름한 문풍지가 우는 소리를 들으며 막내아들, 막내딸과 함께 잠이 들었다. 사건은 밤사이 일어났다. 연탄가스 중독이었다. 두 동생은 다시 깨어나지 못했다. 어머니는 간신히 병원에서 깨어났다. 그러나 후유증으로 인지 능력의 상당 부분을 잃었고 단순노동 이상을 하기엔 불편한 몸이 되었다. 그날 사건은 짤막하게 신문에 실렸다.

가족들은 처음에는 면회가 되지 않아 동생들 소식을 나병식에게 전하려야 전할 수가 없었다. 나병식은 풀려나기 전에 단 한 번 면회를 할 수 있었다. "안에 있는 병식이 힘들텐데, 그냥 우리끼리 알자." 누나가 나서서 말렸다. 아버지는 면회에서 그 소식을 전하지 않았다. 결국 나병식은 석방 당일 버스 안에서 그 소식을 접하고 동생들의 이름을 부르며 대성통곡했다. 그는 이때의 처참한 심정을 석방 후 언론 인터뷰에서 "서로 부둥켜안고 울다보니 식구대로 한숨도 못 잤습니다."라는 말로 대신하고 있다. 두려울 것 없고 거칠 것 없던 거구의 가슴 가장 깊은 곳에 멍울이 들고 사는 내내 아무렇지도 않은 듯 당당했지만 그는 남몰래 눈물을 흘렸으리라.

아버지와 여동생은 서울로 오르락내리락했다. 그러다 몸도 불편한 어머니를 혼자 둘 수 없어서 서울로 이사를 하게 된다. 이유가 그뿐은 아니었다. 10·2데모로 수배를 받은 이후로 동네에 하루가 멀다하고 찾아오는 경찰들에 곤혹을 치렀었다. 다시 경찰이 들쑤시고 다니자 동네 사람들의 눈빛도 점점 사나워졌다. 어머니는 집을 나서며 걸음을 떼지 못하고 한없이 울었다. 차마 두고 가는 그 이름들을 부르지 못했다.

1974년 겨울 아주 추운 날로 기억한다. 아버지 어머니 동생 병순이 이불 보따리를 메고 온 곳은 답십리 산동네였다. 아버지는 구속자 가족들 모임에 빠짐없이 나갔다. 여동생 병순도 기독교회관에서 열리는 목요기도회에 나갔다. 공덕귀 여사 등 여러 어른들을 만나는 것이 신기했다. 아무도 아는 사람이 없고 아무것도 몰랐지만 오빠를 위한다는 생각뿐이었다. 병순은 어머니와 양털 깎는 부업을 했다. 몸이 불편한 어머니와 함께할 수 있는 일이었기에 다행이었다.

역사는 죽음을 넘지 않고는 걸어갈 수 없는 것인가? 10·2데모와 민청학련사건은 두 개의 '영원히 죽지 않는 죽음'을 역사에 남겼다. 최종길 교수의 죽음 그리고 인혁당사건 8명의 죽음이다. 이들의 죽음은 정권에 의한 가장 비극적인 죽임이었지만 가장 간절하고 치열한 저항의 맥락으로 작동하였다. 죽음은 사라지거나 잊히지 않고 살아있는 이들의 죄책감과 책무로 되살아 꿈틀거렸다.

1973년 10월 2일 문리대시위에 이어 10월 4일 법대시위가 일어나자 서울대에선 긴급 교수 회의가 열렸다. 이날 최종길 교수는 "학생들의 행동에는 정당한 이유가 있다. 스승으로서 이를 모른 체해서는 안 된다. 공권력의 최고 수장인 대통령에게 총장을 보내 항의하고 사과를 받아야 한다."고 발언했다. 최종길 교수는 10월 16일 '유럽유학생간첩사건'의 참고인이 되어 중앙정보부로 조사받으러 갔다가 19일 의문의 죽음을 당했다. 10·2데모 열기를 잠재우기 위해 소위 유럽거점간첩단사건을 급하게 조작하고 엮기 위한 고문의 피해자였다.

박정희 정권은 민청학련사건 관련자들을 모조리 잡아 처벌하는 것만으로는 민중의 저항을 억누를 수 없다고 생각했다. 그들에겐 저항을 짓누르고 처벌을 끌어올리는 데 동원할 수 있는 전가의 보도가 몇 개 있었다. 북한, 공산당, 조총련과의 연계 또는 지령 그리고 정부 전복, 폭력 혁명, 공산 정권 수립 기도와 계획이다. 이 여섯 개의 칼은 박정희 군사쿠데타부터 6월항쟁과 그 이후까지 20년, 30년을 써 먹어도 부러지지 않았다.

민청학련사건에도 이 칼을 써야 했다. 멀쩡한 서울대생과 전국의 똑똑한 대학생들을 엮는 것만으로는 아무래도 서사가 부족했다. 응당 배후가 필요했고 배후는 '저쪽'과 연계되어 있어야만 했다. 결국 그들의 발표는 이러했다. "이른바 '민청학련'의 정부 전복 및 국가변란기도사건 배후에는 과거 공산계 불법단체인 인민혁명당 조직과 재일조총련계의 조종을 받은 일본 공산당원과 국내 좌파 혁신계 등이 복합적으로 작용"하여 "이들은 정부 전복 후 공산 계열의 노농정권 수립에 이르기까지의 과도적 통치기구로서 '민족지도부'의 결성을 계획하기까지 하였다."

배후의 조직은 인혁당 재건위원회라 하며 서도원, 도예종, 송상진, 우홍선, 하재완, 이수병, 김용원, 여정남이 그 주역이라 지목했다. 민청학련 관련 학생들과 지식인들은 감형하거나 석방했지만 이들에 대해서는 사형을 포기하지 않았다. 무고한 사람들의 항소는 모두 기각되었고, 1975년 4월 8일 대법원에서 사형판결이 확정되었다. 그리고 18시간 30분이 지난 4월 9일 형을 집행하였다. 시신마저 유족에게 돌려주지 않고 화장해 버렸다. 그 '죽지 않는 죽음'의 주인공들은 역사에 살아 있다.

5장

황톳길에서 그대와

그가 그대였다

"키가 크고 삐쩍 마른, 보자기에 책을 싸 들고 몸을 흔들며 어둠속으로 가던 남자." 예술이 '운동'이 되어가는 시절, 공연이 파하고 잔치도 끝나고 돌아가는 자리, 그를 머리에서 지울 수 없었다. 1973년, 이화여대 학보사 편집일을 하던 김순진은 한 명의 키 큰남자를 만난다. 망원동 현장 공연 자리에서였다.

1971년 서울대에 민속가면극연구회가 만들어지고 여타 대학에도 비슷한 서클이 만들어지면서 서울대 민속가면극연구회 회원들은 자문, 지원, 지도를 이유로 몰려다니며 여러 대학과 교류를 나누고 있었다. 민중예술의 새로운 영역이 개척되는 순간이었다. 김순진은 이화여대 국문과를 졸업하고 대학원에서 구비문학을 전공하려 마음먹고 있었다. 김순진의 민속극연구회에 대한 관심도 운동권에 대한 접근보다는 구비문학 연구자로서 민속극 연희에 나타나는 문학적 요소들을 공부해 보고픈 학문적 관심이었다.

김순진은 사실 나병식보다 탈춤을 먼저 만났다. 탈춤판이 그들을 연결하는 하나의 마당이 되었다는 이야기인데, 그 시절 이야기를 김순진은 세월이 흐르고 흘러 글로 쓴다.

"탈춤과 나의 인연은 1972년에 시작되었다. 50여 년이 지났으니 대부분 기억이 가물가물한데 어느 대목은 어제 일처럼 생생하다. 그해 가을 김은혜(사회사업과 3학년)가 찾아와 '좋은 후배들이 탈춤동아리를 만들려고 하는데 언니가 좀 도와주면 좋겠다.' 했던 순간이 눈에 그리듯 선명하다. 그녀는 '새얼'이라는 동아리의 회장으로 서로 알고 있던 터였다. 1973년 11월 28일에는 대강당 채플 후 기습적으로 '8천 이화학우들에게'라는 시국선언서를 낭독하고 당시 총학생회 회장 김선욱 등과 함께 철야기도회를 견인했던 인물이다. 지금도 왕성하게 활동하고 있고, 김선욱은 훗날 이화여대 총장을 지냈다.

그때 나는 학부를 졸업하고 이대 학보사에서 상임기자로 일하며 대학원 진학을 준비하고 있었다. 상임기자가 하는 일은 후배 학생기자들을 도와 기획회의에 참여하면서 학생들의 취재와 기사작성을 도와주고 편집, 제작하는 일이었다. 당연히 학교 안팎에서 일어나는 일에 늘 신경을 쓰고 있었다. 대학원에 가서는 구비문학을 공부할 생각이었다. 가면극은 구비문학의 한 갈래여서 공연을 많이 보지는 못했지만 낯선 분야는 아니었다. 오히려 현장을 경험할 좋은 기회였고 기꺼이 응했다. 이미 졸업생 신분이어서 동아리 회원이 될 수는 없었다. 그리하여 무대에 올라 춤 한번 제대로 추지 못했는데 큰언니가 되어 탈춤과의 기묘한 인연이 시작되었다. 이화여대의 탈춤동아리 '민속극연구회'의 출발은 문리대학 연극부가 그 계기가 되었다. 문리대 연극부의 공연은 인기가 많았다. 대개 희랍비극이나 서양 고전들을 공연했는데, 천승세의 〈만선〉 등 남성 주인공의 연극도 올려 호평을 받곤 했다. 공연 때는 장안의 남녀 대학생들이 관객으로 몰려오곤 했었다. 오히려 지금보다 캠퍼스의 문호가 개방적이었고 공연 후의 분위기도 축제 분위기였다. 그 연극부에서 실험적으로 우리 탈춤을 무대에 올린 것이다. 당시 시대 상황과 무관하지 않은 선택이었다."(김순진, 〈탈춤과 나 14 - 젊은 날의 패기와 좌절〉, 프레시안)

당시 학생들은 전통문화와 민초들의 저항 정신에 관심은 높아지고 열정은 솟구쳐 탈춤, 판소리, 민요, 살풀이 등 전통춤과 국악 공연 전반에 이르기까지 기회 있을 때마다 무리 지어 공연 현장으로 달려갔다. 이런 탈춤판이 벌어진다는 것은 운동판을 키우고 엮을 절호의 기회였다. 새로운 세계를 영접한 그들은 민중예술은 민중에게 돌려줘야 한다며 망원동 등의 도시빈민 지역을 찾아 공연을 하기도 했다. 나병식도 여러 공연과 이어지는 뒤풀이 자리에 후사연 친구들과 함께 빠짐없이 얼굴을 내밀었다.

"빼놓을 수 없는 일 가운데 하나가 망원동에서의 현장공연이다. 1970년대 초반의 마포 서강 일대에는 한강을 끼고 채마밭이 많았는데, 해마다 장마 끝에 농지가 침수되는 어려움을 겪었다. 1973년 여름으로 기억되는데 그해에도 수해가 심해 망원동 일대까지 침수되고 주민들의 피해가 컸다. 졸지에 이재민이 된 지역민들과 함께하자며, 심지어 민중의 예술을 민중에게 되돌려 주어야 한다는 사명감(?)으로 마당극 현장공연을 시도했다. 그러나 막상 길놀이가 시작되고 꽹과리를 아무리 쳐도 마을 사람들의 신명은 오르지 않았다. 심지어 잘 내다보지도 않았는데 마침 저녁식사 시간이기도 했다. 누가 그랬던가? 고통받는 이웃에게 가장 필요한 것은 그들과 온전히 함께하는 것이라고 … 생존이 절박한 삶의 현장에 찾아온 대학생들은 그 뜻이 아무리 고귀한들 이방인이자 불청객이라는 생각을 지울 수 없었던 순간이었다. 그 당시에는 혼란스럽고 납득되지 않았는데, 오랜 세월 농경문화 속에서 전승된 탈춤의 양식이 도시빈민의 처지에 내몰린 민중들과는 접점이 없는 게 아닌가 하는 생각을 나중에 하게 되었다. 그 와중에 무슨 이야기를 했는지는 일일이 기억에 없는데 후진국사회연구회 회원들까지 함께 해 현장에서 열띤 토론을 했던 것 같다. 후진국사회연구회는 당시 서울제일교회 박형규 목사님의 지도아래 모여 공부했던 학생들의 단체였는데 이들 가운데 일부는 유신 반대 시위로 사형선고까지 받는 옥고를 치뤘다. (물론 당시에는 이들이 후진국사회연구회 회원이라는 사실도 몰랐다.) 푹푹 찌는 더위 속에 어수선한 난민촌을 비추던 흐릿한 달빛이 영화 속의 엔딩 장면처럼 뇌리에 남아 있다."(김순진, 앞의 글) 당시에 서울제일교회 패거리의 키 큰 한 명도 김순진의 뇌리에 남아 있었다.

참고로 김순진과 탈춤판의 인연은 이후로도 지속되었는데, 채희완 등이 중심이 되어 서울대 민속가면극연구회와 이화여대 탈춤반 출신으로 구성된 탈춤운동단체 '한두레'에서 활동하였다. 시인 김정환이 이 모임의 원조들이 30년 만에 모여 술잔을 넘기며 이야기로 회포를 푸는 자리에 함께해 글을 남겼다. 그중 한 대목이다. "남자는 대개 서울대 출신에 70학번, 여자는 대개 이대 출신에 71학번이다. 예외는 이애주와 김순진. 한국의 탈춤뿐 아니라 무용사에 한 획을 그은 이애주는 65학번인데 대학원까지 마친 71년 서울대학교 국문과에 학사 편입했다. 김순진은 68학번, 한두레 초창기 때 주된 자금원은 이 두 '누나'(이애주의 강사료와 김순진의 이대학보사 '거마비')가 주로 충당하였다. 이애주가 아직 서슬푸른 '엄혹과 통한의 미학'을 외모와 목소리 그리고 춤사위에 두루 간직한 '누님'이라면 김순진은 자애와 똘똘함 그리고 음전을 고루 섞은 '누나'라는 호칭이 자연스럽다."(김정환, 〈세파를 다스리는 그리움의 춤사위-채희완과 탈춤운동단체 '한두레' 원조들을 만나다〉, 프레시안)

탈춤반에 오는 숱한 운동권 걸신들은 저렇게 단아하고 교양 넘치는 여자가 이런 판에 오다니, 다들 놀라고 다가가고 싶고 그러다 그녀의 단단한 눈빛과 기운에 밀려 주춤거리곤 했다. 그러다 나병식과 김순진에게 자리가 생겼다. 국립극장에서 봉산탈춤 공연을 보고 근처 청자다방에서 감평 정도를 나누는 인사 자리가 있었다. 강영원의 동생인 강정례가 나서서 같은 교회 다니는 오빠 나병식과 탈출반의 언니 김순진을 서로에게 안내했다. 이도 꿍꿍이가 있는 유별난 일은 아니었다.

1973년 나병식이 신동수와 함께 데모 자금 마련하려 박은식의 《한국독립운동지혈사》를 팔러 이대 학보사에 오면서 두 사람은 다시 만난다.

'청한회'라는 서울대 문리대 서클이 있었다. 나병식의 소개다. "73년 초에 서울대 문리대 '청한회'라는 그룹이 있었어요. 한국을 푸르게 청한회. 4·19와 6·3시위 주도 세력들이 만든 서클이죠. 주로 사학과 학생들이 참여하고. 그때 청한회에서 박은식 선생의 《한국독립운동지혈사》 그리고 《대일민족선언》 책을 만들었지. 그걸 내가 대학가 안에다 책을 팔기로 책임을 졌어요." 나병식은 이 책을 사학과 모임과 교회 쪽을 돌며 팔았다. 새문안교회, 초동교회, 경동교회도 돌고 인연이 닿는 학교에도 다니며 팔았다. 그 돈은 10·2데모 비용으로 썼다. 그리고 술값으로 하숙비로도 요긴하게 썼다. 그러나 청한회는 이 데모 자금이 꼬투리가 되어 수사당국에 조사를 받게 된다. 경찰은 청한회 회원들에게 물었다. "느그 구속당할래, 해체할래…", "해체할게요." 그렇게 청한회는 해체된다. 바로 그 청한회의 《한국독립운동지혈사》 책을 팔아 자금을 만들겠다고 온 교회며 다른 대학을 들쑤시고 다니던 나병식이 다시 만난 사람 중에 김순진이 있었다.

엄혹했던 그해 여름과 가을까지 아무 일도 일어나지 않았다. 세상에도 두 사람 사이에도. 그러다 10·2데모로 나병식이 구속되고 다시 민청학련이 터지고 감옥에서 석방된 나병식이 고문 폭로를 해서 동아일보에 대서특필이 되었을 때, 김순진은 그 사람을 떠올렸다. "어머, 이 사람이 그 사람이네."

1968년 이화여대 국문학과에 입학한 김순진이 세상사 운동에 관심을 갖게 된 것은 이대 학보사 활동이 큰 고리였다. 당시 이대에는 이념 서클이 없었다. 대표적 운동 서클 '새얼'이나 '파워'가 생겨난 것은 69학번인 최영희, 장하진, 이미경이 4학년 때의 일이다. 다만, 김옥길 총장, 이효재 교수, 현영학 교수 등 지사형 교수들과 한명숙, 신인령 등 선배 그룹이 민주화운동의 맥을 형성하고 있었다. 그런 까닭에 학생회와 학보사는 공식적인 학생운동의 중심이 되어 있었다. 김순진은 학보사 학생기자를 마치고 대학원에 다니며 상임기자로 활동비를 받고 있었다.

당시 이대 학보사의 무게감을 이해하려면 학보사 기자들의 면면을 보면 짐작이 가능하다. 김순진, 성윤모, 신혜수, 이옥경, 조무하. 68학번 학보사 동기들이다. 그들의 남편들은 민주화운동의 최전선에 섰던 유명 인사들이다. 이옥경은 조영래, 신혜수는 서경석, 조무하는 장기표와 결혼하였다. 이들 5인방은 그 모질고 험한 세상과 철부지 남편들의 다사다난을 모조리 잘 견뎌내고 여전히 가끔 만나서 맛있는 것도 먹고 먼 데로 여행을 가기도 한다. 그들만큼 남편을 세상에 빼앗긴 사람들도 없을 것이다.

김순진은 대학원에서 석사학위를 받은 후 독일 유학을 계획하고 있었다. 그런 시절에 그렇게 알게 된 사람이었는데, 1975년, 서울대 오둘둘시위가 나고 이 사건으로 수배를 받던 장만철의 도피를 도와주던 연락병으로 나병식과 다시 만나게 된다. 이번엔 좀 긴밀해야 했다. 장만철은 나병식의 후배였고, 장만철의 여자 친구가 이화여대 음대 작곡과를 다니던 김순진의 여동생이었던 까닭이다.

김순진은 1947년 서울 청파동에서 태어나 어려서 인천의 송학동으로 이사를 가 적산가옥 이층집에서 살았다. 아버지는 현재 서울과학기술대학교의 전신인 경기공전을 나와 건축업을 했다. 아버지의 건축업은 규모와 수완이 상당했다. 지금은 철거된 인천 5·3항쟁의 주무대였던 인천시민회관을 지은 사람이 김순진의 아버지였다. 검정 지프차를 타고 나들이 다니던 김순진의 어린 시절은 유복했다. 아버지는 마작에 사냥에 유흥에 가정을 소홀히 하는 일에도 매우 열심이었다. 그리하여 어머니도 김순진도 김정진도 아픈 사연이 많았다. 초등학교 5학년 때는 집안이 기울기도 했지만, 어쨌든 김순진은 당시 유복한 집의 여자애들이 걸었던 엘리트 코스를 위해 서울로 온다. 이화여중에 시험 쳐서 들고 계속해서 이화여고를 다니다 이화여대에 든다. 다섯 살 터울 여동생 김정진도 이대 작곡과에 든다. 서울에서 학교를 다닐 때는 효창동의 할아버지 집에서 학교를 다녔다.

여중에서 이화여대까지 한국 최초의 여성교육기관의 교양과 문화를 배운 그녀에게 도회지 반건달 냄새가 물씬한 나병식과는 두 사람의 키 차이보다 더 큰 문화적 간극이 있었다. 그것을 보는 이들은 머리 갸웃거릴 일인지는 몰라도 둘에겐 맞아떨어지는 일이기도 했다. 그 사람이 그였다. 1975년 무렵 이대 학보사로 걸려온 전화에서 얼핏얼핏 새어나오는 나병식의 목소리에 다들 김순진의 비밀연애 낌새를 알아차렸다. "그 목소리 좋은 남자를 밝혀라. 자수는 광명이다."는 성화에도 아직은 사랑을 드러낼 만한 처지는 못 됐다. 나병식은 뭔가 숨어서 꾸미는 일이 많았고 둘의 공공연한 만남은 성가신 일을 만들 수도 있었기 때문이다.

감당해야 했던 고초

인혁당 관련자 8명이 형장의 이슬로 사라진 이틀 후, 1975년 4월 11일, 서울대 농대 4학년 김상진 열사가 양심선언을 발표하고 할복자결했다. "겨울이 대지 살점 묻은 바람 계엄령의 조국/ 4월도 노란 개나리 5월도 빨간 철쭉꽃 겁 없이 피고지고 …" 김정환이 노래한 서럽고 치욕스러운 땅에서 다시금 유신 헌법 철폐투쟁에 불이 붙었다. 다시 놀란 박정희 정권은 1975년 5월 13일 긴급조치 9호를 선포한다. 1975년 5월 22일 서울대생 4천여 명은 이른바 오둘둘시위로 정권에 대공세를 펼친다. 서울대 농대 김상진 열사가 유신체제에 항거하며 목숨을 끊은 후 추도식을 거행하는 대규모 유신 반대 시위였다. 당시는 서울대 캠퍼스가 관악산 아래로

다 옮겨온 후라 전교생의 관심이 새로 만들어진 아크로폴리스 광장에 집중될 수 있었다. 또 하나 새로운 일이라면 민속가면극연구회 회원들이 꽹과리 등을 치며 시위에 앞장서 문화패가 동원되는 첫 시위를 열었다는 점이다. 경찰은 강의실까지 난입하여 학생들을 구타하고 연행하여 60여 명을 구속시켰다. 긴급조치 9호 이래 일어난 첫 시위이니만큼 박정희 정권으로서는 강경 조치로 본때를 보여주려 했다. 이런 연유로 학생들에 대한 강경 처벌뿐만 아니라 한심석 서울대 총장이 사임하고 치안본부장과 남부경찰서장이 경질되기도 했다.

오둘둘시위 중심에 장만철이 있었다. 장만철은 1971년 서울대 문리대 고고인류학과에 입학한다. 그는 서울대의 민속가면극연구회 첫 공연인 봉산탈춤을 보고 가슴에 파고드는 게 있어 제 발로 가면극연구회에 가입했다. 그리고 채희완의 뒤를 이어 2대 회장을 맡는다. 나병식은 이 시위로 수배를 받은 장만철을 서울대 의대 학생인 서광태 누나의 집에 숨겨준다.

1975년 나병식과 가족들은 답십리에서 서대문구 창천동으로 이사한다. 중정인지 경찰인지 사람들이 허구한 날 들락거려 동네 사람들에게 눈총을 받았던 것도 있지만 무엇보다 주인집이 못마땅해했다. 고향을 떠나올 때도 그랬고, 서울 달동네 셋방을 옮기는 것도 그랬다. 사는 곳을 바꾼다는 건 무언가 기대하고 설레는 일이건만, 눈총질을 피하여 도망치듯 떠나는 일은 가난보다 비참한 일이었다. 그나마 다행은 살림이랄 것도 없어 식구들이 몸을 옮기는 수준으로 이사가 금세 끝났다는 것이다.

나병순이 기억하는 창천동 생활이다. "그때 오빠가 도망 다닐 땐데, 장만철 씨 때문에 그랬을 거예요. 보안사에서 왔어요. 그전에 또 중정 애들도 왔다 가고. 와서는 온통 집을 다 뒤지고 난리를 치고 무조건 오빠 친구들이고 누구 아는 사람 뭐 이름 하나만 대래. 난 무조건 모른다고 그랬지. 근데 사실 오빠가 준 뭐 이름 적힌 연락처가 하나 있었어요. 나한테. 오빠가 급하면 연락하라고 준 게 있었는데, 내가 그걸 장독대에 고춧가루 담은 장독 속에다 파묻었어요. 어떻게 그걸 생각했는지. 암튼 다 뒤졌는데 그거를 못 찾은 거야. 난 모른다고 대들고." 그날 나병순은 보안사에 끌려갔다. "보안사인지, 위치도 어딘지도 모르죠, 그냥 끌려간 거니까. 가니까 무조건 홀딱 벗겨버리더라고. 홀딱 벗기고 그냥 두들겨 패던데요. 아유 참. 그러고 불으라는데 뭐 내가 모른다고 그냥 완전히 바들바들 떨었지. 그랬더니, 얼마나 있다가 데려다 주더라고요."

창천동에서도 이내 이사를 해야 했다. "창천동에 잠깐밖에 못 살았어요. 중정인지 마포경찰선지 하도 사람들이 들락거리니까 살 수가 없는 거예요. 맨날 들쑤시고 다니니까. 어디로 몰래 도망 가야겠다고 뜬 것이 아니라 주인집이 또 그렇게 눈치를 주고 동네 사람들이 쳐다보고 그러니까." 믿기지 않겠지만, 유신체제는 강력한 감시체제였다. 경찰서의 형사들이 지역 내 운동권 인사들의 일거수일투족을 감시하며, 하루의 동선까지 꼼꼼히 체크하여 보고하던 시절이었다.

그러던 차 1975년 11월 나병식에게 수배령을 내린 것은 참 엉뚱한 일이었다. 서울대의대간첩사건이 발단이었다. 재일교포 유학생 강종헌을 비롯한 서울대 의대생들이 중앙정보부에 의해 간첩 혐의를 덮어쓴 조작 사건이다. 당시 서울대 의대에는 서클 '사회의학연구회'가 활동하고 있었다. 이들은 10·2데모 때 함께하지 못하고 먼발치에서 구경만 했던 미안함을 어떻게든 갚기 위해 1974년 1월 21일 도서관 앞에서 80명 넘게 참여하여 "긴급조치를 즉각 철회하라. 유신 헌법을 폐지하라. 언론 집회의 자유를 보장하라."는 선언문을 읽고 데모를 준비한 사람들이었다. 황승주, 양길승, 김구상, 이근후, 김영선, 김수진 등은 세상이 필요로 하는 진정한 의사들이었다. 이들은 민청학련의 전국 동시 시위에 참여하여 4월 3일에 서울대 의대생 150여 명을 이끌고 시위를 하는 등 매우 활발하게 학생운동에 참여하고 있었다.

사건이 엉뚱하게 튄 것은 재일교포로 서울대 의대에 유학하고 있던 강종헌이 서광태에게 "일본에 있을 때 방북한 적이 있다."는 말을 한 것이 계기였다. 이를 신고하지 않았다는 것을 빌미로 공안당국은 간첩 사건을 조작하기 시작한다. 강종헌을 간첩으로 지목하고 서광태, 전성환, 황승주, 양요환, 고한석 등 사회의학연구회 회원들이 간첩 행위를 했다는 것이었다. 당시 서울대 의대에서는 12명이 구속되었는데, 의대생 말고 구속된 이는 나병식과 고려대 박종열이 유일하다. 물론 이들 모두 2010년 재심에서 무죄를 받았다.

나병식은 공안당국이 간첩단 사건을 키우려고 어거지로 끌어들인 희생자였다. 난데없이 도망자 신세가 된 나병식은 알고 지내던 선배 김영치의 집에 숨어들었다. 김영치는 의학박사로 당시 중앙일보 과학부장을 하고 있었으며 훗날 이병철 회장의 주치의를 하기도 한다. 그러다 1975년 12월 26일 새벽에 권총을 들고 들이닥친 범진사로 불리는 보안사 대공분실 505부대 체포반에 의해 연행된다. 그는 보안사 서빙고 대공분실에서 한 달 동안 모진 고문을 받으며 수사를 받고 이듬해 1월 17일 반공법 위반으로 서울구치소에 수감된다. 1976년 7월 초 재판에서 반공법 혐의는 벗겨졌지만 긴급조치 9호를 위반한 장만철을 은닉한 죄로 징역 8개월을 선고받아 만기를 채우고 11월 17일 석방된다. 선고받은 형은 8개월이었지만 징역을 꼬박 살고도 두 달을 더 구금되었던 어이없는 일이었다. 어떻게 이런 일이 가능했을까. 아마도 10·2데모와 민청학련의 주동자로 널리 알려진 유명세가 죄라면 죄였다. 꼬투리라면 조작 사건에 휘말려든 서광태를 통해 장만철을 숨겨준 일이 전부였다.

나병식은 이 일로 서대문교도소에 수감되었다. 그리고 그곳에서 교도관 김재술을 만난다. 그는 자신을 언제나 '전 교도관'이라 짤막하게 소개하는 소박미의 전형으로 털털하기 그지없는 전라도 사내다. 민주화운동가들을 밤낮으로 한 지붕 아래서 돕고 또 스스로도 대의의 편에서 민주화운동을 했던 민주교도관들의 이야기는 언제 들어도 전율이 넘친다. 영화 〈1987〉에 유해진이 분해 나온 교도관 한병용은 실제 모델이 있다. 한재동이다. 김재술, 한재동, 전병용은 1970년도 이래 '민주교도관 삼총사'로 불리며 민주화운동에 기여했다. 김재술은 훗날 남민전사건으로 자신이 근무하던 곳에서 옥살이하기도 한다.

김재술은 가난한 전라도 소작농 아들로 나서 초등학교를 졸업하고 고향에서 머슴을 살고 팽목항 방파제 공사장에서 막일을 하다 서울로 올라와 공장을 다니며 학원을 다녔다. 교도관이 되기 위해서였다. 교도관들 중에 당시에도 초등학교만 나온 사람은 그가 처음이었다. 그렇게 죽기 살기로 시험을 쳐서 직장을 얻은 그의 첫 근무지는 춘천교도소였다. 1972년 교도관으로 춘천시 소재 춘천교도소에서 근무했고, 그해 박정희 정권은 10월유신을 선포했다. 그때부터 감옥으로 학생, 종교인, 지식인, 노동자, 농민이 몰려 들었다. 1974년 11월에 서대문구 현저동 101번지 서울구치소로 전출되어 근무하면서 많은 민주화운동가를 만난다. 나병식도 민청학련사건으로 서울구치소에 있었으나 스치는 인연은 없었다.

그의 삶에 가장 큰 충격은 1975년 4월 8일 인혁당사건의 여정남 등 8명에게 사형확정 판결이 내려지고 다음 날 4월 9일 새벽에 사형이 집행된 일이었다. 그는 그날 사형장 정문 앞에서 총을 들고 경계경비근무를 섰다. "3시에 잡무가 잠을 깨웠어요. 발을 흔들어서. 깨우기에 나가 보니까 총을 한 자루씩 가지고 나오래요. 우리는 신참이니까 사형장 가는 길목에서 어깨총하고 총을 한 자루씩 갖고 있는데, 이 양반들이 연행돼서 들어가잖아요. 여정남 씨가 지나가다가 나한테 목례를 하고 하늘을 딱 쳐다보는데 망연자실해서 들어가는 모습을 본 그게 제일 기억에 남아요…. 소장님을 부르더니 '소장님, 신세 많이 졌는데 담배 하나 얻어 피자.' 그러더라고요. 마지막 가는 길에 담배 하나를 요구하는데 그걸 안 줄 사람이 있겠어요? 세 번 정도에 당겨서 다 빨아 버리더라고요. 그 담배를. 담배를 피우고 물을 마시고는 자기가 일어서더라고요. 소장님 직원들한테 다 인사를 해요. 얼굴을 아니까…."(YTN, 민주화20주년 특별기획〈진실〉, 2006.) 그날 이후 그는 소위 징역 사는 민주화인사들을 돕는 길에 나선다. 처음에는 소소한 편의를 봐주는 일이었지만, 나중에는 간이 커져서 감옥에서 몰래 편지를 내보내는 '비둘기'를 날려 주기도 했다.

1976년 여름, 김재술은 서울구치소 신관 5사 상26방에 수감되어 있었던 나병식을 만난다. 저녁 먹고 재소자들이 잠자리에 들 시간에 책을 좀 보고 난 뒤 의자에 앉아 쉬고 있었다. 저만치 방에서 신호기가 떨어졌다. 재소자들이 복도의 교도관을 부르려 문에 달린 작은 막대기를 넘어뜨리는 장치였다. 다가 갔더니 나병식이 걸쭉한 목소리로 대뜸 물었다. "담당님, 올해 나이가 어떻게 되시나요?" 그는 원래는 48년생인데 호적에는 49년으로 올려져 있었다. 49년생이라 답했다. "그래요. 우리 친구 합시다." 세상에 죄수가 교도관에게 친구 제의하는 것도 재밌는 일이었다. 인상 깊었고 대단했다. "이따가 합시다." 짧은 대답을 하고 교대를 하고 밖으로 나와서 생각했다. '그러자.' 그는 다음 날 근무지로 가기 전에 마시면 머리가 막 아프고 그러는 저렴한 드라이진 한 병과 개고기 수육을 샀다. 그리고 그날 저녁 창살을 사이에 두고 남몰래 두 사람은 술과 고기를 건네며 의형제를 맺었다. 그가 여러 인연을 맺었지만, 교도소에서 재소자와 술을 먹은 것은 처음 있는 일이었다. 그리고 이런 이야기를 말하는 것도 처음 있는 일이라 했다. 그렇게 너나없이 지내며 읽을 만한 책을 물으면 나병식이 일러주고 그러면서 감옥에서 어울려 살았다. 나병식이 출소하고 나서는 나병식 신혼방에 가서는 고스톱도 치면서 또 어울려 살았다. 마침 김재술도 교도관직에서 쫓겨나 김승균의 일월서각에서 영업일을 하였으니 긴 인연이었다.

　서빙고 대공분실에서의 고문으로 나병식의 몸도 마음도 낭자하게 허물어졌다. 다행이라면 김순진이 면회를 오며 서로에게 애틋함이 조금씩 자라고 있었다. 가족밖에 면회가 안 되는 상황에서 김순진은 애써 동생 나병순의 주민증을 빌려 면회를 왔고 그는 또 모르는 척 기다렸다.

젊은 마늘장수

나병식이 민청학련으로 갔다 감옥을 나설 때 그의 나이 26세였다. 폭압 정권에 폭풍처럼 치달으며 싸울 수 있는 격정의 사나이였지만, 그가 마주한 현실은 막막할 뿐이었다. 그는 빈농의 아들로 태어나 재주 없이 전전하던 아버지와 연탄가스 중독으로 몸이 불편해진 어머니, 스물둘 여동생의 삶의 무게를 함께 짊어져야 했다. 광주서중부터 대학 때까지 과외를 하며 맞서온 그였지만, 지금은 사정이 달랐다. 졸업장도 없고 공안기관의 일급 감시대상이라 마땅히 할 수 있는 일도 없었다. 그 시절 "숯불이고자 떨쳐 일어"났던 젊은 영혼들의 처지가 모두 다 그랬다.

젊은 마늘장수

하늘 높고,
정기 가득한 철

벌에 황금 이삭 물결치고
마당의 고추 숯불처럼 타는데
더럽고 욕스럽기만 한 거리

일렁이는 황금, 물결이고자
빨갛게 타오르는 숯불이고자
떨쳐 일어나다 뒤질러진 젊음들이
다시금 꼬옥꼬옥 깍지를 낀다
배움을 빼앗기고
일자리마저 얻지 못하지만
약이 오른 독초만은 아니 되고자
억울함을 참고 분노를 누르며
우선 살아남기로 한다
어떤 학생은 공장으로 들어가고
어떤 청년은 공사판을 찾아가고
또 어떤 젊은이는 등짐장사를 떠나고

당진 서산 영덕 외성
고흥 해남 남도 천리길을
불그레한 얼굴 농립모를 눌러쓰고
큼직한 발 성큼 떼며 가는
젊고 건장한 마늘장수
빛나고 탄탄한 내일을 위해
캄캄한 오늘에는 고단한 길을 걷자고
꼬옥꼬옥 깍지 끼며 서울을 떠나온

걸음걸이는 무겁지 않다
산과 들이 새롭고
하늘과 물이 새로운
넓고 우람한 가슴에는
황금 물결 일렁인다
빨갛게 숯불이 타오른다
손에 손을 함께 깍지 끼던
공장에 들어간 학생이여
공사판에 찾아간 청년이여
그리고 그대 친구여
당신들은 우리의 희망
마침내는 성취를 맛볼 기쁨이구나

이 시는 황명걸 시인이 《창작과비평》 1977년 겨울호에 발표한
〈젊은 마늘장수〉이다. 황명걸 시인은 1935년 평양에서 태어나 해
방 후 월남해 서울에서 자랐다. 서울대 문리대 불문학과를 중퇴한
뒤, 1962년 《자유문학》에 〈이 봄의 미아〉가 당선되어 작품 활동
을 시작했다. 자유언론운동으로 동아일보에서 해직되고 1976년
첫 시집 《한국의 아이》를 출간하였으나 판매금지되었다. 시집으
로 《내 마음의 솔밭》, 《흰 저고리 검정 치마》, 선집 《황명걸 시화
집》 등을 출간했다. 경기도 양평에 거주하다 2022년에 생을 마감
했다.

이 시에 등장하는 젊은 마늘장수는 일단 두 명이 확인되었다.

한 사람은 이기승이고 다른 한 사람은 나병식이다. 이기승은 전남 보성에서 태어나 1972년 성균관대에 입학하여 1973년 민청학련 전국 동시 시위 거사일에 그나마 제대로 시위를 했던 4월 3일 성균관대시위에서 앞서 싸우다 구속되었다. 이후 1978년에 건설업에 뛰어들어 지금은 큰 기업을 일구었다.

황명걸 시인이 두 사람의 마늘장수 이야기를 나병식에게 들었을 거라 짐작한다. 마늘장수 이야기를 듣기 위해 이기승과 대화를 한 바에 따르면 그는 이 시의 존재를 모르고 있었다. 하여 문자 편으로 시 전문을 보내주었다.

폭압에 맞서 일어선 이들이 마주한 것은 뒤지고 밀려나고 쫓겨난 처지의 곤궁이었다. 그런 처지에서 먼저 마늘장사를 시작한 것은 이기승이었다. 1975년 석방된 그는 아직 할 일을 정하지 못하고 여러 일을 모색하고 있었다. 그러다 해남에 제법 너른 땅을 빌려 마늘을 심어 재미를 쏠쏠히 봤다. 마침 이상 기온으로 마늘 생산량이 급격히 줄었고 자연스레 마늘값은 펄쩍 뛰었다. 그런데 자신의 해남 마늘밭은 풍작이었다. 마늘로 재미를 본 그는 이듬해부터는 아예 마늘장사를 좀 해볼 요량이었다. 그가 보기에 마늘농사 짓는 농가를 찾아다녀 마늘을 사고 이를 유통시키는 일이 꽤 전망이 있어 보였다.

그러던 와중에 나병식이 가세했다. 나병식은 광주일고 선배였고, 자신의 친한 친구 장준영과도 일찍이 잘 알고 있던 터였다. 둘은 긴 이야기 필요 없이 "같이 해 보자." 의기투합했다. 그들은 당진으로 서산으로 충청도를 훑고 고흥이며 해남이며 전라도도 뒤지며 마늘을 사러 다녔다. 하지만 이 물정 모르는 젊은 마늘장수들만을 오롯이 기다리고 있는 농가는 없었다. 이미 큰돈을 들고 뛰는 도매상들의 돈 힘은 막강했고 장사꾼들과 농가들의 관계는 들어갈 틈 없이 짱짱했다. 고생은 했는데 종국엔 별무소득으로 접어야 했다. 이후 이기승은 절치부심 다시 수박장사를 했다.

그들의 사업은 고난한 발품팔이에 가까웠다. 농가에서 마늘을 구하는 일이 먼저라 물어물어 이곳저곳을 찾아가 설득하는 일이었다. 그래서 둘이 여행을 다녔던 기억이 오래 남아 있다. 이기승은 이렇게 옛일을 전했다. "병식이 형이 가장 힘들어했던 건 잠자리였어요. 지방을 돌 때면 싼 여인숙에 가 잠을 잤는데, 항시 이렇게 불평을 했어요. '기승아, 제발 잠은 여관 가서 자자.'" 여인숙 방이 아무래도 좁은 탓에 장대 같은 나병식은 다리를 쭉 뻗지 못하고 새우잠을 자야 했기 때문이었다.

나병식도 한때 수박장사를 했다. 1977년의 일이다. 나병식은 함평고구마사건이 한창일 때 가톨릭농민회에서 일하는 사람들과 만나곤 했다. 해남에 황석영과 김남주가 살며 농민운동을 거들고 있을 때 그곳을 방문하면서 농민운동에 대해서 귀동냥하기도 했다. 그런 과정에서 수박장사나 마늘장사 아이디어도 연줄도 일정 연결되었을 것이라 짐작된다.

나병식은 '못 따라오면 니가 바보다.'라는 특유의 껑충껑충 건너뛰기 어법을 동원하여 그때 상황을 이야기한다. "결혼은 해야 되겠고, 농민운동 뭐 어쩌고 헌다고 돌아다니고 … 그러니까 그때 가농, 기농 사람들을 주로 만났지. 마늘장사, 수박장사, 이것도 계속한 놈이라야 하는데, 손해 보는 걸 하는 거야. 분명히 일기예보 보면 서울 날씨가 쨍쨍해. 근데 오면, 비와 버리는 거야. 일기예보가 안 맞아. 그러면 똥값으로 팔아야 되지. 77년도야."

나병식이 처음으로 장모님에게 인사 갔을 때 그의 직업은 수박장사였다. 나병식은 자기 덩치에 어울릴 만큼 큼지막한 수박을 고르고 골라 한 덩이 들고 첫인사를 갔다. 그런데 웬걸, 수박을 쪼개 보니 씨가 허연 덜 익은 수박이었다. 장모님은 김순진에게 이런 군담을 했다. "수박장사 한다는 사람이 수박도 못 고르고, 참 힘들겠다."

시의 옷을 입고 옛일을 돌아보면 한결 더 비장미가 느껴지기도, 시가 펼치는 풍경에 어린 낭만이 현실의 처절함을 덜어내 주기도 한다. 〈젊은 마늘장수〉를 읽을 때면, 길게 드러누운 전라도 황톳길에 해가 기울고 붉기도 하고 검기도 한 먼 데를 내다보다 다시 성큼성큼 걷기 시작하는 나병식이 그려진다.

나병식은 식구들 건사할 생각에 머리가 아팠다. 자신이 일에 전념할 수 없으니 동생 병순과 같이할 일을 찾는 것이 답이 되리라 생각했다. 어느 날 그는 약속을 위해 합정동을 갔다가 작은 시장에 들어섰다. 시장 골목에는 작은 점방들이 있었고 비어 있는 가게도 보였다. 가게를 빌려 장사를 하면 어떨까? 물건을 사고파는 것은 해본 적 없었고, 아무리 생각해도 기술도 목돈도 필요치 않은 장사는 먹는장사 밖에 없었다. 스물셋 동생 병순이 기술 없이 할 수 있는 장사는, 그리 생각을 궁굴리다 튀김 가게를 생각했다. "아야 순아, 우리 먹고살아야 되니까, 튀김장사하면 어떻겠냐?", "어디서 뭐 어떻게요? 그것이 쉬울란가.", "합정시장, 거기 알아본 데가 있어." 나병순은 오빠의 제안에 말을 더하거나 물을 것도 없었다. 해보지 않은 일에 대한 걱정도 없었다. 오빠는 언제나 듬직했고 또 옳은 일을 하는 사람이었다. 세상에 오빠만큼 똑똑한 사람은 없었고 오빠는 큰일도 해낸 사람이었다. 얼마간이라도 돈을 벌 테니, 아버지 어머니 모시고 오빠랑 더 행복해질 수 있다는 생각에 마음이 들떴다.

합정시장은 지금은 없어진 재래시장이다. 지하철 2호선 합정역에서 절두산 성지 가는 쪽에 주변보다 대체로 지붕들이 낮은 블록에 있었다. 나병식은 시장 안에 주먹만 한 가게를 얻었고, 나병순은 타고난 부지런함으로 연일 튀김을 튀겼다. 합정시장 앞에 프레스 찍는 작은 공장들이 있어 거기서 일하는 노동자들이 단골손님으로 자주 왔다. 나병식은 왔다 갔다 맨날 바빴다. 나병식 친구들이 자주 와서 "우리 순이 고생한다."고 고마운 말을 하기도 했다. 나병순은 하염없이 일을 했다. 가겟세나 크게 나가는 돈 관리는 나병식이 맡아했다.

"정신없었어요. 그냥 오로지 튀기고 팔고 녹이고 팔고 그랬지요. 너무 과로해 가지고 한번은 토사곽란이 일어나 죽을 뻔한 적도 있어요. 너무 과로해서." 야채튀김과 오징어튀김을 팔았다. 70년대 말 짜장면 가격이 200원 남짓이었으니, 아마 50원, 100원에 튀김 몇 개로 팔았던 것으로 기억한다. 요즈음은 트랜스 지방 문제로 쓰지 않지만 당시에는 튀김을 쇼트닝 기름에 튀겼다. 쇼트닝은 돼지기름 대용으로 개발된 가공유지로 통에 담겨올 때는 딱딱하게 굳어 있었고 그걸 녹이는 일은 매우 고된 일이었다. 그래도 튀김을 해 놓으면 그렇게 때깔이 좋았다.

이런 일도 있었다. 어느 날 동네 건달들이 튀김집에 와 무전취식도 하고 인상을 쓰고 그랬다. 나병식이 날 잡아 그들 대여섯을 이끌고 일합을 겨루자며 가까운 절두산 성지 언덕으로 갔다. 봉변을 당할지 영웅담이 탄생할지 판이 시작되기 직전, 나병식을 늘 주시하던 담당 경찰이 나타나 동네 깡패들에게 한마디 했다. "쟤가 사형수였던 놈인데, 니들 어쩌려고 그러냐?" 그렇게 작은 튀김집은 한동안 평화를 구가했다. 하지만 다시 집을 옮겨야 했다. 무슨 일이었는지 나병식은 집에도 가게에도 오지 않았다. 대신 경찰이 하루가 멀다고 들락거렸다. 하는 수 없이 다시 종암동으로 이사를 갔다. 다행히 튀김 가게도 종암시장에 다시 마련했다. 그곳엔 고등학교가 근처에 있어서 학생들이 제법 많이 왔다. 얼마간 있다가 나병식이 아무 일 없었다는 듯 가게에 나타났고 그의 친구들도 다시 와 세상 욕을 하며 왁자지껄 튀김을 먹었다.

그 무렵 가족들은 수유리로 이사했다가 또 쌍문동으로 옮겨갔다. 1977년 7월 25일. 나병순이 서울 와서 처음으로 전입신고를 했던 쌍문동 전입신고일이다. 그 주소는 지금도 주민등록표 윗줄에 어김없이 나온다.

마음은 콩밭

서울 사람들은 언제부턴가 땅속으로 드나들기 시작했다. 1974년 전철 1호선이 시청역에서 청량리역까지 지하화되어 개통되면서 더 이상 땅속은 두려운 곳이 아니게 되었다. 1967년 12월 서울에서 시청앞 부근 만들어진 새서울지하상가를 시작으로 곳곳에 지하상가를 짓고 이동통로 겸 여러 가게를 입점시켰다. 그중 1976년 개장한 소공동 지하상가는 한때 명성이 자자했다. 롯데·조선·플라자호텔이 가까운 입지 덕에 외국인 관광객들도 많았고, 무려 4개의 백화점이 연결되는 요충지였다. 그래서 귀금속, 고급 시계, 맞춤 양장점들이 많이 모여 있었다. 2005년 리모델링을 하고 150여 상점들이 남아 있지만 지금은 쇠락한 옛 도읍지처럼 세월을 버티려는 안간힘이 느껴지는 곳이다.

1977년 여름, 그곳에 풀빛 와이셔츠 가게가 문을 열었다.

김영철. 김순진이 지금은 어렴풋 이름만 기억하는 나병식의 고향 선배이다. 나병순은 그 고향 선배를 지하상가 건설일을 했던지, 운영 관리 업무를 했던 사람으로 기억하고 있다. 나병식은 어느 날 김영철을 만나 세상 돌아가는 이야기를 하다 먹고사는 문제로 이야기가 흘렀다. 그러자 김영철이 소공동 지하상가에 나날이 들어서는 양복점과 맞춤 와이셔츠 가게 이야기를 했다. "친구들도 많을 텐데, 와이셔츠 가게 한번 해 보는 게 어떤가?", "형님, 제가 뭔 돈이 있습니까?", "내가 꾸어줌세." 그저 온전한 호의였다. 청운의 뜻을 품고 앞장서다 상처만 안고 허둥대는 후배에 대한 따뜻한 배려, 그것이 전부였다. 며칠 뒤, 그는 거금 100만 원을 선뜻 빌려주었다. 거기에 더해 나병식이 어디 이자를 주는 데서 돈을 더 빌렸다.

나병순은 이제 지긋지긋한 튀김 냄새에서 벗어나게 되었다. 혼자도 아니었다. 나병식도 가게에 자주 나왔고, 작은 가게에는 목에 줄자를 걸고 손님 치수를 재며 와이셔츠 영업 경험으로 능수능란하게 손님을 응대하는 직원도 함께 일하게 되었다. 손님이 오면 쭉 걸린 샘플들을 보고 와이셔츠를 고르고 원단을 고르고 치수를 재고 그 길로 명동의 공장 거래처에 달려가 주문을 하고 사나흘 후에 찾아다 손님에게 건네는 일이었다. 지나는 사람들이 들어오는 경우도 있었지만 처음에는 대개가 나병식의 아는 사람들이었다. 결혼한다고 취직을 했다고 그도 저도 아니면 "우리 병식이가 가게를 열었다니." 하며 손님으로 와서 몇 벌씩 맞췄다. 작은 소파와 테이블에는 손님보다 나병식 친구들이 늘 와서 뭉개고 있었지만 이런저런 이야기를 하다 손님이 오면 슬쩍 자리를 떠 근처 다방으로 가고 그랬다.

1970~80년대는 맞춤 양복 전성시대였다. 기성복이라는 대량생산 양복이 쏟아져 나오기 전까지 양복은 사는 것이 아니라 '가서 옷감 고르고 맞추는 것'이었다. ○○양복점이나 ○○라사라는 간판 아래 쇼윈도 너머엔 근사한 양복이 밝은 조명 아래 걸려 있었다. 지금 어느 번화한 거리의 자동차 진열장을 지나다 곁눈질을 하는 남자들처럼 그때의 우리의 아버지와 형님들은 양복점과 와이셔츠 가게를 지나며 눈요기를 하다 무언가 굳은 결심을 하며 지나가곤 했다.

와이셔츠장사는 맞춤 양복 전성시대에 기대어 나날이 바빠졌다. 나병식의 와이셔츠 가게 풀빛은 핫한 명소였다. 그 소도둑놈 같은 촌놈이 와이셔츠 가게라니, 가게 주인과 파는 물건의 부조화가 심했지만 운동물을 먹은 사람들은 상부상조의 정신으로 무장한 채 그곳에 들르곤 했다. 아는 사람들이 오면 나병식은 장사 수완을 발휘한다고 어떤 이에겐 한 벌 더하라고 다그치기도 하고, 또 어떤 이에겐 "야, 너 내지 마라." 그러기도 했지만, 장사는 제법 되고 있었다. 무엇보다 그곳은 나병식 일당이 모이는 아지트였다.

나병순은 벌이가 나아져 신이 났고 원단을 사러 동대문으로 가고, 원단하고 치수를 들고 명동으로 가 주문을 하는 일에 재미가 들렸다. 그러다 사랑을 만난다. "명동에 거래처 공장이 있었어요. 심 사장님이신데, 몸이 불편한 분이었어요. 어느 날 근데 한 번은 재단사가 실수를 해 가지고 옷이 잘못 나온 거야. 근데 지 잘못을 시인을 안 하잖아. 그래서 제가 또 성질이 어디 가겠어요. 뭐야? 니가 잘못을 시인해야지. 그래서 재단판에 누워 버렸어. 재단판에 누워서 이거 다시 해줄 때까지 나 못 간다 그랬지. 옷을 가지러 갔더니 사고가 났으니까, 내가 깡을 안 부리게 생겼어요. 그리고 다시 지급으로 빨리 해줘야지 빨리. 우리는 신용 문제니까."

그걸 내내 지켜본 놀러온 사장 친구가 있었다. 조기환. 그는 전라도 함평에서 어린 나이에 상경해서는 서울살이에 지치지 않기 위해 이런저런 운동을 했고 작은 체구지만 다부지기도 하고 더욱이 깡다구도 있어 을지로 파고다극장에서 '기도'를 보고 있었다. 기도는 출입구를 뜻하는 일본어로, 무료입장이나 시비가 일어나는 것을 막는 사설 경비원 또는 질서 유지원 정도로 영어로는 '바운서'라 할 수 있다. 가진 것 없는 전라도 여자와 남자는 그렇게 팍팍한 세상에 몸뚱이로 맞서다 조우했다. 얼마나 전라도스러운 만남인가.

그렇게 잘나가던 가게를 1년 반 만에 나병식이 접자고 했다. 출판사를 하겠다 했다. 당시를 돌아보면 나병순은 아쉬움뿐이다. "거, 나한테 맡겨주고 출판사 그냥 해도 됐는데, 잘 됐으니까. 허기사 보증금 빼서 돈 마련했었어야지." 그렇게 나병식 나병순 두 남매의 소공동의 꿈은 또 저물었다.

나병순은 1980년 11월에 조기환과 결혼했다. 아버지는 부득불 반대했다. 나병식이 나서서 아버지를 설득했다. "우리 오빠가 사람을 뭐 그런 거 보고 가리고 그러진 않잖아요. 우리 애기 아빠가 학력이 없잖아요. 근데 그런 걸 일절 한마디도 물어본 적이 없어요." 조기환은 이제 나병순에게서 바통을 넘겨받아 나병식과 일할 운명이 되었다.

나와 함께 걸어요

사랑은 가난을 슬픔을 넘어 깊어졌다. 소공동 지하상가에 풀빛 와이셔츠 가게를 차린 얼마 후, 나병식과 김순진은 1977년 11월 26일 결혼식을 올린다.

2년여의 연애가 있었다. 두 살 위인 김순진의 혼기도 있었지만 사랑이 깊으면 결혼을 하는 수순을 그들은 아주 친절하게 치러 나갔다. 세상을 헤쳐 가는 데 평생 동지만 한 사람이 또 있겠는가.

나병식의 집에서는 김순진의 작은 키와 나이를 두고 몇 마디를 했지만, 참하고 당차고 공부까지 한 사람이 시집온다는데 큰 시비가 없었다. 나병순도 언니를 따랐다. 그러나 김순진의 어머니는 못마땅하기 그지없었다. "독립운동하는 사람이 어떻게 가족을 돌보냐?" 정답이었다. 어머님이 최대한 교양과 인내를 발휘하고 딸에 대한 극도의 배려를 더해서 한 말이었다. 조금 시간이 걸렸지만, 김순진의 오빠가 나서 어머니를 설득하였다. 그리고 어머니의 염려는 여지없이 사실로 드러났다. 허나 결혼 이후 나병식의 뜻밖의 살가움으로 인해 장모의 사위 사랑이 돈독해진 것 또한 사실이다.

결혼을 알리러 김옥길 총장에게 갔을 때 그녀는 한복 옷감 한 채를 내어주었다. 학보사 일로 열심인 김순진에 대한 애정도 듬뿍이었지만, 자신의 동생과 같은 사건으로 감옥도 갔다 온 듬직한 나병식이 여간 미더운 모양새였다. 김순진도 그렇고 나병식도 이런 어른이 있다는 것에 고마워했다.

나병식은 신이 났는지, 선배며 친구며 후배들에게 김순진을 소개하는데 많은 공을 들였다. 김순진은 그런 과정을 겪으며 운동권 바닥으로 빼도 박도 못하게 존재 이전을 하게 되었다. 그 바닥에서 사는 일이 힘든 일이라는 건 짐작보다도 아프게 다가왔다.

결혼식장은 종로5가 기독교회관이었다. 나병식에게는 고향 같은 곳, 위수령이 나고 이곳으로 와서 새로운 배움을 얻고 더 넓은 세상을 만난 곳이었다. 김순진과 강당을 가득 채운 지인들도 마찬

가지였다. 특히 만감이 교차하는 이들이 많았는데, 나병식이 민청학련사건으로 구속되었을 때, 구속자 가족들과 수많은 사람이 구속자 석방을 위한 목요기도회가 열리던 곳에, 다시 온 사람들이었다. 최영희는 그해 겨울을 다시 떠올렸다. 목요기도회, 그날은 비보를 들은 날이었다. 구속 중인 나병식의 어머니와 동생 둘의 연탄가스 중독 소식이 기도회에 앞서 전해졌다. 네 설움 내 설움에 예배드리는 내내 모두들 흐느꼈다. 그때의 기억 때문이었을까. 최영희는 손을 꼭 잡고 입장하는 신랑신부를 보자 갑자기 눈물이 흘렀다.

주례는 박형규 목사가 맡았다. 신랑신부는 손을 잡고 함께 입장했다. 손을 잡고 걸어가는 두 사람에게 주례자가 "모두 기립하여 박수치며 환영하자."는 말 한 마디에 모든 하객이 일어나 환호하며 함께 식장으로 들어갔다. 너나없이 신랑이었고 신부였다. 그것은 축제였고 탈주였다.

많은 사람들은 그날의 결혼식 풍경을 예사롭지 않은 축가의 파격으로 기억한다. 경건한 분위기 속에 웨딩마치로 가득해야 할 예식장에 나중에 목사가 된 후배 구창완이 부르는 영화 '엑소더스'의 주제곡 '영광의 탈출'이 울려 퍼졌기 때문이다. '엑소더스'는 성경 출애굽기를 모티브로 1947년 유대인들의 팔레스타인 귀환을 소재로 만든 영화다. 유대인이 고난을 극복하고 민족의 오랜 꿈의 실현하는 과정을 극적으로 그렸다. 지금의 관점에서 본다면, 팔레스타인의 아랍인에게는 또 다른 시각으로 비춰질 수 있는 영화 스토리이긴 하다. 여기서 사용된 '영광의 탈출'은 원래는 가사가 없는 사운드트랙이다. 영화를 보고 감동을 받은 펫 분이 가사를 붙여 노래로 불러 유명해졌다. 원래의 테마곡은 지금은 추억이 되어버린 MBC TV의 '주말의 명화' 시그널 뮤직으로 많은 이들에게 여전히 쟁쟁하다. 구창완이 이 노래를 부른 것은 나병식과 김순진에게 그 가사에 담긴 희망과 당당함을 전하고 싶어서라 추측된다.

> 아침 해가 이 땅의 언덕과 평원을 비추면
> 난 보아요. 어린이들이 자유롭게 뛰놀 수 있는 평원을
> 그러니 내 손을 잡고 나와 함께 걸어요.
> 이 사랑스런 땅을 나와 함께 걸어요.
> …
> 내가 싸워야 한다면
> 난 싸울 거예요.
> …

아울러 결혼식에서 친구 이시영 시인이 황명걸 시인의 〈젊은 마늘장수〉를 축시로 낭송했다. 결혼식 이후 한국일보 뒤편의 한 식당에 몰려가 고영하가 사회를 보며 왁자지껄한 피로연이 열렸다. 신랑신부가 신혼여행이라며 수유리 아카데미하우스로 아주 멀리 도망치자 친구들도 놓칠세라 따라 나섰다. 십여 명이 바로

옆방에 방을 잡고 모여 밤을 다해 술을 마셨다. 결혼식도 피로연도 신혼여행도 유쾌한 탈주를 위해 디오니소스가 주재했다. 축제는 충분히 체험되었고 두려움 따위는 금세 잊을 수 있었다. 신혼여행의 단꿈은 낮달이 가져가 버렸다.

가난한 젊음들에게 결혼은 세상에 함께 맞서는 아득한 일에 뜻을 모으는 결단이다. 1970년대 운동권의 결혼에선 낭만성이 또렷하게 확인된다. 환상적이고 현실분리적 이상향에 대한 동경이 아니라 지극히 현실적인 삶에 대한 낭만적 태도가 있었다는 것이다. 대립과 모순을 돌파할 수 있는 힘으로서의 낭만에 대해 다시금 생각해 본다. 당시에도 분명 운동과 사랑의 대립이 있었을 것이다. 더욱이 가난과 사랑의 대립은 당장의 현실이었다. 극단적으로는 쇠창살이 사랑을 가로질러 막아서기도 했다. 그것을 이기는 힘은 낭만의 기질과 성향이었다.

그럼에도 불구하고 순전히 김순진의 입장에서 보면 결혼은 고난의 시작이기도 했다. 그녀는 오랜 세월 현실의 가난과 끊임없이 몰아치는 돈의 압박, 떠나가는 꿈의 상실에 대한 자신의 아픔을 그대로 드러내지는 않았다. 숨기기 위해서가 아니라 인간의 품위를 지키기 위해서였다. 나병식에 의해 자신의 삶의 추구와 도전이 가로막히기도 했다. 김순진은 공부를 하고 싶었다. 그리고 실제로 어렵게 공부했다. 김순진은 1990년 이화여대에서 박사학위를 받는다. 박사학위 논문은 〈한국의 노비설화연구〉이다. 우리에게 전해 내려오는 "노비설화의 서사문학적 전개를 탐색하고 노비제도 존속하고 있던 시대의 인간들이 제도적 굴레에서 어떻게 대처하면서 삶을 전개해 왔는가?"를 규명하는 것이 목적이다. 노비설화의 여러 유형들을 분류하고 이러한 유형의 바탕에 깔린 갈등을 보여주는 많은 성과가 담겼다. 김순진은 말미에 논문의 한계를 말하는 진술에서 매우 의미심장한 지적을 한다. "노와 비의 질곡이 다르고 성차별적 예속이 드러나는 자료를 명쾌하게 해명하지 못했다."는 것이다. 우리는 삶의 현실에 맞서고 운동의 대의를 수행하는 데 있어 남과 여의 질곡과 예속의 크기와 구조와 양상의 차이에 대한 명확한 이해 없이 과거를 진술하고 있는지도 모른다. 미안하다는 말이 다가 될 수 없다. 듣는 이의 너그러움이 있고 격이 높아 다행일 뿐이다.

김순진이 말 못할 세월을 견디면서 자애로움과 미소를 잃지 않은 데는 신앙의 힘이 컸다. 그녀는 가톨릭 집안에서 나서 순명하듯 독실한 천주교인이 되었다. 어머니의 피를 따라 우리나라 최초의 세례를 받았던 순교자 이승훈 베드로의 신앙심이 흐르고 있었다. 나병식은 함세웅 신부나 천주교 운동권 인사 등을 만날 때마다 자신의 부인이 치명자 집안이라고 목소리를 높이곤 했는데, 실은 천주학쟁이라는 말을 일상으로 쓰며 김순진의 신앙과는 약간의 거리두기를 취하고 있었다. 다행히 종교로 인한 갈등은 없었다. 나병식의 통 큰 태도 때문이었다. 나병식이 술을 믿고 의지했다면, 김순진의 마음은 거룩하고 성스럽게 온전히 신앙에 기대고 있었다. 돌아보면 눈물이 핑 돌고 분하고 가슴 칠 일 그토록 많았는데, 이도 천만다행이었다.

삶과 함께 오래도록

1970년대 학생운동으로 학교에서 제적되거나 옥고를 치른 사람은 1,000여 명에 이르렀다. 70년대 말이 되면 이들은 대부분 학교를 졸업하고 민중이 대접받고 걱정 없이 사는 세상을 꿈꿨던 청년들이 된다. 감옥을 나온 이들은 직업적 운동가의 삶을 선택하는 것을 하나의 지상명령으로 생각했다. 하지만 모두가 그것이 가능한 것도 아니었고 누구나 가능한 것도 아니었다. 그것을 실현할 길이 너무도 좁고 부족했다. "그러니까 밖에 나가서 할 사회운동의 물적 토대나 필드가 없었지. 학생운동의 기동력 역할은 했는데, 그다음 사회운동으로 들어갈 수 있는 공간이 없었잖아요." 나병식이 회고한 바대로 별다른 방법이나 뾰쪽한 수가 없었다.

이들의 가슴은 언제나 뜨거웠지만 민중지향성을 실천하는 가장 선명한 직선인 노동현장으로 가서 삶의 방식을 온전히 바꾸는 일은 쉬운 일은 아니었다. 그들은 '의식과 존재'의 문제를 두고 순결하게 고민했다. 그들에게 짐 지워진 사회적 책임의 문제도 만만치 않았다. 무엇보다도 지식인의 삶에서 많은 것을 포기하며 삶의 방식을 바꾸는 일은 고통이기도 했고 엄청난 각오를 다져도 쉽지 않은 도전이기도 했다. 많은 이들이 운동의 지속성과 먹고사는 문제의 길항과 애증에 대해 고뇌했다.

나병식도 다르지 않았다. 그도 이제 삶의 전면적 도전에 맞서야 했다. 나병식은 당시의 상황을 두고 이런 말을 했다. "먹고살기 위해 악착같이 살았지. 놀아서는 안 되거든. 놀면 굶어 죽으니까. 그거 하나는 우리가 철칙이 있었던 거 같애." 이 진술은 솔직할 뿐만 아니라 의미심장하다. 나병식의 삶의 태도가 여실히 드러난다. 최선을 다해 인간적 자기 충족을 실현해야 한다는 것이다.

나병식은 변화의 시점에 서 있었다. 그간 숨차게 달려온 삶의 지향과 내면의 세계가 하나의 변형의 시점을 통과하고 있었다. 가난과 변경의 정서가 만든 인간다운 삶을 향한 원시적 분노 그리고 이를 해소하고 사회정치적 삶의 조건을 만들고자 한 저항에서 운동의 지속성과 현실의 과제를 종합해야 하는 상황이었다.

여기서 나병식은 삶과 운동을 일치하고자 결단한다. 나병식은 이상의 한계와 명분의 허실을 보고 느끼면서 자신에게 주어진 현실의 문제들에 정면 돌파하는 방식을 택했다. 그렇기에 여러 오해를 무릅쓰고 그를 현실주의자라고 규정할 수 있다. 가치와 지향이 없는 현실주의를 극복하기 위해 그는 이상적 목표와 그 지향성을 연결하기 위해 자신의 삶에 낙관주의를 추가했다. 그래서 낙관적 현실주의자라 부를 수 있다. 그의 낙관주의는 사회변화를 위한 운동의 가치와 목적, 희망과 지향을 고스란히 담은 의미였다. 현실주의가 흔하게 빠질 수 있는 속물주의와 이해관계 맹목을 벗어나기 위해 그는 행동주의와 전투성을 택했다. 현실에 대응하며 문제해결에 머물지 않고 목표와 지향을 향해 스스로를 몰아 세웠다. 안주와 만족이 아닌 행동하고 실천하는 도전에 힘을 쏟았다. 그러니 그를 전투적 현실주의자라 불러도 될 것이다. 속물주의, 황금만능주의를 벗어난다 해도 그에게서 얼핏 실용주의, 결과주의, 세속주의, 부정적 사고, 직설적이며 도발적인 성향과 측면이 나타나는 것은 어쩔 수 없었다.

인간다운 세상을 향한 원시적 분노와 본능적 저항이 낙관적 현실주의자가 되어 이상과 가치와 신념과 그것들의 종합적 실천의 양태인 운동에서 멀어지다가, 이내 종합의 길에 이르게 된다. 그것은 출판이라는 직업이자 사회적 실천을 통해서 달성된다.

직업적 운동가를 꿈꾸던 학생운동 출신들이 민주화와 더 나아가 사회 변혁의 길을 가는데 또 다른 길이 있다는 것을 알기 시작한 것은 1978년 무렵이다. 길이 반듯하게 주어져 있거나 선배들이 잘 닦아놓은 것은 아니었다. 스스로 개척해야 하는 길이었다. 그러니 이 또한 얼마나 매력적이며 재미있는 일이었겠는가. 그 길은 새롭게 등장한 청년운동이었다.

민청학련사건으로 징역을 살다 1975년 2월에 나온 청년 67명
은 1978년 1월까지 풀려나지 못하고 있는 민청학련 관련자 유인
태, 이현배, 김효순, 이강철, 김지하, 장영달 총 6명에 대한 석방
요구 성명서를 발표한다. 여기서 민청학련사건으로 구속되었던
김병곤과 김봉우가 동일방직사건 지원투쟁으로 재구속이 되자
구속자 석방과 동일방직 노동운동 탄압 중지, 노동3권 보장 등을
구호로 내걸고 4월 14일부터 단식 농성을 시작했다. 정문화, 이신
범, 최민화, 김학민, 이해찬 등이었다.

나병식은 이 일에 적극 나섰다. 당시 나병식의 신혼살림집은
등촌동이었다. 가까운 화곡본동에는 시인 고 은의 집이 있었다.
이호철 작가의 집을 거쳐 고 은의 집에서 나흘 동안 30~40명이 돌
아가며 농성을 벌이던 이들은 새로운 조직을 만들자는 논의에 이
른다. 서중석, 나병식, 정문화 등이 나서 정세 분석과 청년운동 구
상을 설파한다. 학생운동 경험이 있던 사람들이 공개적으로 청년
운동조직을 만들어 운동에 기여하고자 한 것이다. 4월 18일까지
계속된 농성 과정에서 청년운동조직의 필요성이 깊게 논의되고
민주청년인권협의회를 출범하기에 이른다. 유신 이후 최초의 공
개적인 청년운동조직이었다. 초대 회장은 정문화가 맡고 김학민,
문국주, 배경순, 장만철이 운영위원을 맡는다.

아내 김순진이 기억하는 한 서로 의지하고 각별했던 나병식의

친구는 정문화였다. 둘이 어울린 세월도 그렇고 두 사람이 가장 절정기 때의 밀접한 활동도 그렇다. 정문화, 그 희미한 이름. "사랑도 명예도 남김없이" 떠난 사람의 이야기를 해야 한다. 그는 서울 중앙고등학교를 졸업하고 1970년에 서울대 외교학과에 입학한다. 나병식과 함께 후사연에 가입하고 서울제일교회에서도 활동했다. 그는 10·2데모를 밀어붙인 주동자였고, 민청학련 제1선 조직책이었다. 무기징역을 선고받았다 나와서는 최초의 청년운동 조직의 시초라고 할 수 있는 민주청년인권협의회를 만들고 초대 회장으로 일했다.

이후에도 후배 이종범과 노닐다가 출판사 동평사를 차려 내자동에서 같은 사무실을 쓰며 또 나병식과 어울렸다. 나병식과 정문화는 1970년부터 10년 이상을 짝꿍처럼 산다. 정말 나병식이 가는 곳에 정문화가 있었고 정문화가 하는 일에 나병식이 있었다. 손을 잡고 걷듯 '나란히 나란히'였다. 그는 천재 소리를 들을 정도로 머리가 영민하고 사태의 본질을 꿰뚫는 능력이 있었고, 천재형 인물들이 가진 불편함 중 하나인 대인관계에 약간의 서투름이 있기도 했다. 그가 나병식, 강영원과 함께 10·2데모를 강골로서 밀어붙일 때 그의 탁월한 설득력이 빛을 발했다. 그는 여러 자리에서 10·2데모의 필요성을 강조하고 설명하는 일을 맡아 했다. 그의 말과 글에는 영특한 논리적 명쾌함이 있었다. 그래서 사람들은 다시 보고 또 보며 그를 따랐다.

이후 정문화는 1983년에 공해문제연구소를 최 열과 함께 시작한다. 나중에는 민통련 활동을 하고 1990년에 민중당 대변인으로 정치 활동도 한다. 1992년부터 1995년까지는 월간 《말》에서 편집 국장을 맡아 일한다. 가정사와 개인적 방황으로 인해 끝내 몸을 건사하지 못하고 1998년 11월 7일 한양대 병원에서 세상을 뜬다. 그 마지막 몇 달, 이리저리 병원을 알선하고 손잡아 입원시키고 도망치듯 나온 그를 또다시 병원으로 이끌며 그를 챙겼던 이는 문국주였다. 그의 아내는 여전사 천영초였다. 한때 그의 아내였던 그녀의 삶에 대하여는, 고려대 후배로 엄혹한 시대 "불의한 권력과 함께 맞짱을 떴"던 서명숙이 쓴 《영초언니》가 나와 사람들 가슴에 지워지지 않는 언니로 새겨졌다.

한참 나중이지만, 그나마 정문화의 행적이 알려진 것은 환경운동연합의 전신이자 최초의 환경운동조직인 공해문제연구소의 일이다. "그때 연구소에서 나온 문건의 80~90%를 정문화가 썼다."는 전 공해문제연구소장의 회고도 전해진다. 그는 공해문제연구소가 발간한 책들과 여러 보고서 등을 집필하고 다듬었다. "공문연이 발간한 단행본 《내 땅이 죽어간다》, 《삶이냐 죽음이냐》, 《한국의 공해지도》는 국내 공해서적의 고전으로 통한다. 지금 활동하는 많은 환경운동가들이 학창시절 이 책을 읽고 충격을 받아 환경운동을 결심했다. 이는 정문화의 '펜'의 힘이라고 해도 크게 틀리지 않는다."(신동호, 〈秘錄 환경운동25년 ④ - '펜'으로 공해를 퍼뜨려라〉,

주간경향) 10·2데모, 민청학련의 사건들 중심에서 이후로도 "새로운 영역인 환경운동에 투신, 운동의 기틀을 잡고 도약의 발판을 구축"하는 일에 나섰던 정문화를 친구로 두었던, 나병식과 여러 사람들은 참 든든하고 좋았다.

민주청년인권협의회의 초기 활동은 정권에 탄압을 받는 인사들과 노동자들에 대한 석방운동이었다. 그러다 정치투쟁을 위한 청년조직으로 발전시키자는 논의가 본격화되면서 1978년 11월에는 단체명에서 '인권'을 빼고 '민주청년협의회'가 출범하게 된다. 조성우를 회장으로 하고 이명준과 최 열이 부회장을 맡고 김경남, 양관수, 문국주, 홍성엽, 이우회, 이신범 등이 운영위원을 맡았다. 이들은 지속가능한 조직 운영을 위한 재정 사업으로 번역실을 김경남이 맡아 운영하기도 한다. 회원 조직 사업도 학교별, 직장별, 직능별, 지역별로 나누어 조직하기 시작한다. 지도위원회에는 윤보선, 함석헌, 문익환, 이문영, 박형규, 천관우, 계훈제, 백기완, 함세웅, 조화순 등 원로급 인사들을 모셨다.

이후 민청협은 구속자 석방, 유신 철폐, 중앙정보부 고문 폭로 등의 여러 투쟁에 참여한다. EYC, KSCF, NCC인권위원회, 백범사상연구회 등 여러 단체들과 연대를 하면서도 민청협의 독자적인 정체성을 가지고 민주화운동을 전개해 나갔다. 아울러 동일방직사건, YH사건 등의 노동운동에도 힘을 보태며 유신 정권에 대항했다. 이들은 또한 '80년 봄'의 전국 대학 연합 시위를 조직하고,

또 1980년의 조작 사건인 김대중내란음모사건에도 연루된다. 긴급조치 1, 4, 9호 위반으로 구속되었다가 석방된 청년학생들과 대학 졸업이나 제적 이후에 사회운동을 지속하는 사람들이 모이는 조직으로 점차 조직의 위상과 역할이 확대되고 있었다. 그러나 전두환 쿠데타 세력에 의해 YWCA위장결혼사건으로 많은 간부가 구속되면서 조직이 심각한 타격을 받았다.

민주화를 위한 청년운동의 새길은 주춤거렸을 뿐 분연히 다시 시작하는데, 1982년 12월부터 최민화, 조성우, 정문화 등이 모임을 가지면서 공개적 청년조직의 재건을 위한 논의가 다시 시작된다. 이들이 이른바 민주화운동청년연합 창립에 불씨를 당긴 OB 그룹들이다. 결국 민청협은 유신 이래 최초의 청년 공개조직이라는 역사적 영예를 안고 1980년대 가장 강고하고 전투적인 청년정치 투쟁조직이었던 민청련으로 그 자리를 이어준다.

나병식의 많은 활동에서 문국주를 빼면 그는 든든한 뒷배를 잃고 만다. 하여 나병식 평전에 문국주의 약전을 들여야 한다. 운동권의 영원한 총무 문국주의 삶의 전반부는 이러하다. 문국주는 1954년 전남 광주에서 출생했다. 아버지는 공무원이었다. 5남 1녀 중 4남으로 자랐는데, 큰형이 리더십이 강해서 형제 많은 집의 남동생이 겪어야 할 통과 의례 같은 여러 재미난 일이 많았고 또 심부름도 많았다. 광주일고에 들어가 그도 여느 학생들처럼 선생님들의 영향을 많이 받아 사회비판적 시각을 키웠다. 그는 고등학교 시절 동아일보 기자가 되는 것이 꿈이었다. 이후 재수를 한 후 서울대 문리대에 원서를 내는 데 큰형이 기자가 되려면 사회학과를 응시하라고 조언했다. 1973년 서울대 사회학과에 입학하고는 1학년부터 들입다 학생운동에 전념하게 된다. 그 발단에 나병식이 있었음은 불문가지다. "내가 국주네 집안하고 굉장히 친해. 위형들도 광주일고를 나왔고 지금까지 연락하고 있는데. 내가 여름방학 때에 국주네 집에 갔어. 국주 아버지가, '야, 서울대학교가 참좋은 대학이다. 방학 때도 선배님이 지도해 주는구나.' 그런 생각을 하고 계시더라고. '방학 때 어떻게 지내는가.' 하고 데모 준비하러 다닐 때거든. 근데 이제 내가 징역 몇 번 사니까, 국주 아버지가 내가 전화하면 끊어 버려. '니, 또 딴짓거리하고 다니지!' 하면서." 그렇게 좋은 대학의 좋은 선배의 도움을 받아 문국주는 착실히 운동권의 일꾼으로 성장한다. "이 부분에 대한 부채가 엄청 크지. 간첩단 사건에 끼어 뚜드려 맞고, 민청 때 뭐 그렇고. 그러니까 부채가 엄청 많아. 도종수 아버지, 나현수 아버지, 문국주 아버지 … 하여간에 부채가 많은 사람이야." 나병식이 후일 아무리 이런 미안함을 토로해 봤자 역사는 이미 흘렀고 전사는 이미 머리가 희끗해진 이후다. 물론 아무도 후회하지 않았다.

나병식을 비롯한 여러 선배들의 광주일고 직계라는 지연과 학연의 부름을 받아 그는 10·2데모를 준비하는 미카엘신학원 준비모임에도 1학년 중에 유일하게 참석한다. "놀러 오라고 해 가지고, 놀러 갔다가."라고 본인은 정작 엉겁결에 당한 상황이라고 하지만, 그는 선배들이 보기에 믿을 만했고 또 열심이었다. 그래서 10·2데모로 잡혀가 구류를 살고 나와서 민청학련까지 열심히 하고 징역을 간다.

문국주가 민청학련사건에서 잡혀가는 이야기는 민청학련이 공안당국에 의해 와해되어가는 과정에서 밀고자를 특정할 수 있는 실마리를 제공한다. "긴급조치 4호가 선포된 직후 나는 당시 문리대 운동권의 리더로 활동했던 강구철 선배와 마포 절두산에서 만나기로 했다. 그래서 약속 장소에 갔다가 경찰에 잡혔다." 사전에 강구철과 문국주의 만남을 알고 있던 문리대 학생회장 곽성문의 밀고 때문이었다. 문국주는 강구철이 5천 원을 주며 화염병 준비를 부탁한 사실이 폭력 시위 획책 증거가 되어 구속은 당연한 것이었다.

1983년 9월 30일 민청련은 민주주의를 위한 청년의 가열찬 정치투쟁의 돛을 올렸다. 민청련은 탄탄한 조직력과 명망성, 운동의 주도 역량까지 갖추고 민주화운동을 이끌었다. 이 조직의 출범과 투쟁의 중심은 단연 김근태 의장이다. 조직의 출범에서부터 김근태가 오면서 우리 민주화운동사에 명실상부한 공개적 정치투쟁 조직의 위상이 제대로 확립되었다. 민청련의 위상은 조직적인 청년운동체, 공개적 정치투쟁체였다.

나병식은 민청련 전면에 나서 참여하지는 않았다. 나병식의 이

력에 민청련 지도위원이란 경력이 소개되고 있으나 지도위원은
실제 활동하는 직책이라기보다 자문위원과 후원자의 의미가 강
하다. 당시 그는 세상에 없던 새로운 빛, 풀빛을 들고 다른 곳에서
새로운 세상을 향해 일을 하고 있었다.

나병식은 공개적인 활동을 하는 민청련에 참여하지 않으면서
도 늘 김근태 의장을 챙겼다. 그리고 함께 일하는 동지들을 돕고
자 했다. 당시 민청련 활동에 전념했던 장준영이 전해 주는 이야
기다. "그런 어느 날이었던가, 김근태 의장이 민청련 간부, 활동가
들에게 돼지갈비를 한 저녁을 사겠다고 불러 모았다. 그때 아직
개발되기 전인 서오릉 근처의 비닐하우스 안에서 돼지갈비를 파
는 집이었다. 30여 명 가까이 되었던 것 같다. 고생하는데 마음껏
먹으라고 병식 형이 이 테이블 저 테이블 다니면서 격려를 했다.
고기는 내가 가끔 살 테니 열심히들 하라고. 김근태 의장과 병식
형이 상의하여 후배들 고생하는데 고기라도 먹이자는 자리였다.
그 뒤로도 이런 자리가 두어 번쯤 더 있었던 것 같다."(장준영, 〈그릇
의 크기를 알 수 없었던 선배〉, 《황토바람에 풀빛》, 252-253쪽)

나병식과 김근태 의장은 여러모로 개인적인 연결을 통해 민청
련 활동에 대한 의견을 주고받는 관계였다. 이를 장준영은 시사한
다. "1985년 8월초쯤 … 당신이 아무래도 구속될 것이라는 것, 민
청련에도 곧 어려움에 닥치게 될 것이라는 것, 그때를 예상하고
우리에게 마지막 당부를 하려고 그날 자리를 마련한 것이었다.

그날 김근태 선배가 민청련이 어려움에 부딪치고 힘들게 될 때 상의 할 사람 두 분을 일러 주었는데, 그 중 한 분이 병식 형이었다. 왜 그러셨을까?

나중에 내가 확인한 바로는 그 두 분과 사전에 조율하거나 깊은 상의를 한 것은 아니었던 것 같다. 돌이켜 보면 그 두 분에 대해 김근태 선배가 가지고 계셨던 인간적 신뢰의 표현이 아니었을까 하는 생각이 든다. 병식 형에게 김근태 선배가 그렇게 말씀하시더라고 전했을 때 그냥 웃기만 할 뿐 별다른 이야기가 없었으니까. 꼭 그 때문만은 아니었겠지만 민청련 활동이 지하로 들어가고 여러 가지 어려움에 부딪쳤을 때, 병식 형은 알게 모르게 많은 도움을 주었다."(장준영, 앞의 책, 253-254쪽)

1977년 이후부터 나병식은 공개 단체에 가입하지 않는다. 그가 다시 공개 조직에 나서는 일은 1986년 출판문화운동협의회에서 출판 탄압에 맞서며 사상의 자유를 위해 싸울 때이다. 하지만 나병식은 기회가 될 때마다 손수 나서 전선에서 싸우는 동지들을 지원하고, 지원을 요청하는 수많은 손길에 응답했다. '전사들을 지원하는 전선 밖의 전사'이기도 했다. 인간에 대한 예의였고 전사의 당연한 미덕이었다.

1979년, 나병식은 풀빛 출판사를 시작한다. 출판을 하면서 나병식의 삶은 새로운 차원으로 정립된다. 운동과 삶이 변증법적으로 종합되는 일이었다. 그는 출판을 통해 운동과 삶을 일치시켰고, 변혁과 일을 일치시켰으며, 시대의 요청과 자기실현을 일치시켰다. 이를 세 차원에서 일어나는 삼위일치라 부를 수도 있을 것이다.

나병식이 그토록 허물고 싶었던 유신체제는 1979년 10월 26일 궁정동의 총성과 함께 몰락했다. 김재규의 용기가 박정희를 절명케 했지만, 이는 유신체제의 종말을 앞당긴 일에 불과했다. 유신체제의 완전한 몰락은 10·2데모와 민청학련의 싸움, 긴급조치에 맞선 투쟁 그리고 부마항쟁 등 수많은 희생을 감수하며 유신체제와 싸워 이긴 민중의 힘이 만든 역사의 대단원이었다.

1979년, 풀빛 출판사를 창립하고 나병식과 김순진은 망원동 지하방에 나란히 엎드려 출간할 책들의 교정을 보기 시작했다. 1970년대 격동의 10년이 3번의 구속을 뒤로 하고 역사의 페이지가 넘어가고 있었다. 선연한 풀빛으로 황토바람에 맞서 뚜벅뚜벅 걸어갈 출판문화운동의 긴 여정이 오월 광주의 핏빛과 함께 다가오고 있었다.

6장

세상을 풀빛으로

풀빛의 시작

1970년대 중후반부터 책의 시대, 출판의 시대가 열렸다. 전 국민의 독서량, 책 구매량이 전체적으로 높아진 것은 당연하고 그럴 만한 일이었다. 출판의 시대에서 주목해야 할 것은 그 중심에 인문사회과학 출판사들의 출판문화운동이 있었다는 점이다.

유신체제의 사회경제적 모순, 국민 기본권의 철저한 유린을 겪으며 양심선언, 성명서, 언론사를 통해 나오던 비판적 목소리가 이제 책을 통해서 나타나기 시작했다. 출판문화운동은 독재 정권의 지배 이데올로기에 대항하는 저항 이데올로기의 정립과 확산이었다. 또한 사상 통제에 대한 사상의 자유, 언론출판의 자유를 위한 싸움이었다. 운동의 진화가 책의 진화를 만들었고 책의 진일보는 운동의 진일보를 만들었다. 책을 쓰고 만들고 나누며 읽고 토론하고 성과를 기록하는 일은 그 자체에 운동의 원리와 성질이 고스란히 담겨 있었다. 운동이 필요로 하는 기본적인 요소들, 이론적이며 구조적이며 종합적인 것들을 담기에 책만 한 것은 없었다. 그런저런 분석을 떠나 책은 인류를 변화시키며 생존하게 했던 가장 큰 자산이었다. 책은 신문이 만들어 온 역사보다 훨씬 길고 혁명적으로 역사를 바꾸어 왔다.

1970년대 중반부터 유신체제의 해직 언론인과 해직 교수들이 출판사 발행인, 편집인, 저·역자로서 무더기로 출판계에 진입하였다. 이들의 진입은 출판계를 역동적으로 계몽적으로 언론직필의 판으로 바꾸었다. 백낙청의 창작과비평, 한창기의 뿌리깊은나무, 김언호의 한길사, 김병익의 문학과지성사, 전병석의 전예원, 신홍범의 두레 등이 대표적이었다. 이들과 함께 비판적 지식인들의 책이 독자들의 열광적인 지지를 받았다. 유신과 독점자본주의의 반민주성과 반민족성을 파헤치고 비판하는 책들이 줄을 이었다. 리영희의 《전환시대의 논리》,《8억인과의 대화》, E. H. 카의 《역사란 무엇인가》, 박현채의 《한국경제론》, 한완상의 《민중과 지식인》, 백낙청의 《민족문학과 세계문학》, 유동우의 《어느 돌멩이의 외침》, 황석영의 《객지》, 김지하의 《황토》 그리고 정기간행물 《창작과비평》,《월간 대화》,《씨올의 소리》 등이 젊은이들의 영혼을 흠뻑 적셨다.

여기에 더해 1980년대 신군부가 자행한 언론인 해직으로 또 한 무리의 새로운 출판인들이 합류하였다. 그리고 출판문화운동 진용은 1970년대 가장 진보적이며 활동적인 운동권 출신들이 진입하면서 완성되었다. 이들은 참신한 기획력을 지니고 있었고 이데올로기적으로 훨씬 과격했으며 독자 개척에 훨씬 과감했다. 소규모 자본으로 시작했지만, 웬만해서는 그들의 패기와 기세를 정권도 시장도 기존 출판사들도 막을 수 없었다. 이러한 출판 주체의 변동은 출판되는 책의 일대 변화를 만들었다.

물론 1980년대 초까지 정부 당국은 여전히 출판을 통제하고 장악하고 있었다. 그들은 판매금지, 압수, 출판 등록 취소, 출판사 신규 등록 금지, 출판인 사법 처리, 출판물 사전 검열, 사전 납본과 허가 등의 일을 충분히 잘 해내고 있었다. 언론 출판의 자유를 위한 강력한 투쟁이 나오기 전까지 말이다.

나병식의 등촌동 신혼살림은 둘만의 알콩달콩만으로도 좁은 셋방이었다. 하루가 멀다고 사람들이 들이쳤다. 자발적 손님이라기보다 "우리 집으로 가지." 나병식의 손에 이끌린 사람들이었다. 와서는 술을 마시고 라면을 먹고 또 술을 마셨다. 김순진이 담배 연기에 연신 기침을 해도 그들은 뭘 그리 중한 이야길 하는지 알아채지도 못했다. 새벽을 앞서 보내고서야 그들은 잠에 들었다. 그 무렵 김순진은 이화여대에서 알량한 시간 강사 자리를 얻어 공부하고 강의하고 살림하고 남편 돕는 일에 작은 몸이 남아나지 않고 있었다. 아침 일찍 첫 강의를 위해 뻗어 누운 사람들 하나 둘 셋을 조심스레 넘어 옷장에서 옷을 꺼내 방문 밖 부엌으로 가서 갈아입고 길을 나서야 했다.

나병식의 '집으로의 초대'는 거의 일상이었다. 왜 그랬을까? 통행금지를 넘어 술자리를 이어 가고픈 술꾼의 호기였을까. 그럴 수도 있다. 혹은 사람 욕심이라 할까 인연에 충실하고픈 별난 습관이라 할 수도 있을 것이다. 그 바탕에는 사람을 대하는 데 있어 자신의 본모습을 거침없이 내보이면서 어떤 가면도 위장 장치도 없이 진실되이 대면하겠다는 의지가 있었다고도 볼 수 있다. 이런 상상은 약간은 슬픈 일이겠지만 어쩌면, 가난으로 자신의 근거지가 분명치 못했던 시절에 대한 보상일 수도 있었다. 사랑하는 이와 가정을 꾸리고 작은 거처도 마련하고 그래서 자기 삶의 어떤 단단한 근거가 생겼다는 자부심, 그것을 친구와 후배와 선배와 함께 확인하고 공유하고픈 욕구였을 수 있다. 어쨌거나 나병식의 집을 드나든 사람들은 당시에는 특히 김순진에게 미안하기 그지없었고, 세월이 흘러 이제 와서는 참으로 귀한 추억이 되었다. '미안'을 '피곤'으로만 바꾸면 김순진에게도 마찬가지였다.

1978년 12월 나병식과 김순진은 망원동으로 이사를 한다. 방이 세 칸이었다. 창가에 서면 어깨가 골목길 바닥에 닿는 반지하였다. 그래도 얼마나 하고 싶었던 일인가, 부모님을 모시고 여동생 병순과 함께 살기 시작한 것이다.

나병식과 김승균의 만남은 나병식은 물론이거니와 사회과학 출판계의 행운이었다. 김승균은 4·19세대로 60년대부터 민주화운동에 참여하여 70년대 초에는 민주수호국민협의회, 민주수호청년협의회 등에서 활동했다. 그때 학생운동하는 "첫인상이 대단히 강렬하고 시원스런" 나병식을 만났다. 1974년 나병식이 징역을 살고 있을 때 동생들의 사고 소식을 조영래와 함께 라디오 뉴스로 듣고는 "나병식의 원수는 우리가 갚는다."며 결의를 다졌다.

신당동에 살고 있던 그는 이후 나병식이 소공동에 와이셔츠 가게를 열었을 때 오가며 자주 들렀다. 김승균은 1978년부터 출판사 일월서각을 아내 최옥자와 운영하며 연이어 베스트셀러를 내면서 한창때를 보내고 있었다.

그러던 어느 날 나병식은 김승균을 찾아가 출판사를 하겠노라 했다. "형님, 저 와이셔츠 가게 그만하고 출판 일을 하고 싶습니다.", "아이 이 사람아. 투쟁의 가치로 보면 말이여, 출판이 좋긴 한데. 근데 돈 벌기가 그리 수월하지는 않아. 가게도 좀 잘된다면서, 그니 좀 더 와이셔츠 가게 해서 나중에 정치 쪽으로 나아가는 게 좋지 않겠는가?" 김승균은 일단 반대 의견을 말했다. 내심 나병식 같은 걸물은 정치에 나가 큰일을 하는 게 낫다는 생각을 했다. 그러려면 시간을 두고 준비를 하면서 일단 안정적인 재정 상태를 만들어 가족들도 부양하고 찬찬히 기반을 만들어 가는 것이 좋겠다는 생각이었다.

그러나 나병식은 고집을 꺾지 않았다. 사실 민주화운동의 최일선에서 싸우던 전사가 코빼기만 한 지하상가에 틀어박혀 앉아 와이셔츠장사를 한다는 것은 매우 좀 쑤시는 일이었다. 어쩔 수 없이 먹고살기 위해 동생과 함께 일을 하고는 있지만 영 성에 차지 않을 뿐 아니라, 이렇게 살다 보면 소시민의 삶의 굴레 속으로 빠져들 것 같은 생각마저 들었다. 나병식 입장에서 지인들 끌어들이는 영업 말고는 와이셔츠 가게에서 특별히 하는 일도 많지 않았다. 돈벌이 이외에 무슨 의미와 가치를 두기에는 여러모로 부족했다. 그래서 마음은 늘 콩밭에 가 있었다.

그런 그에게 출판은 하나의 탈출구이자 자신이 잘할 수 있는 일 중 하나였다. 나병식의 회고다. "그런데 해보니까 안 되겠더라고 매일 술만 먹어. 와이셔츠 맞추고 저녁에 술 먹고…. 쌀막걸리 나올 때니까…. 그래도 먹물끝이라고 출판사가 생각나더라고…."

사실, 책이라면 그에겐 정말 오랜 친구이자 가장 가까운 친구이기도 했다. 그는 이미 도서관에 숨어들어 책으로 망명한 전력이 있었다. 고등학교 시절 밖으로 나가서 친구들과 어울릴 형편도 되지 못한 상황에서 택한 것은 도서관에 틀어박혀 책을 통해 새로운 세상과 만나는 일이었다. 도서반장을 했고 도서관에서 먹고 자다시피하며 책과 함께 뒹굴었다. 대학교 시절에도 친구들 집에 가면 책꽂이에 가득한 책을 보며 "야 니는 뭔 책이 이리 많냐." 하면서 부러움을 감추었지만, 마음속에서는 허기가 일었다. 이제 그 허기를 달래고 채울 수도 있을 것이었다.

사실 나병식은 사회과학 출판의 전망에 대한 충분한 이해와 착실한 준비를 바탕으로 출판을 결심한 것이 아니었다. 하지만 당시의 눈부신 출판계 바람은 나병식을 흥분시키기에 충분했다. 세상을 바로 보고 아니, 달리 보고 세상을 새롭게 인식할 수 있도록 자신을 안내한 책들이 그의 머릿속에서 맴돌았다. 유신체제에 대한 분노와 저항을 넘어서 현실에 대한 인식과 민중지향성을 이끌던 무기이자 지침이 되어주던 책들을 다시 생각했다. 책들의 세례를 받고 커온 자신을 돌아볼 때 세상을 바꾸는 비밀의 열쇠는 책에 있는 듯했다. 바로 자신도 이러한 책들의 세례를 받으며 전사로 거듭나고 있었던 바, 유신체제에 저항하는데 책만한 무기는 없다는 결론도 그리 어려운 게 아니었다. 여기에 더해 나병식은 먼저 역사학도로서 당시 만연해 있는 식민사관의 문제를 극복하는 일에 출판이 기여할 수 있다 믿었다.

가장 결정적이고 도움이 되었던 것은 주변에 김승균 같은 출판장이들이 있었다는 사실이다. 사실 김승균 말고도 1년 후배인 최권행, 이해찬의 출판계 투신도 잘 알고 있던 터였다. 거기에 아내 김순진의 존재도 출판계로 나아가는 데 큰 지렛대가 되었다. 역사학도와 문학도가 만나면 결국 책 이야기를 하기밖에 더 하겠는가. 나병식이 출판을 결심했을 때 김순진도 기뻤다. "나도 도울 수 있겠구나."

나병식은 자신의 손에 쥐고 있던 일상과 여유를 놓아 버렸다. 좀스러움에서 옹골찬 삶으로 옮기는 변화였다. 그래도 동생 병순과 어머니의 생활이 자꾸 어른거렸다. 서울살이가 마땅치 않아 다시 광주로 내려간 아버지의 궁핍함도 신경이 쓰였다. 다행이랄까, 초등학교도 졸업하지 못하고 온갖 집안일에 시달리고 동생들 뒷바라지 하다 서울로 와 하루 종일 튀김 기름에 절어서도 "오빠."를 환하게 부르며 기대던 병순과 인연을 맺을 사람이 있었다. 그를 불러들여 출판 일을 하면서 함께 먹고살면 될 터. 그리고 많은 것을 얼렁뚱땅 넘기려 하고 암시랑토 않다고 말하는 자신에게, 매사를 가장 정확히 말해주는 아내 김순진이 있었다.

1979년 3월 6일, 나병식은 풀빛 출판사를 시작한다. 김승균은 자신의 사무실에 두 개의 출판사와 사무실 공간을 같이 쓰는 배려를 하고 있었는데 문학평론가 임헌영의 상황사, 이후 조선대 교수가 된 이종범의 동평사였다. 이제 풀빛도 새 식구가 되었다. "나도 사람 좋아하고 그래서 다 사람 좋아하는 사람들끼리 모여 가지고 일하면 좋잖아요. 그러면 서로 돈도 좀 아끼고 또 일도 돕고 좋잖아요. 그래서 흔쾌히 같이 쓴 거지요." 일월서각과 사무실을 같이 쓰면서 그들은 매일이 멀다고 술을 마셨지만 그것만이 전부는 아니었다. 서로가 낼 책 이야기를 꺼내면 한 식구가 되어 "야, 그 책 안 팔리겠다.", "때려 쳐라." 훈수도 두고 편집 기획도 하면서 한마음으로 일을 했다. 형편이 좋은 일월서각에는 영업부를 두었는데, 영업부장이 바로 교도관을 관두고 나온 김재술이었다. 그는 일월서각의 영업뿐 아니라 세 출판사 영업까지 맡아 봐 주었다. 풀빛이 몇 달 후 조기환을 영업에 투입했을 때도 그는 기꺼이 사수가 되어 많은 것을 알려 주었다.

김승균은 비단 출판뿐만 아니라 선배로 따를 만한 사람이었다. 그는 4·19를 대학생 시절에 직접 겪은 사람이었다. 60년대 대표 잡지 중 하나인 《월간 아세아》 편집장을 했다. 이후 《사상계》에서 편집장을 맡아 일하던 그는 시 〈오적〉을 김지하에게 청탁하고 교정을 보고 함께 고초를 겪은 주동자이기도 했다. 《사상계》가 정권에 의해 폐간되자 나와서 민주수호국민협의회에 참여하면서 줄곧 유신 반대투쟁의 선두에 서 있었다. 그의 출판계 입성은 매우 성공적이었고 그가 손을 내밀어 도운 출판인들은 그를 1세대 사회과학 출판 선배로서 존경하고 있었다.

어느 여름, 출판문화운동의 1세대이며 여전히 성성한 혁신계 운동가인 그를 만나려 일산으로 향했다. 그는 이제 거동도 불편하여 집 안에만 있다고 했다. 나병식과의 여러 인연을 들었고 그가 살아온 세월의 대강도 들었다. 나이 탓인지 이름과 연도와 단체명을 말할 때엔 잠시 말을 멈추곤 했다. 다만 그가 여전히 관심을 갖는 남북민간교류협회 사업을 말할 땐 포즈가 전혀 없었다. 그는 북한 관련 특수자료취급허가를 받아 많은 북한의 자료들을 확보하고 있었고, 이를 바탕으로 많은 북한 관련 책을 출판하기도 했었다. 출판사 이름을 "왜 일월서각이라 했나요?"라는 질문에 그의 대답은 "일취월장하라고." 해가 떠도 달이 떠도 공부하자는 권면의 뜻을 짐작했는데, 복잡할 거 없었다. 거기에 덧붙여 일본은 서방을 많이 쓰는데 우리는 서각을 많이 쓴다 설명했다. 규장각할 때 그 각(閣)자를 따서 그런다는 거였다. 필자가 징역을 살 때 읽었던 일원서각의 장편 소설 《고요한 돈강》의 감상을 나누기도 했다. 《한국전쟁의 기원》을 낸 경위도 들었다.

238

풀빛을 시작한 지 얼마 안 있어 풀빛 출판사에서 중요한 두 사람이 합류한다. 조기환과 홍 석이다. 사실 풀빛 출판사 발행인으로 나병식이 등록된 적은 한 번도 없다. 처음에는 빵잡이 궁색한 처지 때문에 김순진 이름으로 등록하고 출판을 하다가 이후 김순진의 대학원 공부도 있고 하여 홍 석을 대표로 등록했다. 홍 석은 1980년 초반 대표로 등록한 이후 지금까지 변함없이 풀빛의 대표직을 맡고 있다. 그는 나병식의 이종사촌 동생, 그러니까 이모 아들이다. 아버지가 해방 후에 이념적 정치 활동을 하여 굉장히 곤혹을 치렀고 어렸을 때 여수로 이사하였다. 이후 서울에서 학교를 다녔고 풀빛에 입사하여 영업 활동을 시작했다. 그렇게 맺어진 사촌 형과의 인연으로 그는 평생을 책을 만드는 출판인의 삶을 살고 있다.

조기환이 풀빛에 입사한 것은 1979년 7월이었다. 당시 풀빛은 이미 두 권의 책을 출판한 상황이었지만 사실 그는 설립 초기부터 함께한 것이나 다름없었다. 초기의 풀빛 일은 나병식과 김순진 그리고 동생 나병순과 결혼한 매제 조기환이 했다. 나병식이 기획과 섭외, 교정을 책임지고 했다. 아내 김순진은 강의를 하며 대학원을 다니고 있었기에 사무실에 나오지 않았지만 기획과 교정보는 일을 함께했다. 그렇게 시작한 풀빛에서 조기환은 제작과 영업을 맡아 15년을 함께했다. 풀빛이 만든 시대의 역작들의 영업과 제작 현장에는 항상 그가 있었다.

사무실을 함께 쓰고 있는 일월서각, 동평사, 상황사 사람들은 제작과 영업 전반에 대해 서로 도와가며 사이좋게 일했다. 일월서각의 김승균 사장과 김순진의 이화여대 학보사 선배인 최옥자 편집장도 큰 힘이 되었다. 광주에서 교편을 잡다 박정희 정권을 비판한 시 〈겨울공화국〉 발표로 해임되어 일월서각에서 편집장으로 일하고 있던 양성우 시인도 도움이 되었다. 그는 후암동에 집이 있었는데, 나병식, 강창일 등과 매일 같이 술을 마시면 교류했고 두 건달을 집으로도 자주 초대했다. 그가 근무했던 학교는 나병식이 수감 중에 연탄가스 사고로 죽은 여동생 영순이 다니던 광주 중앙여고였고 그는 여동생의 담임이었다. 이후 양성우 시인은 풀빛에서 《노예수첩》을 판화시선 세 번째로 출간한다.

이렇게 한 사무실에 세 개의 출판사가 상부상조하며 재미있게 출판을 하는 상황은 그리 오래가지 않았다. 상황사는 임헌영의 구속으로 문을 닫았고, 이종범은 대학원 진학을 위해 동평사를 나병식에게 넘겼다. 이종범은 유쾌한 철인이라 불릴 만한데 특유의 전라도 사투리로 이야기를 특별하게 재미있게 하는 재주가 반할 만하다. 유머가 있고 촌철살인이 너무 많아 탈인 사람이다. 그는 광주일고 후배이며 서울대 72학번 국사학과 후배이기도 하다. 그는 학생 시절 한문연의 회원이 되고 열심히 데모를 한다. 그리고 강제 징집, 전역 후에 이화여대 앞으로 가서 다락방이라는 서점을 연다. 그의 신촌 하숙방과 다락방 서점은 나병식, 정문화, 김학민, 양관수 등 민청학련 선수들의 다락방이 된다. 책장사의 바쁜 일상과 선배들과의 술자리로 지친 그는 여섯 달 만에 서점을 서울대 의대 제적생 양길승에게 넘긴다.

마침 나병식은 출판사를 준비하고 있었다. 이에 자극받았을까, 아니면 '책을 팔면 시간 없다. 책을 만들고 시간 내서 데모하자.' 잊혀졌던 소명의식이 다시 일었을까, 이종범도 정문화와 함께 출판사 준비를 시작했다. 정문화의 고향 하동과 이종범의 고향 함평에서 한 글자씩을 빌려 동평사라 이름한다. 책 몇 권을 냈을까, 여러 책을 기획하고 어떤 책은 조판까지 해두었으나 앞으로 나아가지 못했다. 더욱이 공부를 더 하고 싶었다. 그러다 나병식을 찾았다. 으레히 바둑판을 두고 마주 앉았다. "나 대학원 갈라고. 결혼도 하고.", "출판사는 어쩌구.", "그냥 놔둬야지요." 한 판 승부마다 조판해둔 책이 넘어갔다는 이종범의 회고도 사실이겠지만 결론은 이미 정해져 있었다고 봐야 한다. 나병식은 "나한테 넘겨라."라며 조판비를 셈하여 건네며 호탕하게 떠안았다. 그렇게 하여 이미 출판된 《변혁시대의 한국사》와 조판을 마친 《한국기독교와 제3세계》, 《전통시대의 민중운동》1, 2, 《한국 근대의 민중운동》이 풀빛으로 넘어왔다.

세월이 흘러 이종범은 조선대 교수가 된다. 나병식과 이종범은 서울로 광주로 서로의 집으로 다니며 술을 마시고 세상을 논했다. 마르고 닳도록 바둑도 두었다. 이종범은 이렇게 썼다. "나는 형에게 힘입어 사람다운 사람을 많이 만났고, 쉽지가 않은 많은 일

을 엿보았으며, 형이 어떻게 사람을 모시고 일을 꾸미는지를 보았
다. … 이렇게 새긴다. 남이 웃으면 아픔도 마땅하다고 견뎠던 사
람이 있다! 자신이 가질 것을 셈하지 않으며 세상에 베풀 것이 적
어지지 않을까 아파하였으니, 큰 사람이 여기 있다! 형, 미안합니
다!"(이종범, 〈아아, 병식형!〉,《황토바람에 풀빛》, 237-238쪽)

　일월서각과 풀빛이 함께 쓰던 사무실에 사고가 났다. 일월서각
의《하버드대학의 공부벌레들》가 한 쇄에 2만 부를 찍을 정도로
초대박을 친다. 창고가 별도로 없던 관계로 2층 사무실에 책을 어
마어마하게 쌓아두고 재미나게 팔고 있었다. 그러다 일제강점기
때 지은 목조건물이 책 무게를 이기지 못하고 그만 무너지고 만
다. 이에 1979년 11월 휘파람을 불며 마포구 신수동 마포종합시
장 지금의 마포 출판협동조합 근처로 함께 이사를 했다.

　풀빛은 신수동에서 1982년까지 있다가 종로5가의 갑오빌딩으
로 이사한다. 독립이었고, 출판사 사정이 나아졌다는 이야기였
다. 갑오빌딩 시절부터 편집부 직원도 채용한다.

　그곳에서 황인용 강부자의 라디오 프로그램의 두 진행자의 좌
담과 청취자의 사연을 엮어 책으로 출판한다.《글쎄, 있잖아요》
이다. '안녕하세요 황인용 강부자입니다'는 1978년 동양라디오에
서 첫 방송 이래 매일 아침 9시부터 11시까지 방송하는 오락 프로
그램이었다. 이 프로그램은 청취자들, 특히 라디오 주 청취자였던
주부들의 편지를 소개하고 사연을 함께 이야기하는 구성으로 최

고의 인기를 끌었다.

이 책은 나병식의 기획력 그리고 인맥으로 세상에 나왔쭈. 친구 진홍순의 설명이다. "70년대 후반 내가 동양방송에 다니던 때이다. 나병식이 황인용 아나운서를 소개해 달라고 부탁해 왔다. 출판문화운동을 개척하고 있지만 대학 교재용이나 고담준론의 교양 서적 판매만으로는 계속적인 영업 활동이 어렵다고 했다. 따라서 방송 인기 프로의 뒷얘기를 소재로 한 청소년 대상 출판 기획을 세워 순수 영리 사업용 판촉활동을 한번 벌이고 싶다는 것이었다. 나는 사내에서 안면이 있었던 담당 프로듀서를 소개해 줬다. 얼마가 지난 뒤 나는 책을 구입해 읽어 보지는 못했지만 뒷얘기가 출판계의 새로운 베스트셀러로 회자된다는 보도를 접했다. 뒤이어 나병식도 나에게 고맙다는 인사를 하면서 앞으로의 본격적인 출판문화운동 개시에 큰 도움이 될 것이라고 밝혔다. 이후 출판계에서도 방송 인기 프로의 진행자와 주변 뒷얘기를 다루는 책들이 한때 큰 유행을 이뤘다."(진홍순, 〈선생님 같았던 학우〉, 《황토바람에 풀빛》, 283-284쪽)

이 책의 예상 외의 성공으로 이듬해 두 번째 책《저 좀 보세요》도 출간한다. 책 표지엔 다소 말랑말랑한 카피가 적혔다. "TBC '안녕하세요 황인용 강부자입니다'의 청취자들이 글과 그림으로 소박하게 생활 속의 예술성을 드높인 행복의 꿈나무!" 거대담론을 즐겨 하던 나병식이지만 눈앞에 닥친 현실적 문제를 풀어나갈 때는 최선을 다하는 모습을 보여줬다고 진홍순은 회고한다.

이 두 권의 책을 포함하여 1979년 한 해동안 출판한 다음의 책들로 이후 본격적인 사회과학서적 출판의 물적 기반이 마련되었다. 수필집《바람과 별도 잊을 수 없는 사람들》(서정주 편), 꽁트《쪼다 파티》(박범신 저), 전기물《에드워드 케네디》(지미번스 저, 국홍주 역), 수필《사육신의 꿈》(김동길 저), 수필《글쎄, 있잖아요》(황인용과 강부자), 수필《Q씨에게》(박경리), 소설《사라진 너는 왜 여자인가》(알베르띤느 사라장 저, 심민화 역) 등이다.

풀빛을 차리고 나서 나병식은 욕심을 하나 더 냈다. 역사학도로서 역사서 출판에 남다른 관심이 있었던 그는 태동문화사를 따로 만들어 역사학 자료 영인본 출판에 몰두한다. 1980년에 영인본으로 출판한《사학연구》는 한국사학회가 1958년부터 1968년까지 발행한 대표적 사학계 학술지였다. 그《사학연구》를 1호부터 20호까지 20권을 영인하여 6권의 합본 양장본으로 출간했다. 그리고 일본 외교 사료문서 10권을 뽑아서 이현종 국사편찬위원장의 글과 함께 출판했고,《일본사기》발췌본도 영인하여 출판하였다. 이렇게 의욕적으로 역사 사료들의 영인본을 출간했지만 판매는 기대에 못 미쳤다. 역사 자료의 특성상 책이 두꺼웠고 한 종에 몇 권의 책이 시리즈로 묶이며 제작비를 쏟아 부었지만 사 줄만한 연구자들이나 연구소가 귀했다. 나병식이 보기엔 그들은 공부에 염사 없고 게으른 것이 틀림없었다.

태동문화사 건은 실은 강창일의 권유가 있었다. 당시 강창일은

《월간 아세아》에서 일하고 있었다. 둘은 의기투합하여 태동문화
사를 역사학 관련 전문 출판사로 크게 키울 작정이었다. "형, 역사
공부했으니 우리 역사 전문 출판사를 만들자. 하나는 영인본, 하
나는 잡지, 하나는 단행본 이래서 전문 출판사를 만들자. 일단 낼
자료는 내가 책임질게."

　사람들이 대동(大東)이라 이야기 할 때 나병식과 강창일은 좀
더 웅장한 것을 원했다. 클 태에 동녘 동, 이왕지사 태동(太東) 세
상을 열고자 태동문화사라 이름 지었다. 강창일은 하던 일이 마무
리되면 태동문화사에 투자도 하고 본격적으로 합류할 예정이었
다. 그러나 강창일이 YMCA위장결혼사건으로 도망 다니고 그 이
후 일본 유학길에 오르면서 역사학 큰 출판의 꿈과 태동세상은 나
병식에게 많은 적자만 남기고 마무리되었다. 강창일은 서울대 대
학원에 입학하고자 했으나 민청학련사건 등 경력이 문제가 되어
입학이 거절되면서 일본으로 유학을 떠났다. "그걸로 빚 많이 졌
어요. 나중에 두고두고 갚느라고 고생 엄청 했어요." 김순진과 조
기환은 태동문화사의 실패를 굉장히 아쉬워한다. 나병식이 의욕
적이었던 만큼 많은 돈이 투자된 출판이었다.

　강창일은 나병식과 다시 책으로 인연을 확인한다. 1987년 한
국민중사사건이 났을 때 일본에서 유학하던 강창일은《한국민중
사》의 번역 출판을 일본의 출판사와 연결했다.《한국민중사》일
본어판은 상당한 부수가 팔렸다.

1979년 10월 4일 남민전사건이 터졌다. 그 여파로 일월서각 김승균, 영업부장 김재술, 영업부 차장 김영철 그리고 상황사 임헌영이 구속되었다. 김승균은 당시 함께 있던 나병식을 남민전에 끌어들이지 않은 이유를 말한다. "석방된 지 얼마 되지 않았고 공개투쟁을 해야 할 거목이어서 비밀결사에 끌어들이지 않았다." 하지만 남민전에 대한 나병식의 생각은 조금 달랐다. 김승균 대표가 아니어도 당시 나병식은 남민전 관련자 박석률, 김남주 등과 여러 접점이 있었다. 하지만 그는 남민전 같은 비밀결사조직에 대한 회의가 강했다. 그는 이념적 강고함으로 무장한 소수의 전위당 또는 전위당이 되고픈 사람들이 이끄는 운동의 실패를 여러 번 보았고 대중적 운동의 성공과 가능성을 직접 경험한 입장이었다. 덕분에 같은 사무실에 남민전 활동가들이 있었음에도 그는 남민전사건에 비켜나가게 된다. 그러나 1980년의 봄, 그 처연한 봄의 아픔에서는 비켜서지 못했다.

1980년 5월 17일, 계엄령을 알리는 신문 호외가 길거리에 나뒹굴던 밤, 나병식은 귀가 도중 계엄군에 체포되어 계엄사령부 합동수사본부 수사국 치안본부 특수 2대 수사분실로 끌려갔다. 계엄령 예비검속이었고 김대중내란음모사건 청년학생 책임자라는 터무니없는 혐의였다. 그는 거의 두 달에 걸쳐 모진 고초를 겪다 7월 초순이 되어서야 관악경찰서로 이송되었다.

나와 보니 광주는 피로 물든 채 끝나 있었다. 나중에 출판문화운동협의회에서 함께했던 유대기는 당시를 이렇게 기억한다. "나는 남부경찰서에서 심재철 등 많은 이들이 전국에 공개 수배되는 텔레비전 화면을 긴장된 눈으로 바라보았다. 우리의 봄은 그렇게 주저앉았다. 풀빛 출판사의 가족들은 나 선배가 이번에는 살아나오지 못할 것이라 믿었다. 6년 전에 사형 선고까지 받던 그가 아니었던가? 그러다가 전국에 수배되어 도망 다니던 심재철이 자수했다. 그가 자기에게 돈을 준 사람이 나병식이 아니라 이해찬이라고 진술하여, 나 선배는 사지에서 벗어났다."(유대기, 〈출판문화운동과 나병식〉, 《황토바람에 풀빛》, 38쪽)

　망원동에 살던 가족들은 다시금 이사해야 했다. 출판사 사정이 여의치 않아 보증금을 덜어 써야 할 형편이었다. 380만 원 전세로 들어간 보금자리였다. 서울을 일단 벗어나 경기도 고양 원당으로 갔다. 다시 변방이었다. 당시 원당은 말할 필요도 없는 촌이었다. 서울에서 멀어진 대가로 좀 더 여유로운 공간에 100만 원 전세로 들어갈 수 있었다. 원당읍 성사리, 띄엄띄엄 집들이 논 사이에 박혀 있는 동네였고, 마당 앞 논에서는 개구리가 새로 온 이웃을 밤마다 응원해 주었다. 김순진이 둘째 빛나를 임신하고 몸이 무거운 여름이었다. 김순진은 5월 17일 귀갓길에 예비 검속으로 잡혔다는 소식만 들었지, 면회는커녕 나병식이 어디 있는지도 몰랐다. 하여 그에게 어디로 이사 간다는 말도 전하지 못했다. 김순진은 여동생과 짐을 꾸리고 일을 서둘러 부모님을 모시고 겨우 이사를 했다. 1980년 6월 2일의 일이다.

나병식은 7월 초에야 풀려난다. 여름 해는 찌고 마당에 있는 수동식 펌프가 연신 기침을 하며 간신히 물을 뱉는 한낮이었다. 멀리 논둑길에서 개나리 봇짐인 양 옷 보따리를 들고 성큼성큼 나병식이 걸어오고 있었다. 용케도 찾아왔다. 살던 옛집에 들리고 몇 사람에게 물었다 했다. 나병식은 한참 몸을 추스르고 풀빛 사무실로 나섰다.

나병식 가족은 원당읍 성사리에서 번지수만 바꾸어가며 몇 번을 이사하면서 6년여를 산다. 좋은 시절이었다. 무엇보다 힘찬, 빛나, 슬기가 자연을 벗하며 자라고 있었다. 김순진의 이화여대 후배로 관동대 교수를 지낸 황루시가 들려주는 그 시절 한 장면이다.

"언니와 형부는 원당에 살았다. 당시 원당은 거의 깡농촌이었다. 한쪽은 논을, 또 한쪽은 나지막한 산을 끼고 마냥 가다보면 논이 끝나는 곳에 새로 지어 반들반들하지만 어딘가 엉성한 벽돌집 주택가가 나온다. 그 중 한 집에서 형부가 버선발로 뛰어나오듯 우리를 반겨 주었다. 형부는 저녁 내내 밥상머리를 떠나지 않았다. 유쾌하게 떠들고 술도 제일 많이 마셔서 제일 먼저 취했다. 그리고는 막무가내로 우리를 집에 보내지 않았다. 결국 집에서 자게 되었는데 형부가 밖에 산책을 나가자고 한다. 한밤중에 우리는 제법 쌀쌀한 논길을 걸었다. 가을걷이를 끝낸 논에는 여기저기 모양 좋게 쌓아놓은 볏가리들이 풍요로웠다. 달이 밝아서 청정한 밤이었다. 앞서가던 형부가 문득 뒤를 돌아보더니 우리에게 낮은 목소리로 말했다. '아무래도 내가 잡힐 때가 된 것 같은데…. 이제 들어가면 언제 나올지 알 수가 없어서…. 언니 부탁해요.' 눈물이 핑 돌아 달이 흐려졌다."(황루시, 〈우리들의 형부〉, 《황토바람의 풀빛》, 300-301쪽)

풀빛은 종로5가 사무실에서 베스트셀러인 《현대휴머니즘》을 냈고 그 덕을 봤다. 1982년 풀빛 사무실은 집에서 가까운 역촌동으로 옮겼다. 몇 군데를 들러 안착한 사무실은 안정적이었다. 예일여고 사거리 한 정거장 전 건물 2층에 둥지를 틀었다. 역촌동 사무실 개소식에서 '교육지표사건'으로 해직되었던 연세대 성래운 교수는 덕담을 건넸다. "출판사 하나가 한 대학과 같은 일을 할 수 있다. 풀빛이 그 일을 잘 해 내고 있다." 참석자들 얼굴에 자신감이 환하게 번졌다.

역촌동에서 풀빛은 그 특유의 빛을 발하기 시작했다. 풀빛의 1기 편집진은 김태경 편집부장, 박인배, 이성우, 안경숙, 신형식 등이었다. 편집디자이너 김경혜는 1984년에 풀빛에 들어온다. 당시만 해도 책을 마구잡이로 내던 시대였다. 내용만 있으면 됐지 디자인은 나중의 일이었다. 그러나 나병식은 상근 디자이너를 뽑고 제대로 책을 만드는 데 공을 들였고 또 그만큼 책도 많이 냈다.

역촌동 시절 풀빛에서 함께 일했던 여러 사람들이 출판사를 차려 독립했다. 김태경은 나중에 이론과실천 출판사를 차려서 출판인으로 많은 역할을 했다. 그의 아내였던 강금실 변호사는 퇴근시간 즈음에 와 차에서 기다렸다 함께 퇴근하곤 했다. 재기 넘쳤던 김태경은 음식에 대한 열정도 대단하여 함께 일하는 동료들을 데리고 맨날 무엇인가를 먹으러 다녔다. 이후에 이성우도 일빛 출판사를, 신형식도 녹두 출판사를 만들어 독립했다.

풀빛 2기 편집진은 1985년에 진용을 갖췄다. 편집부장은 김명인이었다. 편집부에서 일했던 이들은 대개가 79학번 학생운동권 출신이었다. 신중헌, 하미숙, 한경숙, 박경옥, 황경희 등이었다. 편집부에 7명 정도가 상근을 하고 영업부에 조기환, 홍 석에 한 명의 직원이 더 있었다. 대단한 규모였다. 이화여대에서 운동을 하다 노동현장으로 가기 전 아르바이트할 요량으로 일하기 시작한 박경옥은 청춘의 한때를 풀빛과 보낸다. 전예원 출판사에서 일하다 소개를 받고 온 면접에서 나병식에게 담배를 태우느냐고 질문을 받았던 디자이너 김경혜는 10년을 넘게 풀빛과 함께했다. 박경옥과 김경혜는 이렇게 회고한다. "황금기였죠. 저희가 같이 있었을 때 풀빛이 가장 빛나고 절정이었던 시기였죠. 80년대 초에서 80년대 말까지." 풀빛도, 함께한 그들도 인생의 화양연화였다.

당시는 운동권에 있는 많은 사람들이 정식 직원으로 있든 기획팀으로 프로젝트에 참여하든 역촌동 사무실을 거쳐 갔다. 풀빛 사무실은 사랑방이었다. 황석영, 홍성담, 이재오, 김태홍 등이 수시로 드나들었다. 당연히 대개가 운동권 인사들인 저자와 역자 그룹은 더 바삐 드나들었다.

역촌동에서 크게 일어선 풀빛은 1986년 북아현동으로 와서 위용을 내뿜었다. 역촌동은 아무래도 좀 외진 곳에 있어 사람들이 찾아오기도 불편했고 일하는 사람들도 출퇴근이 성가셨다. 반면 북아현동은 대학가 서점이나 종로, 영풍, 교보 등 대형 서점과 가까워 여러모로 이로웠다. 바로 옆 추계예대 재단 소유 건물이라 임대료도 제법 쌌고 쓰는 데 별 간섭도 없었다. 사무실을 얻으려 6개월을 기다려 들어간 건물이었다. 그 능안빌딩에서 20년을 있었다. 그 시절 굴레방다리를 지나 그곳에 가면 흰 난닝구에 무릎께로 바지를 걷어 올린 채 줄담배를 피우는 사람을 만날 수 있었다.

전사를 키우다

1970년대 후반부터 대부분의 인문사회과학 출판사들은 문학 작품 이외의 출판을 할 경우 '신서'라는 시리즈를 붙였다. 많은 경우 출판사 이름을 신서에 붙여 짓기도 했고, 특별한 주제와 분류가 있다면 현대신서, 과학신서 등으로 분류하여 일종의 프로젝트임을 그리고 일정한 방향성으로 기획된 책임을 명시해 왔다. 이는 일본의 대표 출판사이자 우리의 인문사회과학 출판에 많은 영향을 미친 이와나미신서 시리즈의 영향이었다. 신서 시리즈 성격에 따라 출판사의 출판 방향과 미래를 예상할 수 있다.

1981년부터 풀빛도 신서 시리즈를 시작한다. 풀빛신서는 2003년까지 총 182종이 발간된다. 풀빛 초기에 도서 대부분이 신서 시리즈로 출간되다가 이후에는 현장신서, 판화시선, 풀빛소설선 등으로 분화되어 사회과학 분야만 풀빛신서로 묶인다. 풀빛신서는 전사들에게 세상과 싸우는 무기를 쥐어주는 책이었고, 민중의 힘과 역사를 들려주는 책, 바로 전사를 키우는 책이었다.

풀빛신서의 첫 책은 1981년 9월의 《전통시대의 민중운동》상, 하 두 권의 책이다. 고려 중기 만적의 난에서부터 조선 후기 평안도 농민전쟁까지 주요 민중운동의 배경과 전개 그리고 그 의미를 분석한 변태섭 등 연구자들의 논문을 모은 책이다.

지금은 정치적으로 위험한 일로 비판 받는 '의식화'라는 말의 진정한 뜻은 새로운 인식의 확장과 도약을 의미한다. 많은 학생들이 역사를 재발견하고 새로운 관점으로 이해하면서 인식의 지평을 개척했다. 우리의 근현대사에 대한 새로운 인식을 열었던 책들이 바로 《해방전후사의 인식》, 《한국전쟁의 기원》이다. 《전통시대의 민중운동》은 이들 책과 동일한 맥락에 서 있다. 바로 우리 봉건왕조시대 민중의 역사에 대한 재발견이다. 우리 역사의 전형적인 민중과 그 해방운동의 주역들 만적, 초적, 임꺽정, 의병들, 홍경래, 이필제 등을 학생들에게 안내했다. 지금도 이 책의 효용은 여전하다. 《전통시대의 민중운동》은 《조선왕조실록》이 포괄하지 못하는 우리 역사의 진면목을 만나게 할 것이다. 이 책에서 흥미로운 것은 제목에 쓰인 '전통시대'라는 시대 규정이다. 여러 논란을 예상하면서도 "그냥 사용한 점을 이해하기 바란다."라고 밝히는 이 배포에 나병식의 이미지가 떠오른다.

인간해방의 논리를 휴머니즘의 관점에서 펼쳐 보인 《현대의 휴머니즘》도 당시 운동권의 인식 지평의 확장에 크게 기여했다. 《현대의 휴머니즘》은 1982년 발간되어 학생들의 교양 필독서가 되어 탄탄하게 베스트셀러에 올랐다. 실천적 휴머니즘으로서의 '휴머니즘'에 대해 설명하는 이 책은 인간해방, 계급으로서의 인간해방, 인류로서의 인간해방을 역설하고 있다. 본격적인 정치경제학에서 기반한 변혁운동 이론이 확산되기 이전에 인간해방은 세계와 인간을 이해하고 변혁적 전망을 제시하는 핵심 개념이었다. 이 책은 당시 서울대 앞에서 대학 서점을 운영하던 김문수가 출판을 제안한 책으로 운동권 학생들이 일본어를 배워서 꾸역꾸역 읽던 책이었다.

운동권 스테디셀러인 《자본주의 경제의 구조와 발전》은 1985년 출간 이래 오랫동안 운동권 학생들의 사랑을 받았다. 이 책은 자본주의의 실상과 모순을 이해하기 위해 속된 말로 '브레인 워싱'을 위한 입문서로 80년대 모든 서클, 모든 의식화 세미나 기본 교재였다. 이 책이 핵심적으로 다루는 제국주의 이후에 생산관계의 모순이 최고점으로 오르는 독점자본주의를 공부하고 나면, 독점

자본주의란 말을 자유자재로 쓸 수 있게 되는 묘한 매력의 책이기도 했다. 이 책은 수년에 걸쳐 50만 부 이상 팔렸다.

이 책이 풀빛의 몫이 된 것은 행운이었다. 신형식은 학생운동으로 징역을 살고 나와 1982년에 부산 사상공단에서 야학을 하다 진로를 고민한다. 그러다 김영호와 "운동의 물적 토대를 마련하고 과학적 이론을 공급하기 위해"라는 큰 뜻을 품고 사회과학 출판사를 차리기로 한다. 출판을 알아야 할 터, 그길로 출판사 운영 전반에 대해 경험을 쌓기 위해 풀빛의 문을 두드린다. 혹독한 수업을 받으며 어느 정도 감이 잡힐 때쯤, 출판사를 차리면 내 손으로 책을 내리라 생각하던 '자구발'을 누군가 먼저 낼지도 모른다는 걱정이 밀려왔다. 그래서 얼른 풀빛에서 책을 낸다. 이 책의 역자 신석호는 신형식의 필명이었다.

노동운동을 위한 경제학으로 불리기도 한 《노동경제학》은 조용범 교수가 1984년 펴낸 노동경제학의 교과서다. 1970년대 운동권 학생들에게 경제학의 세례를 주었던 조용범 교수, 나병식과 후사연이 서울제일교회 세미나에서 열렬히 공부했던 《후진국 경제론》의 저자 조용범 고려대 교수가 출판인이 된 나병식에게서 책을 낸 것이었다. 《후진국 경제론》은 한국전쟁 이후 원조물자로 자본을 축적한 독점적 기업들의 정경유착을 비판하고, 분배 문제, 경제 정의의 문제를 다루며 5·16군부 세력의 성장지상주의 정책을 비판하는 운동권의 필수교재가 되었다. 《노동경제학》은 노동문제가 본격화는 시점에서 노동경제학 교과서로서 임금노동 이론의 기초에서부터 노동운동의 제반 과제들을 체계적으로 설명하고 있다.

조용범 교수는 나병식이 존경하는 교수였다. 1970년대에서 80년대 초까지 지식인 사회에 남아 있던 세배문화는 존경하는 어른에 대한 지극한 예의였다. 설날의 세배는 어른과 동료들을 만나는 결속의 자리이기도 했다. 나병식은 결혼을 하고는 아내와 함께, 아들 힘찬을 낳고선 힘찬과 함께 정릉의 조용범 교수 댁으로 세배를 다녔다. "내가 병식을 참 좋아해." 김순진은 그때 들었던 조용범 교수의 말을 여전히 기억하고 있다. 조용범 교수와 함께 나병식이 세배를 드리려 꼭 들렀던 사람은 박현채 선생, 김금수 선생정도였다.

풀빛신서는 여성운동의 기초를 제시하는 여러 책도 선도적으로 출간한다. 그중 가장 먼저 출간된 책이 《여성 해방의 이론체계》이다. 1977년 이화여대에 여성학 강좌가 최초로 개설되면서 여성학과 여성운동의 본격적인 논의가 시작된다. 하지만 여성학 강좌에 필요한 교재가 없어 어려움을 겪었다. 《여성 해방의 이론체계》는 이를 해결하기 위해 신인령 교수 등이 번역하여 1983년에 출판한 한국 최초의 여성학 교재였다. 이 책의 출간에는 모교의 여성학 전공자들과 친했던 김순진의 역할이 있었다. 김순진은 이화여대의 여러 저자들과 풀빛을 연결하는데 많은 노력을 했다. 이후에도 《여성해방 논쟁》(로버타 해밀턴 저, 최민지 역), 《성의 변증

법》(슐라미스 파이어스톤 저, 김예숙 역), 《여성노동법》(신인령 저), 《한국
여성사》(한국여성연구회) 등의 출간에 힘을 보탰다.

노동현장에 필요한 책

풀빛의 현장신서는 풀빛이 워낙 많은 책을 내고 공전의 히트를
기록한 책이 많아 그다지 주목받지 못했다. 하지만 현장신서와 함
께 나병식의 노동현장과의 긴밀한 연결과 관심, 손익을 다투지 않
던 출판 정신은 평가되어야 한다. 현장신서는 1984년 10월 30일
출간된 《8시간 노동을 위하여》 등 10여 종이 발간된 노동현장을
위한 책들이다.

현장신서의 특징은 말 그대로 노동현장성이다. 노조를 만들고
투쟁을 조직하는 사람들에게 필요한 지식과 정보를 제공하는 실
천을 위한 책이 목표였다. 소모임 활동 안내서, 야학 안내서, 생생
한 조합 활동 체험기, 노동현안 실태보고서 등이 바로 그것이다.

나병식의 출판문화운동에서 한국출판문화운동협의회 활동이
많이 부각되었다. 하지만 출판인 나병식에게 현장신서는 그가 하
고 싶었던 진정한 출판의 의지를 실천한 현실의 열매였다. 현장
에 필요한 손쉽게 쓸 수 있는 여러 가지 지적 도구를 제공하는 일

이었다. 그리고 나병식이 이러한 책을 낼 수 있었던 노동현장과의 여러 밀접한 연결 고리에 대해서도 평가를 해야 한다. 단순하게 출판을 원하는 원고에 대한 성의 있는 응답의 성과만으로는 이 현장신서 시리즈를 설명할 수 없다. 노동현장을 지원하고자 하는 나병식과 연결된 일단의 현장 사람들이 있었음은 분명하다.

현장신서 출간 목록이다.

《소모임 활동 입문》, 송호범, 1983.
《8시간 노동을 위하여》, 손점순, 1984.
《공장 옥상에 올라》, 박영근, 1984.
《새벽부터 새벽까지》, 장영달, 1984.
《시골로 가는 길》, 이주형, 1985.
《때가 오면 그대여》, 정정순, 1985.
《손에 손을 잡고》, 이선영·김은숙, 1985.
《노동자의 살림살이》, 한국교회사회선교협의회, 1985.
《민중야학의 이론과 실천》, 기독교야학연합회, 1985.
《85년 임금 인상 투쟁》, 편집부, 1986.

《민중야학의 이론과 실천》은 노동야학의 발로 뛴 경험들이 담긴 야학 가이드북이다. 교과서적인 사회변동이론, 관념적인 지도가 아닌 경험에서 나온 구체적이고 실천적인 현장 안내서이다. 제목에 노동야학이라고 쓰지 않은 것은 충분히 짐작 가능하지만 못내 아쉽기도 하다. '노동자의 밤'(Proletarian Nights)을 위한 노동야학은 노동자가 더 나은 존재로 태어나는 기회였다. 노동과 학습이 만나는 자리에서 노동자들은 분노와 울분을 실천과 계획, 조직으로 바꿀 수 있었다. 1970년대 후반부터 1980년대까지 전국적으로 적어도 100개가 넘는 노동야학이 생겨나 노조운동과 노동운동에 많은 기여를 했다. 그뿐만이 아니었다. 노동야학은 참여하는 대학생과 지식인을 노동운동가로 바꾸는 학교이기도 했다. 1987년 이후 노동자 의식화나 문화 활동을 위한 공개적이고 합법적 기구가 생기면서 야학은 역사적 소임을 내려놓았다. 이 책은 그 한 역사를 증명한다. 이런 책 하나 내면 출판인은 자신의 직업이 자랑스러워지는 순간을 맞게 된다. "어이 선생, 이런 책도 좀 보시지요." 책을 쓰윽 밀며 웃는 나병식이 그려지지 않는가?

《소모임 활동 입문》은 1970년대부터 노동현장을 비롯한 삶과 투쟁의 현장에서 활발하게 전개되었던 각종 소모임 활동에 대한 입문서이다. 이 책에는 소모임 활동에 대한 기초 지식, 기초 이론 그리고 실제 소모임 활동에 필요한 자료들이 망라되어 있다. 당시 노동현장에서는 소모임을 통해 자신이 새롭게 태어나고 현실에 대한 새로운 전망을 얻는 사람들이 늘고 있었다. 민중운동의 거대한 파도는 이렇게 만들어진 작은 물방울들의 뭉침으로 가능했다. 세상을 바꾸기 위해서는 위대한 비전과 피가 끓는 선언도 필요하지만, 이런 구체성에서 승부를 보는 작은 걸음에 대한 요령과 안내도 필요한 법이다. "죽음의 상태를 겪으면서 다시 태어난다는 것은 쉽지 않다." 지은이가 머리말 꼭대기에 인용한 심리학자 프레드릭 펄스의 글이다. 죽음과 탄생이 동시에 일어나는 모임은 얼마나 위대하고 또 얼마나 큰 결단을 요구한단 말인가.

《8시간 노동을 위하여》는 장시간 노동에 허덕이던 해태제과 노동자들의 노동조건 개선운동의 체험기이자 승리의 기록이다. 노동운동 승리의 기록이 가지는 최적의 효용은 다른 곳으로 날아가 불씨가 되는 것이다. 우리도 할 수 있다, 해야 한다는 도전의 방아쇠를 당기는 것이다. 이 책의 진정한 가치는 이 책을 읽은 노동자와 읽지 않은 노동자에게 어떤 차이를 만들어낸다는 데 있다. 이 책처럼 노동현장의 승리를 기록한 책들은 더 많고 더 큰 승리의 밑거름이 되었다.

이 책의 발간에는 신철영의 노력이 있었다. 그는 나병식과 대학 시절부터 자취를 같이한 오랜 친구였고 동지였다. 신철영은 1978년부터 영등포산업선교회에서 일했다. 당시 영등포산업선교회는 양평동, 당산동, 영등포동에서 구로공단까지 걸쳐 있는 공장에서 1천 명 이상의 여성노동자들이 소모임 활동을 하고 있었다. 그리고 8시간 노동을 위한 싸움을 해태제과에서 시작했다. 하지만 1979년 정국을 흔든 정치적 사건들에 의해 해태제과 8시간 투쟁은 이슈에서 묻히고 고립되었다. 안으로는 수백 명이 사실상 해고당하고 가공할 폭행을 당하는 일이 있었다. 그러나 이들은 포기하지 않았고 결국 1980년 5월 1일부터 제과, 제빵 등의 10여 개 회사의 노동자들에게 8시간 노동은 실현되었다.

《8시간 노동을 위하여》에는 실제 현장에서 투쟁했던 김금순의 기록이 생생하게 담겨있다. 하지만 출판 당시에는 저자를 순점순 이라 표기했다. 순점순은 해태제과에서 함께 활동했지만 결혼 후 에 퇴사했던 조합원이었다. 김금순이 출판 당시에도 계속 공장을 다니고 있어 피해를 볼까 그렇게 한 것이었다.

신철영은 이렇게 적고 있다. "어떻게 출판할까 고민하다가 자 네에게 상의하였더니 기꺼이 출판하겠다고 하여 풀빛의 현장신 서로 출판이 되었네. 풀빛이 이 책을 출판하여 돈벌이는 안 되었 을 텐데 자네 덕에 그 기록이 빛을 볼 수 있었네. 30년이 넘은 지 금에 생각해도 자네에게 고마움을 표현할 수밖에 없네."(신철영, 〈모두 고개를 끄덕였지〉,《황토바람에 풀빛》, 174쪽)

현장신서에 포함되지는 않았지만 1970년 노동운동 역사를 기 록한《1970년대 노동현장과 증언》도 풀빛의 노동현장에 대한 관 심을 여실히 보여주는 책이다. 이 책은 한국기독교교회협의회와 한국교회산업선교25주년기념대회자료편찬위원회가 공동으로 엮은 대작으로 한국교회산업선교25주년기념대회를 앞두고 1984 년 출간되었다.

기독교계는 산업화시대에 노동자들을 위해 산업선교활동을 전 개하였다. 1979년은 마침 산업선교 25주년이었다. 대회는 "가난 한 이들에게 복음을"이란 기치를 걸고 10월 29일부터 11월 1일까지 영등포산업선교회관 등 여러 곳에서 열렸다.

기독교계의 산업선교의 의미와 가치는 황인성이 잘 설명한다. "산업화 시대 속 한국교회 대부분이 성장을 추구하는 동안 또 다른 교회의 운동이 있었다. 이 운동은 산업선교, 도시 빈민선교, 민중교회, 농어촌 선교와 같은 소위 주변부에 속한 교회들의 선교운동이었다. 이들의 선교운동이야말로 산업화 시대가 제공하는 성장과 축복이라는 경제 논리에 함몰되지 않고 교회의 본질을 회복하며 시대적 사명을 추구해 온 운동이었다. 그리고 이 운동은 산업화 시대를 지나 탈산업화 시대에도 여전히 계승되어 진행되고 있다. 단순히 그 운동성이 계승된 것뿐만 아니라 지금 한국교회가 맞이하고 있는 위기를 극복할 수 있는 중요한 운동으로 자리매김하고 있다. 그리고 세계교회에 도전을 주는 경험도 제공하고 있다."(황인성, 〈산업화 시대와 한국교회의 선교적 응답 - 도시산업선교운동이 한국교회에 미친 영향연구〉, vi쪽)

《1970년대 노동현장과 증언》은 1970년대 한국의 노동운동과 산업선교 상황을 상세하게 기록한 역사 기록서이다. 10,000매가 넘는 방대한 분량의 원고로 70년대 노동 상황과 노동운동 전반을 충실히 기록하며 노동운동의 모든 숨결 하나하나를 정리한 기념비적 작품이다.

이 책은 1984년 5월 교황 요한 바오로 2세의 방한에 맞추어 발간되었다. 교황은 1984년 5월 한국가톨릭 200주년을 기념해 한국

땅을 밟았다. 김포공항에 도착해 비행기에서 내리자마자 땅에 입을 맞추며 "순교자의 땅, 순교자의 땅."이라고 읊조렸던 그의 모습을 교인들뿐 아니라 전 국민이 기억하고 있다. 이 책의 출간을 서둘렀던 것은 교황 방문에 맞춰 한국의 노동 현실에 대한 관심을 촉구하고 기독교계의 노력에 힘을 실어 주길 기대하고 교황에게 전달하기 위해서였다.

이 책을 만들던 당시를 신형식은 이렇게 회고한다. 그는 입사 면접을 본 다음 날부터 출근하여 《1970년대 노동현장과 증언》의 편집 작업에 투입되었다. 나병식은 사무실에서 먹고 자면서 3개월 이상 철야 작업을 하며 독려한다. 그런 노력 끝에 1984년 4월에 드디어 출간된다. 광명시에서 출근하던 신형식은 시간을 절약하고 밥값도 아낄 겸 철야 근무를 자원했고, 아침저녁으론 식당에서 배달해 주던 백반을 먹었고 점심에는 나병식의 최애 음식인 짜장면을 먹었다. 그는 이 책에 공을 들인 나병식의 노력을 강조하기 위해 "이 책의 실제 필자는 나병식이었다."라고 말한다.

민중의 노래, 민중의 힘줄

풀빛판화시선은 표지만으로도 우리의 가슴을 뛰게 한다. 칼로 쓴 글자와 칼로 그린 사람이 지시하는 땅으로 끌려 들어가 대책 없이 시를 맞이하게 된다. 표지의 충격만이었다면, 시대를 점령하지 못했을 터이다. 그 시인들이며 그 노래들은 민중의 가슴에 울리고 퍼진 함성이었다.

시집 표지의 판화, 제자, 본문에 앞서 제본된 판화 작품 그리고 시, 이것이 판화시선의 구성이다. 판화로는 오 윤 작가의 작품이 많이 실렸다. "예리한 칼로 민중의 삶과 정서를 판각"한 오 윤은 당대 최고의 민중미술의 작가였다. 민중의 해학과 신명, 소외와 슬픔을 칼로 파 세상에 던져 주던 그는 여느 천재들의 불문율을 따라 1986년 7월 5일 마흔한 살의 나이로 생을 마쳤다. 풀빛판화시선 출간 당시 이미 건강이 좋지 않았던 오 윤에게 도움을 주기 위해 풀빛에서 부탁했다는 미담이 전해지는데, 작품을 마중하러 간 일이 먼저고 선의는 나중 일일 것이라 짐작한다. 오 윤은 제목도 따로 붙이지 않은 판화 작품 십여 점을 보내 왔다. 그래서 그림에는 작품명이 없다. 많은 풀빛판화시선이 모두 오 윤의 작품으로 채워진 것은 아니었다. 홍성담의 작품도 있고, 김경주, 성효숙의 작품도 있다. 그리고 모든 시집에 판화가 들어가 있는 것도 아니다. 대개가 초판본에만 판화를 넣었다. 제작비 때문에 어쩔 수 없는 일이었다.

풀빛판화시선은 표지를 넘기면 별지에 인쇄된 판화 두 점이 나온다. 대개가 한지에 인쇄했고 모조지에 인쇄하기도 한 판화 작

품은 두 번 접혀 있다. 사람들은 매료되었다. 40여 년이 지난 지금
도 사람들은 헌책방을 돌며 풀빛판화시선을 수집하거나 자신이
가진 시집을 블로그 등지에 올리며 자랑하곤 한다. 당시의 충격은
시인들의 작품도 작품이었지만 시집 그 자체로도 충격이었다. 민
중의 진면목과 민중정서를 만나고 싶으면 다른 것 다 제쳐두고 판
화시선을 보는 게 맞다. 판화시선이 30여 권으로 마감되고 한 시
대의 상징으로 남은 것이 오히려 더 잘됐다는 생각을 한다.

당시에는 창비도 심지어 실천문학의 시선집도 정갈한 시집 표
지를 따랐다. 풀빛은 역시 표지마저 풀빛다웠다. 이후에 풀빛의
시도를 따라 판화로 표지를 꾸민 책이 많이 나왔다. 민중시의 새
세상을 열고 싶었던 열망은 민중시집의 새로운 정형과 가장 민중
시다운 책을 만드는 노력으로까지 이어졌다.

풀빛판화시선
시선 1 김지하 시집 《황토》
시선 2 양성우 시집 《낙화》
시선 3 강은교 시집 《붉은강》
시선 4 김준태 시집 《국밥과 희망》
시선 5 박노해 시집 《노동의 새벽》
시선 6 신경림 시집 《다시 하나가 되라》
시선 7 문병란 시집 《아직은 슬퍼할 때가 아니다》
시선 8 최하림 시집 《겨울꽃》
시선 9 임정남 시집 《이땅의 불꽃이여》

판화시선 1호 시집은 1984년 7월에 출간된 김지하의 《황토》였다.

황톳길

황톳길에 선연한
핏자욱 핏자욱 따라
나는 간다 애비야
네가 죽었고
지금은 검고 해만 타는 곳
두 손엔 철삿줄
뜨거운 해가
땀과 눈물과 모밀밭을 태우는
총부리 칼날 아래 더위 속으로
나는 간다 애비야
네가 죽은 곳
부줏머리 갯가에 숭어가 뛸 때
가마니 속에서 네가 죽은 곳

《황토》는 1970년 12월 한얼문고에서 펴낸 김지하의 첫 시집을 15년 만에 풀빛에서 재출간한 것이다. 시집 첫머리에는 오 윤의 판화가 별지로 묶여 있고 이어서 풀빛 로고가 찍힌 원고지에 김지하가 펜으로 쓴 '다시 책을 내면서'가 사진으로 실려 있다.

　김지하의 첫 시집이 처음 나온 지 15년이 흐르고 풀빛이 다시

《황토》를 낼 때도 민중이자 저항자였던 '애비'는 눈앞에 아른거렸다. 그리고 폭정 아래 죽음이 널린 비극의 땅 '황톳길'도 여전히 길게 드러누워 있었다. 여전히 젊음들이 절망을 딛고 '나는 간다'고 말해야 하는 시절이었다. 김지하가 다시 돌아온 이유이고 그의 시가 여전히 젊음들에게 뜨거웠던 이유이다. 황톳길에 풀빛이 선명히 대비되어 독자들은 더 비수처럼 이 시집을 받아들었다. 《황토》는 발간하자마자 교보문고에서 단숨에 2,000부를 매절할 정도로 독자들이 반겼고 이후 판화시선 발간의 든든한 발판이 되었다.

노동의 새벽

전쟁 같은 밤일을 마치고 난
새벽 쓰린 가슴 위로
차거운 소주를 붓는다.
아
이러다간 오래 못가지
이러다간 끝내 못가지

설은 세 그릇 짬밥으로
기름투성이 체력전을
전력을 다 짜내어 바둥치는
이 전쟁 같은 노동일을
오래 못가도

끝내 못가도
어쩔 수 없지

탈출할 수만 있다면,
진이 빠져, 허깨비 같은
스물아홉의 내 운명을 날아 빠질 수만 있다면
아 그러나
어쩔 수 없지 어쩔 수 없지
죽음이 아니라면 어쩔 수 없지
이 질긴 목숨을,
가난의 멍에를,
이 운명을 어쩔 수 없지

늘어쳐진 육신에
또다시 다가올 내일의 노동을 위하여
새벽 쓰린 가슴위로
차거운 소주를 붓는다
소주보다 독한 깡다구를 오기를
분노와 슬픔을 붓는다

어쩔 수 없는 이 절망의 벽을
기어코 깨뜨려 솟구칠
거치른 땀방울, 피눈물 속에
새근새근 숨쉬며 자라는
우리들의 사랑

우리들의 분노
우리들의 희망과 단결을 위해
새벽 쓰린 가슴위로
차거운 소줏잔을
돌리며 돌리며 붓는다
노동자의 햇새벽이
솟아오를 때까지

　박노해의 시집 《노동의 새벽》은 1984년 9월에 출간되었다. "전쟁 같은 밤일을 마치고 난 새벽 쓰린 가슴 위로 차가운 소주를 붓는다." 이런 언어를, 눈을 감아도 눈물나는 이런 서정을 과연 글을 배워 글로 먹고사는 어떤 지식인이 쓸 수 있단 말인가. 이 시 한 편으로 시의 영토는 노동자가 점령해 버렸다. 박노해는 채광석은 풀빛은 우리 문학사와 운동사에 위대한 사건 하나를 만들었다. 박노해는 '박해받는 노동자의 해방'이란 문구를 필명 삼아 한동안 '얼굴 없는 시인'으로 활동했다. 《노동의 새벽》은 판매금지라는 탄압을 받으면서도 암암리에 100만 부 이상 팔렸다. 이 책은 당시 최고의 베스트셀러 중 하나였으나, 모든 책이 초판본 서지정보를 표시하고 있다. 판금된 책을 계속 공급하면서 2쇄, 3쇄 등의 추가 제작을 알릴 수는 없었기 때문이다. 팔다가 걸리더라도 초판본이 돌고 있다고 말하면 되는 것이었다. 민중시의 절정을 만난 풀빛도 시대도 모두가 영광이었다.

솔직히 말해서 나는

아무것도 아닌지 몰라
단 한방에 떨어지고 마는
모기인지도 몰라 파리인지도 몰라
뱅글뱅글 돌다 스러지고 마는
그 목숨인지도 몰라
누군가 말하듯 나는
가련한 놈 그 신세인지도 몰라
아 그러나 그러나 나는
꽃잎인지도 몰라라 꽃잎인지도
피기가 무섭게 싹둑 잘리고
바람에 맞아 갈라지고 터지고
피투성이로 문드러진
꽃잎인지도 몰라라 기어코
기다려 봄을 기다려
피어나고야 말 꽃인지도 몰라라

그래
솔직히 말해서 나는
별것이 아닌지 몰라
열 개나 되는 발가락으로
열 개나 되는 손가락으로
날뛰고 허우적거리다
허구언 날 술병과 함께 쓰러지고 마는
그 주정인지도 몰라

누군가 말하듯
병신 같은 놈 그 투정인지도 몰라
아 그러나 그러나 나는
강물인지도 몰라라 강물인지도
눈물로 눈물로 눈물로 출렁이는
강물인지도 몰라라 강물위에 떨어진
불빛인지도 몰라라 기어코
어둠을 사르고야 말 불빛인지도
그 노래인지도 몰라라

《솔직히 말하자》는 1989년의 김남주 시인의 네 번째 시집이다. 1988년 형집행정지로 감옥에서 나와 박광숙과 결혼하고 새로 쓴 시들을 엮어 풀빛에서 출간하였다. 여러 권의 시선집을 빼고 나면 김남주 시인의 두 번째 시집이라 할 수 있다.

시집에서 선보인 혁명전사의 자기 고백. 이 진솔함은 우리의 허위의식과 온갖 이름들의 허장성세를 찌른다. '나'는 하염없이 허약하고 부족한 주체이지만 그래도 어김없이 '불빛'과 '노래'라는 역사적 은유에 가닿는다. 이런 진솔함 없이 앞만 보고 또는 주변의 응원만 보고 달렸던 걸음들은 잠시 멈춰야 했다. 죽다 살아나온 전사도 저러하니 말이다. 이 시집이 김남주의 시세계에서 많이 읽히거나 다뤄지지 않는 것은 아쉽다. 김남주가 현실에서 새롭게 펼쳐갈 시의 가능성을 엿볼 수 있는 기회인데 말이다. 그보다 더 원통한 일은 그가 일찍 떠났다는 것이다.

503

새벽은 밤을 꼬박 지샌 자에게만 온다.

낙타야.

모래 박힌 눈으로

동트는 地平線을 보아라.

바람에 떠밀려 새 날아 온다.

일어나 또 가자.

사막은 뱃속에서 또 꾸르륵거리는구나.

지금 나에게는 칼도 經도 없다.

經이 길을 가르쳐 주진 않는다.

길은,

가면 뒤에 있다.

단 한 걸음도 생략할 수 없는 걸음으로

그러나 너와 나는 九萬里 靑天으로 걸어가고 있다.

나는 너니까.

우리는 自己야.

우리 마음의 地圖 속의 별자리가 여기까지

오게 한 거야.

　　풀빛판화시선은 1987년 황지우의 시집 《나는 너다》를 출간하
며 여러 가능성을 확보한다. "지금 보니, 냉랭하다. 활활 타오르는
시를 언제쯤 쓸 수 있을까? 시들을 정리할 때마다 두렵다. 마음이
체한다. 이제 어디로 빠져 나갈까? 없는 길을 찾아 나가기가 이렇
게 버거울까?" 풀빛판화시선 초판본의 '시인의 말'이다. 시의 형태

를 파괴하고 그간 자신이 보여주었던 서정성을 밀쳐버리며 길 없는 길에서 기어이 길을 찾으려는 시인은, 사람들을 자꾸 걸어온 길을 돌아보게 하고 가까이 있는 사람을 생경하게 바라보게 하고 또 쓸쓸하게 다가가게 했다. 풀빛이 변혁의 언어 말고도 문학의 여러 가능성에 문을 열며 찾은 시집이자 길이었는데, 오래 이어지지 못해서 아쉽다.

누가 판화시선에게 넌지시 묻는 말 같다. "집은 어디 간다요?/ 어란./ 어란 어디?/ 솔섬./ 거기 누가 있소?/ 아냐, 아무도 살지 않아."(황지우, 〈233〉)

또 하나의 돌파

풀빛의 소설선 또한 1980년 새로운 영역의 문제의식을 열어 젖히며 민중문학의 새로운 가능성을 앞장서 열어갔다. 소설선 첫 출간은 김남일의 《청년일기》였다. 이후 윤정모의 《고삐》, 공지영의 《더 이상 아름다운 방황은 없다》 등이 이어졌다. 1987년에 나온 김남일의 《청년일기》는 꽤 반응이 좋았다. 이후 김남일은 대하 소설 《국경》 7권을 낸다. 정도상의 《친구는 멀리 갔어도》는 광주항쟁을 다룬 소설이었다. 이후 《그대여 다시 만날 때까지》도 나온다. 이경자의《머나먼 사랑》은 1990년도 작품이다.

　　풀빛의 소설선에서 가장 대표적인 소설은 윤정모의《고삐》이다. 채광석의 덕으로 만난 작품이다. 사실 다른 출판사에 먼저 의뢰가 되었으나 반미 성향이 강하다고 거절한 원고였다. 그렇게 풀빛에서 출간된《고삐》는 반미 소설의 대명사가 되어 화제를 뿌리며 베스트셀러에 올랐다. "파란 많은 가족사"를 통해 "미국 제국의 모든 악행들"을 보여주는 것으로 소리 소문 없이 반미 감정을 불러일으켰다. 그녀가 후기에 쓴 글도 화제를 만드는 데 한몫 단단히 했다. "이 소설은 거의 자전적이다. 나는 물론 도덕이 뭔지도 모르는 어미를 가졌고 GI와 결혼한 성이 다른 동생도 있다. 또 그 동생의 남편에게 우리 민족을 이해시키려다가 실패하기도 했고 결국은 원수가 되어 헤어지는 파경도 겪었다. … 동생을 친미광으로 고발할 땐 내가 당했던 당시의 일이 떠올라 다시금 분노에 몸을 떨기도 했다." '자전 소설'이란 강조어가 작가는 물론 작품의 화제성을 높이는 데 크게 기여했다. 1991년 한겨레신문은《고삐》를 대학 신입생들이 읽어야 할 20권의 책으로 뽑았다. 이후 1993년에《고삐 2》도 풀빛에서 출간되었다.

　　《고삐》의 성공 이후 출판계에 반미 소설 붐이 일고 독자들도 뜨겁게 반응했다. 노동 시 개척에 이어 풀빛이 이룬 또 하나의 금기의 돌파, 경계의 확장이었다.

　　2023년 3월 23일 봄날의 오후. 한국작가회의 이사장으로 있는 윤정모 선생과 평전을 이유로 만났다. 풀빛 이야기도 했지만 당신 산 이야기가 많았다. 흥미로운 이야기는 윤정모 선생이 80년대 초에 윤한봉, 박효선, 정용화 등 광주의 도망자들을 자신의 집에 숨겨주고 도왔다는 거였다. 강서구 방화동에서 하숙집으로 위장하여 많을 땐 대여섯을 챙겼다. 윤한봉은 미국 밀항 전 오래 머물렀는데, 처음 연결해 준 이는 홍희담 작가였고, 윤정모 선생이 대중소설 작가로 활동하고 있어 당국 눈밖에 있어서라 했다. 시작할 때는 어디 단체에서 하숙비를 준다하여 한두 달 받았는데 더는 오지 않았고 형편은 어려웠지만 새로운 사람들에 대한 호기심으로 계속 그 일을 했다. 윤한봉의 얼굴이 텔레비전 뉴스에 나온 어느 날, 다섯 살 딸이 우리 삼촌 텔레비전에 나왔다 좋아하여 입단속에 애를 먹었으며, 만일을 대비하여 청산가리를 항상 양말에 넣고 있는 윤한봉을 보며 애타고 간절하고 미치겠어서 벨을 누르곤 하는 요구르트장사도 끊었다 했다. 그렇게 6개월을 윤한봉과 공부하게 되었는데 새로 알게 된 것들이 딱 자기 취향이라 열심히 책을 찾고 하여 생각이 딴판으로 바뀌었다 했다. 학교 땐 실제 김동리에게서 배우기도 했고 리얼리즘론을 알지도 못했고 백낙청 등이 김동리 비판하고 그럴 때, 젊은 놈이 뭘 안다고 힐난하고 그랬는데, 완전히 바뀌었다 했다. 《고삐》 이야기도 했는데, 용인시 외곽에 살면서 서울 나들이를 할 때는 혼자두기 안쓰러워 열 살 딸을 꼭 데리고 다녔는데, 풀빛에 들르면 나병식이 아이에게 아이스

크림을 사주곤 했으며, 인세를 제대로 잘 주어 《고삐》 인세로 이 곳저곳에 도움을 줄 수 있어서 참으로 고마웠다 했다. 인간에 대한 이해를 가장 심층적으로 가장 완벽하게 그리고 종합적으로 담아내는 게 소설의 의미와 가치인데, 지금은 출판 시장 요구에 따라서 그런 게 틀어지고 있는 게 안타깝다며, 시무룩해하기도 했다. 나병식을 두고는 황야의 대장 같다 했고, "자기가 원하는 대로는 살았어요. 안 해본 게 없잖아요, 하고 싶은 거 하고 누구 돕고 싶은 거 다 돕고 운동하고 싶은 거 실컷 다 했다." 말하며, 정작 본인은 많이 아쉬워했다. 사람들 많이 만나고 좋아하는 것은 다 나병식이 소탈하고 자기 욕심만 챙기지 않았기 때문에 가능했다며, 마지막으로 동년배 순진과 아들 힘찬의 세세한 안부를 묻고 또 인사 당부를 했다. 그날 좋은 사람들을 많이 보내며 차분히 단련된 어떤 평온과 거룩을 가까이 보고 느꼈다.

공지영의 《더 이상 아름다운 방황은 없다》는 지금도 여전히 사랑받고 있는 작품이다. 1989년 풀빛에서 처음으로 출간된 공지영 작가의 첫 번째 장편 소설이기도 하다. 오늘날의 공지영을 있게 한 작품이라 할 수 있다. 광주민주화운동 이후 80년대 초반의 대학생 운동권의 모습을 그린 소설로 10만 권 이상 팔렸다. 젊은 작가의 데뷔를 함께했고 그가 여전히 활발하게 작품 활동을 하고 있어 풀빛은 좋은 기억을 갖고 있다.

풀빛에는 광주항쟁을 배경으로 한 소설들이 많다. 대표작 《꽃잎처럼》에는 '오월광주대표소설집'이란 이름으로 단편 소설 8편이 실렸다. 공선옥 〈목마른 계절〉, 정 찬 〈완전한 영혼〉, 이순원 〈얼굴〉, 최 윤 〈저기 소리없이 한 점 꽃잎이 지고〉, 홍희담 〈깃발〉, 정도상 〈십오방 이야기〉, 윤정모 〈밤길〉, 임철우 〈봄날〉이다. "광주는 이 시대 우리 문학의 가장 밑바닥에 잠재된 양심의 보루가 되었다."는 신승엽의 해설 한 대목도 오래 머무는 말이다.

1988~90년 연간의 북한 소설과 연변동포 작가 소설 출간 러시에 풀빛도 이기영의 《두만강》 5권, 《땅》 2권, 《신개지》, 《인간수업》과 김학철의 《격정시대》 3권, 《해란강아 말하라》 2권 등을 출판했다. 특히 '조선의용군 마지막 분대장'으로 유명한 김학철 선생은 나병식이 소설 출간에 맞춰 국내에 초청하여 여러 행사를 하고 모셨다. 당시 저작권 소유나 계약 관계가 원활치 않았던 북한 소설 등의 경쟁적인 출판 과정에서 우선권을 놓고 모 출판사와 불편한 관계 속에서 패권적이라는 말도 오가고 했으나 사실관계에서나 양자 합의에서나 큰 문제가 없었다. 아울러 임화의 《현해탄》, 한설야의 《황혼》을 출간했으며 1937년 일본으로 건너가 작품을 활동을 한 재일 한인작가 이은직의 《탁류》 전 3권도 출간했다.

《고삐》의 성공 이후 풀빛은 소설 출간에 큰 열정으로 임했다. 유명 작가들과 접촉도 하고 투자도 공격적이었다. 그러나 여러 우여곡절이 있었고 또한 성공적인 후속작들이 이어지지 못했다. 그럼에도 불구하고 풀빛소설선은 반미 문학의 새로운 계기를 만들어 또하나의 금기를 돌파했다. 특히 광주항쟁을 배경으로한 여러 소설들을 출간한 성과도 이루었다.

민중문학의 거인들

나병식은 너무나 행복하게도 한국 문학계에서 민중문학시대를 선포한 채광석, 김명인, 박인배 등과 만났다. 1986년부터 풀빛은 변신한다. 사회과학서적의 출판만으로는 변화하는 출판환경에 적응하기 어려웠다. 따라서 소설과 시집, 에세이와 여러 장르의 책을 내기 시작한다. 풀빛은 채광석이 주간으로 활동하면서부터 시와 소설 등 문학 작품 출간이 줄을 이었다. 김명인 등 젊은 평론가들이 일하고 또 많은 작품이 연결된다. 풀빛은 종합 출판으로 서서히 바뀌어 갔다. 출판 환경과 시장 상황을 볼 때도 적절한 일이었다. 다행히 풀빛은 그동안 마련한 물적 토대가 어느 정도 있어서 변화에 적극적으로 나설 수 있었다.

채광석은 1948년에 태어나 1987년 7월 12일, 6월항쟁 승리에 다들 들떠 있을 때 불의의 교통사고로 세상을 떠난 시인이자 문학평론가 그리고 풀빛 주간이었다. 그는 충남 태안군 안면도에서 태어났다. 그런 연고로 우리나라 최고의 자연 소나무 숲을 자랑하는 안면도 자연휴양림에 가면 그의 시비가 있다. 그는 대전고등학교를 졸업하고 1968년에 서울대 사범대학 영어교육과에 입학했다. 1971년 위수령으로 강제 징집되어 군복무를 했고 1975년 복학하여 오둘둘시위에 참여한다. 그 사건으로 구속되어 2년 6개월 동안 수감되었다. 감옥에서 연인이었던 강정숙 여사와 《그 어딘가의 구비에서 우리가 만났듯이》에 엮인 편지들을 주고받았다. 1983년 〈부끄러움과 힘의 부재〉, 〈반대가 전하는 기쁜 소식〉이라는 시를 발표하며 본격적인 작품 활동에 들어간다. 그는 문학운동에도 열심이어서 자유실천문인협의회 사무국장, 집행위원, 민주통일민중운동연합 중앙위원, 민중문화운동연합 실행위원, 《시와 경제》동인으로 활동했다.

채광석이 우리 문학사에 등장한 것은 민중적 민족문학론을 제기하고 민족문학론의 백낙청 등과 논쟁하면서부터이다. 그의 지식인 문학에 대한 비판은 김명인 등의 젊은 평론가들이 참여하면서 시민적 민족문학론에 대비하여 민중적 민족문학론 입론으로 더욱 확산된다.

채광석이 노동자 시인 박노해를 발견한 것은 우연이 아니었다. 창비 주간을 했던 이시영 시인은 어느 글에서 박노해의 시를 놓친 것이 매우 안타까운 일이었다고 회고한다. 최고의 문학 출판사로 한국 문학을 선도한다는 창비의 입장에서 박노해라는 노동시인을 다른 출판사에 빼앗긴 것은 자존심 상하는 일이었을 것이다.

그래서 창비는 박노해의 두 번째 시집을 내기 위해 노력했지만 박노해의 사정으로 무산되기도 했다. 하지만 그것은 운의 문제도 인연의 문제도 아니었다. 채광석의 민중문학론에 대한 철저한 신념이 결국 박노해라는 무명시인을 발굴할 수 있었던 것이다. 박노해의 시와 함께 빛나는 노동자 문학의 첫 장이 열렸다. 〈노동의 새벽〉을 기점으로 한국 문학판에는 새로운 현상이 등장한다. 새로운 시인의 등장이 아니라 새로운 문학 현상의 시작이었다.

바로 이러한 문학의 새로운 파장을 만들고 새로운 문학의 영토를 개척하고자 발간한 무크지 《문학예술운동》과 문학계간지 《사상문예운동》을 이끈 이가 채광석이다.

나병식과 채광석은 친구였다. 채광석이 한 살 위였지만 언제나 그랬듯 나병식은 부득불 친구가 되었고 둘은 막역하게 어울렸다. 그들이 의기투합했던 계기는 잘 알려져 있지 않다. 그러나 둘의 만남은 이러했다. 풀빛은 1986년을 언저리로 종합 출판의 길을 가고자 여러 가지를 시도했다. 그리고 이를 이끌고 갈 인물을 고민하다가 나병식은 채광석에 가닿았다. 더욱 반가운 일은 그가 백낙청과 논쟁하며 새로운 문학의 영역을 개척하고 있다는 사실이었다. 그가 지닌 문학평론가로서의 역량은 의심할 나위가 없었다. 더욱이 자유실천문인협의회를 조직하고 이끈 그의 조직력 또한 충분히 신뢰할 만했다. 그러나 그보다 더 중한 것이 있었다. 나병식은 판을 뒤집을 사람, 판을 갈라치기 할 사람에 대한 오랜 열망이 있었다. 그런 그에게 채광석만 한 이는 없었다. 그래서 그를 주간으로 모셨다. 풀빛의 영광이 거침없이 발휘되는 시작이었고 우리 문학예술운동에서도 큰 걸음의 진전이었다.

채광석이 죽고 다음 해에 채광석 전집 총 다섯 권이 풀빛에서 발간된다. 《산자여 답하라》, 《유형일기》, 《그대에게 못다한 사랑》, 《민중적 민족문학론》, 《찢김의 문화 만남의 문화》이다.

풀빛은 민중문학을 이끄는 선두주자로 우뚝 서면서도 사회과학서적 출판에 시선을 거두지 않았다. 오히려 민주화운동 성과가 담긴 출판 대작들을 선보이며 질적으로 더 큰 역할을 한다. 1980년대 초반부터는 풀빛은 사회과학 출판계의 선두 주자였다. 규모와 역량 면에서 압도적이었다. 당시 사회과학 출판사들은 대개 직원이 서너 명 넘기 어려웠다. 그러나 풀빛은 편집부 직원만 7~8명에 달했다. 그리고 상당수의 베스트셀러로 자금 운용에 자신감이 있었다. 무엇보다 큰일일수록 의욕이 도는 나병식이 있었다.

이런 힘으로 풀빛은 민주화운동진영이 야심차게 준비한 백서와 사전류와 두꺼운 운동사 의뢰에 흔쾌히 응답했다. 제작비는 물론 제작 과정에 필요한 인력이 상당한 것이었고, 기념비적 출판으로 명성을 얻을 수는 있으나 팔기에는 어려운 책들이었다.

나병식은 그런 책과 기획들을 의뢰받고 결정하는 데 계산기를 저 멀리 밀쳐 버렸다. 대신 출판문화운동가의 임무와 자세, 시대 정신, 현장의 요청 그리고 민주화운동진영과 함께 만들어온 출판의 성과가 가져다준 영광에 대한 보답을 생각했다.

《1970년대 노동현장과 증언》을 비롯하여 풀빛은 사회과학 출판계에서 보기 드문 대작들을 선보이는데,《경제학 사전》(조용범, 박현채 감수, 편집부 편, 1990.),《광주오월민중항쟁사료전집》,《사회과학사전》(한국사회연구소 편, 1990.),《한국교육운동백서》(전국교직원노동조합 편, 1990.),《고구려고분벽화》(이태호 저, 1995.) 등이 그렇다. 천 페이지가 넘는 양장본의 대작들은 나병식이 손익의 이해관계를 떠나 운동에 대한 오롯한 헌신과 기여 그리고 자발적 복무의 차원에서 기꺼이 떠안은 작품들이다.

나병식의 출판 정신을 가로지르는 원칙에는 언제나 운동, 사람, 책이 먼저였다. 돈과 상업성은 뒷전이었다. 나병식의 출판을 평하는 김명인의 말은 일말의 수사 없이 압축적이다. "우리 나 사장님은 돈 생기면 무조건 그냥 질렀어요."

나병식의 돈에 대한 어리숙함은 정평이 나 있다. 조기환, 홍 석, 김순진, 김명인, 채희석 이구동성이다. 하지만 이는 돈의 문제가 아니라 나병식의 출판 정신과 관련된 문제였다. 풀빛이 한창 때에는 지금의 단행본 1등 하는 여러 출판사들보다 월 수금액이 훨씬 많았다. 그래서 조기환은 마포시장 쪽에 봐둔 150평 정도의 땅을 사자고 졸랐다. 하도 조르니 같이 가서 보기도 했다. 그러나 나병식은 결국 반대했다. "삽시다. 형님, 모자라면 우리 집 팔고 해서 삽시다.", "됐어. 야, 나 지금까지 잘 먹고 사는데, 내가 그런 거 사면 욕먹어야."

조기환은 그때가 기회였다고, 그때가 정말 풀빛이 더 도약할 수 있는 기회였다고 아쉬워한다. 말인즉 번 돈을 좀 굴렸어야 했다는 뜻이다. 돈 들어오는 족족 책 만들고, 되지도 않을 책 명분 따라 출판하고 그러지 않았으면 좋았을 거라는 이야기다.

김명인은 한 인터뷰에서 다음과 같이 이야기한다. "그 시절엔 번역으로 먹고살 수밖에 없는 사람들이 많았어요. 또 나병식 사장이 워낙 발이 넓고 아는 사람들이 많아서 주변에서 후배들이 번역할 책을 가지고 와서 나는 반대하는 데 어쩔 수 없이 내게 된 책들도 꽤 많았고 그게 문제가 되기도 하고 그랬죠. 후배들 먹여 살리자고 번역료 준다는 차원에서 내준 책들도 있었죠. 그걸 잘 끊어서 깔끔하게 했던 다른 사장들도 많고, 경영 마인드가 있고 그랬던 사람들은 그런 걸 잘 끊고 그랬는데. 나병식 사장하고 저나 편집부 식구들하고 갈등이 뭐였냐 하면 이런 거 내도 안 나가고 중요성도 없는 책이라고 반대하면, 나병식 사장은 '운동하는 후배들 먹여 살리는 것도 일이다.' 해서 또 거기에 설득당해서 내고 그랬죠."(전성원, 〈제5공화국의 출판통제정책과 출판문화운동〉, 90쪽)

이를 두고 채광석의 동생이자 그 자신도 1990년대 초반 풀빛에서 주간으로 일했던 채희석은 말한다. "나병식은 좌파 낭만주의

자였어요. 낭만주의시대에는 그 무엇보다 낭만이 중요하고 인간 관계가 중요해요." 나병식의 출판 정신에 또 하나의 적절한 설명이다.

풀빛은 커진 살림에 벌린 일 때문에 재정적 어려움을 겪기도 했다. 그럴 때도 나병식에겐 원칙이 있었다. 워낙 책을 많이 내고 많은 프로젝트를 기획하다 보니 인세와 원고료를 못 주기도 하고 밀리기도 하였다. 그러다 보니 나병식에 대한 원성도 잦았다. 그런 수고를 지켜본 김명인은 이런 말을 한다. "병식이 형이 욕을 많이 먹었어요. 왜냐하면, 병식이 형 머리에는 순서가 있어요. 현장 운동가, 정말 번역만 해서 먹고사는 사람 등 이런 사람들을 먼저 주고, 좀 이름난 사람들 뭐 교수 뭐 글로 충분히 밥벌이하는 사람들은 미뤘어요. 그래서 원성이 좀 자자했죠. 그들은 목소리도 큰 사람들인데. 현장에 있는 사람들, 시인들, 소설가들 우선 챙기다 보니까요."

김순진도 이런 말을 안 한 것은 아니다. 한참을 말싸움을 하다 나병식이 끝내는 말은 늘 한 가지였다. "선생, 내 인생에 끼어들지 마세요." 그 말은 사실 권위주의적 독단의 대사가 아니라 논리적 이고 현실적인 똑 부러진 아내에 대한 패배 선언이자 도망자의 주문이었다.

부동산 투자도 좀 하고 건물도 사고 그랬으면 됐는데 안 하는 이유가 책을 계속 내야 한다는 그 우직한 논리, 그러니 그는 원도 한도 없이 책을 만들었던 사람이었다. 주변에 욕먹는다는 반박, 그에겐 운동했던 사람이 가져야 할 도덕적 기준이 분명히 있었다. 예컨대, 술을 먹더라도 비싼 데 가서 먹지 않는다, 투기는 안한다. 그런 거다.

1980년대 시작한 출판사들의 공식 중 하나는 돈을 좀 벌 때 아무 말 말고 건물을 사는 것이었다. 그리고 값이 오른 건물을 팔든 임대를 놓든 그것을 기반으로 출판의 위기를 넘어 성장했다는 것 또한 진실이다. 그러나 나병식은 그 공식을 따르지 않았다. 윤리적 강박이든 운동의 원칙이든 요령의 부족이든. 그런 나병식을 두고 운동권 출판인 둘도 없는 모범이라고 추앙할 이유도 필요도 없다. 다만 그는 열린 현실주의자이면서도 사업가로는 좀 어울리지 않았던 사람이었다.

왜 그랬을까? 단순한 셈 부족인가? 다소 강한 주장도 있다. 조성우의 이야기다. 사실 조성우는 나병식의 둘도 없는 술 친구자 바둑 친구다. 그보다 더 중한 것은 싸움 친구다. 싸움 친구인 이유는, 둘 다 괄괄하고 직설적인 성격인 것도 이유가 되겠고, 정치와 운동의 전략적 방향에 대한 인식의 차도 한몫했다. 조성우가 김대중 정부 출범 직후 민족문제에 대한 범국민적 합의의 틀이 필요하다며 '민족화해협력범국민협의회'을 추진할 때 나병식의 평은 그 차이를 설명하기에 충분하다. "야, 거 되겠어?" 일단 가능성을 문제 삼았고, "거의 몽상적이다."라고까지 말했으며, "된다 한들 거일 제대로 할 수 있겠냐? 체력 관리나 잘해라."라며 충고했다. 이는 전면적 부정이 아니라 일의 우선 순위와 중요성에 대한 다른 생각이었음을 말한다. 나중에 공식적으로 민화협이 출범했을 때 나병식은 "야, 역시 조간 조가다. 멋있다."라며 박수를 쳤다 한다.

다시 돌아가면 싸움 친구 왈, 나병식은 "자본주의를 삐딱하게 꼬나보고 산 놈이다."라고 한다. 표현도 재미있지만, 시사하는 바가 있다. 이른바 자본주의와 불화가 있었다는 이야기다. 그러나 나병식은 자본주의 너머의 이상향에 대해 크게 기대하지 않았고, 또한 방법론적으로도, 과학적 혁명론에 대해서도 쉽게 동의하지 않았다. 그럼에도 끊임없이 인간다운 삶의 조건을 옥죄는 시스템에 대한 거부감을 가지고 있었다. 부동산 투기에 대한 강한 거부감, 옷이며 입고 쓰는 상품에 대한 소로우적 태도들은 여기서 발원되었으리라 생각된다.

7장

풀빛으로 세상을

오월이여 진실이여

1985년 출간된 《죽음을 넘어 시대의 어둠을 넘어》(이하 《넘어넘어》)는 광주항쟁을 기록한 최초의 책, 광주의 진실을 세상에 알린 최초의 책이다. 5·18항쟁 이후 5년의 세월 동안 광주의 진실은 숨죽인 채 풍문으로만 떠돌았다. 총칼에 휩쓸린 광주의 이야기가 여전히 총칼과 거짓 언론에 짓눌려 숨죽이고 있던 세월이었다. 광주는 모든 것을 알고 있었지만, 그것을 자세히 생생히 말하는 사람은 없었다. 그러던 어느 날 광주의 진실을 알리는 기록, 피로 쓰인 원고가 운명처럼 나병식의 풀빛으로 왔다.

이 책의 원고는 광주에서의 1차 작업과 이를 토대로 한 황석영의 2차 작업으로 완성되었다. 이 원고 작업에 대한 기록은 여러 개가 있는데, 2015년 발간된 나병식 추모문집 《황토바람에 풀빛》에 실린 전용호의 〈광주와 오월항쟁과 나병식〉의 글이 풍부하고 정확하다.

5·18항쟁 기록은 1980년 말부터 정리되기 시작했다. 초기 자료 수집 작업은 정용화, 조봉훈 등에 의해 본격화되었다. 이들은 관련 자료를 보관하고 있던 종교계를 포함하여 의료 기관이 가지고 있던 자료, 전남대 등의 학생들의 자료, 들불야학 팀, 독서모임, 여성모임, 개인적 상황일지 등 폭넓은 자료를 모았다. 여기에 더해 시민군 등의 증언과 자료도 모았다. 항쟁 당시의 목격담, 일기, 수

기를 비롯한 성명서, 병원 진료 기록, 판결문, 공소장 등 재판 기록, 사진 등이 수집되었다.

1984년 11월, 전남민주청년운동협의회가 출범하고 초대 의장을 정상용, 부의장을 정용화가 맡으면서 일은 속도를 더하게 된다. 이들은 '5·18진상규명'을 조직의 최우선 사업으로 삼아 출판을 준비하기 시작했고 1984년 10월 초고 작업을 전남대에 복학한 이재의에게 맡긴다. 이재의는 투쟁위원회와 시민군 지도부 인사들을 만나 생생한 증언과 기록들을 두 달가량 취재하고 집필 작업을 거쳐 원고가 이내 정리되었다.

원고가 정리되자 정상용이 나서서 출판사를 물색하였다. 정상용은 제일 먼저 풀빛의 나병식을 떠올렸다. 정상용과 나병식은 광주일고 동기로 친구였다. 나병식은 가슴이 뛰었다. 자신에게 다가오는 역사적 순간이라 생각했다. 광주와 역사에 대한 가장 진실한 응답과 헌신의 기회였다. "내가 그걸 맡겠다. 출판사가 망가지더라도 출판을 내가 하고 싶다." 두려움 따윈 없었다.

출판과 집필자 문제로 여러 번의 회의가 열렸다. 나병식, 정상용, 문국주, 정용화, 이재의, 전용호 등이 참여했고 이내 집필자로 소설가 황석영을 내정했다. 이름 난 작가인 만큼 파급력도 클 것이고 당국의 수사도 막을 수 있으며, 책의 완성도를 높일 수 있다는 점이 이유였다.

1985년 4월 중순 황석영이 제안을 수락하고 복사본을 받아들고 작업에 들어갔다. 나병식은 황석영이 작업에 전념할 수 있도록 역촌동 사무실 근처에 여관을 얻었다. 책이 출판될 때까지 한 달 반 이상 황석영은 이 여관에서 원고를 완성했다. 본문과 부록을 다듬고, 머리말과 서문에 해당하는 '역량의 성숙' 부문을 새로 써 보완하였다. 《죽음을 넘어 시대의 어둠을 넘어》란 제목은 문병란 시인의 〈부활의 노래〉라는 시에서 따왔다.

최종 원고를 받자 풀빛에서는 직원들이 총동원되어 한 달을 매달렸다. 원고도 수시로 고치고 편집도 수시로 고치면서 편집부 직원 예닐곱 명이 모두 매달렸다. 직원들은 외출도 하지 않았다. 작업하는 동안에는 외부의 사람을 만나지 말라고 엄명을 내렸고 함께 결의했다. 밤을 새는 일은 당연한 일이었고 거의 합숙하다시피 했다. 편집장 김명인은 여러모로 바쁜 황석영 작가를 감시하며 독촉하는 일로 매일 여관을 들락거렸다. 나병식은 황석영을 만나러 오는 이들을 끌어내는 데 애를 썼다. 막바지에는 황석영이 사무실로 나와서 마무리 작업을 했다.

나병식도 밤낮으로 사무실에 상주했다. 밖에서도 그렇고 안에서도 그렇게 그는 술을 사주는 게 일이었다. 그가 가장 자주 했던 말을 당시 김경혜와 박경옥은 이렇게 기억한다. "빨리 빨리 하자잉.", "인자 술 먹으러 갑시다." 모두 매달렸다. 엄청난 일을 한다는 커다란 자부심과 철저히 비밀로 해야 한다는 압박감 그리고 책이 나왔을 때 뜨거운 반응을 예상하며 그들은 흥분을 감추지 못했다. 일은 고됐지만 아무도 힘들어하지 않았다.

김명인의 증언은 가슴 뜨겁다. "그 책을 처음 편집 작업을 할 때는 우리 편집부가 정말 밤을 새워서 했지. 그런데 이 책에 대해선 에피소드가 참 많았어요. 그때는 사진 식자를 했어요. 사진 식자를 했는데 그때 이 책 원고를 사진 식자해 주는 아가씨가 이 책을 식자하다가 너무 슬프니까 막 울어 가지고 일 진행이 더뎌질 정도였어요. 우리가 이 책을 만들 때는 이 책을 내서 우리 편집부 전원이 그야말로 어떻게 되어도 괜찮다는 그런 비장한 각오로 작업을 했어요. 당시 인쇄소, 제본소 같은 곳에서도 이 책을 작업하다가 등록 취소 통보를 받아서 망해도 괜찮다. 그래도 우리가 이 책은 꼭 내야 한다는 정말 비장한 각오로 달라붙어서 했어요. 사실 황석영 선생도 개인적인 성품은 정말 자유분방한 분이었는데 그런 분조차도 여관에서의 그 고된 작업을 해냈고 책 자체도 감동적이었지만 이 일에 매달린 사람들도 정말 감동적인 자세로 이 일에 매달렸죠."(전성원, 앞의 글, 71쪽)

인쇄소는 크게 문제될 게 없었다. 2만 권을 찍었다. 문제는 제본소였다. 비밀리에 제본을 해줄 곳을 물색하다 한 제본소에서 승낙을 받았다. 어차피 책을 만들려면 어떤 책인지를 말하지 않을 수 없었다. "광주책이다." 별 문제없이 2만 부의 인쇄물을 다음 날 새벽에 제본소로 보냈다. 그러나 결국 엄혹한 시절 광주책의 위험에 대해 밤새 고민하던 제본소 사장의 신고로 인쇄물을 모두 빼앗

겨 버렸다. 당시의 상황에서 광주책을 낸다는 것은 그렇게 위험한
일이었다.

2만 부의 인쇄물을 모조리 다 빼앗아 간 경찰은 인쇄물을 가져
갔다는 것도 인정하지 않았다. 어디에도 하소연도 못했고 보상하
라 싸울 수도 없었다. 사실 나병식과 조기환은 초판 부수를 가지
고 여러 가지를 고심했었다. 초판 2만 권은 시작부터 날개 돋친
듯 팔릴 것을 예상하고 정한 부수는 아니었다. 어차피 문제가 될
텐데 어떻게 될지 모르니 우선 많이 찍어놓고 본 것이었다. 그리
고 2만 권을 서점에 뿌리려면 못 뿌릴 것도 없었다. 당시의 풀빛
은 사회과학 출판계에서 매출 규모나 발간 종수나 거의 첫 번째
손가락에 들 정도였다. 대학교 앞 서점 그리고 도매상 몇 군데에
이미 영업을 마쳐 놓았다. 물론 도매상에는 계산서를 안 끊고 서
로 유통 계획을 다 세워놓고 있었다. 그렇게 2만 권을 찍어서 극
비에 유통시키려는 야심 찬 계획이었는데 그걸 모두 빼앗겨 버린
것이다.

5월 17일 나병식의 집으로 중앙정보부 6국 수사관들이 들이닥
쳤다. 아침 8시, 나병식은 서울 중부경찰서로 연행되었다. 즉심이
열려 구류 10일이 선고되었다. 당국에서는 뭐 딱히 걸 법률 위반
도 떠오르지 않았고 일단 책 배포를 막는 것이 우선이라 생각했다.

구류를 살고 나왔지만 나병식은 멈출 수 없었다. 일단 원고의
일부를 월간지 《신동아》에 연재하기로 했다. 책을 만들어 파는 것

도 중요했지만, 광주의 진실을 알리는 일이 더 급선무였다. 《신동아》의 윤재걸 기자와 선이 닿았다. 그는 80년 광주항쟁을 취재하면서 신군부 눈 밖에 나 강제 해직되었다 1984년에 복직한 상태였다. 윤재걸은 《넘어넘어》 원고를 축약하여 르포 기사를 썼다. 1985년 《신동아》 7월호였다. '다큐멘터리 - 광주, 그 비극의 10일간'이라는 르포는 94쪽에 달하는 말 그대로 특집 기사였다. 당시만 해도 상상도 하지 못했던, 계엄군이 시민을 향해 헬기 총격을 가했다는 가공할 참상이 그대로 세상에 폭로되었다. "한편 시민들이 무기고로 몰려갈 무렵, 광주 시가지 위를 떠돌던 군용 헬기가 도청 부근을 선회하더니 갑자기 고도를 낮추고는 MBC가 소재한 제봉로 부근에다 기총소사를 하기 시작하자, 금남로 부근의 골목에서 웅성거리던 시위군중들은 혼비백산, 길바닥에 엎드리거나 건물 가장자리로 재빨리 몸을 숨겼다. 헬기로부터 날아온 탄환에 죽은 사람들이 여기저기 나뒹굴었다."(《신동아》 1985년 7월호) 해당 《신동아》호는 30만 부가 넘게 팔려 나갔다.

《넘어넘어》가 알려지자 책을 구하고자 하는 독자들의 요구가 빗발쳤다. 책을 급하게 그리고 빼앗기지 않고 만들기 위해 풀빛은 마스터 인쇄를 돌렸다. 따라서 《넘어넘어》 초판본은 마스터판 책이었다. 인쇄 질이 떨어지지만 어쩔 수 없는 선택이었다. 을지로에 마스터 인쇄하는 곳에서 3천 권을 제작해 용달차에 바로 실어서 우선 대학가 서점에 뿌렸다. 수화물로 지방에도 보내고 3천 권을 눈 깜짝 할 사이에 배포해 버렸다. 속전속결이었다. 그리고 다시 3천 권을 찍었다.

풀빛은 다시 제대로 책을 제작하기로 한다. 표지도 단순하게 제목 글씨만 넣어 디자인하였다. 인쇄소부터 만전을 기했다. 1만 부가 인쇄되면 바로 현금으로 인쇄비를 지급하고 인쇄물을 실어 성령제책으로 달려갔다. 제본소에서도 문을 지켰다. 그렇게 만들었지만, 일반 서점에는 공급이 쉽지 않았다. 대학교 앞 서점에 먼저 뿌리고 동대문의 도매서점 진명서적에 가서 영업 책임자에게 매달렸다. "야, 이거 좀 하자." 나중에 그 영업인도 경찰서에 가서 조사를 받았다. 진명서적 덕분에 책이 전국의 서점으로 공급될 수 있었다.

《넘어넘어》는 계속 나갔고 거듭 찍었다. 당국에 책을 뺏기지 않고 보관할 창고가 문제였으나 묘안이 생겼다. 천주교정의구현 전국사제단을 이끌며 홍제동성당 주임신부로 있던 김승훈 신부의 도움으로 성당 창고에 파란 천막을 씌워서 책을 보관하게 되었다. 교회가 사람을 숨겨주는 일은 있어도 책을 숨겨주는 일은 처음이었다. 이처럼 많은 사람의 도움으로 《넘어넘어》는 세상으로 퍼져 나갔다.

경찰은 책을 만들어 파는 것을 막으려고 눈에 불을 켰다. 책이 계속 돌고 있다는 소문은 있는데 어디서 어떻게 흘러가는지 몰랐다. 이후에는 책을 빼앗기는 일은 없었다. 서점에서도 절대 빼앗기지 않았다. 숨겨 놓고 팔며, 믿을 만한 사람에게만 책을 내놓았다.

《넘어넘어》는 서점을 통해서만 퍼져 나가지는 않았다. 광주의 진실을 알리고자 하는 수많은 사람의 헌신적 노력도 큰 몫을 했다. 책이 나오자 지방 특히 광주에 가져가 뿌리려고 사무실로 책을 받으러 오는 사람들이 많았다. 김태홍 의원 등 고향이 광주인 선후배들이었다. 풀빛 사무실에서는 마치 독립운동하는 사람들처럼 몰래 모여서 책을 기다리는 장면이 펼쳐졌다. 그들은 몇 십 권씩 책을 받아 전선으로 떠나는 투사들처럼 밤길을 나섰다.

1985년 5월에는 명동성당 앞마당과 들머리에서 5월 광주의 사진이 전시되고 비디오가 상영되었다. 이때 명동성당청년회는《넘어넘어》와 광주항쟁 비디오가 복사되어 함께 판매되었다.

책을 연신 찍어내는 데 당국이 가만있을 리 만무했다. 그들은 나병식 체포에 혈안이 되었다. 나병식은 잠실의 한신대 교수의 아파트로 가 몸을 숨겼다. 그는 흔쾌히 집을 비어주고 자신은 거처를 옮겼다. 안정적인 곳에 몸을 숨겼으니 여러 방법을 통해 풀빛과 큰 문제 없이 소통할 수 있었다.

그렇게 광주의 진실은 온갖 장벽을 넘어넘어 국민들 마음으로 일파만파 퍼져 나갈 수 있었다. 《넘어넘어》를 아무런 제약 없이 팔기 시작한 것은 87년 6월항쟁 이후의 일이다. 그렇다고 교보문고 등 대형 서점이 책을 받아 매대에 진열하고 팔지는 않았다. 다만 몰래 사고파는 일이 없었을 뿐이다. 《넘어넘어》는 해외에서도 번역 출간되었다. 1985년 일본에서 《광주 5월 민중항쟁의 기록》이라는 제목에 '죽음을 넘어, 시대의 어둠을 넘어'라는 부제를 달고 출판되었다. 1999년에는 영문판 《Kwangju Diary: Beyond Death, Beyond the Darkness of the Age》가 UCLA대학 출판부에서 출간되었다.

2017년 《넘어넘어》는 개정증보판이 (사)광주민주화운동기념사업회에 의해 창비에서 재출간되었다. 개정판은 1980년 5월 23일 광주 주남마을과 학운동 버스 봉고차 총격 사건의 내막과 현장 계엄군들의 무전 기록, 군인들의 수기, 광주 시민군들의 증언 등을 보태고 다듬었다 한다. 저자 표기도 황석영, 이재의, 전용호 기록, (사)광주민주화운동기념사업회 엮음으로 하여 실질적으로 작업에 참여했던 사람들의 본디 역할을 밝히고 제자리에 올려놓았다.

나병식이 파주의 심학산 아래에서 투병 생활을 하고 있을 때였다. 2013년 7월 30일 광주의 정상용, 정용화, 이재의, 전용호가 찾아왔다. 《넘어넘어》를 다시 개정 증보하는 문제를 상의하기 위해서였다. 나병식은 흔쾌히 그러마 했다. 《넘어넘어》를 출간하고 32년이 흘렀다. 그리고 다른 출판사를 염두에 두고 작업을 하고 있는 와중에 굳이 달리 말할 계제도 아니었다. 또한 나병식은 출판 일선에서 물러난 지 오래였다. 그들은 나병식을 만나고 황석영 작가를 만나러 간다 했다. 형님 동생하며 한세월을 부둥켜안고 살

왔던 그와는 연락이 끊긴지 오래였다.

　나병식은 마치 따뜻한 물 한 컵을 마시고 빈 컵을 내려놓듯 책을 손에서 놓았다. 무언가가 자신에게서 떠나가고 있었고 아련했다. 이를 상실감이라 하는가. 이런 걸 두고 역사의 한 페이지를 넘기는 일이라 하는 건가. 그리 못할 일도 아니구나 싶었다. 한 세월이, 수많은 사람과 수많은 땀과 시간이, 어떤 거대한 몸부림의 한 뭉텅이가 저만치 걸어가고 있었다. 자신은 배웅해야 하는 처지, 손을 들어 담대하게 인사를 하는 것이 도리였다. 새롭게 일을 도모하는 이들이 더 정중할 수도 있을 터였지만 세월의 무정이라 생각했다. 세상이 간절히 원하던 옳은 일, 세상에 진실의 빛을 드러내는 일, 그 일을 할 수 있는 기회를 가질 수 있었던 것이 그저 고마웠다. 김순진이 무슨 말을 하려다, 먼 데로 눈길을 두고 있는 나병식에게 다가와 손을 잡았다.

　나병식이 떠난 4년 후 (사)광주민주화운동기념사업회는 2017년 7월 3일 개정증보판을 5월 영령에게 헌정하며 나병식의 묘를 찾아 공로패를 전달했다.

문예운동의 디딤돌

1980년대 말부터 1990년대 초까지 풀빛은 무크지와 계간지 3

종을 발행한다. 1989년 한국 사회 변혁운동이 정점으로 치닫던 시기에 문예운동과 민중운동의 사상과 전략을 다루는 무크지와 계간지 3종을 발행한 것은 놀라운 일이다.

무크지 《현실과 전망》은 민중운동의 현실을 총체적으로 진단하고 타당한 전략적 전망을 제시하는 이론과 전략을 집중적으로 다룬다. 1984년 11월에 발간한 1호에서는 〈80년대의 민중상황〉 제하에 노동 상황에 대한 분석과 이해를 다루고 전략을 모색한다. 방용석, 남영근, 민종덕, 정선순, 이총각, 문일출, 신동연, 박민성의 글이 실렸다. 1985년의 2호는 〈민족운동과 종속경제〉 제하에 70~80년대 민족운동의 신전개와 종속경제의 본질과 실상을 다루었다. 장일우, 박현채, 신재근, 박태주, 송건호의 글이 실렸다. 《현실과 전망》은 2호 발간에 머물렀지만, 민중운동의 이슈를 포착하여 이를 폭넓게 분석한 기획력이 돋보인다. 잘 기획된 무크지 한 권은 다양한 이슈에 폭넓은 논의를 전개하며 이론적 전망과 실천적 대안까지 제시하기에 단행본 10권보다 위력을 발휘할 수 있다.

《문학예술운동》은 "현장문학예술운동을 이론화하고 기존 문학예술의 소시민성을 척결하여 민족문학예술운동의 참된 전문일꾼들을 묶어내는 데 기여하며, 민중적이고 민족적인 내용과 형식을 두루 갖춰 나가는 참된 대중문학예술지"를 표방했다. 1987년 발간한 제1호 《전환기의 민족문학》에는 그 유명한 김명인의 글 〈지식인 문학의 위기와 새로운 민족문학의 구상〉을 실어 문학비평계를 흔들어놓았다. 1988년에는 2집인 《문예운동의 현단계》, 3집 《문학예술운동》이 발행되었다. 《문학예술운동》은 문예운동 전반에 대한 방향과 전략을 다루며, 민중적 민족문학론을 제기한 혁혁한 공을 세웠다. 이후에는 계간지 《사상문예운동》에 그 과업을 넘겨주었다.

《사상문예운동》은 민중운동의 사상적 기초를 제공하고 대중적 문예운동의 구체적 전략을 제공하겠다는 당찬 포부를 가지고 창간된 문예 계간지이다. 평론과 논쟁, 시와 소설, 다양한 현실 이슈에 대한 분석을 담아내며 종합 계간지 역할을 하였다. 1989년 가을 1호를 시작으로 1991년 가을호까지 총 9호를 발행하고 종간되었다. 당연히 신생 계간지의 등장에는 기존 잡지의 한계를 극복하려는 시도를 담기 마련이다. 《사상문예운동》은 《창작과비평》과 대비되는 민중적 민족문학론의 주창과 이를 문예운동에 확산하는 것이 목표였다. 이런 의지를 밝힌 '주체적 변혁 사상의 형성을 위하여'라는 제하의 창간사 일부를 소개한다.

진정한 주체적 변혁 사상은 이 땅의 살아 있는 역사이자 현실인 민중의 삶과 투쟁이 과학으로 포착될 때 비로소 태동할 수 있는 것이라면, 이제야 변혁운동의 대중적 전개가 본격화되고 있는 우리의 현실은 주체적 변혁 사상 형성의 기초 조건을 마련해주고 있을 따름입니다. 그러나 우리는 바로 여기에 주목하고자 합니다. 그렇습니다. 우리의 주체적 변혁 사상은 이제 그 모습을 드러낼 준비를 하고 있습니다. 우리는 그것을 포착하고자 합니다. 그렇게 포착된 주체적 변혁 사상의 빛으로 우리의 희망과 고난을 올바로 조명하고 그 모두를 자양으로 흡수하여 변혁운동의 힘찬 전진을 추동 하고자 합니다. 그것은 곧 1990년대의 우리 변혁운동이 당면한 최대의 과제이기도 합니다.

그리고 우리는 특히 그러한 변혁 사상의 현실적 외화 형태인 제반 정치·사회운동의 이론과 문학, 예술, 학술 등 이데올로기·문화전선의 형성 과정 및 그 동향에 주목하고자 합니다. 또한 변혁운동 전선상에서 이루어지는 여러 위상의 대중적 실천 활동의 성과들을 수렴, 정리, 검토하고 이러한 실천 활동에 대하여 철학적·정치적 기초, 즉 사상적 기초를 제공하는 것을 우리 작업의 주요한 임무로 삼고자 하는 것입니다.

…

이 주체적 변혁 사상의 포착 형성과 이의 이데올로기·문화전선 및 대중적 실천 활동 현장으로의 집중·수렴이라는 목표가 바로 새로운 계간지 〈사상문예운동〉이 추구하는 목표이며 기본 편집 방향입니다.

《사상문예운동》이 주창한 민중적 민족문학론은 70년대 민족문학론의 관념성과 소시민성을 극복하고 노동자, 농민 등 민중이 새로운 문학의 주체가 되어야 한다고 선언한다. 김명인은 평전을 위한 인터뷰에서 이를 최초로 정식화한 〈지식인 문학의 위기와 새

로운 민족문학의 구상〉이라는 글을 이렇게 소개한다. "일단 기본
적으로 부르주아 민족문학에서 민중적 민족문학으로 가자, 이런
얘기를 한 것이죠. 채광석 형하고 현준만, 이재현, 백원담 등이 모
여서 논의도 하고 세미나도 했어요. 그래서 나온 성과를 내가 집
약한 것이죠. 원고지 220매 정도의 글이었는데, 그것이 민중적 민
족문학론으로 제출되고 나니 반응이 엄청났죠. 아마 평론 한 편이
그런 식으로 파장을 일으킨 건 문학사적으로 별로 없었어요."

민중적 민족문학론이 제기되자 반향은 폭발적이었다. 문학 잡
지에 비평과 반박이 줄을 이었다. 신문에서도 한 면을 차지하는
특집 기사들이 쏟아졌다. '문학비평을 비평한다 - 창비 등 70년대
이론에 정면 도전', '민중을 문학의 주체로 - 신예 비평가들 기성
문단 전면 비판', '지식인 문학 위기에 섰다 - 노동자 농민이 새문
학 인구 대두' 등의 제목을 달고 논쟁을 소개했다.

《사상문예운동》은 문학과 예술의 주체 문제, 집단 창작의 문제,
노동자 문학의 전망 등 기존 문학계가 다루지 않던 문제들을 제기
하고 이에 대한 이론을 과감하게 펼쳤다. 문학 장르를 넘어 문예
운동 전반으로 논의를 확장하여 변혁을 위한 문화예술운동의 전
략을 끊임없이 제기하고 논쟁을 이끌어 갔다.

《사상문예운동》의 대중적 파급력은 어땠을까? 김명인의 설명
이다. "그때는 기본적으로 우리 나병식 사장님이 공격적으로 워
낙 통이 커서 한 5,000부 찍었을 겁니다. 그럼 대충 다 팔렸어요.

그땐 잘 팔릴 때니까. 그때 《창비》가 만 부씩 팔았으니까, 그렇게 밀리지 않았어요."

《사상문예운동》을 발간하는 편집위원에게는 '풀빛을 근거로 새로운 판을 만들자.'는 강한 의기투합이 있었다. 그리고 나병식 은 판을 깔아주었다. 변혁을 위한 민중문예운동을 주도하는 편집 인들은 박인배, 이영미, 김명인 등이었다.

김명인은 1984년 9월부터 풀빛에서 일하기 시작해 7년을 편 집장과 주간으로 일했다. 그와 풀빛의 인연은 이렇게 시작한다. "1984년 풀빛에서 연락이 왔어요. 감옥을 갔다 나와서 뭐 당장 어 디 갈 데도 없고 근데 결혼은 해야겠고 밥벌이 걱정을 하던 차에 풀빛에서 연락이 온거죠. 누군가의 추천이 있었던 모양이에요. 그전에 창비에 자리를 부탁했지만 부담스러워하는 눈치에 물러 나 있을 때였죠. 9월 달에 결혼식도 하고, 얼마 안 지나 풀빛으로 출근을 했어요. 초봉을 꽤 많이 받았는데, '나병식 이 사람 스케일 크네.' 이런 생각을 했었죠. 그때 아내가 서울대병원 약사였는데 20만 원 초반 받았는데 그보다 훨씬 많았어요."

김명인은 민중문학을 강하게 주장한 것은 변혁에 복무하기 위 해서라 직설로 말한다. "그냥 문학만 하는 게 아니라 당연히 민족 민주운동과 확고한 결합 속에서 하는 문학 행위였어요. 비평을 하 는 것도 그렇고, 제가 할 수 있는 전문 분야에서 변혁운동을 어떻 게 추동할 것인가, 어떻게 기여할 것인가가 핵심이었죠."

김명인은 "반은 편집 일하고 반은 술을 먹었다." 말하지만 사실 풀빛에서 그의 역할은 지대했다. 풀빛의 전성기와 함께한 그는 《사상문예운동》 종간사를 끝으로 풀빛을 떠난다. 하지 못한 공부를 위해 대학원에 진학하고 이어 인하대 교수가 된다. 당시 글을 하도 잘 써 '김명문'이라 불렀다는 민중적 지식인. 나병식이 김명인을 만난 건 큰 행운이었다. 김명인 또한 통 크고 배짱 좋은 나병식을 만나 멋진 판에서 하고 싶은 일은 할 수 있었다.

1990년대로 넘어오면서 사회과학 출판과 함께 계간지들도 위기를 맞는다. 세상이 바뀐 것이다. 소련의 붕괴와 변혁운동의 쇠퇴가 원인이었다. 풀빛도 재정적으로 계간지를 지탱할 여력이 소진되었다. 《사상문예운동》의 종간은 문예사에서 민중문학론의 조용한 퇴각을 의미한다. 이론의 패배보다는 현실의 패배에 가깝다. 노동자 문학예술의 기치를 선명하게 올렸던 《노동해방문학》의 불꽃도 머지않아 사그라졌다. 하지만 두 계간지의 운명은 이미 시절이 예정하고 있었다. 다시 소시민 문학들이 부활하고 문학의 중심으로 올라섰다.

나병식은 책에 대한 열정이 있었고, 운동을 위해 사람을 위해 가장 열린 마음으로 투자했다. 당시에 계간지 한 권을 내면 원고료와 제작비를 합쳐 2,000만 원이 넘게 들었다. 그럼에도 나병식은 계간지 출간을 망설이지 않았다. 변혁의 열기가 달아오르는 시기, 사상의 지도에 길을 내고 이정표를 세우는 일에 열정이 있었고, 진보의 진정한 전사를 키우는 일이라 확신했기 때문이다.

　문자의 시대가 열린 이래 변혁을 꿈꾸는 이들은 제일 먼저 출판인과 식자공과 연대해야 했다. 나병식은 변혁의 꿈에 손을 내밀어 맞잡았다. 나병식은 《현실과 전망》, 《문학예술운동》, 《사상문예운동》을 발간하며 판을 깔아주고 그곳에서 불기둥이 솟길 기대했다. 어느덧 혁명의 시대는 저물어가고 있었다. 문학도 이론도 창작도 평론도 나병식도 한 시대의 거대한 도전을 마무리하며, 이윽고 툭툭 털며 자리에서 일어섰다.

민중의 역사

　1987년 2월 12일, 이른 아침 풀빛 사무실에 대여섯의 남자들이 나타났다. 그들은 먼저 복도에서 전화선을 끊었다. 서울지검 공안부 수사관들이었다. 이내 나병식, 발행인 홍 석, 편집부장 김명인, 영업부장 조기환, 경리 최금숙, 영업부원 이상돈을 연행했다. 책 250권을 압수하고 유례없이 직원들을 모두 연행했다. 당일 우연히 방문했던 전 편집부장 박인배도 연행하고 삼광인쇄소 대표도 연행했다. 《한국민중사 I, II》 발간과 배포에 따른 국가보안법 위반 혐의였다. 서울지검은 이틀 뒤에 나병식을 구속하고, 김명인 편집부장을 불구속 입건했다.

'시작은 미약하나 끝은 창대하리라.'라는 성경 구절이 이 책의 운명에 딱 들어맞는다. 이 책의 원고 집필은 굉장히 단순하고 가볍게 시작되었다. 유기홍은 여차여차 인연이 닿아 정철영어학원에서 아르바이트를 의뢰받는다. 교재로 쓸 '영어 한국사'를 내고 싶은데 바탕이 될 한국어 역사책을 하나 써 달라는 것이었다. 잘됐다 싶어, 유기홍은 도진순, 이윤상, 이선희, 한홍구, 최민과 의기투합했다. 당시 도진순과 이윤상은 대학원 공부를 하고 있었고, 나머지는 유기홍의 운동권 동료이자 후배였다. 나누어 쓸 원고의 장을 나누고 책임을 맡았다. 그런데 유기홍은 여러 데모 관계 일로 바빠서 빠지고, 한홍구는 아르바이트보다는 공부를 외치며 빠지고, 실제 원고 작성에는 군대를 막 제대한 국사학과 졸업생 윤대원이 합류하여 두 사람 부분을 맡아 쓰게 되었다. 출판할 때의 지은이를 '한국민중사연구회'로 표기했지만 이는 임의로 지어낸 단체였다. 실제 집필자들은 서울대 국사학과 졸업생을 중심으로 한 젊은 사학도와 서울대 운동권이었다.

학원에서는 당연히 가볍고 재미있게 써 달라는 주문이 있었다. 하지만 초고 일부를 검토하는 과정에서 원고에 퇴짜를 놓는다. 너무 진지하고 이념적으로 치우친 것이 확연해서였다. 외국인들에게 부드럽게 한국 역사를 소개하는 것으로는 결격이었다. 그래서 작업하던 원고는 멈췄다. 이후 도진순이 원고를 들고 풀빛을 찾았다. 국사학과 선배이자 민청학련 사형수이며 잘 나가는 출판사 대표에 의탁하기 위해서였다.

하지만 이 과정에는 좀 세밀한 이야기가 숨어 있다. 당시에 망원한국사연구실이란 연구모임이 있었다. 젊은 역사학 연구자들이 모이는 거점을 만들어야 한다는 취지로 서울대 국사학과 77학번들이 참여한 모임이었다. 비제도권 연구 단체였지만 유기홍, 도진순, 한홍구, 김석영 등 많은 진보적 인사들이 활발히 참여했다. 나병식은 이미 이 모임의 후배들과 인연을 맺고 있었고 더욱이 연구소 재정도 후원하고 있었다. 따라서 나병식에게 《한국민중사》 같은 책의 출간은 오래전부터 뜻을 두고 있던 일이었다. 전혀 엉뚱한데서 원고가 시작되었지만, 풀빛이 운 좋게 어쩌다 잡은 원고가 아니었다는 사실이다. 출판계에서 종종 나오는 베스트셀러의 탄생에 운과 우연의 힘은 그리 크지 않다고 봐야 한다. 공들이고 애쓴 인연의 힘과 노력이 때를 만나 폭발하는 경우가 대부분이다.

나병식은 한눈에 물건을 알아봤다. 선불 원고료를 지불하고 작업을 독려했다. 집필자들은 커피를 퍼마시면서 부지런히 작업했다. 평전을 위한 인터뷰에서 한홍구는 당시를 이렇게 회고했다. "그러던 와중에 윤대원 형이 고충을 토로했어요. 작업을 하다 보니 막히고 도저히 못 쓰겠는 부분이 김일성 부분이란 거예요. 그래서 그 부분의 원고지 30~40매 분량을 제가 썼어요. 그러니까 저도 집필자라 할 수도 있고 아닐 수도 있고 그래요."

나병식은 책 제목을 '한국민중사'로 하자고 했다. 화끈하게 가자는 것이었다. 집필자들은 주저했다. '민중'이라는 개념이 학문적으로 명확하게 정의되지 않은 데다 자칫 불러올 당국의 칼을 염려했다. 하지만 나병식은 처음 원고를 봤을 때부터 이미 그 제목을 정해 둔 상태였다. "있지, 내가 한두 해 책장사를 한 게 아니잖아? 무엇보다도 있지, 이름이 화끈해야 잘 팔린다."

그렇게 《한국민중사》는 풀빛과 인연이 닿았다. 원고를 받은 편집부에선 고민이 많았다. 우선 여러 사람이 쓴 글이어서 일관된 문체로 맞출 필요가 있었고 거친 글, 애매한 문장도 눈에 거슬렸다. 애초의 "집필자들은 학문적 차원에서 기술하다 보니 학계의 이견이 있을 만한 부분은 다소 모호하게 기술하고 넘어갔다. 최대한 객관성을 유지하려는 의도였다." 출판사 쪽에서는 민중사인 만큼 철저히 일관되고 분명한 관점이 관철되어야 했다. 편집부장 김명인이 나섰다. "그는 학자들의 섬세한(?) 서술을 단정적으로 재처리하는 작업을 한 치의 주저함도 없이 감행했다. 놀랍게도, 검찰은 그런 부분을 족집게처럼 잡아냈다."(한홍구, 〈실록민주화운동 77. '한국민중사사건'〉, 경향신문, 2004. 11. 14.)

김명인도 그 순간을 이렇게 회고한다. "내가 고친 부분을 족집게 집듯, 검찰이 문제 삼았다." 최초로 민중사라는 이름을 달고 나오는 역사책을 만들며 역사란 기억을 둘러싼 투쟁이라는 교훈에 김명인이 충실했던 것이다. 더욱이 기존의 학계가 다루지 않은

'잊혀진 역사, 지워진 역사, 버려진 역사'를 다루는 데 있어 선도적이고 분명한 시각이 요청되기도 했다.

한홍구는 인터뷰에서 색다른 분석을 보탰다. 당시 한국민중사 사건은 단순한 출판 탄압을 넘어 심도 깊은 공안당국의 의도가 있다고 본다. 이 사건을 담당한 80년대 유명한 공안통 김원치 검사에 대한 평가에서부터 그의 설명은 시작된다. "김원치는 앞장서는 운동권 몇 사람 잡아넣은 것보다 그들을 키우는 원천과 고리를 끊어야 한다는 생각을 했겠죠. 그래서 책과 출판사를 문제 삼아야 된다고 생각한 거지요. 마침 《한국민중사》가 찍혔을 겁니다." 일리 있는 주장이다. 느닷없이 정치적 민감 사안도 아닌 민중사관이라는 것을 법정에 세우고 이를 문제 삼은 것은, 조금 뜬금없는 일이긴 했다. 김원치가 소명의식에서 그랬든 권력욕에서 그랬든, 역사를 새롭게 인식하고 역사 발전의 주체를 확고히 알아가자는 민중사의 의도를 제대로 찌른 것은 분명했다.

물론 《한국민중사》에 전두환 정권이 가장 적대시하는 '민중'이라는 개념이 너무도 명확하게 쓰였다는 점, 남한뿐 아니라 북한의 역사를 적극적으로 끌어안고 기술했다는 점 등이 점점 위기 상황으로 치닫는 정권 입장에서는 본때 삼아 공격할 거리가 되었을 것이다.

나병식이 국가보안법 위반으로 구속 기소되면서 사건은 새로운 국면으로 바뀐다. 출판 탄압 이슈를 넘어 민중사관에 대한 역사 논쟁을 불러일으킨 것이다. 역사 논쟁이 역사 인식의 지평과 관점을 둘러싼 중차대한 것이라 해도 학계의 논쟁이 아니라 법정에서 공안당국과 학계가 하는 논쟁이라는 점에서 한 편의 소극임은 분명했다. 이 논쟁으로 나병식은 1987년 전국이 시위로 들끓고 제5공화국이 종말을 고하는 6월항쟁 시기 전부를 감옥에서 보내야만 했다.

책이 문제가 되었지만, 집필자들이 법적으로 처벌을 받지 않은 것을 두고 여러 추측이 있다. 하나는 "학계에 있는 친구들은 가명 처리합시다."라는 나병식의 '딜'이 통했다 보는 설이고, 다른 하나는 공안당국의 입장에서는 사건이 중요했지 이름 없는 젊은 사학도 처벌은 중요하지 않았다는 설이다.

5월 29일부터 재판이 열렸고 학문의 자유를 둘러싸고 한승헌, 조영래, 박원순 변호사 등이 변론했다. 지식인 사회는 성명과 항의, 농성으로 《한국민중사》를 지키려 했다. 검찰은 《한국민중사》의 내용 중 다음의 대목들을 문제 삼았다. "역사의 원동력은 인간의 생산 활동이었고, 그것의 담당자는 생산 대중이었다.", "현재 한국 사회에서 민중이란 신식민지화에서 민족해방의 주체로서 노동자 계급을 중심으로 하여 농민, 도시빈민, 진보적 지식인 등을 포괄하는 개념이다." 공안당국은 단죄 시나리오를 위해 비약과 상상을 중구난방으로 펼쳤다. "저자들은 민중이 역사의 주체라는 사관에 입각해 있다. 이것은 북한의 근로인민 대중을 역사의 주체로 삼는 관점과 일치한다. 따라서 반국가 단체인 북한을 이롭게 할 목적으로 북한에 동조하는 내용의 책을 출판한 것이다."

역사학자들도 《한국민중사》의 원군이 되어 함께 싸웠다. 먼저 역사학대회에 참여한 학자들이 의견을 내고 서명을 했다. 한홍구 등 소장 학자들의 부지런함과 대담함이 만든 성과였다. 1987년 5월 29일, 한양대에서 열린 역사학대회에 참가한 550명의 역사 연구자들은 '우리의 견해'를 발표하고 서명했다. 이를 주도한 한홍구의 회고에 따르면, 면밀한 토론과 논의도 거쳤지만 행사장 입구에 서명지 테이블을 펼치고 중견 학자들이 나서서 참석자를 불러 세워 "병식이 빼내야지, 여기 서명해." 뭐 이런 적극적인 노력으로 많은 동참을 이끌어냈다 한다. 역사학자들이 발표한 성명서 '우리의 견해'의 주장은 명확했다. "한국사 분야의 소장 연구자들이 70년대 이후의 연구 성과를 통사형식을 갖춰 학문적으로 정리한 결과물인 《한국민중사》에 대한 평가는 사법적 평가에 의해서가 아니라 학계에 의해 내려져야 한다."

역사학자들의 법정 증언도 줄을 이었다. 정창렬 교수는 법정에서 이렇게 증언한다. "민주주의와 민족주의의 확립을 역사적 과제로 삼아 민족주의사학, 사회경제사학, 실증사학, 신민족주의사학을 학문적 전통으로 계승하고 이를 새롭게 비판 지양하여 쓰여진 역사서이다." 강만길 교수도 법정에서 이렇게 증언했다. "역사 서술의 영역을 계층적으로는 훨씬 더 하층 민중 중심으로 확대시켰고, 시간적으로는 80년대 전반까지, 공간적으로는 북한의 역사에 이르기까지 확대시킨, 종래의 통사보다 훨씬 진전된, 역사와 시대 발전에 부응하려고 노력한 통사이다."

논쟁은 좀 싱겁게 막을 내렸다. 재판이 진행되는 동안 세상이 바뀌었기 때문이다. 6월항쟁으로 6·29선언이 발표된 날 재판부터 검사들의 태도가 표변했다. 그들도 역사의 주체인 민중의 힘을 현실에서 확인했기 때문이었을까. 재판부는 역사의 주체는 생산대중이라고 기술한 부분 등 33개 공소 내용 가운데 18개 항을 무죄로 선고했다. 한국의 현 시기 사회성격을 신식민사회로 규정한 부분 등 15개 항목에 대해서는 유죄를 그대로 적용했다. 나병식은 국가보안법 위반 혐의로 징역 2년에 자격정지 2년을 선고받았지만 6월 10일 형집행정지로 석방되었다. 6월항쟁의 승리가 민중을 굳건히 믿었던 한 출판인을 도운 것이다.

형집행정지로 풀려난 나병식은 8월 12일 법원 판결에 불복하여 항소를 제기한다. 석방되었지만, 역사에 민중사의 승리의 기록을 남기기 위해서였다.

'항소이유서'는 한 권의 역사책이다. 타자기로 친 63페이지 장문의 항소이유서는 1. 한국민중사 출판의 목적과 배경 2. 탄압의 배경과 동기 3. 민중론과 민중사관 4. 1심판결에 대한 구체적 반박 5. 1심판결의 절차적 위법 6. 역사의 교훈의 차례로 구성되어 사법 당국이 《한국민중사》의 문제로 지적한 모든 것에 대해 명쾌하게 반박하고 있다. 항소이유서에는 당시 진보적 역사학계가 성취하고 있던 모든 민중, 민중사관, 민중의 역사에 대한 의견이 집약되어 실렸다. 항소이유서는 역사란 무엇이며 우리가 필요로 하는 역사란 어떤 것인가에 대한 선언문이며 그 자체로《한국민중사》의 결정적 요약판이자 논쟁으로 설명하는 한국통사다. 항소이유서의 마지막 장 '역사의 교훈'은 역사를 가슴 뜨겁게 설명하는 명문이다. 이 항소이유서는 진보적 역사학자, 변호사, 나병식 그리고 김명인의 공동 작품이다.

역사의 교훈

역사가 법정에 설 수 있을까?

이 위축되고 경직된 독재정권의 법정에서 이루어져 온 희대의 재판을 주목하면서 많은 사람들이 이러한 근본적인 물음에 봉착했을 것이다. 그리고 역사에 대해, 법에 대해, 그리고 그 둘을 묶는 우리시대의 매개고리가 무엇인가에 대해 많은 성찰들이 가해졌을 것이다.

역사는 흔히 도도히 흐르는 대하에 비유되듯이 쉬임없이 흐르는 것이고, 법은 인간사회가 특정한 시공 속에서 가장 마지막에 구축하는 완고한 구조물이 아닌가? 그렇다면 역사를 법정에 세우는 일은 마치 흐르는 물을 손아귀에 담으려는 헛된 시도이지 않은가?

그럼에도 불구하고 지금 역사는 법정에 붙잡혀 있다.

그것이 문제다. 그 무엇이 역사의 몸뚱이에 포승을 감아 법정에 비끄러 매어놓고 있는 것일까? 역사를 비끄러 매놓고 있는 것은 역설적이게도 또 하나의 역사이다. 그러면 매는 역사는 무엇이고 매이는 역사는 또 무엇인가? 매는 역사는 지나간 잔재로서의 역사이고 매이는 역사는 앞으로 올 새로운 힘으로서의 역사이다.

이 「한국민중사 사건」의 본질은 낡은 역사와 새로운 역사와의 싸움이다. 식민지시대 이래 우리 역사는 폭력적으로 온존되어 온 낡은 역사주체 및 그들이 퇴적시켜 놓은 온갖 부패한 제도와 문화에 대한, 정상적인 주체로서 성장하지 못하고 늘 억압당하고 소외당해온, 그러나 궁극적으로 새로운 역사를 침묵속에서 밀고온 우리 역사의 참주체의 도전과 그 좌절로 점철된 역사였다.

잔재로서의 역사를 움켜쥔 낡은 주체는 누구인가? 그것은 식민지시대에는 일본제국주의에 의해, 분단 이후에는 분단을 지탱해 온 세력에 의해 그 기득권을 향유해온 세력이라고 할 수 있다.

새로운 힘을 지닌 새로운 역사의 참 주체는 누구인가? 그것은 식민지시대에는 제국주의에 반대해서 싸워온 식민지 민중(이)었고(괄호는 오기 수정_필자 주) 이 분단시대에는 그 분단에 의해 고통받고 있으며 궁극적으로는 분단을 극복하고 통일된 자주민족국가를 건설하는 주체가 될 우리시대의 민중이다.

『한국민중사』는 바로 이 민중의 입장에서 쓰여진 역사이다.

그렇기 때문에 낡은 역사의 가장 허약하고 그렇기 때문에 가장 폭력적인 잔재가 응결되어 있는, 그리고 낡은 주체들이 가장 첨예한 위기상황에 처하기에 이른 이 제5공화국의 법정에 서게 된 것이다. 이 법정이 흥미진진한 역사의 전장이 되고 있는 것은 이런 맥락에서 아주 당연한 것이다.

낡은 역사가 새 역사를 옭아매고 낡고 곧 쓰러질 것 같은 그들의 법정에 새 역사와 그 주체를 끌어다 세우는 데까지는 성공했지만 그들은 끝내 그 새 역사의 힘을 이겨내지 못하고 있는 것이다.

모두는 잘 알고 있다. 그들이 얼마나 당황하고 혼돈에 빠지고 마침내 어떻게 자신을 잃어가는 가를 우리는 너무나 잘 목도하고 있다.

그리고 이 역사의 법정에서 새로운 힘이 승리해 나가는 동안, 법정의 바깥에서 보다 넓은 거리에서, 광장에서, 새로운 역사, 새로운 주체들이 마치 화답이라도 하듯 보다 큰 승리를 쟁취해 나가고 있던 것이다.

6월의 빛나는 승리를 보라!

7월, 8월의 가슴벅찬 새로운 힘들의 놀라운 대두를 보라!

『한국민중사』의 승리는 일찌감치 예견된 것이었다. 7년 전 5월, 광주의 위대함이 있었기 때문이다. 그리고 그 광주가 이 『한국민중사』의 말미에, 닫힌 페이지로서가 아니라 새롭게 열리는 지평으로 실려지게 되면서 그 승리는 굳혀진 것이다.

광주항쟁을 수행한 위대한 민중이 끝내 낡은 역사의 음습한 지하에 묻혀있기를 거부하고 6월의 찬란한 햇살로 살아 오듯이, 『한국민중사』 역시 이 6월에, 7월에, 8월에 민중의 승리의 소식을 싣고 낡은 역사의 법정이 만든, 이제는 우스꽝스러운 억압의 철창에서 벗어나 위대한 민중의 품에 안길 것이기 때문이다.

민중의 역사는 법정에 섰지만, 그리고 혹시라도 낡은 법정의 마지막 단말마 목청에 의해 현상적인 패배를 감수해야 할지도 모르지만, 그 법정이 움켜쥔 것은 궁극적으로 한 줌의 바람, 한 줌의 물에 지나지 않는다.

민중의 역사는 법정에 서지 않는다.

오직 도도하게 흘러갈 뿐이다.

민중! 민중 사관! 한국민중사!

역설적이게도 탄압은 《한국민중사》 판매에 날개를 달아 주었다. 수만 부가 판매되었고 민중사라는 새로운 영역을 개척한 독보적 자리를 차지하였다. 김순진은 이 긴 싸움을 마친 순간을 이렇게 회고한다. "대낮에 회사의 전화선을 끊으며 사무실에 진입해 사장을 잡아가는 수모를 겪으며, 남은 직원들은 격렬하게 저항했고, 공포 속에서도 정신을 가다듬어 똘똘 뭉쳐 다시 책을 만들었다. 인쇄, 제본, 배본 등 제작처와 서점도 일사불란하게 우리를 도와 독립운동을 방불케 책이 전파되었다. 책의 판매도 성공적이었다. 이때 얻은 교훈은 진부하지만 '자유는 쟁취하는 것'이며 '정당한 싸움에는 벗이 있기 마련'이라는 것이었다."

《한국민중사》에 대한 탄압은 단순히 정권과의 대립을 넘어서 우리 사회에 의미 있는 사건이 되었다. 우선 대중의 역사 인식의 지평이 일거에 확장되었다. 민중사와 민중사관이라는 말이 공공연하게 쓰이게 되었다. 시간적으로도 우리 역사를 삼국시대를 지나 원시시대까지 염두에 두게 되었다. 북한에 대한 역사적 관심도 커졌다. 4·19혁명을 시작으로 5·18광주항쟁에 이르기까지 민주화운동의 성격과 의미에 대해서도 지적 교양이 확장되었다.

그뿐이 아니었다. 한국민중사사건은 학계의 풍토도 일신하고 물꼬를 트는 계기가 되었다. 젊은 연구자들에게 민중의 관점에서 역사를 봐야 한다는 각성을 이끌어냈다. 약간은 도식적이고 딱딱한 구성, 몇몇 설명의 흠결에도 불구하고 《한국민중사》는 우리 역사 서술의 한 전환을 이끌었다.

새로운 분야, 새로운 관점, 새로운 개척을 성공적으로 이루어 낸 책은 새로운 독자와 새로운 세상을 만들어낸다. 《한국민중사》 는 그 빛나는 성공 사례다. 지적, 사상적 경계를 확장하고 지평을 도약시킨 풀빛의 또 하나의 쾌거였다.

민중서사 만화 단행본

풀빛은 1985년 이래 몇 권의 베스트셀러를 통해 80년대 후반부 터 최고의 전성기를 누린다. 이 시기 풀빛은 당시로는 매우 획기 적인 단행본 만화 시장의 개척에도 선도적으로 나선다.

그 결정적 작품이 황석영 원작, 백성민 글·그림《만화 장길 산 1~20》(1991년 10월)과 김주영 원작, 이두호 글·그림《만화 객주 1~10》(1992년 4월)이다. 당시 고전 명작 소설이나 외국의 인기 소설 이 만화화된 경우는 있었으나 활동 중인 국내 작가의 소설을 만화 화하는 것은 두 작품이 처음이었다. 이 프로젝트를 볼 때마다 나 병식의 담대함과 추진력을 떠올리는 것은 당연하다.

황석영의 《장길산》은 집필에만 10년이 걸린 총 10권의 대하 소 설이다. 견고한 신분제 사회에서 고통받는 민중의 삶을 실감나게 그리며 조선조 숙종 연간의 유랑광대 장길산을 끌어와 당시 민중들이 믿고 따랐던 미륵신앙과 연결하여 대동세상에 대한 꿈을 그린 작품이다.

이 대하 소설을 만화로 출판하는 기획에는 당연히 황석영의 생각이 담겨 있었다. 그는 문학 작품은 대중 속으로 스며들어가야 한다고 생각했고 이를 위해 문학 대중화운동을 펼쳐야 한다는 신념이 확고했다. 이러한 의지와 맞물려 나병식의 직관적인 판을 읽는 감각이 발휘되고 서로 배짱이 맞아 일이 커진 것이다.

풀빛은 1985년 당시 시대 극화를 잡지에 연재 중이던 만화가 백성민을 찾아 극화를 맡겼다. 백성민은 다른 작업을 밀쳐두고 매달려 6년 만에 완간을 했다. 원고지 15,000장 소설이 16,000컷으로 극화되어 전권 20권의 대작으로 탄생한 것이다. 하지만 6년 만의 극화 완성은 대중적 판매에 걸림돌이 되기에 충분했다.

만화 《객주》는 김주영의 소설 《객주》를 만화가 이두호가 새롭게 구성하여 1988년부터 1993년까지 《매주만화》에 연재한 작품이다. 연재 당시부터 조선 말기 보부상들의 치열한 삶을 그린 소설의 긴장감과 재미에 섬뜩하고 날카로운 이두호 그림의 묘미가 더해져 많은 인기를 끌었다. 이를 1992년 풀빛이 10권으로 묶어 출간한다.

만화가 고우영은 추천의 글에서 만화 《객주》를 이렇게 권한다. 객주 극화의 쪽들을 넘기며 발견하는 세 가지 희열이 있으니 ⋯ 첫

째, 순수문학과 극화의 접목을 보는 일, 둘째 섬쩍하고 정교한 펜화의 바다 속으로 빠져드는 일 그리고 세 번째가 가장 즐거운 것으로, 전편 가득히 융해되어 있는 작가 이두호의 잡초 근성을 맨발로 밟고 노니는 일이다. 처음서 끝까지 또 한 번 볼 작정이다."

《객주》는 작품으로서는 손색이 없었지만 만화 단행본 판매라는 유통 형식의 한계로 인해 큰 성공은 거두지 못한다. 세월이 지나고 만화 마니아들에게 풀빛 발간 《객주》 전권은 값을 탓하지 않고 찾아 헤매는 매력적인 수집목록이 되었다.

기획도 담대했고 시절도 좋았다. 마침 1980년부터 영상과 활자 매체의 장점을 동시에 갖는 만화가 잡지 연재, 스포츠신문 연재, 대본소용 만화 활성화, 텔레비전 애니메이션 발전 등 두 날개도 아닌 네 날개를 휘저으며 비상하고 있었다.

공교로운 일인가? 만화라는 매체에 적극적인 접근을 검토하는 글이 1989년 풀빛이 발간한 《문학예술운동》 3호에 실렸다. 나병식과 풀빛 편집부 사람들도 의식 있는 대중 만화에 대한 가능성을 많이 고민하고 있었을 때다. "만화는 단절된 화면 혹은 단절된 화면의 연속으로서 풍부한 내용을 담을 수 있음과 동시에 간결한 화면처리로써 내용성을 포착하여 독자에게 감성적 인식을 이끌어낼 수 있으며, 시공간을 초월한 생략과 과장, 원근, 강약의 대비를 통해 작가와의 정서적 조응력을 극대화시킬 수 있다는 장점을 지니고 있다. 만화는 이처럼 미적 리얼리티와 대중성이 통일된 독특

한 대중매체라고 할 수 있다. 그러나 만화는 자본주의사회 속에서 필연적으로 상업화하게 된다."(만화사랑, 〈만화운동의 위상정립을 위하여〉, 《문학예술운동》 3호, 85-86쪽)

만화가 시대의 보편적 기억을 만드는 데는 만화방의 위력이 컸다. 당시에는 지금의 PC방처럼 방방곡곡에 만화방이 있었다. 만화 산업을 키운 건 만화방이 아니라는 치밀한 데이터를 제시한다 해도, 그 시절을 겪었던 사람들 기억 속엔 만화방의 힘이 가장 강했다. 데이터는 결코 향수를 이길 수 없기 때문이다. 만화방, 일부러 꾸미려 해도 흉내 낼 수 없는 너저분한 편안함이 흐르고 만화책 종이가 곰팡이와 싸우다 슬금슬금 지고 있는 냄새가 퀴퀴한 그곳에 여러 군상이 들고 났다. 코 흘리는 아이부터 학교를 땡땡이친 중고생이며 오갈 데 없는 청춘들이며 하룻밤을 견뎌야 하는 사연 있는 사람들이었다. 만화방 이야기에 영화 '장미빛 인생'을 건너뛸 수 없다. 1987년 가리봉동 만화방에 조폭과 노동운동 수배자가 함께 거한다. 한 달의 엉겨 붙는 생활 그리고 비극적 엔딩, '장미빛 인생'은 그저 영화가 아니었다, 만화방은 실제 운동권의 쉼터이기도 했다.

말물꼬를 다시 돌리면, 당시의 만화, 특히 대본소용 만화의 주제는 성인 오락물 수준이 대부분이었다. 그런 시절에 《장길산》의 만화화는 예측할 수 없는 도전이었다. 당시 서점 판매용 만화로는 대본소용 만화로 나와 선풍적인 인기를 끌었던 이현세의 《공포의

외인구단》 정도가 유일했다. 이런 판국에 계약을 하고 6년을 기다려 완간되는 20권《장길산》발간에 나선 나병식은 실은 셈이 좀 부족하긴 했다. 또 연달아《객주》에 많은 돈을 들인 것도 무리한 일이었다. 두 작품 모두 기대만큼 팔리지 않았다.

그러나 나병식이 영업부와 주변의 만류에도 만화 단행본 출간을 밀어붙인 것은, 출판의 새로운 영토를 일구고 싶은 의욕 때문이었다. 그는 늘 후배들이 고개 갸웃하는 조금은 큰 판이자 담대한 계획에 이끌리는 사람이었다. 만화가 필연적으로 상업화되고 말초적 감각만을 자극하는 수준 낮은 대중화에 맞서서 민중서사와 역사 의식이 담긴 만화 단행본을 출판한 것은 또 하나의 새로운 영역의 개척이었다.

다시 광주로

1988년 광주에 한국현대사사료연구소가 문을 연다. 전남대 송기숙 교수가 주도하여 만든 이 연구소는 5월항쟁 관련자 구술 기록 작업을 시작했다. 5월의 광주 시민들의 경험을 채록하여 항쟁의 진실과 전모를 밝히고 역사 연구의 기초를 만들기 위해서였다. 연구소장이었던 송기숙은 사업의 의의를 이렇게 밝힌다.

"우리 연구소가 광주5월민중항쟁 자료 수집을 제1차 사업으로 계획하고 특히 참여자들의 증언 채록에 역점을 둔 것은 항쟁 당시 그들 한 사람 한 사람의 고결한 투쟁 정신과 그 순수한 열정을 생생하게 기록하여 후세에 전하기 위함이었다. 따라서 그들의 증언은 단순한 역사의 자료로서만이 아니라 그 자체가 지니고 있는 살아 있는 교훈으로서의 의미가 더 클 수도 있다. 총칼 앞에 기꺼이 목숨을 내던지고 싸운 모습은 그 하나 하나가 꽃처럼 아름답고 소중한 것이다. 단순한 사료로서 한 사건에 대한 5백 명의 구술은 너무 많을지도 모르지만 한 송이 한 송이의 꽃으로서는 모두가 아름답고 소중했기 때문에 조사원들은 지칠 줄 모르고 그들을 찾아서 이야기를 듣고 기록을 했다." 연구소 이사장은 리영희 교수였고, 이사는 강만길, 백낙청, 김진균, 정창렬, 황한식, 김의수 등이었고 나병식도 이사로 참여했다.

항쟁에 참여했던 시민군들이나 일반 시민들과 만나 광주의 진실을 밝히는 거대한 구술사 프로젝트가 광주에서 진행되고 있을 때, 제도권에서 광주의 진실을 밝히는 노력은 여전히 제자리걸음이었다. 1988년 총선으로 최초의 여소야대 국회가 되자, 국민과 야당의 요구로 국회에 5공비리 특별조사위원회가 설치된다. 4개 분과로 나누어 일해재단 비리, 광주민주화운동 진상 조사, 언론기관통폐합 문제 등의 진상 조사를 위해 청문회를 열었다. 겨우 일해재단, 전경환의 비리가 드러나긴 했지만 광주민중항쟁에 대한 조사는 제대로 진행되지 못했다. 해를 넘겨 1989년 12월 31일에 백담사에 있던 전두환이 증인으로 출석했다. 그는 전 국민이 보는 앞에서 광주민중항쟁 진압을 자위권 발동이라고 진술했다. 광주 청문회는 시청률이 80%를 넘는 국민적 호응이 있었지만, 관련자 처벌은커녕 진실을 온전히 드러내지도 기록하지도 못했다.

이때 광주는 광주의 방식으로 광주의 진실을 채록하고 광주의 이름으로 일을 시작했다. 수십 명의 연구원이 2년간 매달린 작업으로 500여 명의 구술채록이 이루어졌다. 원고지 2만 5천 매 분량이었고 책으로 나왔을 때 1,652쪽에 달하는 방대한 양이었다.

문제는 어떻게 이를 출판할 것인가, 과연 누가 맡아 출판할 것인가 였다. 일을 도모했던 사람들 모두가 알고 있었다. 이 책의 출판은 제작비도 건지지 못할 일이라는 것을.

고심 끝에 송기숙 소장은 풀빛 나병식에게 이 어려운 일을 부탁했다. 나병식은 흔쾌히 승낙했다. 그렇게 광주항쟁 10주년이던 1990년 5월에 《광주오월민중항쟁사료전집》이 출간되었다. 풀빛이 《넘어넘어》를 출간한 지 5년째 되는 해였다.

《광주오월민중항쟁사료전집》의 내용과 구성은 책 앞부분에 실린 '일러두기'에 정확히 설명하고 있다. 이 책의 역사적 가치를 다시금 확인하기 위해 충분히 인용한다.

1. 이 사료전집은 본 연구소 제1차 사업인 광주5월민중항쟁 자료

조사 사업 중 구술 자료를 모은 것이다. 광주5월민중항쟁에 직접 참여한 사람과 수습 등으로 깊이 관련된 사람 5백 명의 구술채록이다. 여기에다 항쟁일지와 참고자료를 곁들였다. 따라서 이 사료전집은 크게 일지, 구술, 참고자료, 색인으로 구성되어 있다. 처음 계획은 외국 언론의 보도 내용과 논평 그리고 군 관계 자료까지 망라하려 했으나 여러 가지 어려움이 있어 뒤로 미루었다. 따라서 〈구술 자료〉 편과 〈문헌 문건〉 편 자료로 나누어지게 되었으며 후자는 다음 사업으로 넘어가게 된 셈이다.

2. 채록 대상은 크게 수습 활동, 무장 조직 활동, 시민항쟁, 선전 활동, 중요 사건, 각 지방항쟁, 사망자, 부상자 등으로 나누었다. 그러나 여기 채록한 사람들은 반드시 그 분야에 대표적인 사람이나 전형적인 사람이라고는 볼 수 없다. 적극 참여했거나 중요한 역할을 한 사람 가운데서 연락이 가능한 사람이 대상이 되었다. (한국현대사 사료연구소, 《광주오월민중항쟁사료전집》, 9쪽)

리영희 이사장은 간행사에서 "죽음을 넘어선 피의 기록"이 지닌 가치를 힘주어 말한다. "이 사료전집에 수록된 증언 한 마디 한 마디는 글자가 아니라 선혈이다. 10년이 지난 지금도 두려움에 떨면서 증언을 고사하는 사람들의 입에서 한 줄의 목격담, 체험담을 얻어내기란 쉬운 일이 아니었다. 평생을 불구로 살아야 할 군부독재 권력의 희생자들의 증언은 그들 자신의 처절한 체험일뿐만 아니라, 어쩌면 영원히 그 정확한 수조차 밝혀지지 않을지 모르는 무수한 원혼들의 피의 증언이다. 그러기에 이 사료전집을 읽는 우리들은 지금도 눈을 감지 못하고 천지간을 떠돌아다닐 그날의 영웅적 투사들의 울부짖음을 들을 것이다."(한국현대사사료연구소, 앞의 책, 5쪽)

"피로 씌어진 역사를 잉크로 쓴 역사로 가릴 수 없다." 그랬다. 후세에 혹여 세상이 어지러운 틈을 타 거짓 잉크로 역사를 써 광주의 진실을 해하려 할 때 여기 피로 쓴 역사가 구원자가 될 것이었다. 나병식은 아무런 계산도 없이 자신의 조국이었던 광주를 위해 묵묵히 복무했다. 세월이 흐르고 흘러 저간의 사정을 아는 사람들이 나서 나병식이 이 프로젝트를 위해 1억 원 넘게 쾌척했다는 증언을 보탰다. 나병식이 광주에 대한 호기로운 헌신과 책임을 다할 기회를 가졌던 것은 광주라는 조국이 요청한 숙명이기도, 역사의 한복판을 당당하게 걸으며 민중과 진실에 헌신할 수 있는 기회이기도 했다.

이쯤, 고 은의 《만인보》 한 편을 옮기는 것이 적당하다.

나 병 식

전봇대 키
도수 높은 안경이면 되었다
거기다가
숨차며 말 이어가면 되었다

서울대 사학과 학생이었다가

민청학련 사건 사형짜리

몇 차례나 감옥에서 나오면

마늘장수도 하고

아버지와 아들 사이도 속인다는

꿀장사도 하고

그러다가 양복점 풀빛도 차려보았다

그러다가

출판사 풀빛 차려

이 책

저 책을 내어

그 책더미 속에서

숨차며 말 이어가면 되었다

나병식

그는 광주가 고향이기 전에 조국이었다

황사바람 펄럭이는데

- 고 은 시집 《만인보》 11권, 62쪽.

사상의 자유를 위하여

1980년대가 되자 출판계는 덩치도 커지고 목소리도 커지고 시
장도 커졌다. 출판사들이 많아졌고, 하루가 다르게 신간 서적들이

쏟아져 나왔다. 그러나 전두환 정권은 전부터 진행해 온 판매 금지 정책에 더하여, 1985년 5월의 대대적인 서점가 압수 수색으로 공세를 취했다. 이에 출판사, 대학가 서점들은 더 단단히 뭉치기 시작했다. 여론도 국민도 출판계 편이었다. 이 무렵 출판계에 작은 모임이 생겼다. 일월서각 김승균을 중심으로 출판사 대표 모임 금요회였다. 그 시작을 김승균은 이렇게 말한다. "뭐 누가누가 딱 대장이 돼서 모이자 한 게 아니고. 대개 금요일 우리가 술도 한잔 할 겸 납본하러 가는 김에 모인거지." 당시 출판사들은 책을 출간하면 경복궁 옆 대한출판문화협회를 통해 국립중앙도서관 등지에 납본했다. 그렇게 납본하러 간 대표들이 만나 이런저런 이야기를 나누면 재밌고 정보도 얻을 수 있었다. 그러다 금요일에 만나는 모임을 하나 만들자 하여 만든 것이 금요회였다.

연배가 높은 김승균이 금요회의 중심이 되었다. 김승균은 관철동에 있던 문학인들이 자주 모이던 '낭만'이란 술집에 김승균 이름을 대고 술을 먹으면 나중에 술값을 지불하곤 했다. 사정이 나았던 일월서각 대표 김승균이 통 크게 베푼 회원 복지였다.

나병식은 사람들을 모으는 데 열심이었고 또 힘이 있었다. 덩치만 큰 게 아니라 발언권이 셌다. 마치 빚쟁이라도 되는 양 아무렇지도 않게 전화를 걸고 만나자 하고 만나면 "같이하자." 승낙까지 집요하게 몰아붙이는 일에 이미 정평이 나 있었다. 그 무렵 석탑출판사를 시작한 최영희도 그렇게 만났다. "이때쯤 나병식 씨의 연락을 받고 점심을 먹으러 나갔다. 운동권 출신 출판사 사장들의 모임인 금요회였다. 정보를 위해서도 금요일 점심 먹으러 열심히 나갔다. 광화문 뒷골목 순두부집에서 나 사장의 큰 울림통만큼 쩌렁쩌렁한 목소리를 들으면 같이 뱃장이 커진다."(최영희, 〈그런 것쯤은 암시랑토 안 혀〉,《황토바람의 풀빛》, 295쪽)

금요회 초기 회원사는 13개 출판사였다. 그 회원사와 대표는 일월서각 김승균·최옥자, 풀빛 나병식, 거름 박윤배, 광민사(동녘) 이건복, 형성사 이호웅, 민중사 최민화, 한마당 이우회, 돌베개 임승남, 백산서당 김철미, 녹두 김영호, 사계절 김영종, 석탑 최영희, 지양사 박경희였다. 이후 모임이 활성화되면서 함께하는 출판사는 늘었다. 청년사 정성현, 아침 정동익, 공동체 나도연·나혜원, 청사 함영회, 이삭 소병훈이 가담했다. 모임은 회원들이 돌아가며 비용을 내기도 하고 밥값을 추렴하는 식으로 하며 활발해졌다.

1985년이 되자 정국은 뜨거워졌다. 신민당이 바람처럼 등장하고 개헌운동이 전두환 정권을 몰아붙이기 시작했다. 정권의 각오도 남달랐다. 제일 먼저 언론 출판에 대한 강경 조치에 착수했다. '반정부 의식을 고취하고 불온한 사상을 퍼뜨린다.'는 확고부동한 의지가 차고 넘쳤다. 정권은 1985년 5월 1일에 서울대 광장 서점을 시작으로 책들을 압수하기 시작했다. 압수 수색 영장도, 아무런 법적 근거도 없었다. 거센 반발에 때늦은 압수 수색 영장을 들고선 연이어 서점과 출판사와 인쇄소를 나흘간 들쑤셨다. 총

4,571부의 서적과 인쇄물이 압수되었다. 거기에 그치지 않았다. 나병식과 일월서각의 최옥자가 연행되었다. 아무래도 경범죄 처벌법에 따른 처벌이 아니었을까 한다. 경범죄 처벌법의 1조 44항은 국가나 사회의 안녕질서를 해치거나 사회를 불안하게 할 우려가 있는 사실을 거짓으로 퍼뜨리는 자에 대해 처벌하는 조항이다. 이들을 5일 동안 조사랍시고 경찰서에 가두었다 풀어주었다. 문공부와 검찰은 이념서적 233종, 유인물 73종을 단속 대상으로 지정하고 전국적으로 단속을 확대했다. 며칠 만에 대상은 축소되었지만, 장기적이고 전면적인 출판 탄압이 시작되었다.

수도 많아지고 덩치도 커진 출판계가 순순히 물러나지 않는 것은 당연했다. 출판인들은 성명서, 압수처분 취소 청구 소송, 항의 농성으로 맞섰다. 문화예술인 조직인 민중문화운동협의회, 문학인들의 자유실천문인협의회, 천주교정의구현전국사제단 등도 좌시하지 않고 거들었다.

나병식이 다시 연행되고 《넘어넘어》가 압수된 것도 일주일 뒤 5월 16일이었다. 이런 사건이 더해질 때마다 우군이 늘고 결의가 모아지고 전선은 강해졌다. 을유문화사 정진숙, 일조각 한만년, 일지사 김성재, 민음사 박맹호, 범우사 윤형두, 문예출판사 전병석, 지식산업사 김경희, 열화당 이기웅, 문학과지성사 김병익, 창작과비평사 김윤수, 정우사 서제숙, 까치 박종만, 홍성사 이재철, 전예원 김진홍, 평민사 이갑섭, 비봉출판사 박기봉, 한길사 김언호 총 17명의 중견 출판인이 '출판의 자유 없이는 민족 문화 존립 못해!!'라며 '출판 탄압에 항의하는 출판 문화의 발전을 위한 우리의 견해'를 발표했다.

출판인들은 더 안정적이고 지속적인 싸움을 위해 조직을 만들기로 의견을 모았다. 출판 탄압에 대한 대응 그리고 미국의 저작권 보호 요구라는 당장의 현안 대응 목표가 있어 어려움은 없었다. 그동안 출판인들은 서적을 압수당하거나 발행인 등 구성원이 연행 구속되거나 하면 해직 언론인들이 모이는 한국민주언론협의회 사무실에서 항의 농성을 하며 투쟁력을 단련하고 있었다. 이런 연계로 인해 한국민주언론협의회는 조직 내부에 출판분과를 두고 출판계의 의제를 수용했으며, 출판분과는 일월서각 김승균 대표가 맡았다. 사실 제도권 언론이 제 역할을 하지 못하고 정권의 나팔수나 호도꾼이 된 시절에 진실을 전하는 일을 출판이 대신하고 있다 해도 과언이 아니었다. 무크지와 계간지 등도 출판사가 내고 있었다. 따라서 출판계가 언론인들과 함께 언론 출판의 자유를 위해 한 몸으로 일하는 것은 자연스런 일이었다.

나병식과 금요회 회원사 대표들이 출판 탄압에 맞서는 싸움에서 중심이 된 것도 자연스러웠다. 유대기의 회고다. "나병식 선배가 그해 6월 초에 일월서각 편집부장 장종택과 나를 만나서는 출판계의 현실에 대하여 비분강개하면서, 정부의 출판 탄압과 미국의 외국 저작권 보호 요구에 대처하기 위하여 출판계에 독자적인 단체를 만들 필요가 있다고 강조했다. 연하인 장 씨는 이런저런 이유로 사무국장 자리를 고사하고, 선배는 나에게 이 단체의 사무 국장을 맡으라고 강권했다. … 나 본인으로서는 도저히 맡을 수가 없다고 해도, 장종택과 나 둘 중 한 사람이 사무국장을 해야 된다 고 막무가내로 밀어붙이는 나 선배는 정말 불도저였다. 잘 마시지 도 못하는 소주를 한 잔, 두 잔 끝없이 권하면서 한 걸음도 물러서 지 않다가, 결국 그날 새벽 3시가 넘어서 나에게 사무국장 일을 하 겠다는 약속을 받아냈다. 나는 그날 내가 나 선배한테 졌는지, 소 주에게 졌는지 지금도 잘 모르겠다."(유대기, 〈출판문화운동과 나병식〉, 《황토바람에 풀빛》, 49쪽)

1986년 6월 21일 한국출판문화운동협의회는 광화문 신문로의 한글회관에서 창립총회를 연다. 초대 공동회장은 정동익 아침출 판사 대표와 최영희 석탑출판사 대표가 맡고, 유대기가 사무국장 을 맡았다. 의결기구인 실행위원회에는 발행인, 편집인, 영업인이 두루 참가했다. 출판사 대표들만이 아니라 편집자와 영업자, 경리 사원들까지 모두 참가하여 한마음으로 출판 탄압에 맞서는 진용 을 갖췄다. 당시 사회과학 출판계의 구성원들은 운동권 출신이 많 았고 설령 운동권 출신이 아니라 해도 선진적인 시민의식을 갖추 고 있었다. 이를 두고 유대기는 "발행인들은 소기업 경영자가 직 원들에게 가지는 주도력 말고도, 검소한 경영자 생활과 건실한 출 판운동가의 자세로 인하여 직원들인 편집자와 영업자, 경리 사원들에게까지 신뢰를 받았기 때문"이라 진단한다. 뜻이 옳고 사람이 믿을 만하면 불의에 맞서고 세상을 바꿀 조직과 세력을 만드는 일은 어렵지 않다는 것을 증거하는 대목이다.

한출협의 출범은 군사 정권이 탄압하는 언론 출판의 자유, 사상의 자유를 위해 싸우는 똘똘 뭉친 투철한 싸움 주체의 탄생을 의미했다. 이제 이들에게는 책을 만드는 일 말고도 정권과 싸우는 시대의 임무가 어깨에 지워졌다. 한출협은 북아현동 능안빌딩 풀빛 바로 위층 녹두 출판사 사무실 한 켠을 빌려 여정을 시작했다. 출범 열흘 만에 서울시경 대공분실의 공격이 들어왔다. 한출협 공동회장 정동익 아침출판사 대표와 위성부 편집부장, 박태호 편집위원이 국가보안법 위반 혐의로 구속되었다. 명목은 불온 유인물 복사였지만, 사실은《김형욱 회고록》출간에 대한 보복이었다. 한출협은 얼마 후에 공덕동오거리 사회복지회관으로 사무실을 옮겼고 그곳은 출판인들의 농성과 연대 투쟁의 공간이 되었다.

회원들은 똘똘 뭉쳤고 싸움에도 빠지는 이 없었다. 오늘 잡혀갈지 내일 잡혀갈지 모르는 시절, 함께하는 사람들이 있다는 것은 커다란 버팀목이었다. 거기에 더해 옥죄어 오는 상황에 걱정하는 후배들을 두고 하는 나병식의 큰소리에 다들 한번쯤 마음을 놓기도 했다. 최영희는 지금도 귀에 맴도는 소리로 그 말을 기억한다. "그런 것쯤은 암시랑토 안 혀!"

한출협만이 아니었다. 편집자 모임인 문맥회, 영업자 모임인 인문사회과학영업자협의회, 서적상 모임인 인문사회과학서적상 연합회 등 출판계와 유통계 단체들이 연대하였다. 문화5단체라 불렸던 민주언론실천협의회, 자유실천문인협의회, 민주실천교육 운동협의회, 민중문화운동연합, 민족미술협의회는 표현의 자유, 사상의 자유, 출판의 자유를 위해 굳건히 연대하였다.

1987년 6월 10일, 한출협은 《출판탄압백서》를 발간한다. 6월항 쟁의 물결이 시작된 날이었다. 그리고 한출협 제2기는 1987년 7 월 16일 여의도 여성백인회관에서 총회를 열어 김승균 일월서각 대표, 이우회 한마당 대표가 공동대표를 맡고, 사무국장은 돌베개 편집부 홍종도로 하여 진용을 갖춘다. 6·29선언 이후 10월 19일에 '출판활성화조치'가 발표되어 431종의 판금도서가 해금되고 신규 출판사 등록 규제가 사라지기도 했다. 그러나 여전히 유죄 판결을 받았다는 이유로 181종의 도서가 묶여 있었다. 판금도서의 악령 은 여전히 배회하고 있었다.

한출협의 대응은 사뭇 도전적이었다. '판금도서 전시회'를 열어 여론을 만드는 것이었다. 정권은 8월 28일 한출협이 주최하고 홍 사단 서울지부가 후원한 판금도서 전시회를 강경 진압한다. 이우 회 회장과 홍종도 사무국장이 국가보안법 위반으로 구속되었다.

1987년 하반기의 마르크스주의 원전 출판 러시, 1988년 상반기 부터 시작된 북한 바로알기운동과 북한 원전 출판 붐을 거치며 이 제 국가보안법을 두고 싸우는 형국으로 바뀌었다. 그러나 마르크스주의와 북한책들에 대한 금기는 출판인들의 그칠 줄 모르는 도전으로 산산이 부서졌다.

나병식은 그간 한출협 출범의 밑작업을 충실히 해내고 2선에서 지원하다가 3기 한출협 회장직이란 총대를 멨다. 1988년 8월 19일, 한출협은 여의도 여성백인회관에서 160여 명 회원과 함께 제3차 정기총회를 열어 회장에 나병식, 사무국장에 장종택을 선출했다. 나병식은 마지막 금기의 영역인 북한 출판물에 대한 탄압에 맞서 한층 급진적이고 물불 안 가리는 후배 출판인들과 함께 언론·출판의 자유, 사상의 자유를 위한 싸움을 지속했다. '출판자유 쟁취대회', '학문사상출판 자유 쟁취와 국가보안법 철폐 촉구 결의대회'가 때맞춰 열렸다. '민족민주 출판탄압 규탄대회', '통일을 위한 출판자유 쟁취대회'가 연달아 열렸다. 검은 뿔테 안경을 쓰고 흰 광목을 찢어 매직으로 구호를 쓴 머리띠를 두르고 바윗덩이만 한 주먹을 휘두르며 앞장선 나병식, 다들 믿음직해 했다.

1987년 《출판탄압백서》를 토대로 1980년부터 1993년까지 판금도서로 묶였다가 해금되었던 책 목록에서 풀빛의 책을 간추려 보면 다음과 같다. 《죽음을 넘어 시대의 어둠을 넘어》, 《황토》, 《한국민중사》 1, 2, 《현실과 전망》(1), 《85년 임금인상 투쟁》, 《새벽부터 새벽까지》, 《민중운동의 인식과 전략》, 《제3세계의 경제와 사회》(2), 《한국독점자본과 재벌》, 《8시간 노동을 위하여》, 《노동경제학》, 《이제 때는 왔다》, 《자본론의 정치적 해석》, 《경제원론》,《경제학 개론》,《혁명의 연구》,《제3세계와 경제구조》,《노동의 새벽》.

출판문화운동의 또 하나의 주체는 대학가 사회과학 전문 서점들이었다. 1980년대 대학가를 드나들었던 이들은 학교 앞 작은 서점의 풍경을 기억할 것이다. 유리창에는 새로 나온 계간지들의 알림 포스터가 덕지덕지 붙어 있고 책꽂이에는 사회과학책들로 난만했고 손에 쉽게 닿을 수 있는 따끈한 신간들은 민주 혁명의 지도와 매뉴얼을 자처하며 매대에 누워 있었다. 그리고 정작 더 위험한 책들은 매대 밑이나 어디 깊숙한 곳에 숨어 눈빛 형형한 젊은이가 호명하기를 기다리고 있었다.

서점들은 단순히 책을 파는 곳이 아니라 학생들이 세계를 인식하고 가치를 배우는 전망대이자 도서관이었다. 서점을 운영하는 이들 모두 운동을 위해 또는 운동의 경험을 살려 서점을 차렸다. 당연히 책을 파는 것에 멈추지 않고 운동의 전파와 확산을 위해 노력했다. 서점은 누군가를 기다리거나 만나는 장소였고 은밀한 메모를 주고받는 비밀 거래소였으며 세상의 흐름을 일독하는 지식 정보 검색 공간이었다.

1980년대 지적 정신적 에너지가 응축되어 있던 해방문화공간 사회과학 전문 서점들 목록이다.《한국출판문화운동사》에서 정리한 것을 가져왔으나 빠진 곳도 있을 것이며, 이곳 외에 여러 동네 크고 작은 책방에서도 시대를 떠밀고 가는 책들을 용기 있게 팔았음은 확실하다. 그분들도 여백에 이름 없이 정중히 초대한다.

"서울대학교 앞의 광장(이해만), 대학(김익수), 오월(양재원), 그날이오면, 전야, 연세대 앞의 오늘의책, 알(이재욱), 광화문의 민중문화사, 논장서점(백완승), 고려대 앞의 집현, 장백, 황토, 한마당(김원표, 장창호), 이화여대 앞의 다락방(김태문), 서강대의 서강인(배노연), 홍익대의 이어도(김 현), 성균관대 앞의 논장(오근갑), 풀무질(방은호), 동국대의 녹두, 외대의 죽림, 경희대 앞 지평, 중앙대 앞 청맥, 창조, 젊은예수, 건국대의 인, 대구의 일청담, 마가(권형우), 청산글방(김석호), 신우, 부산의 다락방(조지훈), 산지니(남성철), 여명(신종관), 마산의 학문당, 우리시대, 인천의 새벽과 광야(곽한왕), 일터, 만두리(김용환), 상록수, 수원의 아대앞서점, 청주의 무심천, 민사랑, 대전의 창의(이외원, 임 일), 광주의 백민, 황지, 남녘, 춘천의 춘천서점, 전주의 금강서점(노동길)"(한국출판문화운동사 편집위원회,《한국출판문화운동사》, 162쪽)

무엇보다 이 서점들은 출판운동을 하는 출판사들이 유일하게 기댈 수 있는 자금원이었고 곳간이었다. 대학가 사회과학 서점들이 없었다면 책을 팔 수도 다음 책을 만들기 위해 수금을 할 수도 없었다. 작고 영세하며 위험한 책을 만드는 출판사들의 생명줄이었다.

책의 시대가 저물어가고 사회과학 출판이 힘겨운 시대적 소임을 조금씩 내려놓을 때쯤 한출협도 제4기와 5기를 거치며 일도 열정도 조금씩 줄었다. 험한 세월, 할 만큼 했으니 서로 격려하고 기원하며 출판문화운동의 기관차는 종착역에서 뜨거웠던 엔진을 껐다.

한출협 제1기 사무국장을 맡았던 유대기는 2006년 민주화운동기념사업회가 요청한 출판운동에 대한 원고 청탁을 받고 자료를 구하고자 백방으로 노력하던 기억을 들려준다. "어디서 자료를 찾아야 될지 막막하기만 했다. 자료들이 제대로 보존되지 않았음을 절감했다. 50여 개의 출판사들에게 전화를 걸면서, 이들의 20여 년의 적응 과정을 엿보았다. 사람들의 반응은 가지가지였다. 그래도 가장 많은 자료는 한출협에 남았을 터. 이 단체는 제4기와 5기를 거치고 문을 닫았다. 그 시기 한출협을 책임졌던 사무국장들은 단체가 문을 닫을 때, 나병식 선배가 했던 말을 기억하고 있었다. '누군가는 깃발을 지키고 누군가가 간판을 보존해야 되지 않겠는가?' 한출협의 얼마 안 남은 임대보증금과 자료들이 풀빛 출판사로 가서 보존되었음을 확인했다."(유대기, 앞의 책, 55쪽)

유대기는 계속하여 쓴다. "나병식 선배는 … 1980년대의 사상의 지도를 그렸다. 또한 나병식 선배는 금요회와 한출협이라는 출판문화운동 주체들의 단체를 만들고, 동참하고, 지원하고, 책임졌으며, 마지막 간판까지 그 오랜 세월 동안 보관했다. 그 역사가 자신의 어깨에 지우는 책임을 결코 회피하지 않았다."(유대기, 앞의 책, 56-57쪽)

나병식은 한출협의 시작을 애달아했듯 그 끝도 보존하고 싶었다. 그는 2007년 《한국출판문화운동사》를 유대기, 장종택, 김민우, 정덕채와 함께 정리하여 출판한다. 1970년대 말부터 1990년대 초까지 출판문화운동의 역사와 자료를 엮은 책의 머리말 나병식의 끝인사다. "출판문화운동 동지들 또한 시대의 아픔을 함께하면서 묵묵히 동고동락했던 저자, 발행인, 편집인, 영업인, 서점인, 제작처 분들 그리고 민주화를 위해 함께 해온 모든 분들께 그 시절 우리의 역사를 바친다."(한국출판문화운동사 편집위원회, 앞의 책, 6쪽)

1980년대 출판을 민주출판운동이라 부르는 조희연은 "출판이 구속을 무릅쓴 '운동'이 되고 출판이 정치사회적 변동을 선도하던 한국현대사의 특별한 시기가 있었다."(조희연, 〈사상과 인식의 금기에 도전했던 거대한 희생의 행진〉, 《한국출판문화운동사》, 416쪽)고 했다. 그 특별한 시기에 민주주의와 변혁을 향한 지적 정신적 에너지를 품은 용광로가 펄펄 끓고 있었다. 나병식은 그 용광로 아래에서 불을 지폈다.

풀빛은 어디에 있는가

1991년 소련의 해체는 인류의 상당수가 꿈꿔왔던 다른 방식의 삶과 이상적 사회에 대한 거대한 꿈과 설계도와 실험이 현실에서 무너져 내린 것이었다. 한 편의 근사했던 역사 설계도는 한바탕의 꿈처럼 홀연히 흩어졌다. 변혁의 꿈에 들떴던 우리 사회도 썰물의 슬픈 노래를 들으며 서둘러 짐을 챙겨야 했다. 많은 인문사회과학 출판사들이 문을 닫았다. 출판 방향을 다양화하고 다각화했지만 책의 시대는 저물었고 자본의 힘에도 밀려났다. 진보와 변혁과 개혁의 길을 위해 사상과 인식의 금기에 도전했던 거대한 희생행진은 여기서 멈췄다. 우리의 역사는 책으로 쌓은 계단을 딛고 올랐다. 오를 곳이 분명 더 있었으나 사람들은 책을 미더워하지도 가까이하지도 않았다. 사람들이 한층 더 올라 바라볼 의지를 잃었다 말하는 것이 더 옳을 것이다.

이런 시대의 변화에 따라 풀빛도 한 시대를 정리해야 했다. 나병식도 한 세월을 매듭지어야 했다. 1979년부터 1990년대 중반까지 15여 년의 세월은 출판인 나병식의 절정기였다. 아무것도 두려울 것이 없었고 책으로 못할 것은 없다 생각했다. 책으로 세상을 바꾸는 일이 얼마나 좋은 일인지 또 신나는 일인지 원도 없이 만끽했다. 채희석은 이렇게 말한다. "병식이 형은 사회과학 출판의 가장 선두에 섰다가 제일 늦게 깃발을 내린 사람이에요." 다들 사회과학 도서의 썰물을 예상하고 발을 뺄 때도 "망하면 망했지, 뭐 그렇게 쪼잔하게 사냐."며 밀어 붙였던 소명의식에 너무 충실했다는 것이다. 돌아보면 멋진 일이었다.

부모님과 자신의 삶을 이해하면서 가졌던 원시적 분노가 경험과 배움을 통해 운동으로 정립된 이래, 민중지향성이라는 방향으로 스스로의 삶을 결단한 이래, 여러 싸움을 하고 또 싸우고 무너지며, 분노와 결단과 싸움을 흐트럼 없이 계속 이어올 수 있었던 것은 출판이 있었기 때문이었다. 나병식은 출판을 통해 삶의 일관성을 지켰고 그 신념과 의지를 실현했다. 그러다 보니 출판을 통해 참 많은 일들을 할 수 있었다. 우리 사회의 사상의 지도를 풍부히 하는 데 힘을 쏟았다. 출판을 통해 사상의 자유를 위한 싸움을 성공적으로 이끌어 우리 사회를 진일보시켰다. 전사들을 키웠고 전사들을 강하게 무장시켰다. 사람들을 역사 앞에 정직하게 서도록 했고, 가슴 뛰도록 했고, 세상과 싸울 때 요긴한 무기를 쥐어주기도 했다. 현장이 요청하는 이론과 실천 지식을 책으로 만들어 책이 거름이 되고 발판이 되도록 했다.

무엇보다 책을 통해 세상의 경계를 돌파하고 확장했다. 경계 지워진 울타리가 있다면 뛰어넘었다. 길이 없다면 먼저 걸었다. 황토바람도 불고 칼바람도 불었다. 사람들이 주저할 때면 홀연 이정표를 세우고 풀빛등을 내걸어 길을 안내했다. 나병식은 책을 만들고 세상에 나누는 출판이라는 지적이며 정적이고 고달프고 미묘하고 여린 일을 가장 역동적으로 것으로 만들었다. 한바탕 몰아치는 진실의 공습과 감전, 장막을 찢고 의외의 곳을 파고드는 기습, 멀고 높은 곳에 머무는 사태를 일거에 손에 쥐어버리는 전망과 도약, 새로운 인물과 현상의 압도적 공표, 그 역동적 장면들을 풀빛은 수시로 해냈다.

시대가 변하고 역동적 출판의 가능성도 줄었다. 1990년대 중반부터 나병식은 풀빛에서 서서히 물러나 새로운 일에 관심을 갖는다. 이제 풀빛은 홍 석 사장의 어깨에 걸터앉았다. 그리고《한국민중사》로 사무실이 털리는 날 첫 출근을 했던, 어린 나이에 놀라 도망도 안 가고 당차게 굴어 칭찬이 자자했던 김명희가 살림을 맡아 함께 힘을 모았다.

새로운 세기 앞에서 새로운 전환 앞에서 생존의 기로에서 풀빛도 청소년 도서와 어린이 책 출간에 집중한다. 어려움 속에서도《이야기 한국역사》시리즈 등을 히트시켰고, 그림 동화《행복한 청소부》의 감동을 만들어 내며 탄탄한 자리를 마련하였다. 지금부터의 싸움은 활자를 외면하는 시대에 새로운 콘텐츠로 적응하는 일이었다. 새로운 시대의 생존법이 무엇이든 그동안의 풀빛의 철학과 정신이 중심이 될 것임은 분명하다.

어떤 예견이었을까, 1998년 1월 나병식은 풀빛미디어라는 자회사를 출판 등록 해두었다. 만화, 교육 콘텐츠, 전자책 등 영상 디지털 미디어시대에 조응하는 출판을 할 전문 임프린트 출판사였다. 풀빛미디어는 2007년 텔레비전 애니메이션으로 선풍적 인기를 끌었던 '태극천자문'을 만화로 재구성한 어린이교육만화《태극천자문》30권을 발행했다. 당시《마법천자문》등 한자 학습 돌

풍에 힘입어 상당한 성과를 거둔다. 현재 풀빛미디어는 아들 나힘
찬이 맡아서 운영하고 있다.

2002년 이후부터 나병식은 민주화운동기념사업회 설립과 운
영에 전념하였고 정치에도 도전했다. 이내 투병 생활에 들어 도수
높은 안경으로 책을 살피는 일은 그만하게 되었다. 풀빛으로 물든
긴 여정이었다.

나병식은 10·2데모 이후부터 '만파'(萬波)라 불리기 시작했다.
그 시작을 확언할 수는 없지만, 김경남에서 시작된 것이 아닌가
한다. 실제 김경남은 그의 《당신들이 계셔서 행복했습니다》에
서 후사연을 열심히 하던 시절을 회고하며 이야기를 꺼낸다. "나
에게는 나병식이 이 나라의 천파만파(千波萬波)를 뛰어넘어 몸부
림치는 구도자처럼 보였다. 그래서 나는 그를 만파라 불렀다. 처
음에는 진담 반 농담 반으로…. 그러나 언제부터인가는 진심으
로…."(김경남,《당신들이 계셔서 행복했습니다》, 252-253쪽)

그때부터 나병식은 친구들에게서 더러 만파로 불리는 경우가
있었다. 하지만 젊은 시절 특히 운동권에서 그를 한자 투 별호로
부르는 일은 그리 많지 않았을 것이다. 40대에 들어 바둑판이나
술자리에서 특히 그보다 연배 많은 이들이 자주 불렀으리라 짐작
한다. 기골도 장대하고 기도 센 그를 두고 이름 불러 하대하기가
적절치 않았을 것이기 때문이다. 어쨌든 만파는 나병식의 별호가

되었다.

이 만파라는 호가 가장 실감 나게 표현되고 살아나는 글이 있다. 소설가 김성동이 쓴 〈만파생각〉이라는 나병식 추모문집 글이다. "사쩜오! 류처사가 한 말이었다. 만파와 이 중생 사이 칫수를 말한 것이었으니, 이 중생더러 만파를 넉 점 접은 위에 다섯 집을 더 얹어 주라는 말이었다. 몇 사람이 모여 '리그전'을 벌이게 된 자리였다. '막강기우회'(莫强棋友會)라는 이름을 지은 회장택 만파(萬波)는 라병식(羅炳湜) 아호이고, 류처사(柳處士)는 이 중생이 류인태(柳寅泰)를 일컫던 별호였다. 세상에서 말하는 바 '민청학련사건' 목대잡이(주도자)로 몰려 사형선고를 받았던 이들이다. 여기에 건축가 조건영(趙建永)과 화가 김정헌(金正憲)이 리그전 모람(성원, 成員)이었으니, 광주피바다를 헤쳐 나온 80년대 첫 때 이야기이다."(김성동, 〈만파생각〉, 《황토바람에 풀빛》, 102쪽)

그의 글 막바지에는 만파에 대한 설명도 곁들여져 있다. "우리는 꼭 서로 아호로 불렀으니, 만파와 석남이 그것이다. '만파'는 만백성의 근심걱정을 없애 준다는 '만파식적'(萬波息笛)에서 따온 것이고, '석남'은 이 중생이 어떤 일간지에 프로기전 관전기를 쓸 때 쓰던 붓이름으로, 새로운 세상[南]에서 바둑[石]을 두고 싶다는 뜻이었다."(김성동, 앞의 책, 107-108쪽)

또 하나 만파에 대한 해석과 논의가 있다. 장례식 첫날 밤, 후배들이 모여 그의 호를 이야기하면서 만파를 일렁이는 역동적 파도 그리고 파도를 일으키는 근원적 힘으로 해석했다. "모두들 그 연원을 만파식적으로 짐작하는데 어려움은 없었다. 도탄에 빠진 민중의 삶을 구하고자 하는 염원이 담겼을 것이다. 허나, 만파식적에서 주인공은 대나무 피리니, 그는 정녕 어긋지게 만파의 그 일렁임과 용솟음 그리고 그 기나긴 연대의 파괴력이 되고 싶었을 것이 분명했다. 그리하여 일파만파의 그 만파에 다들 마음이 가 있었다. 그리하여, 소박한 장례 자료집을 준비하면서, 막내인 죄로 다음을 급하게 써 싣기도 했다. '그는 일찍이 만파(萬波)로 불리기 시작했다. 그가 몸을 일으키면 필시 바람이 되고 폭풍우가 되었기 때문일까. 그의 우렁찬 말이 일파만파로 세상을 움직이게 하여서일까. 우리는 어쩌지 못하고 파도가 되어 더불어 휩쓸렸다. 한줄기 물결이 솟구쳐 만 개의 파도가 되었듯, 오래토록 뜨겁게 일렁이리라.' 그는 파도였고, 어쩔 수 없이 우리도 파도였다. 시공을 넘어 파도의 연쇄작용이 아련했으면 참 좋겠다."(이재호, 〈역사, 신화 그리고 정으로 남으리〉, 《황토바람에 풀빛》, 229쪽)

그렇다면 김경남의 천파만파와 김성동의 만파식적의 만파와 후배들이 짐작하는 일파만파는 다른 것인가 같은 것인가? 낱낱이 따진다면 그리 호명하여 노리는 이미지와 기대치에 약간의 차이가 있을 수 있다. 그러나 만파라는 호를 나병식 삶의 큰 줄기와 흐름에 포개놓고 통으로 보면 의미는 하나로 모인다. 만파는, 온갖 풍파를 만났고 이기고 뚫었고 많은 일을 파도치듯 부지런히 했으며 세상을 삼킬 듯 기세가 있었고 몰아쳤으며 더불어 물결이 되어 세상을 사람을 움직이며 하나 되어 솟구쳤다는 것이다.

그러나 문제는 여기에 있다. 나병식은 사실 자신을 만파보다는 '풀빛'으로 자주 불렀다는 사실이다. 이런 경우다. 전화를 걸어 첫 마디가 이랬다. "형님, 풀빛입니다."

우리가 그를 '풀빛'이라면 부른다면 아마도 이는 사시(私諡)가 될 터다. 아내 김순진도 풀빛에 한 표를 던진다. 만파보다는 '풀빛 나병식'이 익숙하며 삶의 진면목을 더 잘 드러낸다고 생각하는 듯하다. 더욱이 그의 삶의 가장 큰 일은 책을 만드는 일이었으니 그가 책으로 꿈꾸었던 세상, 책으로 이룩한 세계의 빛을 그의 삶에 담을 필요가 있을 것이다. 그가 가고 없으니 뭐 얼마나 자주 풀빛 나병식이라 칭할 일 있을까만, 그리하는 것이 좋을 것 같다.

풀빛은 무엇이며 어디에서 왔는가? 나병식은 오래전, 자신이 풀빛을 상호로 쓰기 시작했을 때는 국어사전에는 '풀빛'이 없었다고 했다. 지금은 여러 국어사전에서 풀빛을 "풀의 빛깔과 같은 진한 연둣빛"이나 "풀의 빛깔" 등으로 설명하고 있다. 하지만 나병식이 원했고 간직했던 풀빛은 사전의 뜻풀이로 다 설명할 수 없을 것이다. 또 어떤 회고글에는 풀빛을 나병식이 풀빛 와이셔츠 가게를 할 때 고은 시인이 지어준 이름이라 기억하는 이도 있다. 하지만 김순진이 확인하는 바 사실이 아니다. 온전한 나병식의 작품이다.

풀빛이 와이셔츠 가게 이전에 등장한 글은 과문을 전제로 확인한 바로는 1955년 《현대문학》에 실린 이수복의 시 〈봄비〉 "이 비 그치면/ 내 마음 강나루 긴 언덕에/ 서러운 풀빛이 짙어 오것다" 정도이다. 물론 이 시에 등장하는 시어 풀빛은 그 정서가 슬픔과 애상에 기울어져 있다. 의지와 지향의 표상도 아니다. 그렇다 해도, 나병식 또는 김순진이 풀빛을 떠올렸을 때 혹여 이 시가 슬쩍 어깨를 툭 쳤을지도 모를 일이다.

그래서 풀빛은 무엇인가? 혁명이고 공동체이고 생명력이고 살아 있음이고 강함이고 공통의 언어이고 생각이고 책이고 희망이고 삶이라 하면 설명되는 것인가? 나병식에게 그리고 우리에게 세상에게. '선명한 추상이자 시들지 않는 구체의 묘한 기운'이란 설명을 간직하려 한다. 풀빛은 가장 근원적 생명력과 닿아 있고 생명이 나아갈 이상과 목표에도 닿아 있다. 그러니 풀빛은 생명이 가진 실천의 힘과 끈기의 이름이기도 할 것이다. 한걸음 더 나아간다면, 인간이 가장 먼저 보았던 태양의 빛이라는 보편의 빛, 그다음으로 본 빛들이 풀빛이요 땅빛이요 물빛이요 하늘의 빛이었을 것이다. 빛이라는 보편에서 가장 먼저 독립했던 특수한 빛, 그리하여 생명의 빛이며 생명이 발하는 희망의 의미만을 온전히 선취할 수 있었을 것이다. 풀빛의 원시성을 확인하려면 건곤독보(乾坤獨步), 즉 하늘과 땅의 첫걸음을 여는 빛이라 할 수도 있을 것이다. 풀빛을 일단 우리가 나병식이 선취한 것으로 양해한다면 풀빛은 그의 삶에 담겨 있을 빛일 것이다. 나병식이란 삶이 머금은 수많은 이야기는 생명력 넘치는 풀빛으로 모이고 뻗어갈 것이다. 다시 차분히 생각하면, 그런데 모르고 보면 더 근사한 것을 볼 수 있지 않을까? 그런 생각에 이르기도 한다.

8장

균형, 다시 돌아오다

힘차고 빛나고 슬기롭게

1989년 봄, 나병식과 김순진은 첫 집을 마련한다. 강서구 화곡동의 시범아파트였다. 등촌동 신혼방에서 시작하여 망원동으로 원당동으로 돌다 10번째 이사 만에 정착한 25평짜리 작은 아파트였다. 아버지 어머니와 함께였다. 11살 힘찬, 9살 빛나, 7살 슬기의 책 읽는 소리며 깔깔대며 웃는 소리가 한없이 좋았다. 내 집을 갖고 그 안에서 가족과 함께 보내는 시간이 얼마나 귀한 것인지 모두가 알아가고 있었다. 흠이라면, 나병식은 여전히 바빴다. 그래서 무슨 여행 오듯 집에 오곤 했다. 하물며 술에 취한 날이 태반이었다.

나병식은 한출협 3기 회장으로 선출된 이후 정부의 출판 탄압에 연일 성명이요 경찰서 항의 방문이요 농성이요 대회에 여념이 없었다. 출판계는 6월항쟁으로 열린 공간에서 진정한 출판의 자유를 위해 과감한 도전에 몰두하고 있었다. 마르크스 원전을 비롯한 북한 바로알기 관련 출판으로 정부와 하루가 멀다고 싸우고 있었다. 출판이 반, 싸우는 일이 반인 세월이었다.

애비는 운동권이었다. 밤이 깊어도 오지 않았다. 기다리다 지친 아내와 아이들은 도시락을 싸서 총총걸음으로 사무실로 농성장으로 가서 아빠를 겨우 만났다. 무슨무슨 대회장에 가서도 아저씨들 만나서 인사하고 있다 보면 "야, 너네 먼저 들어가라." 그런 아빠의 인사를 듣고 그들만 또 익숙하게 돌아왔다. 지금 와 생각하면 아빠에 대한 기억의 대부분은 '부재한 아빠'의 기억이다.

1989년에 어머니가 세상을 뜬다. 암이었다. 동생 나병순은 그때를 기억한다. "뭐 엄마를 또 살리겠다고 또 그렇게 뛰어다니는 오빠를 보고 제가 또 그렇게 감격했죠. 엄마를 살리겠다고 그렇게 정성을 들이고…." 중앙대병원에서 수술을 했지만, 너무 늦은 탓에 돌이킬 수 없었다. 한 많은 65년의 세월이었다. 나병식이 전부를 걸어도 서러울 것 없는 한 세계가 그렇게 무너져 갔다. 그래서 그는 술이 더 과해졌고 노래도 더 시려졌다. 자신보다 두 배쯤 큰 아들을 보고 "항시 몸 조심해라."를 당부하던 어머니. 자신이 남들처럼 살았다면 어머니는 행복했을까. 자꾸 머리를 떠나지 않는 질문에 답을 찾다 홀로 울었다. 자신의 삶이 아무리 당당하고 자신 있어도 어머니의 삶과 고생을 생각하다 보면 죄인이 되는 건 어쩔수가 없는 일이었다.

나병식과 김순진은 아이들이 제법 컸을 무렵 7년 간의 화곡동 생활을 정리하고 김포로 이사했다. 김포 고촌의 집은 시원스레 넓었고 근처에 처제가 살고 있어 여러모로 좋았다. 그 시절 나병식이 매달렸던 '균형사회를 여는 모임'의 소식지 창간호에는 여러 회원들의 동정을 짤막하게 싣고 있다. 누가 어떤 책이나 논문을 쓰고 있고 왜 어떤 일을 하며 어디로 여차여차해서 여행을 가고 있다는 내용이 주인데, 나병식 근황은 이랬다. "김포에서 토마토, 옥

수수, 호박, 솔 등을 청정재배하며 전원생활을 만끽하고 있음." 아이들의 학교가 먼 것을 빼면 고촌에서의 살림은 안정적이었다. 소탈한 사람들이 누리기 딱 좋은 여유, 들길 산책이며 인근의 고물상에 들러 이것저것 구경하는 재미며, 마당에 나 앉아 막걸리를 마시다 '에잇 고추나 따다 먹자.' 귀찮은 듯 느긋이 일어나는 그런 일들이 있었다.

나병식은 가정적이진 않았지만, 가족에 대한 애착만은 대단했다. 아들의 기억이다. "자는 데 새벽 세 시에 다 깨요. 아버지는 항상 가족들이 다 인사도 하고 반겨주시기를 원하셨었어요. 근데 어머니는 모르겠지만, 저랑 동생들은 그때 어리잖아요. 아침에 학교 가야 되는데 새벽 세 시에 술 취해서 오셔 가지고. 깨우고 그러면 그런 건 싫었던 거 같아요." 가족에 대한 애착을 그리 표현했다고 아들 힘찬은 후하게 해석한다.

새벽에 들어와 깨우고선 아들 힘찬에게 여러 말을 했다. "어깨를 그렇게 툭툭 치시면서 너 뭐 아냐고 자꾸 뭐 물어보세요. 근데 사실 당시에 한마디도 이해할 수 없는 얘기들을 하시는 데 지금에야 알겠지만, 밖에서 뭐 있었던 일들 중에서 말씀하신 것 같았어요. 항상 이렇게 툭툭 치시면서 말씀을 많이 하셨어요. 생각해 보면 근데 반응을 잘 못해 드렸는데, 아쉬워요. 아들이랑 유대감을 쌓고 싶어서 하셨던 거 같은데 …."

유별난 것 중 하나는 아버지의 노래였다. 그는 술을 먹고 집으로 와서는 식구도 이웃도 괘념치 않고 노래를 불렀다. 아빠가 술 취한 채로 돌아와 노래를 부르는 탓에 아이들은 일찍이 많은 노래를 배웠다. 나빛나는 '타는 목마름으로'라는 시를 교과서보다 아빠의 노래로 먼저 배웠다.

나힘찬의 기억이다. "술 드시고 엄청 취해 오셔가지고 노래를 부르시거든요. 가곡도 부르시고 운동권 노래도 부르시고 이미자 노래도 부르고, 옛날 무슨 번안곡들도 부르시고 그러셨던 것 같아요. 한 노래에 꽂히면 몇 달을 그 노랠 하세요. 다음 레퍼토리 나오려면 계절이 한 번은 바뀌어야 하죠. 봄처녀 제 오시네, 그 봄처녀는 거의 뭐 일 년에 한 번꼴로 오는 레퍼토리였어요. 옛날에 금잔디 동산에 그 노래도 엄청 많이 부르셨고, 타는 목마름으로, 님을 위한 행진곡은 너무 많이 들었어요."

나빛나는 아버지가 불렀던 노래를 따라 불렀던 스스로를 어이없어한다. "아니, 초등학교 애들이 산자여 따르라 그러면 뭔 소린지 아냐고요, 도대체 초등학교 3학년 애들이, 그 마지막 부분 클라이맥스, 산자여 따르라 그러는데, 산자가 왜 따라야 되는지 초등학교 3학년이 어떻게 아냐고요." 그 노래가 아무리 슬프고 시린 노래라 해도 아빠가 부르는 노래를 흥얼대는 어린 딸을 보며 나병식은 얼마나 행복했을까. 꿈만 같던 세월이었다.

아이들은 나병식의 애창곡이었던 '과거를 묻지 마세요'를 기억하지 못한다. 다만, 주변인들은 타고난 저음으로 나직이 그 노래를 부르는 나병식을 잊지 못하고 있다. 나병식은 언제나 '묻지 마세요'를 '잊지 마세요'로 바꾸어 불렀다. "장벽은 무너지고 강물은 풀려, 어둡고 괴로웠던 세월은 흘러, 끝없는 대지 위에 꽃이 피었네, 아 꿈에도 잊지 못할 그립던 내 사랑아, 한 많고 설움 많은 과거를 잊지 마세요. 구름은 흘러가도 설움은 풀려, 애달픈 가슴마다 햇빛이 솟아, 고요한 저 성당에 종이 울린다. 아. 꿈에도 잊지 못할 그립던 내 사랑아, 한 많고 설움 많은 과거를 잊지 마세요."

이 노래의 정서 표현 단어는 '과거' 그리고 '잊지 마세요'에 있다. 대중가요에 사로잡히는 많은 경우가 대개 가사에서 정서적 일체감을 느끼는 경우다. 가사에 자신의 또는 시대적 정서를 담은 정서 표현 단어가 나오면 마침내 노래와 연애가 실현된다. 지나간 옛사랑의 상처일랑 꺼내지 마라 달라는 듯한 이 노래의 '과거'는 사실, 월남민이 겪었던 아픔과 상흔이다. 38선이라는 장벽이 무너지고, 어둡고 괴로웠던 시절이 지나 꽃이 피는 세상이 오기를 바랐던 월남민의 애환이 담겼다. 나병식이 잊지 말자고 말하는 과거는 무엇인가. 송정리 시절의 배고픔인가, 치열하게 싸우던 젊은 시절의 투지인가. 김지하는 민중을 설명하는 한 가지로 "가슴에 한이 깊은 자"를 말한 적 있다. 민중의 한 전형처럼 한이 깊은 남자로 살았던 그는 아득한 현실에서 그것들이 '그리움'처럼 남아 있기를 바랐던 것인가, 그는 왜 잊지 말자고 했던가. 자기 다짐인가

청유인가. 그도 그렇고 우리의 과거에는 기쁨, 긍지, 사랑, 분노, 공포, 연민, 수치, 좌절, 슬픔이 모두 다 들어있다. 그가 눈을 감고 노래를 부르던 일도 과거가 되었다.

나병식은 술자리가 끝나고 집으로 갈 시간이 되면 꼭 집에 전화를 하는 버릇이 있었다. '나 지금 들어갑니다.'라는 보고이기도 했고 일종의 생존 신고이기도 했다. 아이들과도 전화를 자주 했다. 그런 그를 두고 자상한 가장으로 말하는 이가 한둘이 아니었다. 부드러운 말투로 안부를 나누는 그를 보고 커다란 덩치와 다르다고 당혹해하면서도 칭찬하는 사람도 많았다. 이종수가 추모 문집에 쓴 글도 그중 하나다. "그토록 장대한 체구에 부인과 아들, 딸들에게 베푸는 애정은 가히 보는 이로 하여금 시샘이 날 정도였다. 외출 중이거나 그 바쁜 출장 중에 아무리 바빠도 틈틈이 부인과 자녀들에게 곰살 맞게 안부 전하는 모습은 이 땅의 모든 남성들에게 본보기가 되어 마땅한 처사였다고 확신했다."(이종수, 〈우렁찬 분노를 그리워하며〉, 《황토바람에 풀빛》, 242쪽)

하지만 김순진과 아이들이 실제 체감하는 그는 전혀 가정적이지 않았다. 우리는 투쟁으로 일로 술로 바둑으로 집에 들어오지 않고 가족과 보내는 시간이 절대적으로 부족한 사람을 가정적인 사람이라 말하지 않는다. 겪어본 나병식의 가족들도 그리 말하지 않을 뿐만 아니라 화들짝 손사래까지 친다. 그런 곰살맞은 처신을 그나마 할 수 있다는 게 서로에게 다행이었다. 그는 전화로나마 자식들의 목소리를 들으며 힘을 냈을 것이다.

다만 아이들에게는 상처가 되고도 남을 일이었다. 나슬기는 초등학교 때 아빠와 저녁을 먹었다는 친구의 말에 심한 충격을 받았다. "그거에 대한 선명한 기억이 있어요. 초등학생 때 친구들이랑 얘기를 하는데, 친구가 아빠랑 같이 저녁을 먹었다는 거예요. 평일에요. 그게 진짜 너무 쇼킹했어요. 아빠랑 저녁을? 뭐 그럼 아빠가 저녁에 집에 계시다는 거야?" 그렇게 말하는 친구는 일단 충격이었고 부러움이었다. '아빠와의 저녁이 있는 삶'을 상상한다는 것이 힘들 정도로 나병식은 가정이란 공간과 시간에 부재했다. 운동하는 아버지들은 왜들 다 그랬을까. 그런데 아이들은 또 어쩌자고 그것을 나중에라도 다 이해하고 용서했을까.

풀빛, 그 이름처럼, 아이들의 순우리말 이름도 나병식이 고심 끝에 빚어낸 걸작이다. 그 이름 그대로 힘찬, 빛나, 슬기는 잘 자랐다. 공부도 다들 잘했다. 운동권 부모를 둔 문화적 특권으로 책이야 원도 없이 봤고 특별한 책들도 많이 봤다. 힘찬은 《말》이니 뭐니 책을 가져가 쉬는 시간에 읽다가 선생님들한테 뺏기고 불온서적이라 야단도 맞았다. 빛나는 중학교 때 존경하는 사람으로 장준하를 이야기했다가 장준하를 아는 사람이 아무도 없어서, 하물며 윤리 선생님도 몰라 당황한 적이 있었다. 슬기는 일기에 전태일 이야기를 썼더니 "전태일을 읽었어?" 이러면서 영문도 없이 선생님께 손바닥을 맞은 적도 있었다. 그러거나 말거나, 교도소에 있는 아버지에게 면회 간 기억이 여러 번이라 그런 것 쯤은 하나도 무서울 것도 없었다.

나병식이 가족과 보내는 시간의 줄면 줄수록 아이들을 챙기고 시부모님을 모시는 일은 김순진의 몫이 되어갔다. 그런 세월을 아이들은 기억하고 있다. 나힘찬은 말한다. "아버지처럼 운동을 열심히 하셨던 분들이 지금처럼 쫌 여유있는 시대였다면 그렇게까지는 안 했을 거라고 생각을 해요. 어쨌든 인제 어머니가 정말 고생 많이 하셔 가지고, 엄마에 대해 쫌 안타까움이 있었죠. 엄마 너무 힘드실 때는 아버지 원망도 없진 않았고 근데 또 분명히 아버지가 하셨던 일들에 대해서는 되게 자랑스럽고 그랬어요."

딸들의 의견은 더 분명하다. 나빛나는 말한다. "저희한테는 안 그러셨는데 아빠가 울분이나 스트레스가 극심했을 때 그거를 엄마한테 푸셨다 생각하거든요. 밖에서는 진보 변혁인데 집에서는 굉장한 가부장적이고 그랬죠. 그래서 엄마한테는 얘기도 여러 번 했어요. '밖에 나가서는 민주화인데 집에서는 철저히 반민주다.' 엄마가 그만큼 참고 희생하셨어요." 나슬기도 마찬가지다. "엄마 같은 경우는 엄청난 평정심으로 가족을 다 보듬으셨던 거 같아요. 사실은 나중에 이제 커서 아빠의 일을 이해하게 된 거지 학창 시절에는 정말 아빠를 이해할 수 없었어요."

어쩌다 함께하는 시간에도 여러 부딪힘이 있었다. 우선, 술을 위험할 정도로 많이 마시는 거며, 또 들어와 베란다에서 담배를 피우는 일도 좀체 이해하기 힘들었다. 그나마 항상 거실에 텔레비전을 켜두고 잠들거나 방이며 거실에도 불을 못 끄게 한 것은, 옛날 잡혀가 갇히고 고문받고 한 아픔이라 생각하며 이해할 만했다. 나빛나는 이런 불편함도 말했다. "제가 대학 다닐 때, 경제적으로되게 어려웠을 때죠. 제가 슬기랑 방을 같이 써서 도서관에서 밤늦도록 공부를 했어요. 아빠가 계시면 텔레비전 틀어져 있고 담배연기도 흘러들고, 그래서 밤 열두 시에 중앙도서관이 문 닫는 데그때까지 있다가 왔어요." 그래도 아버지의 마음은 알 수 있었다. "그러면은 엄마는 자고 있어도 아빠는 저를 기다렸어요. 그리고언제 오나 계속 전화를 하셨어요. '인제 간다.', '마을버스 탔다.' 해도 아빠는 기다리고 계셨어요."

나병식의 촌티와 소탈함에 가족들도 많이 당했다. 가난을 떼메고 산 촌사람들이 세련되고 비싼 것에 거부감을 갖는 일은 흔한일이지만, 그는 그것이 굉장히 못 견딜 정도로 강했다. 김순진이들려주는 이야기다. "안 잊혀지는 것 중의 하나가 뭐냐면, 제 환갑이었어요. 그때 병순 아가씨가 초대를 했나 그래 가지고 애들이랑같이 신라호텔에서 뷔페를 먹었어요. 갔다 와 가지고 얼마나 화를냈는지 몰라. 그런 비싼 델 갔다고. 그냥 식당에서 먹으면 되는데. 그렇게 뭐 호텔에 가서 밥 먹으면 좋으냐고 그러고 난리를 쳐서그때 크게 싸웠어요. '내가 원해서 간 거냐. 식구들이 모처럼 큰 맘먹고 모아서 간 건데 당신이 너무 그러니까 내가 지금 먹은 걸 토하고 싶다.' 그러고 싸웠거든. 그런 적이 있었어요."

두 해 뒤, 나병식의 환갑도 그냥 넘어가지 않았다. "그다음에 이제 당신이 환갑이 된 거야. 내가 아빠 모시고 나가서 밥 먹자 그랬더니 애들이 '아빠 호텔 너무 싫어하니까 호텔 밥 먹지 말고 그냥 식당 가서 먹자.' 그랬는데, 끝내 거부를 해서 못 갔어요. 음력으로 2월 25일이기 때문에 양력으로 4월쯤 돼요. 그래서 쑥떡을 좋아하잖아, 쑥떡을 해 가지고 집에서 쑥떡 먹고 말았어요." 김순진은 나병식의 이런 행동을 "자기가 그런 쪽으로 물들까 봐 그랬는지도 모른다."고 분석했다. 상품 경제에 빠져들지도 모른다는 경계심이었을까 아니면 무언가 강력한 거부감이 있었을까. 그렇게 사는 일이었는데 그러나 인생은 또 모질고 쓸쓸한 기억을 남긴다. "근데 인생이 아이러니야. 근데 나중에 아팠잖아. 그니까 먹고 싶은 걸 못 먹잖아. 너무 배도 고프고 또 먹지도 못하고. 그때 임실에 단식원에 치료받으러 가서 한 20일 만에 나왔는데, 그때 그러는 거야. 이제 자기가 좋아지면 우리 일주일에 한 번씩 맛있는 거 먹으러 다니자고…."

나병식은 기본적으로 아이들의 선택을 오롯이 존중해 주었다. "우리가 선택할 때는 특별히 어떻게 하라 말씀을 하시진 않았어요. 저희한테 맡기고 덕담을 해주고 잘하라고 하셨지 어떻게 선택해라 뭘 해라 마라, 맘에 든다 안 든다, 이런 말씀을 하셨던 적이 한 번도 없으셨어요." 그러나 몇 번의 선택에는 강하게 의견을 개

진한 적이 있었다. 나빛나가 대학을 졸업하고 취직을 할 때였다. "제 첫 직장이 토지공사거든요. 아빠가 토건족 회사에 간다고 우리 딸내미가 토건족 회사에 간다고 섭섭해 하신 적이 있었어요." 나슬기도 마찬가지였다. "제가 삼성전자하고 국민은행 두 군데를 붙었어요. 근데 아빠가 절대 삼성은 안 된다고 했어요. 거긴 인간을 기계처럼 보는 데다 뭐 이러시면서…." 또 결혼식을 강남에서 한다고 많이 싫어하기도 했다. 아이들과 거의 방목에 가까운 관계를 맺고 자율성을 주면서도 통용될 수 없었던 그의 경직됨은 무엇이었을까. 그가 양보할 수 없었던 그것들도 자본주의와의 불화였던가?

경제적 어려움도 만만치 않았다. 어린 나힘찬도 알고 있었다. "아주 어렸을 때는 아주 힘들다가 초등학교 저학년 이럴 때는 오히려 괜찮았던 거 같아요. 초등학교 때, 그때는 이제 출판사도 잘 되셨던 거 같고, 사는 데 뭐 크게 지장 없었던 거 같은데, IMF 이후에 진짜 많이 힘들었어요. 아버지가 뭐 빚도 많으셨고 했는데, 그래도 어떻게 운용을 하셨는데 IMF 이후 힘들어졌고 이제 서대문 삼성아파트에 월세로 급하게 이사를 가기도 했죠."

이처럼 나병식이 밖에서 저돌적으로 일하며 버티는 데는 김순진과 아이들의 인내라는 뒷배가 있었다. 아이들의 힘차고 빛나고 슬기로운 삶이 가능했던 것은 김순진의 평정심을 지키려는 수많은 기도와 수련 때문이었다. 이미 알만한 이들은 다 알고 있었다. 나병식과 김순진을 모두 잘 아는 신인령 교수는 "그의 유감없는 투쟁의 삶에는 늘 단단하고 의연하고 모든 것을 풀어낼 수 있는 김순진 선생의 사랑과 보살핌이 있었다."고 강조했다. 물끄러미 엄마를 바라보며 가늠한 아이들의 속은 깊어졌고 어느새 엄마도 아빠도 다 껴안을 수 있을 만큼 성숙해졌다.

지금의 기준으로는 도무지 이해되지 않고 상상하기도 힘든 나병식을 비롯한 1970년대 운동권 사람들의 가정과 사회에 대한 부재와 부적응의 문제들을 단순한 오류로 단정짓는 것은 섣부른 판단이다. 그것은 시대를 벗어나지 못한 모두의 한계였다. 오랜 인연의 경찰 고위직 출신 지인에게서 "병식이가 진짜야. 저 힘든 상황에서도 운동도 하고 가족들 위해 저렇게 애쓰는 진짜배기 운동권은 병식이야."라는 소리를 들었던 나병식이지만, 그 또한 가족들에게 한계를 보여준 사람이기도 했다.

1990년 중반부터 여동생 내외는 인쇄소를 차려 새 일을 시작했다. 풀빛에 근무하던 조기환이 어렵게 마련한 아파트를 담보 잡고 인쇄소를 차린 것이다. 오랜 세월 출판사 영업부장을 하며 엮어낸 사람들이 있어 해볼 만했다. 나병식은 늘 안쓰럽고 미안하던 동생에 대해 한시름을 놓았다. 가난 때문에, 그보다 더 고지식한 아버지 때문에 초등학교도 졸업 못하고 못난 오빠 때문에 온갖 고생으로 살던 동생은 결혼을 하고 혼자서 공부를 하고 검정고시도 치루고 방송통신대까지 마쳤다. "아버지는 워낙 무서운 사람이니까. 가까이 갈 수가 없는데. 오빠는 '고생해라.' 맨날 이렇게 토닥토닥 하면서, '조금만 참아라, 조금만 고생하자.' 늘 그랬으니까. 그냥 우상이었죠." 그렇게, 고생이 끝났다고 다들 생각했다. 광주의 경자 누나는 송정리 시장에서 여전히 야채장사를 하면서 지내고 있다. 해마다 그리움을 더하면서.

균형사회를 꿈꾸다

1987년 6월항쟁 이후 시민운동시대가 열린다. 민주화가 되고 민주주의의 촘촘한 제도화와 공고화를 위한 여러 과제들이 제기되고 있었다. 타도만으로는 투쟁만으로는 전선체 참여만으로는 구호만으로는 해결되지 못할 문제들이 산적해 있었다. 이를 해결하기 위한 사회적 노력을 시민운동이라 칭했다. 민주화운동에 참여했던 많은 사람들이 시민운동의 길로 나섰다. 바야흐로 NGO시대로 접어들었다. 그 선두가 경제정의실천시민연합, 참여민주사회와 인권을 위한 시민연대였다. 경실련은 1989년부터 시작되었고, 참여연대는 1994년에 출범한다.

풀빛은 종합 출판으로 전환한 후 베스트셀러가 나오면서 경제적 안정도 되고, 출판 탄압에 맞서 싸울 필요도 없이 평온한 일상이 이어졌다. 이즈음 나병식의 시선은 출판보다는 밖으로 향했다. 출판이야 어느 시대 어느 상황이든 한 권 한 권이 세상의 기획이고 아젠다 세팅이고 변화의 물꼬이지만, 나병식은 풀빛이 짙어질 짐을 조금 벗은 듯했다. 물론 사람들을 만나고 술을 마시고 날밤을 새워 바둑을 두는 일로 바쁘긴 매한가지였다. 대체로 출판을 매개로 하거나 책을 사이에 둔 만남에서 어느 시점부터 다른 이유와 의도로 연결되는 만남이 늘었다. 그중에서 일단의 광주 전남 출신 인사들과 여러 겹의 만남이 바삐 돌아갔다.

멀리 나간다면, 1980년 5월 이후 호남인들은 더 끈끈하게 결속했다. 출향 인사끼리는 물론 출향 인사와 호남 인사들의 결속도 훨씬 잦고 강해졌다. 정치적 공동체 의식도 작용했지만, 서로를 위로하고 격려하지 않고선 아픈 기억을 견딜 수 없었다. 자연스레 동향과 중고교 동창과의 모임이 늘고 마음 맞는 사람들끼리 정례화하고 다른 모임과 연결을 하며 더불어 사는 일에 힘이 붙었다. 80년대 말부터는 40~50명씩 모여 봄, 가을 등반모임이나 송년모임도 생겨났다. 모이면 당연 세상 돌아가는 이야기를 하고 호남 출향 인사들이 뭔가 해야 하지 않느냐 제안도 나오기 마련이었다. 여러 만남, 뭔가 일을 하자는 결의는 자연스럽게 하나의 결론으로 나아갔다. 호남 차별 해결이었다. 나병식은 어렴풋 형평, 균형 등의 단어들이 떠올리기 시작했다.

시민운동의 부상과 함께 시민단체에서 나병식에게 손을 내밀기도 했다. 참여연대 활동을 하던 박원순 변호사가 찾아와 함께하자는 제안을 하기도 했다. 그러나 나병식은 고사했다. 다른 일을 해보고 싶다는 말도 덧붙였다. 나병식은 그런 문제들은 제쳐두고 호남 차별과 배제의 해결 없이 민주화는 결코 완성되지 않는다는 결론에 충실하기로 결심한다.

호남 차별의 문제에 대한 나병식의 인식은 본능적이었다. 대학 시절부터 생의 밑바닥에서 자라온 분노였다. 서울에서 비교할 수 있었던 고향의 가난과 낙후의 실상, 그것이 구조적인 것이라는 인식은 분노를 재삼 다그치는 것이었다. 개발독재의 본질을 알아갈수록 농민과 노동자의 희생으로 이루어지는 부의 축적, 경제적 자원의 균열적 투입과 차별적 배분의 희생자가 호남이라는 인식은 더욱 확고해졌다. 그래서 대학 시절부터 나병식은 줄곧 호남 차별을 이야기했다.

나병식은 이제 사람들을 끌어모았다. 사람을 만날 때마다 "호남 사람들이 지금 해야 할 일은 지역 차별과 싸우는 일이다."라고 말했다. 많은 모임에서 동의하고 공감했다. 물론 당시 진단과 전망이 달랐던 이들도 있었다. 비호남권 인사들은 이 문제에 선뜻 동의하지 않았다. 설령 호남 출신이라 해도 지역 차별과 지역 감정을 극복하는 일을 별도의 단체까지 만들어 할 일이라 생각하지 않는 사람도 있었다. 반면 우선적 과제라 생각한 이들은 IBM 노조위원장 출신 이무성, 한마당 최필승, 인천에서 활동하던 양홍영, 한국은행 다니던 정순철, 경희대 이승곤 등과 미국에서 돌아와 고려대 교수로 부임한 장하성 등이었다.

나병식은 일이 생겼을 때 해치우지 않으면 답답한 사람이었다. 그의 하루는 전화를 붙들고 씨름하는 일로 채워졌다. 그는 일이 떠오르면 전화부터 했다. 그것도 무작정 거리낌 없이 급하게 했다. 후배들에게 일을 맡길 때 누구누구에게 전화부터 하라고 독촉했다. "만나서 차분히 얘기해 볼게요." 해도 "지금 전화해 보랑께." 로 몰아세웠다. 그만큼 전화로 일하는 데 도가 튼 나병식은 가진 전화번호가 어마어마했다. 이를 적어둔 치부책이 있긴 했지만 그는 어쩌자고 수많은 전화번호를 외웠다. 전화번호만 따로 두는 뇌 공간이 있는 듯했다. 70년대의 엄혹한 세월 속에선 모든 정보를 머릿 속에만 새겨 놓아야 했음을 감안해도 신기에 가까운 능력이었다. 그가 가지런히 외우고 있던 번호들은 이제 호남 차별을 극복하기 위해 하나둘씩 불려 나올 참이었다.

1993년 2월 20일 준비 첫 모임에 18명이 모여 논의하면서 활동 방향의 윤곽을 그렸다. '각계각층의 핵심 인사들을 모을 것, 광주에서도 합동모임을 만들 것, 운동권과 정치권과는 거리를 둘 것' 등이다. 나병식은 조직을 이끌 어른들을 만나 도움을 구했다. 김중배, 이돈명 선생을 찾아뵈었다. 김중배 선생은 그 어려운 일을 흔쾌히 맡아 자신의 이름을 전면에 걸고 조직을 만드는 데 나서 주었다. 두 분의 명망에 힘입어 균형사는 초기에 큰 추진력을 얻었다. 아쉽게도 균형사를 시작하고 얼마 안 있어 김중배 선생이 문화방송 사장을 맡게 되어 계속 함께하지 못한 것이 못내 아쉬웠다.

광주에서도 열성적인 40여 명이 몇 차례 논의를 진행시키고 있었다. 나병식과 문국주 등 몇몇은 이틀이 멀다고 광주로 가 그들과 논의했다. 1993년 3월에는 대전 유성에서 서울 13명, 광주 20명, 전주 2명이 모여 준비위원회를 만들었다. 김중배, 송기숙이 공동준비위원장, 서울의 위원은 나병식, 문국주, 심재철, 장하성, 이무성이었고 광주의 위원은 김신근, 박관석, 유남영, 이 강, 조승현이 맡았다.

이후 창립까지 준비위원회는 서울과 광주에서 각각 그리고 합동으로 20여 차례 회의를 거쳐 1993년 6월 12일 창립대회를 연다. 모임의 명칭을 두고 '균형사회를 위한 모임', '열린사회를 위한 모임' 등이 거론되다 '균형사회를 위한 호남인의 모임'이라는 다소 노골적인 안까지 나왔지만, 최종적으로 '균형사회를 여는 모임'으로 결론이 났다. "우리 사회의 지역패권주의를 근본적으로 타파하기 위해서는 모든 부문에서 사회적 불균형문제를 전면적으로 극복하지 않으면 안 된다는 합의가 도출되었고 이런 취지에서 모임의 명칭도 '균형사회를 여는 모임'으로 하였습니다." 나병식이 창립대회에서 밝힌 이유다.

균형사회를 여는 모임 창립대회는 전남대 장성수련원에서 열렸다. 송기숙 교수를 대표로 선임하고 이돈명 변호사와 박현채 교수를 고문으로 추대했다. 100여 명의 사람들이 참석했다. 교수 김우창, 정윤형, 한정일, 윤구병. 문화예술계에서는 소설가 이청준, 한승원, 화가 강연균, 시인 조태일, 나남출판 대표 조상호. 변호사 천정배, 유선호, 유남영도 참석하고 정찬용, 문국주, 언론인 박준철, 기업인 박경호 대표, 김판수 대표 등이 참석했다. 나병식이 창립경과보고를 했다.

균형사회를 열자

새로운 세기를 향한 세계사적 경쟁이 나라 안팎에서 치열하게 전개되고 있다. 따라서 우리는 일찍기 누구도 경험해보지 못한 새로운 미래로 나아가기 위해 서로 손을 맞잡아야 한다. 흩어진 동포가, 갈라선 민족이 장애와 도전의 벽을 넘어 분단비극을 극복하여 통일을 이룩하고 힘을 합하여 위대한 한민족의 시대를 열어가야 한다.

그러나 우리 사회는 전국민의 창의와 요구가 나라 발전의 힘으로 뻗어가는 민주주의 실현이 사회 전체에 전면화되지 못한 채 아직도 낡은 시대의 암울한 유산이 엄존하고 있는 실정이다. 그동안 우리 사회는 불행하게도 특정정치세력이 부당하게 권력을 창출하고 이를 유지하기 위한 방편으로 국민과 지역을 분할하고 경제력 및 국가 권력을 독점 내지 사유하는 지경에 이르렀다.

이런 현실을 보며 나라의 장래를 걱정하는 국민들은 정치 경제 등 모든 부문을 민주적으로 개혁하여 전사회구성원간, 각부문간, 그리고 각지역간의 균형있는 발전을 이룩하고 마침내는 온국민이 통합되기를 열망해왔다. 그럼에도 불구하고 흔히 지역감정으로 표현되는 정치적 갈등과 경제적 불균형은 정치권력에 의해 확대되고 심화되어 이제는 일시적인 정서적 갈등의 단순한 현상이 아니라 국민들의 마음속에까지 자리잡아 사회적 구조로까지 굳어졌다.

우리는 정치적 패권주의에 이끌려 시작된 지역문제가 우리 사회의 발전을 저해하는 질곡으로까지 작용하며 모든 사회영역의 구석구석까지 편향적 이데올로기화되고 있는 현상에 심히 우려를 표시하지 않을 수 없다. 그리고 지역이데올로기에 의해 조장되고 가려진 우리 사회의 여러 문제들을 예의 주시하지 않을 수 없다.

이에 우리는 열려진 마음으로 우리 사회의 균형된 발전을 도모하고 지역적 갈등과 편견을 주체적으로 극복하는 한편, 광주5월민중항쟁과 6월민주항쟁의 숭고한 뜻을 받들어 우리 사회의 건강한 내적 발전과 민주사회를 실현하고자 한다. 우리는 호남지역 문제를 중심으로 출발하여 궁극적으로는 사회적 불균형문제의 해결에 전국적 공감대를 형성함으로써 국민통합과 국가발전으로 승화시키고 나아가서는 민족통일을 이룩하는데 이바지할 것을 엄숙하게 선언하는 바이다.

1993. 6. 12.
균형사회를 여는 모임

송기숙 교수는 '지금은 우리 모두가 나설 때'라는 의미심장한 제목의 인사말을 했다. "지난 수십 년간 진행되어 온 우리 사회의 불균형 발전이 패권적인 정치권력의 분할 지배전략의 결과인 것만은 틀림없지만 정치 상황이 변했다고 해서 이 문제의 해결을 다시 정치권에 맡겨 놓고 그들의 처분을 기다리고 있어서는 안 된다."

'지역문제와 국민통합'의 창립기념 토론회에는 최장집 교수가 기조발제를 했다. 그가 발표한 것은 호남 차별의 역사와 구조, 민주주의와 지역 차별 문제, 민주개혁 과제와 지역 문제, 운동으로서의 극복방안을 두루 다룬 획기적인 논문이었다. 그는 "지역 문제는 호남 차별·호남 소외와 지역감정 문제를 포괄하는 호남 문제"라고 규정하고 우리 사회의 가장 중요한 미해결 정치현안으로 한국 사회 통합의 위기를 조성하고 있다고 지적했다. 또한 박정희 정권을 비롯한 지난 30여 년간의 군부독재가 경상도 중심의 사적 인맥 관계를 형성, 엘리트 카르텔을 구축하면서 전라도 출신을 의도적으로 배제하는 한편 특정 지역 편향적 구조를 발전시켜 왔다고 규정했다. 민주주의를 제도화하는 수준의 절차적 민주주의로는 이 문제를 해결할 수 없으며 지금까지 배제돼 온 노동 부문과 호남을 정치권력이 포괄하고 부의 형평분배, 냉전의식의 해소 등을 위한 실질적 민주개혁으로 해결해야 한다고 강조했다. 엄청난 양의 기조발제가 끝나고 고현석, 강신준, 손호철, 남영신이 약정 토론을 했다.

창립대회 이후, 출범하는 호남의 개혁적 인사들의 모임인 균형사에 대한 관심은 대단했다. 많은 언론이 창립대회 소식과 참여 인사 면면을 기사화했다. 최장집 교수의 발제 내용과 지역 문제 해결 방안 또한 중요하게 소개했다. 회원은 나날이 늘었고 회원들은 향토순례도 하고 크고 작은 토론회를 열었다. 소식지《균형사회》도 발간하였고 서울 서대문로터리 정성빌딩 3층에 사무실도 마련했다.

창립대회 이후 1993년 9월, 균형사에서 중책을 맡아 일하던 사람들은 이렇다.

고문 박현채, 이돈명. 대표 송기숙. 감사 이명한, 임중택. 운영위원회 위원 김수남, 김영택, 김종남, 김 탁, 김태홍, 나병식, 남영신, 박영일, 박점식, 서옥식, 유남영, 유승남, 이 강, 이주헌, 최 협. 편집위원회 위원장 박영일, 김남주, 김수남. 편집위원회 위원 김영택, 김충식, 김홍식, 남성우, 남영신, 석동일, 이주헌, 조상호, 황지우. 편집위원회 간사 이무성. 기획위원회 위원장 유승남, 고현석, 김상곤. 기획위원회 위원 김신근, 남영신, 박사명, 박점식, 손영원, 안병욱, 윤종규, 장하성, 조영호, 천정배. 기획위원회 간사 윤세준. 재정위원회 위원장 박경호, 김명식, 김충식. 재정위원회 위원 김태홍, 감판수, 김홍식, 나병식, 남영신, 박성귀, 박형선, 안영도, 유선호, 윤장현, 이양현, 이주헌, 장하성, 조상호, 최병종, 한정일. 재정위원회 간사 배홍기. 사무국 국장 나병식. 총무간사 김기정. 조직간사 배홍기. 사업간사 윤세준. 홍보간사 이무성. 서울지부 총무 문국주. 서울지부 간사 이승곤. 광주지부 총무 이 강. 광주지부 간사 유남영.

한편, 1996년 풀빛이 자리 잡고 있는 북아현동 능안빌딩으로 문국주가 들어왔다. 격월간 《공동선》을 발행하는 출판사 사무실이 풀빛에 깃든 것이었다. '균형사회'와 '공동선'이 만났다. 두 사람이 치켜든 두 개의 깃발이 성공적으로 세상을 호령했으면 지금 우리 사회는 어떠했을까, 가슴 뛰는 일이다.

문국주가 공동선에 이르기까지는 이런 내력이 있었다. 그는 김대중내란음모사건으로 수배를 받다 1982년 2월 검거되어 불구속 기소로 석방되고선 천주교의 품으로 들어와 운동을 본격화했다. 그때부터 1988년까지 한국천주교정의평화위원회 간사를 맡아 일했다. 한국천주교정의평화위원회는 사회교리에 따라 정의·평화·인권을 증진하는 일을 하며, 민주화 운동의 지원을 물론 종교적 리더의 역할을 수행했다. 천주교의 사회 활동을 위해 큰 원칙과 활동을 총괄하는 기구였다. 이어서 천주교에서 운동하는 모든 단체와 조직의 연합체인 천주교사회운동협의회의 사무국장으로 천주교의 사회운동을 도맡아 처리하고 세상의 온갖 운동을 지원하고 돌보고 연대하는 일에 앞장섰다.

한때 모든 운동이 명동성당으로 통하던 시절이 있었다. 명동성당의 전성기는 1970년대 운동이 종로5가 기독교회관으로 통하던 시절보다 더 왕성했다. 그래서 그가 안 낀 행사도 사건도 거의 없었다. 그가 모르는 운동권 인사는 그야말로 간첩이었다. 오죽 했으면 그를 '재야의 총무'로 불렀겠는가? 사실 총무라는 말은 벼슬

이 아니라 일의 양과 성실함을 특성으로 명명된 직책이다. 그는 운동권의 온갖 궂은일을 도맡았다. 그것은 타고난 심성도 심성이었지만, 60년대 후반 학번과 70년대 초반 학번이 중심이 된 민청학련 세대의 막내로서 감내해야 할 운명 같은 것이었다. 거기에 더해 온갖 운동과 연결되고 있는 교회의 세상에 대한 책임을 다하는 자리의 중심에 그가 있었기 때문이다. 이런 중차대한 일은 아무나 할 수 없는 일이다.

균형사가 공동선이었고 공동선이 균형사였으리라. 《공동선》을 발간하며 문국주는 나병식과 균형사 활동에 혼신을 다해 임했다. 그리고 세월이 흐르고 흘러 그 둘은 한 공간에서 한 몸으로 일하게 되는데 바로 민주화운동기념사업회에서였다. 그는 나병식이 상임이사를 할 때 사무처장이었고, 몇 해 뒤엔 그가 상임이사가 되어 일했다. 두 사람은 언제나 뜻이 통했고 혼연스러웠다. 나병식과 문국주는 서로에게 가장 믿을 만한 사람이 되어 서로 의지하며 역사의 복판을 함께 걸었다.

1995년 균형사의 가장 큰 사업은 '21세기 광주 전남의 미래 : 활로개척 시민대토론회' 개최였다. 그리고 이 대토론회는 균형사 활동의 가장 큰 성과이기도 하다. 나병식은 시민대토론회 기획위원장을 맡아 금남로 전일빌딩에 사무실을 열고 자신의 모든 것을 투입했다. 시민대토론회는 균형사가 주축이 되고 광주에서는 윤장현이 주축이 된 '시민연대'가 파트너가 된다. 그리고 광주일보사와 광주MBC가 주최자로 참여했다. 균형사는 주도적으로 토론회 취지문을 준비하였다. "언제까지나 자신의 신세를 한탄하고 외부에 기대는 자폐감과 무력증에 빠져 있을 수만은 없습니다. 광주 전남 사회만이 가용할 수 있는 여러 잠재적인 자원과 역량을 발굴 육성하고 여기에 지역사회의 의지와 힘을 생산적으로 모아 지역공동체의 진로를 모색하는 여론형성 과정이 무엇보다도 시급합니다. … 또한 지역 내외의 다양한 이해관계를 대별할 수 있는 분들을 포함해서, 재조와 재야, 보수와 진보, 세대 간이 차이를 넘어 머리를 맞대고 궁리하는 자리를 만들려고 합니다. 그래야만 다가오는 21세기에 광주 전남의 발전과 생활의 질을 높일 수 있는 활로를 열 수 있을 것입니다."

시민대토론회는 6개의 섹션으로 조직되어 1995년 3월 2일부터 4월 6일까지 6주간 순차적으로 진행되었다. 먼저 광주 전남의 현재와 미래를 다루는 기조토론으로 '우리 지역현실 어떻게 풀어 갈 것인가', 두 번째, 광주 전남 경제의 발전전략을 논하는 '우리 지역 경제 어떻게 살릴 것인가', 세 번째, 교육 분야 '우리 인적자원 어떻게 키울 것인가', 네 번째, 주민생활의 현황과 대책을 논하는 '우리 생활의 질 어떻게 향상시킬 것인가', 다섯 번째, 정치 분야 '우리 정치문화 어떻게 발전시킬 것인가' 그리고 마지막 종합토론으로 '우리 지역사회 어떻게 바꿀 것인가'로 진행되었다.

토론회를 마치고 조직위원회는 '변화의 새 기운을 장악하여 미래를 개척하자'라는 제언문을 채택하였는데, 그 주요 내용은 "자조의 노력을 통해 한을 신명으로 승화시키자. 잠재된 자원을 살려 생활의 질을 높일 수 있는 발전 방략을 강구하자. 개방적 민주공동체를 형성하자. 우리의 정체성의 기반이 될 지역문화를 꽃피우자. 지역발전을 담당할 인재를 양성하자. 변화의 새 기운을 반드시 장악하자."는 호소였다.

균형사가 나서 마련한 이 활로개척 시민대토론회는 소외와 차별을 극복하기 위한 광주전남의 결집된 노력이었으며, 지방화시대를 맞아 지역공동체의 비전을 마련하려는 선도적 논의였다. 나병식은 시민대토론회의 발제문과 토론문 모두가 담긴 보고서의 편집 후기에서 이렇게 쓴다. "활로개척 시민대토론회는 인고의 세월 속에 깊이 침전되어 있는 향토의 좌절과 패배, 고립과 차별, 바로 이런 굴레를 깨버리고 지역 발전의 전망과 활력을 찾기 위하여 열렸다." 균형사는 광주전남의 도약을 위한 청사진 마련에 큰 계기를 제시하였다.

시민토론회의 성공 이후 균형사는 새로운 국면을 맞이한다. 1996년 열리는 총선의 영향력 아래서 활동 공간을 찾기가 어려워진 것이다. 김대중의 정계 복귀와 맞물려 정치 바람이 거셌고 특히 호남권은 DJ 풍향을 거세게 탔다. 김대중은 1995년 7월 정계 복귀 후 새정치국민회의를 창당하고 정계는 개편되었다. 실은 분열이었다.

균형사를 둘러싼 환경이 급변하며 정치적으로 지역적으로도 매우 불리하게 변해 갔다. 민주진영의 정치적 분열이 DJ의 새정치국민회의 창당으로 이어지는 상황에서 호남 차별을 전면에 건 단체의 활동은 공감을 얻기 어려웠다. 활동을 조심하는 분위기가 역력했다. 보기에 따라 균형사를 DJ계에서 독립하려는 호남개혁 정치 세력으로 자칫 오해할 수도 있었다. 균형사는 위축되었다. 친목과 공부에 집중하는 방향으로 활동이 흘렀다.

당시 후배 중에 나병식과 자주 만난 사람은 박관석이다. 그가 목포대 교수로 있을 때다. 그는 나병식과 이렇게 처음 만났다. "나가 니 고등학교 대학교 선배 나병식이다." 1982년 그가 대한상공회의소 조사부에서 일하고 있을 때 사무실로 찾아온 나병식의 첫 마디였다. 풀빛을 차리고선 나병식은 박관석에게 번역 일감을 맡겼고 번역료 대신에 술을 샀다. 포장마차에서 새벽녘이 되어서야 술자리는 끝났다. 새로운 세계였다.

그 무렵 박관석이 느끼고 알게 된 '새로운 세계'에 나병식의 매력이 자리잡고 있었다. 어떤 상황에서도 위축되지 않고 당당하고 낙관적이며 열심이고 일도 상황도 밀고 나가는 사람. 이것이 나병식의 매력이었다. 이 게토에 드는 일은 힘겹지 않은데 나병식이 먼저 문을 열어 주기도 하지만 그의 한없는 소탈함과 단출함에 가는 이의 마음이 벌써 푸근해져 버리기 때문이다.

평전을 준비하며 무등산 자락에 있는 박관석의 집을 찾았을 때 김순진도 동행했다. 인터뷰 첫 대목에서 "병식이 형." 그 한마디를 하고 그는 말 대신에 눈물을 흘렸다. 10년이 흘렀는데, 그런 사람도 있다. 그는 "형이 광주로 오면 나는 무슨 일이 있어도 목포에서 광주로 와 형을 만났어요." 마치 신앙 고백하듯 옛일을 떠올렸다. 심지어 강의도 빼먹고 광주를 왔다는 고해성사도 했다.

"대학에 자리를 얻어 고향으로 이사한 뒤에는 주로 광주에서 형을 만났죠. DJ가 두 번 대선에 실패한 뒤, 호남 사람들이 낙심하고 있을 때, 형은 고향에 희망을 주어야 한다며 광주에 자주 왔고, 여러 선후배들을 부추겨서 균형사회를 여는 모임을 발족시켰어요. 그때 형의 모습은 마치 수호지에 나오는 영락없는 양산박 두령이었죠."

나병식은 균형사 활동으로 광주에 오면 금남로 수미장 여관에 자리를 잡고 사람들을 불러 모았다. 그렇게 나병식은 광주 사람들을 만나 설득하고 권하고 악도 쓰고 그러다 술을 마셨다. 그의 열정으로 토론회는 일대 성황이었다. 박관석이 전하는 에피소드는 나병식이 균형사에 바친 노고의 크기와 진정성을 말하는 것이다. "한 달에 걸친 토론회가 끝나고, 서울 가는 비행기를 여러 사람들이 같이 타고 가던 중, 저쪽 뒷좌석에서 큰소리가 들렸어요. 나병식을 청와대로! 술이 덜 깬 여운 선생의 목소리였어요."

균형사 초기부터 참여했던 국어학자 남영신도 나병식에 반한 이야기를 들려준다. 광주고와 서울대 법학과를 나와 국어학자가 된 그는 6월항쟁 이후 노태우 정권의 내각 인선을 보면서 비분강개했다. 유력 장관과 안기부 국방부 군 장성 온통 대구경북 출신이 독차지한 것이었다. '정말 이건 아니지. 경상도 사람들이라고 다 잘난 게 아닌데, 이건 아니지.' 그는 분을 참다못해 《지역 패권주의 한국》이라는 책을 출판했다. 어느 날 균형사 모임을 하던 박경호 사장이 책을 읽었다며 전화가 와 만났고, 다음 모임에 나가 나병식과 균형사 사람들을 만났다. 가서 보니 주로 말하는 사람이 키 큰 사람이었고 다들 "나 선배님." 하는 걸 보고 '아, 이 양반이 주도하나.' 그런 생각이었다. 그렇게 일하면서 광주도 가고 토론회도 하고 상당히 돈이 많이 드는 걸 보았다. 어느 날 걱정스런 마음에 후배에게 돈 이야기를 했더니, "그거 다 병식이 형이 내는 거예요."라는 말에 놀랐다. "나병식 씨한테 내가 인제 깍듯해진 거지, 내가 1년 위니까 자꾸 형님 그러는데, 난 친구 아니면 친구보다 더 높은 어떤 그런 느낌으로 그 사람 대하면서 일했어요."

균형사는 이후 급격한 환경 변화로 인해 정치적 목표가 사라지고 김대중 정권의 등장으로 정치권에 대한 의존도가 강해지면서 주체적인 활동의 의지가 상당 부분 감소하게 된다.

균형사회라는 아젠다를 던졌지만 성공의 좌표를 남기지 못하고 떠돌고 있었다. 균형사가 정치적 구호를 내걸고 본격적인 호남 기반 개혁적 정치 활동으로 나갔어야 하지 않았을까? 지역패권주의도 호남 차별도 정치의 문제였으니 해결 또한 정치적 힘이 필요했다. 그러나 조직의 면면이 정치적 결의로 나아갈 만큼 강력하지 못했다. 또한 DJ를 중심으로 한 정치적 힘도 이들을 견제하고 억누른 측면이 있었다. 나병식을 포함한 구성원들은 명망성은 있으나 정치 대응의 감각이 매우 부족했다. 이는 동시대 탁월한 이슈 대응과 언론 활용을 통해 급성장한 참여연대를 보면 명확해진다. 학문적 이론적 뒷받침과 함께 정책적 대안을 만들지 못한 것도 아쉽다. 몇 년 후 노무현 정부에서 지역 균형 아젠다는 화려하게 부활하였고 여러 정책들이 쏟아졌다. 균형사가 균형사회 아젠다를 성공적으로 선도했다면 상당한 이니셔티브를 가질 수 있었을 것이다.

특히 나병식으로 한정해 생각하면 더 아쉽다. 그에겐 균형사가 훌륭한 정치적 기반이 될 수 있었다. 그렇다면 그는 왜 그 좋은 정치적 아젠다를 가지고 자신의 정치적 기반으로 활용하지 못했을까? 현실적인 한계가 있었다. 인식의 부족, 정치적 감각 부재 등등. 하지만 중요한 것은 외부에 있지 않았을까. 만일 나병식이 호남의 개혁 인사들을 결집하여 세력을 만들고 지역 차별 해소를 전면에 내걸고 정치적 활동을 전개했었다면 진보개혁 또는 호남에서 호응했을까? 불가능했을 것이다. 오히려 호남을 정치적 기반으로 하는 동교동 세력과의 충돌이 있었을 것이다.

이는 이종범이 밝힌 생각과 맞닿는다. "박현채 선생님은 형이 균형사회를 여는 모임을 힘차게 꾸릴 때 무척 좋아하셨다. 망국적 지역균열, 비관적 계층모순, 확장하는 세대갈등을 치유하자는 균형의 이슈를 호남에서 시작하고 호남에서 실천하자는 데에 의미가 있다고 하신 것이다! 그러나 나는 아쉬웠다. 시민사회의 자주적 각성과 선도적 돌파가 아무리 중요하지만 '김대중 카리스마'를 수용하지 않는 것으로 비친다면 향후 동교동계의 집단비토가 없지 않을 것이라고 항변(?)한 것이다. 나는 지금도 1996년 총선에 즈음한 '수혈정치'에서 형이 배제된 것은 이와 무관하지 않다고 생각한다."(이종범, 앞의 책, 237쪽)

균형사회라는 아젠다가 얼마나 선진적이었는지 다시 생각할 필요가 있다. 균형의 사전적 의미는 "어느 한쪽으로 기울거나 치우치지 아니하고 고른 상태"이다. 기울임이 있는 곳에선 변화의 필요성과 목표와 주체가 있기 마련이다. 지금이라도 웬만한 스토리가 받쳐주는 사람이 균형사회를 정치적 슬로건으로 걸고 나서면 승부를 볼 수 있을 것이다.

1997년 대선이 다가오면서 사람들의 관심과 회원들의 활동도 정치 활동으로 급격히 쏠렸다. 나병식도 마찬가지였다. 그도 이제 정권교체민주개혁국민위원회 상임집행위원장 명함을 들고 사람들을 만나고 있었다.

정치개혁의 길

1996년 15대 총선이 다가오고 있었다. 김대중의 대선 출마는 정계 복귀와 새정치국민회의 창당을 통해 예정된 순서대로 흘러 갔다. 정계 복귀 초반 반대 여론이 있었으나 정작 대선이 다가오 면서 비토는 약해졌다. 특히 호남은 이번이 정권을 교체할 수 있 는 마지막 기회라는 생각에 모든 것을 덮었다.

대선이 다가오자 정치권 밖 민주개혁진영은 두 갈래로 나뉘었 다. 선택이기도 했고 사회적 압력이기도 했다. 정권 교체를 통한 개혁의 안정적 실천을 주장하는 그룹과 진보의 정치세력화 그룹 이었다. 김대중 후보 지지와 민주노동당 권영길 후보 지지였다.

권영길 후보 지지 쪽의 움직임은 매우 강력했다. '국민승리21' 이라는 조직적 연대를 통해 독자 후보 전술을 구사하며 선거운동 에 전면적으로 결합한 것이다. 그들의 정치적 목표는 사실 선거 이후 진보 정당 건설에 있었다. 대선 승리가 어렵더라도 향후 진 보 정당 건설이라는 진전을 만들어낼 것임을 공공연히 밝혔다. 대 선 정국에서 진보의 조직화에 더 주안점을 두는 것이었다.

정권 교체가 가장 중요한 일이라 판단하고 결집해야 한다는 주 장이 또 한 진용을 꾸렸다. 대선을 50여 일을 앞두고 '정권교체민 주개혁국민위원회'가 출범했다. 재야 명망가들이 망라되었고, 변 형윤 서울대 명예교수, 박용길 통일맞이 이사장, 이소선 어머니,

구중서 민예총 이사장, 박정기 유가협 의장, 지선 스님 등 331명이 합류했다. 국민위원회는 정권 교체를 통해 개혁을 완수해야 한다는 입장을 분명히 했다. 아울러 정권 교체와 민주개혁을 위한 '범야권 후보단일화'를 요구했다. (신승근, '새 세상 향한 재야의 두 갈래 선택' 참고)

나병식은 정권 교체의 필요성에 힘을 실었다. 정권 교체가 민주개혁의 지름길이라는 생각으로 국민위원회에 참여했다. 1987년 DJ에 대한 비판적 지지 선상에 다시 선 것이다. 당시 후보단일화나 백기완 민중후보 전술 등으로 민주개혁진영이 선택을 강요받았을 때도 그는 비판적 지지를 표명했다. 그는 현실주의자였고 개혁주의자였다. 물론 호남 차별에 대한 본능적 저항의지와 호남 개혁정치의 상징인 김대중에 대한 친화감도 무시할 수 없는 선택의 기준으로 작용했다.

나병식은 진보정치의 필요성과 가능성을 충분히 인정하면서 현실의 문제를 개혁정치를 통해 해결하려는 입장을 견지하고 있었다. 그는 평소 생각이 진보적일 뿐만 아니라 진보적 인사들과 아무런 거리낌 없이 교류하고 있었다. 하지만 이념의 변혁적 목표나 전망에 기대기보다 인간다운 삶의 조건을 만드는 실질적인 변화에 희망을 걸고 있었다. 그렇다고 변혁의 가치와 효용을 온전히 부정한 것은 아니었다. 그는 인간해방을 향한 휴머니즘, 모순과 질곡을 깨어나가는 민중의 힘, 깨어있는 주체의 도덕과 미덕으로서의 운동, 민족공동체의 실천에서 답을 구했다. 80년대 숱한 이념 논쟁을 지켜보고 뿐만 아니라 사회과학서적의 출판을 통해 이를 지원하고 특히 민중지향성의 정점을 밀고 가던 《사상문예운동》을 발간하면서도 나병식은 현실에 발딛은 전투적 개혁주의자의 길을 분명히 했다.

나병식은 국민위원회의 상임집행위원장을 맡아 대선 국면에서 정권 교체와 김대중 후보 당선을 위해 노력했다. 대선은 40년 만의 정권 교체로 마무리되었다. 국민의 정부 출범 이후 민주개혁 진영의 인사들은 제2건국위원회 등 개혁을 위한 범국민운동에 참여했고 또 여러 정부 조직에 다각도로 참여했다. 하지만 나병식은 재야인사로 남았다. 특별한 제안이 있었던 것도 아니었지만, 국정 참여보다는 선거를 통한 자신의 정치적 도전을 생각하고 있었다.

나병식은 고향인 광주 송정리에서 국회의원 출마를 준비했다. 국민의 정부 출범 이후 2000년 총선을 대비하여 기존의 새정치국민회의는 새천년민주당으로 확대 개편하고 나병식은 새천년민주당의 창당준비위원으로 참여한다.

2000년 총선이 다가오고 있었다. 당시에 민주당이라는 제도권은 진입장벽이 확고했다. 특히 호남권은 김대중계의 강고한 정치적 지배력이 관철되고 있었다. 민주당 밖에 있던 인사들은 정권 교체 이후 당으로의 진입이 더욱 어려워졌다. 진보개혁적인 인사 일수록 오히려 그 거부감이 높았다. 호남의 민주당에 있는 몇몇 기득권들이 마치 한풀이하듯이 권력을 누리고 이권을 적절히 배분하는 시점이었기 때문이다.

나병식과 일단의 재야 민주개혁 인사들은 우회로를 기획했다. 이러한 방식이 그들의 존재 가치를 높이고 그 힘으로 제도권 정당으로 진입할 수 있는 통로라고 생각한 것이다. 그 구체적인 노력이 '민주개혁국민연합'이다. 이들은 민주개혁을 위한 국민운동체를 자임하였다. 나병식과 민주당 밖의 개혁 인사들이 하나의 세력으로 모여들었다.

이미 대선을 거치며 상당수의 민주개혁 인사들이 민주당에 진출하였고 김대중 대통령의 우산 아래로 진입한 이후였다. 나병식이 이들과 함께 민주당 주류에 합류하지 못한 것은 그가 민주당 기득권이 장악하고 있는 광주에 정치적 입지를 넓혀가고 있었다는 이유 말고 다른 이유를 찾기 어렵다. 그는 여전히 정치적 변방에 서 있었다.

어쨌든 국민연합은 개혁정치를 위한 새로운 국민운동을 주창하며 1998년 12월 14일 서울 정동문화예술회관에서 출범했다. 김상근 목사와 이창복이 위원장을 맡아 "부패특권 세력의 저항 타파와 사회의 민주적 개혁"을 천명하며, 현 정부의 개혁정책을 국민운동으로 강력하게 뒷받침하는 역할을 하겠다고 선언한다. 국민연합에는 오충일 전 한국기독교교회연합회 회장, 한완상 전 한국방송대 총장, 함세웅 신부, 이돈명 전 조선대 총장, 이재정 성공회대학교 총장, 지선 백양사 주지 등 민주개혁진영을 대표하는 분들이 참여하였다. 민주개혁국민연합은 창립선언문에서 "지금 우리나라는 특권 세력의 저항 때문에 대다수 국민이 개혁 과정에서 소외되고 있다. 사회 각 분야의 권위주의적 잔재를 청산하고 개혁을 완성하기 위해 민간 차원의 다양한 국민운동을 벌여 나가겠다."는 목표를 밝혔다. 언론에서도 재야운동가와 시민운동단체들이 개혁에 앞장서겠다며 조직화에 나섰다고 긍정적으로 보도했다.

나병식은 국민연합의 창립을 누구보다도 앞서 주창하고 조직화를 위해 혼신의 힘을 다했다. 국민연합 창립준비위의 기획단장 그리고 조직위원장으로 실질적인 조직의 중심에서 활동했다. 늘 그렇듯 새로운 조직을 꾸리고 엮어내는데 나병식만 한 사람은 없었다.

국민연합은 정경유착 타파와 선거제도 개혁, 재벌과 공기업에 대한 구조 조정 같은 경제 개혁 등 개혁과제들을 제기하며 전국에 15개 시도와 부문별 조직을 만들고자 하였다. 이 계획에 뜻을 모은 사람들 면면은 다음과 같다. 공동대표 이창복, 김상근. 상임집행위원장 나병식. 사무총장 도천수. 기획조정위원장 김거성. 대변인 방인철. 조직위원장 권형택. 국제협력위원장 박종렬. 편집위원장 김영철. 홍보위원장 유종순. 남북화해민간교류협력위원장 조성범. 보건복지위원장 허 욱. 중소기업위원장 이석표. 출판문화위원장 김종수. 여성위원장 고은광순. 정책위원장 이승환. 집행위원 안창도, 주강현 등이었다.

나병식은 2000년 16대 총선을 내다보고 국민연합 상임집행위원장으로 1년여를 공들여 활동하고 고향 광주 광산구에 민주당 공천 신청을 한다. 사실 공천 신청 당시만 해도 민주화의 성지 광주에 가장 잘 어울리는 개혁 정치인인 나병식에 대한 기대치가 주목받았다. 인물 경쟁력에 있어서도 나병식은 전국적 지명도나 경력에서나 우위에 있었다. 따라서 많은 사람들이 그가 공천 받을 수 있는 가능성을 높게 보고 있었다.

하지만 당시 새천년민주당은 보스정치, 계파정치에서 벗어나지 못한 상태였다. 특히 공천이 곧 당선인 호남에서는 과두정치의 폐해가 여실히 나타났다. 당시 나병식에게도 공천과 관련하여 이런저런 공천 헌금의 제안이 있었던 것은 분명하다. 더 분명한 사실은 나병식이 그런 제안을 일언지하에 거절했다는 사실이다. 나병식은 분개했다. 제안을 받아들이는 것은 인생 전부를 걸고 민주화운동을 했던 자신의 삶을 일거에 나락으로 떨어뜨리는 도덕적 파산을 의미했다. 무엇보다 자존심이 허락하지 않았다. 그런 부패정치, 패거리정치, 똘마니정치를 넘어서고 싶은 것이 나병식의 꿈이었다. 마지막까지 나병식은 흔들리지 않았다. 결과는 공천 탈락이었다.

이후 나병식은 무소속 출마를 결심했다. 민주개혁의 정치를 위해 당당하게 우뚝 서고 싶었다. 정정당당하게 유권자로부터 평가 받고 싶었다. 무소속 출마는 그 자체로도 도전의 가치가 있었다. 당시 호남에서의 민주당의 공천은 비단 광산구만의 문제가 아니 었다. 나병식은 호남개혁정치의 실종이 정당의 핵심 인사들에게 줄을 댄 부패, 토호 세력들의 득세와 무관하지 않다고 보았다.

정치 도전 과정에서 나병식이 보여준 것은 뚝심이었다. 치밀한 전략적 사고를 했다면 충분히 당선될 수 있었거나 후일을 기약할 수도 있었다. 하지만 그는 당당한 전진을 택했다. "내가 돌아갈 곳 은 나의 고향, 광주 시민의 품속이다."

나병식은 2000년 3월 23일 광주 YMCA에서 기자회견을 열고 민주당을 탈당해 광주 광산구에서 무소속으로 출마하겠다고 선 언했다. "민주당 내 가신 그룹 일부가 김대중 대통령의 뜻을 거스 른 채 호남지역 주민들의 정치개혁 의지를 외면하고 있어 이를 바 로잡기 위해 출마하기로 했다." 정면 돌파였다. 그가 가진 진보성 과 개혁성은 편안한 주류의 길에서 한참 벗어나 있었다. 스스로 멀리한 길이었다. 정치에 뜻을 둔 사람으로서는 치명적인 태도였 다. 하지만 그것이 나병식의 정체성에 걸맞은 길이었다.

이런 대책 없음이라니, 무모함이라니. 선거만을 생각한다면 나 병식은 돈키호테에 가까웠다. 아무런 준비도 없었다. 지역구의 많은 사람들이 선거를 도우러 왔지만, 나병식이 인연을 만들어온 지지 그룹이나 조직은 아니었다. 오래전에 떠난 고향 송정리에는 초등학교 동창, 가깝게 지내온 지인들 정도가 손 내밀 수 있는 사람들이었다. 그가 선거 전까지 송정리에 정치적 터를 잡아 준비한 것은 거의 없었다. 그런 준비 없음이 칭찬할 일은 아니지만, 나병식은 그간 전국적 차원, 운동 진영 전체의 판에서 몸 던져 일했던 것으로 평가받고 싶었다.

민주당이 배타적 영향력을 가진 호남에서 개혁의 기치를 들고 이들에게 정면으로 맞서는 무소속 출마는 간단한 도전이 아니었다. 지역구 내의 시민들은 상대 후보를 택한 것이 아니라 김대중당의 승리를 택했다. 나병식을 거부한 것이 아니라 정권의 안정을 택했다. 고향 사람들은 그가 공천받지 못한 것을 따뜻하게 위로하는 것으로 목숨을 걸고 민주화투쟁을 하며 치열하게 살아냈던 나병식에 대한 예를 갖췄다.

당시 그를 지지하고 표를 던진 사람들은 아무래도 나병식의 살아온 길을 보고 판단한 사람들이었다. '큰일을 했던 사람이네, 저 사람 하면 쎄게 잘할 수 있겠구나.' 30년 전 송정리 사람들이 소년 나병식에 가졌던 '인물이네.'라는 평의 진화된 형태 그뿐이었다. 나병식은 민주화운동에서 커다란 족적을 남긴 정치적 박해의 최고봉 사형수 출신이며 '광주책'을 만들며 큰일을 해낸 광주 사람이었다. 그러나 그것만으로 송정리 사람들에게 마음을 열기에는 부족했다. 정치적 신뢰관계가 전혀 형성되어 있지 않았다.

나병식의 선전이 있었지만 선거 결과는 예상을 뛰어넘지 못했다. 새천년민주당 후보가 71.88%를 얻었다. 나병식이 22,462표, 25.38%를 얻었다. 조직도 공천장도 없이 한 무모한 도전치고는 나쁘지 않은 선거였다. 그러나 실패는 실패였다.

선거에서 열과 성을 다해 도운 사람들이 있었다. 광주일고 후 배로 연결된 김광석, 전국연합 조직국장을 했던 조양익, 진재관, 정우창, 허달용, 김귀호 등등 고마움을 갚을 수 없는 사람들이었 다. 초등학교 동창이었던 선종천, 화정식당을 하던 김원기 씨는 나병식의 열렬한 팬이 되어 송정리를 누볐다.

그중에서도 김광석의 친구로 여차저차 연결된 송정리 농협에 다니고 있던 홍용학은 정말 헌신적으로 나병식을 도왔다. 어떤 기 반도 없는 나병식을 이끌고 경찰서부터 가서 인사를 시키고 온갖 일에 최선을 다했다. 그는 그 인연으로 나병식의 여생에 영락없는 비서가 되어 또 한세월을 보낸다. 나병식은 그런 그를 위해 함께 민주화운동기념사업회에서 일하기로 했다. 홍용학은 투병 생활 이며 그 이후의 추모하는 일이며 나병식 일이라면 제일 먼저 챙겼 고 나중까지 남아 '병식이 형'을 위해 일했다.

나병식은 선거가 마무리되자 미련 없이 광주를 떴다. 물론 4년 후의 재도전을 머릿속에서 완전히 지운 것은 아니었다. 그러나 그 는 선거 다음 날부터 몸을 추슬러 4년 후를 준비하는 성실하고 치 밀한 정치지망생은 못 되었다. '서울로 가자. 가서 일하자. 여기서 뒹굴며 뭘 할 수 있단 말인가?' 이런 선택은 4년 후 선거에 재도전했을 때 또다시 약점이 된다. '지역은 거들떠보지도 않다가 선거 때만 되면 고향에 내려와 표를 달라고 한다.'는 치명적인 공격에 속수무책이 된다. 그때 나병식이 대응한 말을 잊을 수 없다. 2004년 경선후보자 간의 토론회 대답으로 기억한다. 경쟁 후보의 공격 논리를 압도했는지, 지역 주민들의 마음에 어떻게 작용했는지는 모르겠다. 다만 그런 말을 할 수 있는 사람이 나병식이다. "그럼, 지역에서 선거운동한다고 할 일 없이 술이나 처마시면서 놀았어야 합니까. 서울이든 어디서든 일을 하고 그랬어야지요."

역사의 성숙을 위하여

부족에는 사냥꾼만이 아니라 이야기꾼도 필요하다. 다시 서울로 돌아온 나병식은 이제 역사 이야기꾼이 되기로 했다. 따지고 보면 나병식은 이미 출판을 통해 사냥꾼과 전사에서 이야기꾼으로 변신한 바 있었다. 역사를 기념하고 이를 현재로 미래로 정신적 자산으로 이야기하는 일이었다. 그가 잘 아는 민주화운동에 관한 일이었다.

나병식의 이야기꾼 활동을 이야기하려면 조금은 딱딱한 역사를 지나야 한다. 1994년 5·18민주재단이 출범하고 1995년 '5·18민주화운동 등에 관한 특별법'이 통과되면서 우리 사회는 '역사를 보고 기억하고 말하는 일'에 있어 새로운 전환점을 맞는다. 역사의 진실을 규명하고 기념하고 계승하는 일에 대해 예전에 없던 사회적 합의를 이뤘기 때문이다. 1987년 6월항쟁 이후 5·18광주항쟁에 대한 사회적 합의로 5·18기념재단을 세웠다. 5·18기념재단을 마련한 성과를 토대로 6월항쟁과 민주화운동 전반에 대해 정당한 역사적 평가와 기념사업을 하자는 바탕으로 여세가 이어졌다. 자연스럽게 6·10민주항쟁을 기념하고 계승할 공익법인의 설립 필요성이 1997년 제10주년 기념행사 준비 과정에서 제기되었다.

이런 논의들이 한국민주재단 설립으로 의견이 모아져 1999년 6월 9일 한국프레스센터에서 창립총회를 연다. 여기에는 민주개혁진영 인사와 권노갑, 김덕룡 등 정치권 인사들이 총망라되었고, 나병식도 여기에 참여했다. 이후에도 의견을 모으고 조율하며 하나로 만들어가는 많은 노력이 이어졌다. 당시 여러 갈래로 진행되던 민주화운동기념관 건립을 위한 조직과 성공회대를 중심으로 한 민주화운동자료관추진위원회 등의 사업추진단체가 논의를 거쳐 2000년 6월 19일 재단법인 '민주화운동기념사업회'가 출범한다.

이제 이를 확고하게 할 법적인 기반을 만들 차례였다. 민주화운동기념사업회법 제정을 위한 노력이 시작된 것이다. 이 무렵부터 나병식은 본격적으로 민주화운동기념사업회와 결합하고 일의 중심으로 올라섰다. 민주화운동기념사업회 설립준비위원회에 참여해 기획단장을 맡게 되면서부터이다. 다행히 이 일에는 강력한 우군이 있었다. 바로 김대중계의 권노갑, 김옥두 의원 등이 강력한 지원자가 되어 입법을 밀어붙인 것이다. 김영삼계 또한 못지않았다. 김덕룡, 서상섭 의원의 역할이 막중했으며 특히 한나라당 원내총무를 맡고 있던 이재오 의원의 역할이 지대했다. 민주화운동권 출신으로서 그가 자임하고 소신으로 역사적 의의를 가진 법의 통과에 반대의견을 가진 한나라당 의원들을 설득하고 통과에 합의한 것은 높이 평가할 만하다. 여야 의원 82명이 민주화운동기념사업회법을 발의하여 2001년 6월에 기념사업회법이 공포되었다.

임의단체로 있던 민주화운동기념사업회는 2001년 7월 11일 이사장단 회의를 열어 법정기구인 민주화운동기념사업회 설립위원 9인을 행정안전부 장관에게 통보한다. 김용태, 나병식, 박원순, 성유보, 성해용, 안병욱, 조성우, 지은희, 최 열이었다. 여기에 행정안전부가 자치행정국장 장인태를 추가하여 10명의 설립위원회가 구성되었다. 설립위원장은 성유보, 나병식은 기획단장을 맡는다. 설립위원회는 한 달 동안 학생운동 관련 단체 설명회, 부산지역 민주단체 설명회, 청년운동단체 설명회, 시민사회단체 설명회를 개최한다. 또한 시행령을 행정안전부와 협의하여 2001년 10월에 공포한다. 정관을 마련하고 2001년 10월 25일 법인 설립등기를 마무리하였다.

설립 과정은 드라마틱했다. 김대중 정부의 의지가 강했다 해도 행정안전부 등 관료조직과 재야에서 거리낌 없이 활동하던 민주화운동 인사들과의 갈등은 피할 수 없었다. 기념사업회의 역할, 위상, 독립성을 두고 의견 차이가 있었고 사사건건 부딪쳤다. 특히 기념사업회법 제21조 '행정안전부 장관은 기념사업회의 업무를 지도 감독한다.'고 명시한 조항은 이러한 갈등을 증폭시켰다. 이사장을 비롯해 부이사장, 이사, 감사에 대한 임면권이 행정안전부 장관에게 있다는 점도 마찬가지였다. 행정안전부는 거의 관치 수준의 인사권을 발휘하려 했다. 이사 15명 가운데 거의 절반을 자신들이 임명하려 들었고 이에 설립위원들은 강력하게 반발했다. "민주화운동의 역사성에 비추어 이사장과 이사진은 민주화운동에 참여한 민주인사가 참여해야 하고 시민사회의 추천을 정부는 존중해야 한다."는 논리를 관철시켰다. 박형규 이사장이 추천되고 이사진도 모두 시민사회의 인사들로만 구성되었다. 행정안전부는 감사 2인 중 1인의 추천권에 만족해야 했다.

이 모든 과정에서 '가장 악을 많이 쓴 사람'은 나병식이었다. 행정안전부의 협상 파트너로서 민주개혁진영의 의견을 관철하기 위해 치열하게 최일선에서 일한 이가 그였기 때문이다. 설립준비위가 마주한 과제는 기념사업회의 사업 방향과 운영에 대한 사회운동 단체들과의 인식의 차이였다. 기념사업의 목적이 '교훈을 성찰하고, 의미와 정신을 기념·계승'한다는 것에 충실하려면 별도의 공익법인의 성격을 가질 수밖에 없었다. 법에 의한 공익법인이 사회운동 단체와 같은 수준과 방식을 갖기에는 현실적인 한계가 있었다. 이 과정에서 나병식은 김용태, 조성우와 함께 '가장 욕을 많이 먹은 사람'이 아닐까 한다. 나병식은 사회운동진영과 시민단체들로부터 불편한 시선을 받으며 이를 조율하고 이들의 참여를 최대한으로 보장하는 일에 최선의 노력을 했다.

설립 준비 단계에서 나병식의 일상은 전쟁이었다. 설립 과정에서 중요한 인사 문제와 예산 문제도 나병식의 추진력과 돌파력, 인내심을 요구하였다. 먼저 행정안전부와 협상을 통해 최대한 많은 인원을 최대한 책임 있게 일할 수 있는 조건으로 뽑아야 했다. 출범 후 공개 채용 과정에서 나병식에게 밀려들었던 수많은 인사 민원이 있었다. 나병식이 견지한 기본 원칙은 민주화운동기념사업회는 단지 전문직을 뽑는 직장이 아니라 민주화운동의 역사성을 바탕으로 일하는 사람들로 구성되어야 한다는 신념이었다. 단순히 좋은 스펙과 능력이 아니라 지역별, 학교별, 부문별 운동의 역량들이 균형있게 참여하는 것이었다.

더 중요한 것은 독립성과 자율성을 최대한 확보하려는 노력이었다. 이는 임원의 구성에서 사업 계획 그리고 예산 확보에 이르는 지난한 논쟁과 힘겨루기를 했다. 이 힘겨루기에 추진력 강한 나병식이 있었다는 것은 커다란 행운이었다. 나병식은 조직의 위상을 높이기 위해 이사장의 대우를 장관급으로 격상하려 애를 썼고 부서장의 직급을 높이기 위해 또 싸워야 했다.

나병식은 쉬지 않고 전화를 붙들고 싸웠다. 언쟁도 불사했다. 기념사업 조직에 참여할 수 있는 한정적 자원 배분에 대한 수많은 불만과 비난들이 난무했다. 온정주의와 인맥으로 호소하는 일도 다반사였다. 물론 박형규 이사장의 큰 덕목과 리더십과 함께한 이 사진의 노력이 주효했지만, 언제나 최전선에서 불평과 논쟁을 맞이한 것은 나병식이었다.

나병식은 왜 가장 악을 많이 쓰며 또 가장 욕을 많이 먹으며 그토록 열정적으로 기념사업회의 출범을 위해 일했을까. 나병식은 민주화운동기념사업회 일을 '역사 발전을 위한 주요한 과제'라고 생각했다. 민주화운동기념사업회 설립, 민주화운동에 대한 기념사업, 그로 인한 사회적 유무형의 성과 이 모든 것들을 우리가 성취해야 할 역사 발전의 과업이자 성과로 본 것이다.

그는 자신의 일과 활동을 늘 역사의 차원으로 생각하는 고집스런 사고와 언어의 틀을 가지고 있었다. 2001년에서 2003년에 이르는 민주화운동기념사업회 관련 일에서 역사 발전을 위해 중요한 일을 하고 있다는 자기 확신과 목적의식이 다른 어떤 것보다 그를 가장 헌신적으로 만들었다.

그가 정확히 그 말을 하지 않았지만, 역사는 미래의 반석이 된다고 나병식은 굳게 믿었다. 정의롭고 인간적인 역사의식이라는 생명수가 그 반석에서 흘러나올 것이었다. 인간의 정신이 짓는 집 들은 가장 안전하고 강고한 역사 위에 지어져야 할 터였다. 나병식은 민주화운동이 우리 사회의 역사적 반석이 되어야 한다 생각했다. 역사의 반석을 세우는 일을 하며 다시 운동하는 나병식으로 돌아올 수 있었다.

2001년 11월 29일 민주화운동기념사업회는 출범식을 갖고 본격적인 활동에 들어갔다. 민주화운동 관련자 300여 명이 참석한 가운데 열린 출범식에서 박형규 이사장은 선언한다. "기념사업회의 역할은 과거를 기억하는 데 그치지 않고 오늘의 세대가 이루지 못한 것을 다음 세대가 이룰 수 있도록 기반을 마련하는 일이다." 출범식 당일 나병식은 8대 추진 사업을 발표했다.

기념사업회는 이후 민주화운동기념관 건립, 민주화운동 사료 수집, 전산화 및 편찬, 각종 기념추모행사 주관, 민주화운동 정신 선양 사업 및 교육 사업 등의 사업을 본격적으로 추진한다. 사무실은 서울시청 인근의 신동아화재빌딩 2, 3층이었다.

이제 나병식은 공직자가 되어 박형규 목사를 초대 이사장으로 모시고, 한국민족예술인총연합을 이끌었던 김용태 부이사장과 함께 기념사업회 사업을 총괄하게 되었다. 2003년 말까지 가장 중요한 초기 2년간을 민주화운동기념사업회 사업이 뿌리내리게 하는 데 전력을 다했다.

특히 기념사업의 일환으로 추진된 2002년 6·10민주항쟁 15주년 기념 문화대축제와 2003년 한일월드컵 4강 신화 1주년과 연계하여 KBS, 붉은악마와 공동으로 개최한 시민축제 '6월난장'은 매우 인상적이었다. 공공기관 주도의 공식 기념행사에 '난장'을 타이틀로 건 것은 과연 나병식다운 일이었다. 평소 난장, 난전 등의 단어를 일상적으로 사용하며 민중적 역동성이 피어나는 공간에 대한 그의 관심과 열정이 유감없이 관철된 것이었다.

난장에는 누구나 뛰어들고 펼치는 참여와 뒤엉키고 뒤섞이며 들끓는 역동이 있고, 불온도 분노도 일렁이며 소란과 소통도 어울리고 터지는 자리이다. 나병식은 민주의 역동성을 젊음의 역동성으로 연결시키고 싶었다. 서울 시청광장에서 열린 '6월난장'은 'Oh! Peace Corea'를 주제로 연인원 10만여 명이 참가한 가운데 대규모 콘서트와 인디밴드 페스티벌, 인라인 스케이트대회, 디지털 사진대회, 각종 사진전과 프로그램이 펼쳐졌다.

그는 행사를 앞두고 언론 인터뷰에서 이렇게 말했다. "독일에는 '통일축제', 프랑스에는 '대혁명축제'가 있다면 한국에는 '6월난장'이 있습니다."며 한국에 부재한 '광장 문화'를 되살려야 한다고 말할 때, 그는 훨씬 넓은 지평과 목표를 보고 있었다. "광장은 '소통'의 공간입니다. 모두 한데 어울려 자신의 의견을 말하고 때론 논쟁도 벌이고 싸우기도 하는 곳이죠. 그런데 한국 사회에서 '광장'의 의미는 무엇입니까. 암울했던 군사독재 시절 '광장'은 제 구실을 하지 못했습니다. 사람들은 어두운 곳으로 모두 숨어 들었습니다. '6월난장'이 새로운 '광장 문화'를 만드는 계기가 되기를 바랍니다. … 민주화운동의 의미가 점차 희미해지고 있습니다. 요즘 젊은이들 중에 몇 명이나 그 당시 절박했던 시민들의 열망을 이해하겠습니까. 좀 더 대중적인 행사를 통해 1987년 6월민주항쟁을 상기시키려 합니다."(김수경, 〈'6월 난장' 기획 나병식 대표 "시청앞 광장서 통일의 씨앗을"〉, 동아일보, 2003.6.6.) 그것이 지속적으로 이루어졌다면, 우리는 역사 기념행사에서 하나의 역동적인 문화 양식을 갖게 될 수도 있었다.

사료관 사업에 대한 나병식의 관심은 매우 컸다. 우리의 민주화운동은 장기간에 걸쳐 광범위한 분야에서 많은 역사기록물을 생산하였다. 학생·청년·노동·농민·빈민·시민·여성·문화예술·언론·의료보건·종교 등 수많은 분야에서의 문건, 사진, 영상물, 음성 테이프, 예술 작품, 박물 등 다양한 형태를 띠고 있다. 헤아릴 수 없이 많은 양의 기록물이 생산되었지만, 기록물이 생산되던 시기에는 그것을 소지하고 있다는 사실만으로도 처벌받기도 했고, 또한 이를 피하려 자기 스스로 사료의 맥락을 파괴하기도 했기에 기록물이 온전하게 남아 있는 경우는 많지 않았다. 이렇듯 소중한 기록물과 사료가 사라지기 전에 이를 체계적으로 수집, 정리하는 것은 시급한 일이었다. 역사학도로서 나병식은 지대한 관심을 갖고 사료 수집과 분류의 전문성을 제고하는 노력을 경주한다. 민주화운동 사료는 2002년 기준 41개 단체와 86명의 개인으로부터 총

35만여 건, 2003년 15개 단체와 107명의 개인으로부터 7만여 건의 사료가 수집되었다.

나병식은 오랜 세월을 질긴 인연으로 함께했던, 자신이 내밀었던 손을 피하지 않고 덥석 잡아 모진 풍파를 겪기도 했던 김경남 목사를 사료관장으로 이끈다. 기념사업회 초기의 여러 단체와 인물들의 보관 사료를 기증받고 수집하기 위해 김경남은 사료관장으로 최선의 인물이었다. 그는 운동의 자료들을 모으고 정리해 본 경험자였다. 특히 김경남의 노력으로 민주화운동의 자료의 산실이었던 기독교계의 자료들이 기념사업회 사료관으로 이전될 수 있었다.

김경남 목사. 그도 나병식이 떠난 지 6년 후에 안식에 들었다. 나병식을 살뜰히 아끼고 또 존중했던 벗이었다. 광주일고 동기로 1970년 서울대 입학과 함께 후사연의 회원으로 인연이 돈독해지고, 나병식의 청을 받아 서울제일교회에 깃들었던 그는, 박형규 목사의 길을 따르고자 목회자의 길을 결심했다. 1974년 2월에 법대를 졸업하고선 곧바로 한신대 3학년에 편입했다 민청학련사건으로 구속된다. 석방 이후에는 다시 민주청년협의회 활동으로 바쁘게 일한다. 1982년에 목사 안수를 받았다. 그가 기독계에서 운동을 하며 헌신한 일은 수도 없이 많다. 특히 그가 일했던 한국교회사회선교협의회 활동은 1970년대 이래 우리 사회에 예수가 와서 일했던 가장 중요한 일터라 할 수 있다. 그는 2015년에 출간한 회고록의 제목에 아예 '보은기'를 덧붙였다. 은혜를 기록하고 감사를 전하는 일을 말년에 숙제처럼 한 것이었다. 자신이 옳은 길에서 살아오도록 함께했던 모든 사람들에게 자신이 걸었던 길 한 대목 한 대목을 쓴 장을 마칠 때마다 반드시 "이 모든 분들께 감사한다. 당신들이 계셔서 나는 행복했습니다."로 맺는다. 이런 낮춤과 겸양, 감사의 마음을 올곧게 전하는 것은 분명 쉽지 않은 일이다. "2000년 만파는 대안학교 무주 푸른꿈학교 교장직을 그만 둔 나를 자신의 하부로 부른다. 문국주 등과 민주화운동기념사업회를 결성하여 상임이사직을 맡은 그는 나에게 사료관장직을 맡긴 것이었다. 기쁜 마음으로 그의 하부가 된 나는 1980년대 후반 한국민주화기독교민주동지회 동경자료센터의 관장직의 경험을 살려 한국기독교사회문제연구원 등 기독교 단체들에 소장되어 있는 민주화운동 자료들의 수집에 나름대로 헌신하였다."(김경남, 앞의 책, 255-256쪽) 김경남 목사는 보은기의 나병식 이야기를 다룬 편에서, 다른 곳 마무리에 취했던 경어의 감사 인사와 달리 적는다. "그대와 함께하여 나는 행복하였어라."

해외민주인사 초청 한마당은 기념사업회가 추진한 대표적인 사업이었다. 70~80년대 국내 또는 해외에서 한국 민주화운동을 위해 헌신하신 동포 및 외국인 민주인사들을 초청하여 감사를 전하고 한국의 민주주의 발전상을 소개하고 민주화운동 유적지 탐방, 학술토론회를 개최하는 행사다. 2002년 10월, 6개국에 거주하는 해외민주인사 67명과 인혁당사건과 관련되어 국내에서 추방되었던 제임스 시노트 신부와 조지 오글 목사 등이 초청되었다. 2003년 9월에는 6개국에서 46명을 초청하였다. 별도로 초청대상자를 정하는 선정위원회를 구성하여 함세웅 신부, 임재경 전 한겨레신문 부사장, 박명철 연세대 교수 등 8명으로 구성된 선정자문위원회가 120명의 인사를 선정하여 추진하였다. (민주화운동기념사업회, 《성찰과 과제》 참고)

기념사업회 설립 직후 가장 중요한 시기에 나병식은 상임이사로 일하며 기념사업회 목적 사업 전반에 대한 기초를 튼튼히 마련하는 데 큰 역할을 했다.

냉전 이데올로기 종언을 향하여

한 사람이 거대한 벽 앞에 오랫동안 서 있었다. 몇 번을 두드리다 물러선 채였다. 또 한 사람이 벽을 못마땅하게 노려보고 있었다. 낡고 피 먼지가 묻었으며 오래되어 더 단단하기까지 한 벽이었다. 생각의 차이는 있었겠지만 이념의 벽을 돌파하려는 나병식과 송두율의 합의되지 않은 줄탁동시 이야기를 할 차례다.

기념사업회는 2003년 9월에 전 국민의 관심사와 이데올로기 논쟁의 복판으로 끌려들어간다. 기념사업회가 해외민주인사 초청의 일환으로 송두율 교수를 초청한 것이 발단이었다. 송두율이 독일에서 한국의 민주화를 지원한 것은 다툼의 여지가 없었다. 하지만 냉전체제에서 남과 북의 대결은 그를 이데올로기 편견 없이 우리 사회가 온전히 받아들이기에 어려움이 있었다. 그가 아무리 경계인을 말하며 그 의미를 강조해도 쉽사리 해결되지 않았다. 특히 북한을 오가며 경계인의 삶을 산 송두율에 대한 공안당국과 보수층의 경계심은 정권 교체 이후 그리고 남북 화해 분위기가 무르익은 상황에서도 여전히 강고했다.

사실 논란이 예상되므로 유연하게 초청 인사 목록에서 그를 제외할 수도 있었다. 그런데 나병식은 그의 초청을 적극적으로 추진한다. 바로 냉전 이데올로기 종식, 나아가는 더 열리고 자유로운 사회라는 이상을 위해서였다. 송두율의 귀국과 그를 우리 사회가 편견 없이, 아니 오히려 편견이 있다 하더라고 극복하고 받아들인다면, 우리는 냉전 이데올로기를 넘어 '이념'보다 '가치'를 세상의 중심에 세울 수 있을 것이었다.

나병식은 송두율의 초청 성사를 위해 청와대와 국가정보원의 협조를 사전에 구했다. 청와대의 경우 대통령비서실의 시민사회비서관으로 있었던 장준영 비서관이었고, 국가정보원은 국내담당 제2차장인 박정삼이었다. 박정삼은 해직 기자 출신으로 참으로 다양한 경력을 가진 광주서중, 광주일고 선배였다. 나병식이 연락하여 세 명의 동문 선후배가 모였다. 박정삼 차장의 경우는 반대 입장이었다. 이러한 사실은 나병식이 국정감사에서 공식적으로 답변한다. "입국 단계에서 국가정보원의 협조가 필요하다고 생각, 지난 8월 4일 시내 음식점에서 박정삼 2차장 등 국가정보원 간부 2명 그리고 장준영 청와대 정무수석실 시민사회비서관과 함께 만났다."

후일 장준영은 그 일을 나병식에게 따져 물었다. "아니, 이야기하지 않기로 한 것을 다 까놓으면 어떻게 해요?", "야, 물어 보는데 그럼 어떻게 하나? 야, 야, 술이나 한 잔 해라." 그렇게 두 사람은 험한 꼴을 보고 상대를 곤란하게 했으나 너털웃음으로 술잔을 넘기며 옛일로 넘겨버리는 품격과 여유가 있었다.

어쨌든 국가정보원은 반대 입장을 분명히 했다. 그리고 송두율이 노동당 정치국 후보위원일 수 있다는 말도 함께 전했다. 하지만 나병식은 굴하지 않았다. "알겠어요. 알겠는데, 당사자 이야기도 한번 들어봅시다."라고 완곡하게 말했지만, 포기하지 않았다. 물론 국가정보원에 대한 불신이 이유일 수도 있겠지만, 나병식은 사실 반신반의를 했거나 아니길 바랬다. 가서 마주앉아 묻고 확인하고 싶었다. 무엇보다 이 일을 성사시키고 싶었다.

독일 방문 전에 나병식은 독일 사정과 송두율을 잘 아는 이종수 선생과 박호성 교수에게 도움을 청한다. 이종수는 1940년 일본 고베에서 태어나 5살 때 한국에 들어와 충남 서산에서 성장했다. 어려운 살림에 나이까지 속여가며 독일 광부 선발을 지원하여 독일로 가서 갱도에서 일하다 쾰른대학에 입학했고, 간호사로 온 아내도 베를린예술대학에 입학해 함께 공부했다. 이후 부부가 교수로 활동하면서 윤이상, 송두율 등과 함께 민주사회건설협의회에서 총무를 맡으며 한국의 민주화운동을 지원하였다. 그는 베를린자유대학에서 송두율과 같이 근무한 시간도 상당했다. 1989년 귀국하여 광주대 언론홍보대학원 교수를 역임하고 KBS 이사장을 맡고 있었다. 그는 독일에 동행하여 도와달라는 나병식의 요청에 흔쾌히 응했다. 그가 광주대 교수로 있을 무렵, 균형사 모임에 참여하며 이미 나병식과 두터운 신뢰를 쌓아오고 있었다. 그는 이 일에 대한 온갖 불편한 시선 나아가 정치적 오해와 불이익을 충분히 알고 있었다. 하지만 아내의 만류에도 불구하고 선뜻 가자고 손을 잡았다. 용기와 신뢰 그리고 깊은 우정이 어떻게 쓰이는지 보여주는 한 장면이다.

나병식과 송두율의 만남에서 오고 간 이야기는 사실 많이 드러나 있지 않다. 공식적으로 확인된 것은 나병식이 초청 의사를 밝혔을 때 그가 강력하게 귀국 의사를 밝혔다는 것이다. 비단 송두율의 귀국 의지는 이번만이 아니었다. 여러 차례 초청을 위한 노력이 있었고 불발된 바 있었다. 나병식이 입국 시 국가정보원의 조사가 불가피함을 전달하였고, 송두율도 조사 방식과 절차 등의 문제에 이견이 있었으나 이를 수용했다는 사실이다. 이후 장준영이 다시 만나 어떻게 하려고 초청하느냐고 물었을 때 나병식은 이렇게 답했다. "박정삼 선배의 이야기를 모두 전했다. 충분히 설명했다. 그리고 정말 북한의 노동당에 가입한 사실이 있느냐고 물었는데 본인 답변이 그런 사실이 없다고 한다. 본인이 절대 그런 사실이 없다고 하는데 어떻게 초청을 안 할 수 있는가?"

초청일이 다가 올 즈음 나병식은 법무법인 덕수의 김형태 변호사를 만나 독일에 가서 송두율과 법률적 문제도 상의하고 함께 귀국해 달라 요청했다.

그 이후의 이야기는 요약이 필요하다. 나병식의 손을 떠난 문제이기 때문이다. 송두율은 귀국 이후 조사를 받고 하루도 지나지 않아 자신의 노동당 가입 사실을 국가정보원에서 인정한다. 사건은 커졌다. 해외민주인사 초청의 취지와 의미는 이내 불순한 의도로 몰렸고 나병식과 기념사업회는 수상하고 걱정되는 인물과 단체가 되어 버렸다.

나병식은 송두율 교수 건에 대해 담담하고, 별다른 언급이 없었다. 상처가 컸지만, "나도 속고 주변 사람들도 속았다." 뭐 이런 투정을 하지는 않았다. 그것은 사태 해결에도 문제를 바라보는 데도 도움이 되지 않았다. 어떻든 고국을 방문할 수 없었던 해외민주인사들의 한을 풀어주고, 냉전의 마지막 굴레를 벗고 이념의 대립과 상처를 극복하고자 했던 기획은 엉뚱한 데로 흘러갔다.

나병식은 집요한 질문공세가 있을 때면 이 말을 반복하는 것으로 대신했다. "내가 분명히 물었을 때 송 교수는 그런 사실이 없다고 분명히 답을 했다." 송두율의 귀국을 추진하라고 많은 부추김을 했던 조성우는 일이 엉뚱하게 흐르자 나병식과 술자리에서 지난날 자신의 적극적 추동을 사과했다. 그러자 그는 이렇게 말했다 한다. "야, 내가 내 일한 건데 니가 왜 미안하냐." 보수정치권의 공격도 있었지만, 민주 진영 내부에서도 볼멘소리가 터져 나왔다. 그가 과연 경계인인가 하는 질문은 보수층만 물은 것이 아니었다. 나병식은 역사적 사유에서 이 일에 접근했다. 이념의 벽을 넘으면 많은 것이 달라지리라는 희망에서 시작한 일이었다.

이후 송두율은 국가보안법 위반 혐의로 구속되었다 지리한 재판을 거쳐 무죄를 선고받고 다시 독일로 돌아갔다. 이렇게 냉전 이데올로기를 극복하기 위해 우리 사회의 이념지평을 한 차원 높이고자 했던 나병식의 기획은 실패했다. 나병식은 두 걸음 앞서 걸었고, 세상은 사회는 앞으로 걸어갈 용기가 없었고, 송두율은 비틀거렸으며 여기까지 오면서 넘어지기도 했다고, 그러니 손을 잡아 달라 말하지 않았다. 벽도 무너지지 않았고 아무도 거기에 당도하지 못했다.

나병식은 기념사업회를 떠났지만, 그는 이후로도 기념사업회의 호위 무사처럼 함께했다. 함세웅 신부가 들려주는 이야기는 사뭇 감동적이다. 이명박 정부 들어서서 그동안 정권과 독립성을 갖고 운영되던 기념사업회 이사장 결정이 정권의 강한 압력에 놓이게 된다. 당시 이사장 임기를 마치고 물러나야 하는 함세웅 신부는 여간 피곤한 것이 아니었다. 이때 나병식이 했던 노력을 함세웅 신부는 이렇게 들려준다. "난 그때 나병식이 하고 매일 만났을 거야. 골치가 아팠어요. 나는 빨리 끝나고 가면 그만인데. 내가 감동받은 거는 근데 그분이 암이었어 암이었는데. 아프신 분인데, 청구성당으로 찾아오는 거야. 난 솔직히 쉬고 싶은 거야. 힘이 드니까 싸우기가 너무 지쳤어, 뭐 정권 뺏겼으니까, 이러고 포기 상태에 있는데, 새벽까지 와 가지고 안 된다는 거야. 이거 꼭 지켜야 된다는 거야. 이거 어떻게 확보한 민주화운동의 진지인데, 지켜야 된다는 거야. 암 걸린 사람이 자기 치유를 해야 되는데 병원에 입원해야 할 분이 찾아오는 거야. 놀랐어요."

그러면서 함세웅 신부는 말을 맺었다. "나는 민주화운동을 그냥 사제로써 시달리면서도 신념으로 나름대로 이렇게 했지만, 70년대 학생운동 한 나병식 같은 사람들 보면, 아, 저 사람들은 전 존재를 걸고 하는구나. 그런 생각을 했어요. 그리고 암과 싸우면서 민주화운동 근거지를 보존하고자 하는 나병식을 보면서 정말 깊이 간직한 게 있어요. 그 마음을. 내가 사제로서 신앙을 지키듯 저분은 민주화의 가치, 삶의 가치를 목숨을 걸고 지키는구나, 그거를 나한테 보여주신 분이에요."

나병식에겐 기념사업회 설립 노력에서부터 이념의 벽을 돌파하고자 했던 일까지, 민주화운동기념관을 짓는 염원을 품은 일 모두가 역사를 반석으로 만드는 일이었다. 반석은 말씀이 될 수도 피난처가 되기도 할 터이다. 무엇보다 디딤돌이 될 것이고 희망의 근거가 될 것이었다. 유신체제에 맞선 투쟁, 세상의 인식과 사상과 지식의 경계를 확장하는 출판, 광주항쟁의 진실을 밝히는 일, 민주화운동의 역사적 성과를 분명히 하며 더 나은 미래의 정신적 반석을 세우는 일, 모두가 회통한다.

다시 정치로

2004년 나병식은 민주화운동기념사업회에 사표를 내고 17대 총선에 다시 한번 도전장을 던졌다. 그러나 그의 준비와 노력은 충분치 않았으며 광주는 현실 정치에 충실하지 않은 그를 경선이라는 이름으로 보란 듯이 내쳤다. 어쩌면 일생을 남에게 머리 숙이지 않고 대인으로 당당하게 살아온 그에게 현실 정치라는 무대는 애초에 걸맞지 않은 것이었는지도 모른다.

2003년 12월 2일 나병식은 영입인사로 열린우리당에 입당했다. 열린우리당 정동영 영입추진위원장은 신 건 전 국가정보원장과 안병우 전 국무조정실장, 유삼남 전 해양수산부 장관 등 전직 관료와 학계, 군, 언론계 인사를 54명을 2차 영입인사로 발표했고 시민사회 분야에 나병식 전 민주화운동기념사업회 상임이사의 이름이 있었다. 이런 과정을 거쳐 나병식은 4년 전의 무소속 후보 패배의 경험을 곱씹으며 다시 정치로 향했다.

공천이 아닌 지역 주민들이 참여하는 경선이었기에 그의 자신 감은 여간 아니었다. 그는 경선에서 정말 아주 근소한 차로 패배 했는데, 이는 두고두고 사무치는 대목이다.

나병식이 정치개혁 도전에 나서면서 언론을 통해 직접 밝힌 목 소리를 확인해 보자. (정영대, 〈[총선기획-경선후보 좌담회] "지역주의·금권 선거 청산돼야"〉, 시민의 소리, 2004) 지금 어떤 정치가 필요하냐는 공통 질문에 나병식은 "시대적 사명을 뒷받침할 치열한 헌신성과 사회 개혁 통찰력이 필요하다."고 했다.

총선 출마의 동기를 묻자 나병식은 이렇게 답한다. "지난 30여 년 동안 사회운동을 본령으로 알고 풀빛 출판사를 운영하면서 민 주화 운동의 이론적 지평과 실천의 확대를 모색해 왔다. 당시 우 리 사회의 관심사는 정치적 자유의 확대와 기본권 신장 등 사회개 혁이었다. 85년 2·12 총선 당시 신민당으로부터 민주화운동청년 연합 몫으로 성북구 공천을 주겠다는 제의를 받았지만 일언지하 에 거절했다. 당시 광주항쟁의 전 과정을 담은 《죽음을 넘어 시대 의 어둠을 넘어》를 제작하는 등 광주항쟁의 진실을 알리자는 생각뿐이었다. 97년 정권 교체에 성공한 국민회의에 몸담으면서 정치개혁과 사회개혁의 산실이 되기를 기대했지만 그러지 못해 탈당한 뒤 2000년 광산에서 무소속으로 출마했다. 이번 총선에서는 상향식 공천을 통해 국민의사가 수렴되고 지역공동체를 통한 정치 세력의 형성이 가능할 것 같아 출마하게 됐다.”

어떤 후보를 뽑아야 한다고 생각하느냐는 질문에는 이런 답을 했다. “지난 20세기 우리는 식민지 경험과 민족분열, 독재의 횡포가 민족의 운명을 결정하는 등 좌절과 수모를 겪었다. 그 때문에 독재와 반독재 국면에서 정치에 기생하는 기득권이 형성되고 부정과 부패가 만연하는 비정상적인 국가발전의 길을 걸어 왔다. 이로 인해 민주화 운동의 속도와 폭이 대단히 빠르게 진행돼 21세기 민족통일을 향한 사회적 토대를 만들었다. 21세기 국제사회에 민족국가의 성원으로 참여하기 위해서는 정치인들이 정치공동체 형성과 사회개혁의 활로를 여는 역할을 해야 한다. 시대적 사명을 뒷받침할 치열한 헌신성과 사회개혁에 대한 통찰력이 그 어느 때보다 요구된다.”

당시 노무현 대통령의 국정수행 능력에 대해 묻자 이렇게 답했다. “노 대통령은 가장 짧은 시간 안에 대통령에 당선됐다. 부산 비주류, 민주당 비주류, 사회운동 비주류, 법조계 비주류라는 ‘4비’를 딛고 대통령에 당선된 것은 정치혁명이었다. 그래서 많은 사람들에게 폭발적인 기대치를 갖게 했다. 인사 문제의 경우 국민 참여를 확대해 건국 이래 최대의 지평을 넓혔다. 문제는 정책에 대한 사후결과를 검증하는 시간이 너무 짧았다는 데 있다. 국민의 정부 시절 남북관계 진전, IMF 극복과 경제활성화, 국제 관계에 대해 계승하면서도 우려를 준 점이 있다. 경제 분야에 있어 신용불량자 문제를 노 정권이 너무 안이하게 대처하고 있다. 수출이 증대되고 있지만 내수가 진작되지 않고 있다. 경제 문제에 대해 국민들에게 고통을 요구할 것은 요구하고 희망을 심어줄 것은 심어주는 솔직성이 필요하다. 국민 경제에 대한 솔직한 실상과 좌표를 제시해야 한다."

만약 국회의원에 선출된다면 가장 해보고 싶은 입법을 한 가지씩만 소개해 달라하자 이렇게 답했다. "21세기 한국 사회를 먹여 살릴 수 있는 성장 동력을 지원하는 입법을 하고 싶다. 국민국가와 통일시대를 대비하여 필요한 일을 엄중하고 객관적으로 조사해 우리 사회의 현재 위치를 파악해야 한다." 광주전남의 먹고사는 문제에 대한 나병식의 관심은 이미 균형사 시절부터 가졌던 화두였다.

나병식이 출사표를 던진 광산구에선 2004년 2월 22일 광주에서 처음으로 시민참여형 경선이 실시되었다. 사실 당시의 여론조사에선 나병식 지지가 월등히 높았다. 전국적인 지명도에다 4년 전 비록 무소속이지만 출마했던 경험이 이를 더했다. 거기다 나병식은 지난해 말 영입인사로 들어온 거물이었다. 따라서 나병식의 승리가 어느 정도 예견되는 상황이었다. 이제 와서지만, 나병식은 후보가 되기 위해서 반드시 경선을 해야 하는 상황이 아니었다. 그럼에도 그는 완전경선 참여를 선언했다. 그것도 광주전남에서 최초로 하자고 앞당겨 첫 테이프를 끊는다. 나병식은 당시 완전경선제의 주목도를 최대한 만끽하고 싶었고 광주전남의 첫 경선에서 확정된 후보자가 되고 싶었다. 선거 이후 개혁정치 주도성과 호남의 대표성을 위해서였다. 하지만 세상은 나병식의 생각대로 응답하지 않았다.

그때 시절의 기억은 필자에게도 있다. 선거에 도움이 될까하여 광주로 내려갔었다. 나병식은 그때 무슨 아파트를 급하게 빌려 생활하고 있었고, 내복을 입은 채 마중했다. 내복은 무릎께가 헤져 구멍이 나 있었다. 김순진은 "아이고 손님도 왔는데 그것 좀 어떻게 하라." 성화였고, 나병식은 "뭐 암시랑 안 해." 이러면서 다음 날이 경선일이라 연설문을 준비했다. 다음 날 아침 일찍 선관위에다 연설 연습을 하겠노라 요청하고 경선이 열리는 장소에서 마이크를 켜고 예행연습을 했다. 그런 무리한 부탁이 통할 정도로 선관위 사람들도 나병식의 승리를 점치고 있었다. 그러나 나병식은 조직 선거와 동원 선거에 대해 대처할 생각이 없었다. 심지어 경선 선거인단을 뽑는 전화를 위해 새로운 기법으로 등장한 착신전화를 시스템을 이용하는 것도 나병식은 하지 말자고 했다. 자신감 때문이었다 말해도 무방하지만, 사실은 돈 때문이기도 했다.

KTX도 없던 시절, 급하게 서울에서 광주로 갈 일이 있으면 항공편을 이용하곤 했는데, 그를 몇 번 공항까지 차로 배웅한 적이 있었다. 어느날 그는 이불 보따리를 메고 나왔다. 광주에 집을 얻어 이불이 필요했던 모양이었다. '그래도 명색이 국회의원 후보인데, 저걸 들고 가겠다고.' 혼자서 몸 둘 바를 몰랐다. 공항에서 하도 뭐해 들어주겠다 해도, 자기가 들겠다고 유유히 앞서 걷던 그 사람은, 허무하게 졌다. 그 결과 발표를 듣고 인사도 없이 자리를 떠 택시를 타고 공항으로 갔다. 광주라는 동네를 한시라도 빨리 떠나고 싶었다. 그리고 서울에 와서 술을 마셨다. 그때서야 눈물이 났다. 어떻게 살아 온 사람인데.

아쉬운 패배였다. 국회의원후보선출 선거인단대회에서 319표를 얻어 349표를 얻은 김동철 후보에게 30표 차이로 패배했다. 1차 개표에서 과반을 얻지 못해 2차 개표까지 한 결과였다. 경선이 끝나고 김동철 후보는 승리 요인을 묻는 질문에 이렇게 답했다. "나병식 후보가 경선 준비를 늦게 했다. 나 후보가 2000년 총선에 무소속으로 출마해 많은 득표를 얻었지만 사후 조직관리가 부족했던 것이 나에게 플러스 요인으로 작용했다. 낮은 투표율 때문에 조직선거가 위력을 발휘한 박빙의 승부였다." 패배 이후 축하의 말을 건네는 인사말에서 나병식은 "광주와 광산에서 정치개혁의 물결을 일으켜 서울까지 불러일으키자."고 자신이 후보로 당선되고 나서 말을 했다.

훗날 친구 김희택이 진단하는 지적은 설득력이 있다. "많은 분야의 사람들하고 이렇게 폭넓게 교류하는 사람이 그리 흔치 않죠. 이런 사람이 우리 공동체를 위해서 할 수 있는 역할 중에 당연히 정치가 적절하다고 봐요. 우리 주변에서 많은 인사들이 배출이 됐지만 정치를 누가 잘 할 수 있을까? 하면 난 나병식이라고 손꼽아요. 여러 시도가 있었는데, 나병식이 좀 준비에 소홀했어요."

김희택은 아쉬움을 토로한다. "80년대 후반까지는 명망가들이 정당에 수혈되고 또 지역에서 이들을 잘 수용하는 환경이었어요. 근데 95년에 지자체가 시작된 후로는 명사들이 짧은 기간에 가서 선거에 등장할 수 없는 환경이 조성됐어요. 골목에 상가에 열심히 다녀서 스킨십을 하고 동네에 충실하게 얼굴 비치는 사람이 기초의원을 할 수 있고 기초단체장이 될 수 있고 또 광역에 진출하고 이렇게 됐거든요."

그는 무소속으로 나와 표를 많이 얻었고, 민주당 아니고도 많이 얻었는데, 이를 기반으로 지역 주민들과 진즉부터 스킨십하고 정치를 했으면, 성공할 수 있었다 강조했다. "그때 한 일 년이라도 왔다 갔다 하면서 거기서 막걸리 마시고 놀고 상가 다니고 이렇게 했으면 이 사람은 잘할 사람이에요. 아주 잘할 사람이에요. 그리고 역량이 있는 사람이죠. 사람들 만나서 대화하고 뭐 이런 것, 일 만들고 꾸미고 좋아하죠. 거기 딱 그거 했으면 했는데, 환경이 바뀔 때 그걸 제대로 타 넘지 못했어요. 아쉽죠." 나병식은 그런 환경을 읽고 충실하게 대책을 세우는 사람이 아니었다. 그의 당당함과 자신감은 그런 변화를 수긍하기에는 너무도 이상적이었고 또 자신의 성공 경험에 의지하였다.

조성우의 이야기도 일맥상통한다. 나병식이 2004년 총선을 앞두고 "근데, 여의도인지 뭔지 아무래도 가 봐야겠다." 그렇게 말했을 때 조성우는 두말 않고 찬성했다. 그리고 이렇게 말했다. "야, 너 빨리 때려치우고 가라. 선거 장난 아니다." 훗날 조성우는 아쉬워하며 이런 말을 하면서 말끝을 흐렸다. "걔가 한 두 달만 빨리 내려갔으면 됐다고, 근데 우습게 봤어." 그랬다. 자신감이었는지, 세상을 만만하게 본 건지. 그래서 다행인지 불행인지. 주먹에 쥔 바람이었다.

나병식의 2004년 정치 도전은 이렇게 마무리되었다. 상향식 참여경선에는 여전히 동원 선거의 병폐가 남아 있었다. 나병식이 기대했던 참여민주주의의 힘은 지역의 조직 선거 그리고 돈 선거의 악몽에 좌절하고 말았다. 그가 경선에서 내걸었던 고결하여 차라리 아득한 비전은 허공으로 흩어졌다. "개혁과 발전을 위해 함께하는 지역 정치공동체" 그 깃발을 자원봉사자로 함께한 200여 명의 지지자들은 기억하고 있을까?

나병식의 이름이 정치권에서 다시 거론되기 시작한 것은 그로부터 3년이 지난 2007년 대선 무렵이었다. 대선을 앞두고 민주개혁진영은 여러 그룹으로 나뉘어 심각한 분열의 늪에 빠져 있었다. 노무현 정부에 대한 낮은 평가로 정권 재창출에 빨간불이 들어온 것이다. 이명박 후보는 경제 전문가 이미지로 저만치 앞서가고 창조한국당을 만든 문국현 후보는 깨끗한 이미지와 정책 능력 등을 앞세워 부상하고 있었다.

국민의 지지에 뒤지던 집권당은 전전긍긍하며 분열에 내분을 더하며 지리멸렬해지고 있었다. 그들은 뼈를 깎는 각오로 새로운 비전을 제시하는 데 관심이 없었다. 오로지 누가 현직 대통령의 뜻을 이을 수 있느냐, 배신이냐 아니냐의 문제로 피를 튀기고 있었다. 그런 이전투구와 비전 없는 논쟁을 거치며 그리고 분열과 탈당과 이합집산을 거쳐 후보는 정동영으로 압축되고 있었다.

나병식은 사실 경선 단계에서부터 정동영 후보를 위해 활동했다. 이 점이 나병식의 정치적 선택에 대한 비난의 정점을 이룬다. 나병식과 학생운동 시절부터 또는 개혁정치 차원에서 더 친화적이고 관계가 돈독한 경선 후보들이 많았다. 한명숙, 이해찬, 유시민이며, 한나라당에서 탈당하고 민주당 경선에 참여한 손학규 후보도 그랬다. 하지만 나병식의 선택은 정동영이었다. 몇몇 이들은 나병식을 두고 정치적 비전이 아니라 판세 흐름에 더 민감하게 반응했다고 보았다.

일이 그리된 데는 정동영의 나병식에 대한 특별한 노력이 있었다. 정동영은 대중적 인기에 비해 개혁성과 전투력에 의문을 받고 있었다. 그런 차원에서 정동영의 운동권 출사 측근들은 이런 약점을 극복하고 재야진영 지지 확보를 위해 적극적인 구애를 펼쳤다. 정동영은 국사학과 선배이자 운동권으로의 길을 열어주었던 나병식과 만남을 요청하고 솔직하게 도움을 요청했다. 정동영의 권력의지가 나병식의 경험과 역량을 요청한 것이다.

미미하지만, 당시 대선국면에서 '통합과 번영을 위한 미래 구상'이라는 조직적 움직임이 있었다. 이들은 진보개혁 세력이 큰 틀로 뭉쳐 수구 세력과 맞서기 위해 국민경선을 통해 열린우리당과 문국현 후보가 단일화를 해야 한다고 생각한 사람들이었다. 나병식은 이들의 생각을 내치지 않았다. 그리고 후보가 선출된 이후에도 정동영 후보와 문국현 후보의 단일화를 위해 여러 노력을 했다. 김 찬의 회고다. "나병식은 지극히 현실주의자의 입장에서 아무 짝에도 쓸모없는 명분론, 그것도 배신자 프레임과 자기 안위에 빠진 세력과 갈등하면서도 정권재창출에 힘을 쏟았다. 과연 그에게 돌을 던질 수 있을까? 정동영을 지지했다는 그 이유만으로."

당사자인 정동영은 이렇게 쓴다. "참여 정부 종반에 접어들면서 차가워진 민심의 역풍 속에 선거 지형은 극도로 나빴다. 이 때 나병식 형은 민주평화국민후보 정동영 지지운동본부의 대표로서 나를 도왔다. 광화문에 차린 작은 사무실에서 시민사회와 재야를 연결하는 통로 역할을 맡았다. 후보가 되기 전까지 제도권 밖의 시민사회와 별로 접점이 없었던 나에게 병식 형의 지원은 천군

만마와 같은 힘이 되었다. 병식 형이 팔을 걷어붙이고 나선 데에는 민주정부 10년 만에 민주평화 세력이 물러나고 다시 수구 세력이 등장해 역사가 퇴행하는 것을 두고 볼 수 없다는 책무감과 함께 대학 시절부터 오래된 나와의 인연도 작용했으리라 짐작한다. 하지만 IMF 위기 이후 심화되어온 삶의 불안과 사회경제적 양극화 속에 대중은 정치 세력의 교체를 바랐고, 나와 병식 형만의 힘으로는 불리한 판세를 역전시키기에 역부족이었다."(정동영, 〈현대사를 일이관지한 역사학도〉, 《황토바람에 풀빛》, 273-274쪽)

나병식은 일찍이 정치에 입문할 수 있는 그것도 굉장히 드라마틱하게 무대에 오를 기회가 있었다. 1985년 신민당의 돌풍에 민청학련 사형수 출신의 청년으로 주목받으며 주역으로 등장할 수 있었다. 하지만 그는 이를 거절했다. 차라리 걷어찼다고 말하는 것이 더 적절하다. 그는 정치보다는 민주화운동 전선에서 복무하고 싶었고 그것이 삶의 길이라 생각했다. 그리고 또 1996년 대대적인 재야인사 영입에도 합류할 수 있었다. 김근태 등이 김대중 총재의 영입으로 입문했을 때였다. 당시에 나병식은 김대중과는 다른 호남 개혁정치의 새로운 도전에 매력을 느끼고 균형사 모임을 전개했다. 또다시 기회는 사라졌다. 2000년 밀실 패거리 공천에 의한 좌절과 무소속 출마 그리고 또다시 도전한 2004년의 경선 패배, 그의 정치적 도전은 이렇게 막을 내렸다.

평전을 위한 인터뷰에서 만나는 분들에게 꼭 나병식이 꿈꾸었던 정치가 무엇이었을까 질문을 했다. 그리고 그가 정치에 도전했던 일을 평가해 달라 요청했다. 의견은 엇갈렸다.

하나는 정치를 했으면 정말 잘 했을 사람으로 나병식을 평가하는 것이었다. 예컨대 이현배, 이이화, 김승균, 고현석, 김희택, 조성우, 강창일, 장준영 등은 이런 입장이었다. 반면에 정치를 하지 말았어야 한다고 말하는 이들도 있었다. 전자의 이유는 큰 정치, 개혁정치를 나병식이 할 수 있었을 거라 얘기했다. 더하여 광주전남을 대변하는 활동을 두려움 없이 할 수 있었으리라 기대도 내비쳤다. 후자의 논지는 그의 신념에 찬 역사에서의 실천과 강단을 보았을 때 현실 정치에 전혀 어울리지도 않는 사람이라는 측면에서 그런 입장을 펼쳤다. 정치의 현장이 타협을 요구하는데 그 현실의 벽에서 나병식은 부딪쳐 튕겨 나갈 사람이니 자기라도 나서서 말려야 한다고 생각한 사람도 있었다. 몇 사람은 그의 웅혼한 기운과 그릇이 넘치지만 매사를 챙기고 사람들을 아끼는 그의 천성이 흠이 될까 걱정한 사람들도 있었다. 다른 말로 재주는 넘치나 다정다감이 흠이라, 그런 말이었다.

어찌 되었건 그는 정치의 꿈도 사회 변혁의 꿈도 마저 펼치지 못하고 떠났다. 그는 이런 정치를 꿈꾸었을 것이다. 호남 개혁 정치의 대표가 되어 호남 차별과 소외의 문제를 제기하며 균형사회에 대한 비전을 실현하고 싶었을 것이다. 단순한 정치적 구호를 넘어 호남의 먹고사는 문제에도 많은 노력을 기울였을 것이다. 항산항심(恒産恒心)에 정치의 뜻을 두었을 것이다. 그리고 개혁정치의 기치를 걸고 정치개혁에 필요한 선진적 방안과 대책들을 매우 도전적으로 제기했을 것이다. 다른 것은 몰라도 패거리 정치, 자기 먹고살자는 자영업자 정치는 하지 않았을 것이다. 많은 이들이 그가 정치 입문에 성공하길 바라면서 돕고 밀었던 이유는 가장 단순한 것이었는지도 모른다. 좀 건달 같은 정치, 쫌생이 정치 말고 좀 큰 정치.

9장

그루터기가 되어

그루터기

소일거리치고는 일이 컸고 어울린 사람이 여럿이었다. 나병식은 광주에서 올라와 사람들을 만나고 공부를 하자며 모임을 만든다. 30여 명이 모여들었다. 누가 지었는지 이름이 '그루터기'다. 그루터기는 밑바탕이나 기초를 비유적으로 이르는 말이지만, 원래 뜻은 나무가 잘려나가고 땅에 박힌 나무의 밑동을 말한다. 묘하다, 믿음직한 토대를 말함이었던가. 아니면 일단 잘렸으나 워낙 뿌리가 든든하니 다시 싹을 올리고 기둥을 세워 그늘을 만들 작정이란 말인가. 그루터기가 되자는 건지, 그루터기에 앉자는 건지, 그루터기에 싹을 돋우자는 건지도 분명치 않다. 작명은 모름지기 그래야 한다. 다의성을 보장하고 해석의 여지를 열어둬야 사람들은 자신의 것을 이름에서 발견하기도 쏟아 붓기도 하는 법이다.

그루터기 회원들은 한 달에 한 번 모여 강사를 초청하고 한 시간 정도 김밥을 먹으면서 강의를 듣고 한 시간가량 토론하고 근처의 술집으로 가 몇 시간 술을 마셨다. 모임에는 대략 15명 남짓이 모였다. 나병식이 세상을 떠난 뒤에도 몇 번 모였지만, 코로나가 오고 흐지부지되었다.

그루터기에 초빙되는 강사는 나병식과 회원들의 지인 모두가 동원되었고, 세상사 핫이슈가 빠르게 주제로 등장했다. 정치, 경제, 사회문화 등의 모든 분야에 전문가들이 자유로운 분위기에서 열띤 강의를 하였다. 비록 15명 남짓한 적은 청중이지만, 그곳에 모인 이들의 무게에 강사들은 다들 열심이었다. 그루터기에 강사로 초빙받은 사람들은 20만 원 정도의 강사료를 받았다. 대부분이 거절했지만 나병식은 한사코 봉투에 넣어 전하곤 했다. 참석한 사람들은 회비를 냈고, 총무는 회비를 궁하지 않게 보관하고 있었다. 건너뛴 달도 있었으나 그루터기 모임은 약 50회에 이르렀다.

나병식은 평소 그루터기통신이란 제목으로 회원들에게 이런 메일을 보냈다. "아침저녁으로 선선한 바람이 일어 가을의 문턱에 다가섰습니다. 새로운 기운이 세상에 퍼질 것 같은 시원스러움이 기대되기도 합니다. 9월달에는 먹고 사는 것, 그 이상의 무엇이 되어 버린 경제문제에 대하여 이런저런 입장에서 이야기를 하고자 합니다. 도시락 등을 미리 준비하고자 하오니 참석 여부를 9월 18일(화)까지 연락주시면 고맙겠습니다."(그루터기통신 20070911) "회원 여러분 평안하십니까? 무더위와 장마도 끝을 보이고 있고, 이번 태풍만 지나가면 가을이 오겠네요. 그러고 보니 한가위도 얼마 안 남았군요. 지난달 모임은 더위를 피해 한 회 쉬었고, 이번 달은 발제자의 사정에 맞추다보니 부득이 9월 17일(금)에 모임을 갖게 되었습니다. 아래를 참조하시어 많은 참석 바랍니다. 참석 여부를 미리 알려주시면 준비하는 데 큰 도움이 되겠습니다."(그루터기통신 20100917)

그루터기에 자주 참석하며 열의를 가지고 활동한 이들은 고현석, 김두일, 김선택, 김주언, 김 찬, 박구진, 박부권, 박성규, 백필규, 문국주, 송병춘, 엄주웅, 오세제, 유남영, 이명식, 이난현, 신일철, 신철영, 신형식, 장정숙 등이었다. 초기에 30여 명으로 시작한 모임은 2010년경에는 50명까지 회원 명부가 늘었다. 들고나는 이들이 있었고 지속적으로 출석하는 인원은 15명 안팎이었다. 나병식이 메일을 보내고 전화로 독려하던 초기에는 20명이 넘었다. 모임 장소는 민주화운동기념사업회 회의실을 신청해서 이용했다. 이후 기념사업회를 이용하기 어려워지자 홍대 앞 '다리' 등 여러 회의 장소를 빌려 모였다.

그루터기는 공부모임이자 친목모임의 성격치고 월 1회의 만남을 원칙 삼아 정례적으로 7년을 넘게 오랫동안 유지되었다. 나병식이라는 구심점이 있었고, 모임에서 얻는 공부가 여러모로 도움이 되었기 때문이다. 총무를 맡아 애를 쓴 박성규와 김 찬의 수고도 큰 몫을 했다. 나병식이 세상을 떠나고 박부권 교수가 좌장이 되고 나병식 대신 김순진이 참석하는 모임이 몇 차례 진행되었으나, 여러 사정으로 멈추고 말았다. 좋은 인연들이었다.

박부권 교수는 추모문집에서 이렇게 썼다. "병마와 싸우면서도 나형은 그루터기에 대한 관심을 놓지 않았습니다. 이제 우리에겐 그루터기가 곧 나형입니다. 나형은 우리 사회의 그루터기였지요. 그것이 우리 모임의 이름을 군이 그루터기로 부르고자 한 이유였다고 생각합니다. 나는 그루터기에서 이 세상을 위하여 나형이 세운 誓願(서원)을 읽습니다. 모든 중생을 生·老·病·死에서 구원할 때까지 해탈하지 않겠다는 그 보살의 서원같은."(박부권, 〈나형의 서원, 그루터기〉, 《황토바람에 풀빛》, 151쪽)

서원, 보다 의미 있고 치열하고 훌륭하게 살겠다는 약속. 실천적 지식인의 지향과 태도를 말한 것이리라. 공부하고 사람들과 어울리는 일에 나병식은 진심이었다.

만부부당지용

나병식의 바둑 사랑은 소문이 자자하다. 그는 날밤을 새우는 것도 모자라 사흘 밤도 바둑으로 놀아 제꼈다. 그는 친한 사람들과 이름도 막강한 '막강기우회'를 만들어 어울렀다. 과거 운동권 동료나 선후배였거나 정치판에 있던 유인태, 최규성, 홍기훈 등이 함께했고 문화예술 쪽에서는 화가 김정헌, 소설가 김성동, 건축가 조건영 등도 모여 날 잡아 리그전을 벌였다. 물론 막강기우회의 멤버는 꼭 고정된 것은 아니었고 여러 사람이 자연스럽게 어울리고 모이는 장소도 형편이 되는대로였다. 여의도도 좋았고 신촌이나 광화문의 기원이거나 아랑곳없이 불꽃 튀는 결판의 장이었다. 물론 풀빛의 허름한 사장실 소파 앞에도 바둑판과 재떨이는 늘 붐비었다. 호적수가 와서 세상사를 토로하고 정담을 나누는 특별 기원이었다. 물론 막강기우회 리그전은 어른들의 일이라 재미 삼아 판돈을 걸어 서로의 집중력을 높이기도 했다. 리그전에는 재미난 규칙들을 창조적으로 들여서 열기를 더하기도 했는데, 예를 들면 이른바 판세 예측을 기반으로 한 '고바둑'을 만들어 이길 만하면 '고'를 부르고 기어이 역전을 만들고 싶으면 '역고'도 부르며 관전자들의 몰입도를 한껏 끌어올리기도 했다.

사실 운동권과 바둑은 떼려야 뗄 수 없는 연분이 있다. 이현배 선생에 따르면 1960년대부터 서울대 문리대 학생회실에는 바둑판이 있었다고 한다. 바둑을 놀이보다는 기예로, 지성인의 수양으로 보는 전통 같은 것이 있었다. 거기에 더해 운동권들이 감옥에 가면 정말 할 일이 없는데, 이때 볼만한 책은 바둑잡지나 기보집 정도밖에 없기도 했다. 그리하여 징역은 바둑 실력을 가꾸는 수련장이었다. 무엇보다 그 왕년의 전사들이 어울려 놀 만한 것이 술 아니면 바둑밖에 없기도 했다. 그럼에도 나병식을 비롯한 이 막강기우회 사람들의 바둑 사랑은 너무 막강하고 지나친 감이 있었다.

조성우가 말하는 나병식의 바둑 이야기는 그의 현실주의자적 단면을 여실히 보여준다. 나병식은 바둑을 두는 데 있어서는 절대 허세가 없었으며 승부를 가르는 데 있어 지극히 현실적인 태도를 취했다는 것이다. "나한테 석 점을 놔요. 어쩌다가 접바둑을 두고서도 덤을 주는 바둑도 있었지. 고미를 일곱 개를 줘, 근데 지가

졌어요. 그니까 담판에 고미를 여섯 개로 깎더라고. 내가 그때 속으로가 아니라 겉으로 그랬지. '야, 이 쫀쫀한 사람아 그것도 한 점을 깎냐 그랬지.' 그러면 '아냐, 여섯 점.' 그게 병식이의 어찌 보면 참 큰 장점이었다고 생각해. 아예 고미를 안 주든지 거기서 또 깎는 건 뭐냐고. '아이, 야. 한 점만 깎으면 될 거 같애.' 그러면서 허세가 없어 딱 지가 현실을 판단하고 태연하게 타개책을 제시하는 거지." 후배로 바둑모임에 자주 얼굴을 내밀었던 권형택도 말한다. "바둑이 비교적 하수였던 병식이 형은 상수랑 둘 때 몇 점을 깔 건지부터 시작해 가지고 그렇게 줄다리기 샅바 싸움을 치밀하게 했어요." 나병식은 절대 승부욕으로 불타다 스스로를 잃어버리거나 기분으로 달리다 스스로 무너지지 않았다. 기백만 갖고 맞서는 것이 아니라 치수 조정을 잊지 않고 치밀했다는 것이다.

그의 바둑판에서의 끈기와 기백도 전해지는데, 이는 김성동의 글이 적합하다. "밤을 꼬박 새우는 것은 물론이고 어떤 때는 2박 3일에서 3박 4일까지 이어지기도 했는데, 마지막까지 남는 것은 언제나 만파와 이 중생이었다. 결국은 체력싸움이었다. 체력에서 밀리는 이 중생은 마침내 견디지 못하고 만세를 부르고 마는 것이었으니, 3박 4일째였다."(김성동, 앞의 책, 102-103쪽) 작은 내기에 딴 것을 택시비라도 하라며 내어주어도 그는 걸어서 사무실로 간다고 휘적휘적 새벽길을 갔다 전한다. "그렇게 판가름(승부)을 분명하게 해놔야 건강한 전의(戰意)를 이어나갈 수 있다던 그는, 구슬 없는 용

이었다. 아니, 용이 못된 이무기라고나 할까."(김성동, 앞의 책, 103쪽)

나병식에겐 승부욕도 있었지만, 실제 일상에서는 태연한 현실주의의 자세와 보여주는 장면들이 수두룩하다. 전의만으로 불타는 것이 아니라 삶에 대한 진지함이 있었다. 조성우의 평이다. "인제 바둑의 룰 뭐 치수를 정한다든지 그런 부분에서도 아주 허심탄회하고 아주 솔직하게 임했다. 내가 놀리느라고 '덩치 값 하라.' 그래도 눈도 깜짝 안 해. 좀 웬만하면 지가 이렇게 부끄러운 척이라도 좀 해야 될 거 아니야."

수많은 사람과 맞서서 싸울만한 용맹함이 있던 그는 왜 그렇게 술을 가까이 했던가. 술도 만인지적의 적이었던가. 술 이야기를 슬며시 하고 가야한다. 그는 왜 그렇게 술을 대하는 데 있어 현실적이지 못했을까? 술로만 치면 그는 모범생이 아니었다. 일단 그는 술을 억수로 많이 마셨다. 날과 시를 가리지 않고 자주 마셨다. 또 끈질기게 오래 마셨다. 그가 술을 많이 마신 것은 일을 많이 한 것이기도 했다. 사람을 만나 책을 만들고 권하는 일이었다. 그리고 사람을 만나 풀어야 할 일이 많았다. 이 사람을 소개시키고 이 일과 저 일을 연결해야 했다. 수많은 사람, 인연의 꼭짓점을 만들고 그 꼭짓점이 찍히는 곳은 언제나 술자리였다. 그리고 일과 인연의 핑계에 더해 충전과 위로의 기능이 덧대어져서 술은 그의 인생의 주 종목이 되어 버렸다. 나병식에게 술은 허기와 갈증, 스트레스와 울화를 달래고 채우는 특별한 세계였다. 세상이 거시기했던 것이며, 스스로가 거시기했던 것이다. 그러나 그는 이 허기와 갈증, 울화와 위로를 그대로 드러내며 술 먹자고 말하거나 술자리의 핑계나 이유로 삼지 않았다. 그런 이야기를 대놓고 술자리에서 토로한 것도 아니다. 시치미를 뚝 떼고 마치 술이 좋아서 사람이 좋아서 하는 것처럼 술자리를 만들었고 이끌었고 연이어 몰아갔다.

나병식의 술자리에는 이런 장면들이 속출했다. "있지요, 있지요."를 접두사 삼아 말을 이어가고 고대사부터 세계의 나쁜 놈들이며 현대사 인물들의 개인 정보며 뒷골목의 이야기며 역사와 투쟁이 이리되고 저리 망했다는 서사와 논평과 전망이 끊이질 않았다. "그렇지 그렇지."를 쉬지 않고 건네고 자문하며 우리가 해야 할 일을 이야기했고 그것이 왜 중차대한지를 강조했다. 동의를 구하는 말이기도 했고 꼭 기억해야 하는 말임을 강조하는 어투이기도 했다. "싸가지 없는 새끼!"를 말하며 불의와 부당한 세상사에 대한 호쾌한 품평과 응징도 있었는데, 늘상 술자리 마지막 무렵이었다. "어이 선생, 술이나 마셔." 이런 말은 상대가 엉뚱하거나 쉰소리를 할 때 위압감 없이 입을 막을 요량으로 하는 말이었다. 그러곤 술을 실제 따르고 권했다.

술자리가 매사 평화로운 것은 아니었다. 그가 특히 스트레스를 많이 받던 무렵, 그러니까 연거푸 선거에 지거나 민주화운동기념사업회 일로 온갖 풍파에 시달린 때에는 심신이 많이 지친 탓인지 술자리에서 거친 장면이 나오고 역정 내는 일이 잇따르기도 했다. 하여 세상 넉넉하다는 그에 대한 세간의 평이 조금씩 홈이 나기도 했지만, 또 밝은 날 멀쩡한 얼굴로 만나면 아무 일도 없던 것으로 되기 일쑤여서, 품위가 영판 상하지는 않았다.

그와의 술자리는 우박처럼 폭포수처럼 그의 열변을 듣고 질문 공세를 거치고 나서도 2차, 3차는 기본으로 거쳐야 할 술자리 공식이기도 했다. 그것을 어기는 일은 사람에 대한 예의도 아니고 험한 세상을 사는 뜨거운 심장의 바른 처사가 아닌 것처럼 나병식은 소매를 끌었고 앞선 걸음으로 인도했다. 거기서 그치면 많은 이들 기억에도 술자리에서 데인 자국은 많이 지워져 있을 것이다. 그러나 그에게 술자리는 하나의 결사였고 결의였으며 출정식에 가까웠다. 그래서 늘 마지막엔 하루의 성과를 비교적 조용히 마무리하는 해단식을 가져야 했다. 대개가 가벼운 생맥주집이나 점방 앞의 간이 의자거나 어둑한 포장마차였다. "야, 이젠 해단식 해야지. 제일 중요한 것이 해단식을 잘해야 한다."는 그 묘한 논리는 차마 발걸음을 붙잡는 마지막 호소이자 종전 선언이었다.

그래서 웬만하면 그에게 걸려들지 않고자 "석양에 광화문에서 나병식을 만나거든 일단 피해라."라는 말이 있었다고 김희택은 전한다. 나병식에겐 어중간한 일은 없었다. 술도 바둑도 그랬다. 화끈해야 했고 오래여야 했다. 그리고 전부를 걸듯이 그렇게 했다. 술을 과시하는 일보다는 술자리를 대놓고 즐긴 것이다. 그는 두주

불사의 체력이 있었고 이를 따르지 못하는 불편한 이들도 있었지만, 이구동성은 그와의 술자리가 재미있었다는 것이다. 그와의 술자리는 술이며 안주며 장소며 소탈하고 소박하여 정이 들고 부담되지 않았다. 추억은, 투구 안 쓴 장수가 허름하고 누추한 술집에서 들러 술잔을 휘두르며 나눈 여러 사건들에 남아 있다. 그렇지만 그의 정신은 모르겠으나 몸은 그런 추억에 휩쓸려 자꾸만 상해갔다.

나병식의 기상과 호기로움과 진지함을 적절히 묘사한 여러 회고가 추모문집에 실렸다. 먼저 바둑으로 술로 어울렸던 김성동의 글이다. "만파는 한마디로 투구 안 쓴 장수였다. 조선장수처럼 눈에 띄게 걸까리진(체구가 큰) 몸피며 훨씬 큰 키를 말하는 것이 아니라, 툭 터진 그 마음씨가 그렇다."(김성동, 앞의 책, 104쪽) 장수의 그림자를 일찍이 읽고 좋아한 김성동은 이렇게 전한다.

"스무 살이 되매 벌써 앉은자리에서 한말 술을 마시고 고기 열 근을 먹었으며 활을 쏘면 벗나가는 법이 없고 숭례문 같은 큰 성문이라도 단목에 뛰어 넘었으며 또 말을 타고 달리면서 투구를 벗어 멀리 던지고 말에서 뛰어 내려 그 투구가 땅에 떨어지기 전에 손으로 받아 머리에 쓰고 다시 달리는 말을 쫓아가 잡아타는 만부부당지용(萬夫不當之勇)이…."(김성동, 앞의 책, 106쪽) 김성동은 이어서 자신의 소설 한 대목을 예시한다. 그러고선 이렇게 말한다. "이제야 하는 말이지만 만파는 내 소설 모델이기도 하다. 본보기라기보다 그 그림자그림(이미지)을 떠올렸다고나 할까. 어떤 일간지에 《국수》(國

手)라는 역사소설을 썼는데, 주인공인 아기장수 걸까리진 몸피를 그리는데 만파를 떠올렸다는 말이다."(김성동, 앞의 책, 106-107쪽) 일도 바둑도 술판도 만부부당지용의 전사의 싸움터였다. 자신의 심중에 이는 전의를 달래고 푸는 곳이었다. 자신만의 세계를 호젓이 누리는 숨은 놀이터였고 바람맞으며 걷는 탁 트인 초원이었다.

만부부당지용의 나병식은 '크다'는 이미지로 각인되어 있다. 큰 덩치, 큰 목소리, 큰 마음이다. 큰 덩치만큼 담대했으며 선봉장이었고, 거침없이 성큼성큼 나아갔다. 큰 목소리만큼 열정적이고 치열했으며 강하고 일관되었다. 큰 마음은 세상 걱정 없이 넉넉하게 베풀고자 했고 아픔에 고통에 커다란 연민과 책임을 가졌다.

커다란 체구에 걸쭉한 목소리 넉넉한 마음은 어두운 시대 질풍노도의 운동과 사람살이에서 큰형이었다. 처연한 삶을 사는 사람들 고되고 힘든 사람들과 나병식은 격정과 소박을 곁들여 다정하고 용감했다.

백두산을 오르다

2009년 9월의 가을이었다. 칠흑 같은 밤바다를 가르며 중국 단둥으로 가는 뱃전에 스물한 명의 사람들이 타고 있었다. 이름하여 백두산역사탐방단. 그들은 압록강 하구에서 두만강 하구까지 조, 중, 러 국경지대를 굽이굽이 돌며 1,369킬로미터의 역사 대장정을 떠나는 길이었다. 하필 떠나는 날도 9월 4일, 일제가 우리의 외교권을 불법적으로 강탈한 후 청나라와 조약을 맺어 우리의 영토인 간도를 청나라에 넘겨준 이른바 '간도신협약'을 맺은 지 100년이 되는 날이었다. 일제는 간도와 백두산의 일부를 포기하고 두만강으로 국경을 확정짓는 협약을 맺고 중국 내 철도부설권 등을 받았다. 역사탐방단은 그렇게 슬픔과 비애가 어린 역사 속으로 발길을 옮기고 있었다.

시작은 이랬다. 나병식이 백두산을 가자고 여기저기 전화를 돌렸다. 당시 여러 편의 중국 일대의 방송 영상을 제작한 평화방송 출신의 서명석 피디를 만나고 그 여행의 묘미를 알게 되고서다. 나병식은 본격적인 역사탐방단을 꾸려서 여럿이 함께 여행할 참이었다. 가을쯤 가려면 봄부터 서둘러야 했다. 제일 먼저 전화를 건 사람은 이이화 선생이었다. "선생님, 풀빛입니다.", "어이 나 사장, 어쩐 일이고.", "백두산 가시지요. 사람들 모아서 한 열흘 정도. 대장으로 모실랍니다."

그렇게 50여 곳에 전화를 하고 일정을 알리고 하여 20명이 모였다. 역사를 발로 디디며 설명도 듣고 하려면 안성맞춤의 구성이었다. 그렇게 모인 사람들이 이이화 명예단장, 나병식, 강도균, 권오걸, 고현석, 기낙온, 김선택, 김주언, 김희갑, 남영신, 노중선, 서명석, 신철영, 이경희, 이난현, 이웅일, 임상빈, 장준영, 진재학, 최병윤, 홍동현이었다.

이들은 8박 9일의 일정으로 이이화 선생의 역사 현장 강의를 들으며 역사의 숨결을 만났다. 탐방 일정은 이러했다. 9월 4일 인천항 출발. 5일 단동항 도착, 집안(集安)으로 이동. 6일 장백현. 7일 백두산 남파 등정, 이도백하, 내두촌. 8일 이도백하, 백두산 서파 등정. 9일 백두산 북파 등정, 용정, 연길. 10일 연길 도문, 훈춘, 방천 방문. 11일 장춘, 심양. 12일 심양에서 인천공항으로 돌아왔다.

그들은 끊어진 압록강 철교에서 북한 땅을 걱정스레 바라봤으며, 항일 독립군 기지를 찾아 신흥무관학교와 독립군들이 누빈 싸움터를 걸었고, 고구려 옛 도읍지 집안에서 간 데 없는 고구려의 옛 영화를 만났다. 동북공정과 중화주의의 현장에서 이이화 선생의 비분에 찬 역사 강의도 들었다. 백두산을 오르는 세 갈래 길을 세 번이나 올라 통일의 염원을 빌었고 북한 땅에서 오르는 남은 길 한 가지를 기약해 보기도 했다. 용정에 이르러 일송정과 해란강의 노래를 들으며 윤동주를 만났고, 연길로 가서는 청산리 전투와 봉오동 전투 독립운동의 빛나는 기념비들을 탐방했다. 마지막으로 두만강으로 가 그 푸른 물에 뿌려진 이별과 상실의 눈물을 아스라이 바라보았다. 한홍구가 "압록강을 따라 올라가 백두산을 거쳐 두만강을 따라 내려가는 노정은 가장 감동적이면서도 가장 가슴 아픈 여행 코스이다."라고 말한 길을 걸었다.

여행을 마치고 돌아와 그 긴 이야기들을 김주언은 일필휘지로 기록하여 책을 만들었다. 《백두산을 오르며 만나는 우리역사》였다. 서중석은 "우리가 백두산에 왜 올라야 하는지, 천지로 가는 길에서 무엇을 골똘해야 하는지를 이야기 해주는 책이다. 압록강과 두만강 건너편에서 우리를 기다리고 있는 선대들의 때론 슬프고 때론 웅혼한 자취들을 우리가 어떻게 만나야 하는지, 무엇을 배워야 하는지 모범을 선사한다."고 책을 권했다.

나병식이 일을 만들고 판을 키우는 데는 당할 자가 없었다. 누가 우연히 '백두산 가 보면 참 좋은데.'라는 말을 하면 한참을 듣다가 이내 사람들을 모아서 그냥 여행팀이 아니라 굳이 역사탐방단을 꾸렸다. 여남은 명 가면 좋겠다고 하면, 전화를 걸어 스무 명으로 인원을 짱짱하게 구성했다. 이이화라는 당대 최고의 역사학자를 모시는 일도 그가 여행에 가치를 채우고 격을 높이려는 노력의 결과였다. 갔다 왔으면 사진이 남을 텐데, 기어이 400쪽에 달하는 여행기를 써 책을 만들었다.

함께했던 사람들은 그 긴 여행을 잊지 못할 것이다. 책도 웬만큼 팔렸으니 책을 통해 여행했던 사람들도 역사의 비극과 염원과 웅혼한 뜻의 일단을 알게 되었을 것이다. 여행을 같이 갔던 사람들은 이제 8박 9일간 그 이후 몇 번이고 이어진 해단식을 통해 우악스럽게 술을 마시고 권하던 나병식의 막바지 호탕함과 왕성한 모습을 아련하게 기억할 것이다.

나병식은 백두산역사탐방을 다녀와서 내친김에 2010년 역사탐방 2탄으로 연해주와 사할린 일대를 탐방할 계획을 세운다. 민족의 애환과 강제 동원의 비극이 서린 곳으로 사람들과 더불어 갈 생각이었다. 1차 역사탐방 이야기를 들은 여럿이 새로 응했고 1차 팀도 건재하여 목표했던 20명이 다 채워지고 있었다. 그가 불현듯 암을 만나 어색하고 영 찝찝한 인사를 나눌 무렵이었다. 누구도 여행을 떠날 기분도 처지도 아니었다.

다 비우다

자신을 송두리째 삼킬 삶의 위기가 오는 것을 알아챌 수 있다면 어떨까? 그 미세한 조짐을 읽을 수 없다는 데 삶의 신비가 있는 것인가? 그래서 모든 나쁜 소식은 급거에 들이치는 것인가. 나병식도 우리도 까마득히 속고 있었다. 건장함과 건강함은 다르며 활기차고 씩씩한 것이 능사가 아니란 것을.

나병식의 건강 상태를 가장 먼저 전해 들은 이는 딸 나빛나였다. 그녀는 다니던 회사에서 나온 건강검진권으로 아버지를 몰아세우다시피하여 분당의 모 병원에서 건강검진을 받게 하였다. 간에서 뭐가 발견되었는데, 정밀진단을 받아보라는 결과가 나왔다.

2010년 10월 31일, 10월의 마지막 날이었다. 김순진과 나빛나는 가슴을 진정시키지 못한 채 나병식과 서울아산병원으로 갔다. 그들은 그곳에서 직장에서 시작한 암이 이미 대장으로 그리고 간에도 전이되어 있다는 결과를 우두커니 받아들였다. 설명을 하는 젊은 의사는 진행 단계를 말기로 확정하며 6개월 여 시간을 말해 주었다.

김순진은 나힘찬, 나빛나, 나슬기와 상의했다. 이 상황을 전부 본인에게 알려야 하나, 결국 알리지 않기로 했다. 많은 고민을 하고 기도도 했다. 김순진은 병은 싸움이라 생각했다. 예정된 패배를 알고서 싸움에 최선을 다할 수는 없는 노릇이었다. 환자도 가족도 기세가 꺾이면 주저앉게 되리라 생각했다. 그리고 거짓말 같은 그 정해진 운명을 넘어서 보고 싶었다.

나병식은 암을 무슨 불의한 권력처럼, 쓰러뜨릴 수 있는 것처럼 대했다. 평소 낙관적 현실주의자에서 이제 현실주의를 지워 버렸다. 금세 나을 듯 언제나 씩씩했다. 환자가 응당 가져야 할 긍정의 자세와 태도로 더할 나위 없었다. 그에게 회복은 머잖아 다가올 확정된 미래였다. 그런 모습을 지켜보는 것은 안쓰러운 일이었지만 격려할 일이기도 했다. 최선을 다하는 생에 대한 진정성이었다.

망설였지만 가족들은 결국 수술하기로 결정했다. 직장과 대장, 간의 일부까지 잘라내는 대수술이었다. 수술은 성공적이었고 나병식은 어디 가서 걱정 하나를 쏟아내 비우고 온 듯 홀가분해 했다. 문병 온 지인들에게 '일타 삼피'로 한꺼번에 해결했다며 병세 호전을 자신했다. 그러나 몸은 몸대로 제 갈 길을 가고 있었다. 의지는 의지대로 상승을 하고, 김순진과 아이들은 그 처연한 간극을 보며 가슴을 치며 숨어 울었다. 물론 이것은 투병 3년여 전반부의 풍경이다. 후반부로 들어서도 나병식은 의지를 여전히 곧추세웠으나 희망을 표현하는 데는 약간 진중함을 더했다. 보는 이들의 마음은 조금이나마 놓였지만 슬픔은 깊어졌다.

우선 나병식은 거처부터 옮겼다. 새롭게 시작했던 풀빛미디어 일은 나힘찬이 온전히 맡았다. 서소문의 아파트를 나와 파주 심학산 아래 단독주택으로 이사했다. 김순진과 함께였다.

나병식은 의연하고 모범적으로 투병에 임했다. 먼저 텃밭을 가꾸었다. 스무 평 남짓에 상추, 배추, 무를 심어 밤낮으로 발소리를 들려주었다. "소일로 하는 일도 이리 힘든데, 업으로 하는 사람들은 얼마나 힘들까." 양동이로 물을 퍼다 나르며 농부들이 훌륭하다며 김순진과 농사일 소감을 나누었다. 배추를 수확하여 문안 온 이들에게 한 포기씩 들려 보냈다. 그냥 주지 않고 배추며 무를 정성스레 싸고, 들기 쉽게 포장을 했다. 그 장면을 물끄러미 바라보는 김순진은 그의 지극함에서 어떤 간절함을 느꼈다. 인터넷을 검색해서 효소를 담그는 일도 열심이었다. 처제가 독을 사다 대며 일을 키웠다. 매실이며 솔잎이며 효소가 한 가득이었다. 나중에 정리하다 보니 1.5리터 병으로 10개가 나왔다.

나병식은 회복을 위해 걷는 일에 열심이었다. 지척인 심학산을 아침에 한 번 저물녘에 한 번, 두 번씩 올랐다. 한 시간 남짓의 시간을 혼신으로 걸었다. 그는 걷는 일이라면 이골이 나 있었다. 젊어서는 차비를 아끼려고 걸었고 도망다니면서는 잡히지 않으려 골목골목을 걸었으며 이제는 살기 위해 걸었다. 걸음은 삶의 고투였고 희망의 근거이기도 했다. 나병식은 걸으며 많은 것을 걸었다. 집 앞 약천사의 웅장한 약사여래불에 저녁노을이 비끼며 무심하게 시간은 가고 있었다.

　참 많은 사람들이 병문안을 왔다. 마당에 작은 정자가 있어 그곳에 앉아 이야기를 나누던 참 좋은 시간이었다. 병으로 얻은 휴식이지만 지난 세월 풍파를 생각하면 아늑한 시간이었다. 아이들은 돌아가며 와서는 힘을 북돋았고 무엇보다 간호에 혼신을 다하는 어머니를 도왔다. 홍 석 사장은 노심초사로 연일 들러 크고 작은 일을 돌봐주었다. 출판계 후배 한동학은 와서 서툰 농사일을 나무라며 돕고 활력을 불어넣어 주었다. 먼 곳 살면서도 일주일에 두세 번을 와 산책도 같이 가고 지압도 해준 신일철도 큰 힘이 되었다.

　살이 많이 내리고 수척해지긴 했어도 누구도 와서 낙담하지 않았다. 사람들은 나병식의 굳센 의지를 믿었다. 그들도 몸의 일을 의지와 희망이 바꿀 수 있다고 생각했다. 와서는 걱정을 덜고 조금 안심하면서 웃으며 인사를 하고 떠났다. 나병식을 대하는 왕년의 전사들은 다투어 관념론자가 된 듯했다. 베테랑들은 싸워서 이 길 수 있다는 확신이 내면화된 사람들이다. 그들은 진단처럼 말했다. "병식이는 이겨낼 거다." 더러는 기도처럼 말했다. "병식이는 이겨 낼 거다." 그들은 나병식과 헤어질 준비를 전혀 하지 않았다.

의연한 투병 생활을 하면서도 나병식은 사람들을 이리저리 챙기기도 했다. 상태가 좋은 날이면 서울 나들이도 해서 사람들을 만났다. 한번은 멀리 나가고 싶어 함안에서 선거를 치루는 장영달을 찾아가 응원하는 일도 있었다. 장영달은 "그때 그 얼굴색을 하고 병식이가 왔다구, 나를 보러 온다고 왔다구." 후일, 그때를 회고하며 목소리가 젖었다.

나병식은 투병 중에 아버지를 보내야 했다. 2011년의 일이다. 스스로 삶의 무게에 힘들어하면서도 잘 버텨온 아버지, 가부장적 삶의 방식으로 식구들에게 상처주기도 했던 아버지도 오래전 바뀌어 있었다. 나병식이 첫 징역을 가고 난 이후부터다. 잘나고 공부 잘해 서울대를 갔던 장남이 보란 듯이 출세하길 바랐던 아버지의 평범한 꿈은 무너졌지만, 좌절하지 않았다. 회환이 왜 없었겠는가만, 어느새 아들을 이해하고 존중하며 무엇보다 자랑스러워했다. 나병식도 아버지를 극진하게 모셨다. 나병식은 민주화운동기념사업회에서 일할 때 매일 같이 시청 앞에서 아현동 집까지 걸어와 아버지 점심을 챙기고 함께 밥을 먹었다. 그런 아버지가 아픈 아들을 보며 눈을 감았다. 아버지는 제발 아들이 자신이 가는 길을 서둘러 뒤밟아 따라오지 않기를, 오래오래 그와 이별할 수 있기를 간절히 바랐다.

나병식은 항암 치료에 더해서 여러 사람의 말을 따라 민간요법을 취하기도 했다. 그러다 뜻하지 않은 세균 감염으로 경추에 염증제거 수술을 받기도 했다. 위험천만한 일이었고 몸도 많이 상했다. 항암 치료를 몇 주간 하고 오면 호전되던 몸은 또 몇 달 후면 상태가 나빠졌다. 직장에서 시작한 암은 대장으로 간으로 폐로 성대로 자꾸 위로 올라섰다. 2013년 여름께는 병세의 깊음을 본인도 느끼기 시작했다. 어느 날 철 바뀌니 여름옷을 정리한다며 손수 옷들을 가려 상자에 담았다. 떠나야 하는 걸 아는 건가. "자신의 옷을 정리하는 심정이 어땠을까?" 김순진은 그 마음을 아직도 헤아리고 있다.

나병식은 3년 여 투병 생활 중에 연이어 혼기가 다 찬 나힘찬, 나빛나, 나슬기의 결혼식을 치렀다. 그들은 다들 일과 직장을 가지고 있었다. 책임을 다하기 위해 서둘렀다기보다 직장이며 사위의 공부 등 각자의 사정들이 있었다. 고맙게도 많은 사람들이 와서 나병식과 김순진 그리고 아이들의 내일을 격려해 주었다. 아버지로서 부재의 아픔을 남겼던 나병식은 그들의 삶에 부재의 아픔이 덜하길 바랐다. 그들의 사랑과 아이들의 미래는 아버지의 바람처럼 그렇게 되어갔다. 결혼한 아이들과 며느리, 두 사위와 함께 온 가족이 마포의 유명한 집으로 냉면을 먹으러 가서 줄을 서 기다리며 옴팍한 방에 가족들끼리 들어 냉면과 빈대떡을 먹기도 했다. 아이들이 결혼을 하고 각각의 첫 아이들을 나병식은 안아 볼 수 있었다. 누리, 연제, 재인 등 손주들 이름도 할아버지로서 함께 지어 안겼다.

2013년 가을이 물들 무렵 마지막 노력인 듯, 나병식은 임실의 단식원으로 가서 한 달여를 보냈다. 여러 추천도 있었고, 본인도 자연 속으로 더 들어가면 도움이 되리라 믿기도 했다. 자연식 요법을 곁들여 뒷산도 오르고 하면서 휴식을 취했다. 차도가 있지는 않았다. 찬바람이 불기 전 다시 심학산 집으로 돌아왔다.

2013년 12월 17일. 나병식은 숨이 잘 쉬어지지 않는다며 힘들어 했다. 김순진은 그를 서울아산병원 응급실로 데려갔다. 김순진은 마지막을 앞두고 평소 성당을 가지 않던 그에게 대세를 주었다. 세례명은 자신의 핏줄이자 한국인 첫 세례자인 승훈 베드로였다. 아이들은 평소 아버지의 삶과 종교가 어울리지 않는다 반대했지만, 거절의 의사를 밝히지 않는 아버지의 모습을 보며 어머니에 대한 아버지의 마지막 배려라 생각하여 김순진의 뜻을 따랐다. 연명 치료는 하지 않기로 했다. 마음을 다 잡을 시간이었다. 다음 날 함세웅 신부가 와서 병자성사를 주었다. "이 형제의 삶을 하늘나라에서 증거해 달라."고 기도했다. 성가 151번 '주여 임하소서'를 직접 불렀다. 임종은 가족들이 모두 모여 했다. 나병식은 의식이 끝나가며 "아빠 간다." 마지막 말을 했다.

마지막으로 병원에 가기 전 그가 남긴 말들은 많지 않다. "미안하고 감사하다."는 말을 두루두루 전해 달라 했다. 온갖 인연에 대한 인사로서 그만한 것은 없다. 누구라도 그 말의 뜻을 알 것이고 또 똑같이 그렇게 말할 일이었다. 자신에 대한 기념사업 같은 일은 하지 말라 당부했다. 아이들의 책임이나 후배들의 부담을 덜어주고, 자신의 삶을 크게 다루고 단장하는 일의 불편함을 이른 것이다. 자신의 삶은 그대로 역사가 되었고 필요하면 자연스레 불려 나올 일이었다.

　막바지 어느 때쯤, 김순진이 물었다. "당신 많은 일을 하고 그랬는데, 안 된 일도 많고 그랬잖아요. 뭐 실망하고 억울하고 안타까운 것 없어요." 나병식은 말했다. "후회되고 그런 건 없어. 최선을 다했고 그걸로 끝이야. 아무 후회도 없고 미련도 없어." 큰 걸음, 큰 파도 하나가 비워지고 있었다. 후회도 회한도 없었다. 세상에 대한 못다한 열망도 자신이 이루지 못한 어떤 세상에 대한 분노도 없었다. 솔직하고 현실주의적이며 낙관적인 삶의 현명한 모습이었다. 자신의 삶으로 최선을 다한 삶이었다. 2013년 12월 20일, 그는 다 비우고 갔다.

　그의 장례식은 신촌 세브란스병원에서 4일장으로 치러졌다. 후배들의 성화에 '민주화운동가 나병식'이라는 이름이 장례식에 내걸렸다. 인산인해를 이루었고 마음마다 슬픔이요 그리움이었다. 장례식 마지막 저녁은 '나병식과 함께 나누는 마지막 만찬' 추모행사가 열렸다. 후배들과 문화운동가들이 나서 꾸린 일로, 여러 사람이 모여 옛일을 이야기하고 노래도 하고 술을 마셨다. 다음 날 민주화운동기념사업회가 있는 정동의 빌딩 앞에서 노제를 지내고 파주의 나사렛공원묘원에 그를 안장했다. 눈이 남아 얼고 있는 공원묘지에서 술을 따르고 임을 위한 행진곡을 마지막으로 부르며 그와 영영 이별했다. 2년 후 그의 추모문집《황토바람에 풀빛》이 나오고, 그를 국립5·18민주묘지로 이장하였다. 나병식은, 풀빛은 오월로 고향으로 돌아왔다.

에필로그

1.

나병식이 떠난 지 10년이다. 그를 기억하고 그리워하는 이들이 나병식의 삶의 발자취를 정리하고 기록으로 남기는 일에 뜻을 둔 이유는 참 많을 것이다. 짐작되는 여러 역사적 운동사적 기록적 가치와 효용을 알고 있다. 그러나 다 덜고 비우고 간추리다 보면, 그를 잊지 않으려는 노력, 그가 기억되길 바라는 마음이 가장 순정한 이유가 될 것이다. 부족한 내가 이 벅찬 일에 나선 데는 그를 따르고 존경했던 후배의 막연한 책임감과 주변 선배들의 간곡한 성화에 이끌린 측면이 있다. 하나 더 있다면, '한 죽음의 빈자리에 대한 쓸쓸함'을 이겨보려는 노력이었다. 모든 죽음의 빈자리는 쓸쓸하다. 그가 부재하는 시공에 이야기를 채우다보면, 삶과 역사가 살아날 수 있다. 그것을 믿었다.

2.

나병식의 삶으로 다가가기 위해 세 가지 노력으로 자료와 이야기를 얻고 마련하였다.

먼저 50명이 넘는 나병식과 인연을 맺은 분들을 만나 이야기를 들었다. 이 분들과의 인터뷰에서 나병식의 삶과 활동의 대강이 확보되었다. 모두들 감사하게도 흔쾌히 자신이 겪고 알고 있는 나병식을 들려주었다. 더 귀하게는 자신의 삶 그리고 역사의 생생한 장면들과 나병식을 잘 엮어서 소개해주었다.

학교를 함께 다닌 분들, 후진국사회연구회 회원들, 10·2데모를 함께 한 분들, 민청학련을 함께 한 분들, 풀빛에서 함께 일하신 분들, 출판문화운동의 동지들, 작가와 저자들, 민주화운동기념사업회와 균형사를 함께한 분들, 정치개혁 과정에서 만난 분들, 함께 여행하고 공부하고 바둑 두고 술 마신 모든 분들은 이야기꾼이고, 시대의 증언자이고, 이 책의 저자이다.

모든 인터뷰는 글감을 얻는 것 이상의 경험이었다. 세월이 지우지 못하는 삶의 진정성과 용기와 염원을 배우는 일이었고, 사람들이 정말로 누군가를 사랑했거나 여전히 사랑하고 있다는 사실은 확인하는 시간이었다. 그리움이 어떻게 정갈해지며 다시 삶의 힘으로 돌아오는지를 보고 익히는 일이었다.

인터뷰를 해주신 분들의 목소리를 가능한 많이 인용하여 글로 바꾸었다. 인용을 통한 이야기의 전개는 어떤 전지적 시점보다 입체적이며 나병식의 삶의 진면목에 더 가까이 가는 방식이었다 생각한다.

또 하나의 방편은 나병식이 남긴 두 편의 구술 자료였다. 민주화운동기념사업회가 수행한 10·2데모와 1970년대 학생운동에 대한 구술 채록으로 생성된 이 자료들은, 나병식의 민주화운동에 대해 가장 신뢰할 수 있고 풍부한 이야기를 담고 있다. 이를 통해서 나병식의 본인의 힘차고 단언과 만연이 뒤섞인 회고를 이 책에 들일 수 있었고, 또렷한 증거와 확신을 갖고 사실과 분석을 전개할 수 있었다. 그러다보니, 나병식의 후반기 활동의 중심인 출판문화 운동 관련 구술이 진행되지 않은 일이 못내 아쉬웠다. 나병식이 쓴 200자 원고지 19매 분량 미완의 자필 회고의 글도 압축적으로 나병식의 학생운동 초반의 이야기를 들려주었다.

그가 한 일에 비해 턱없이 부족한 기록들로 인해 마치 한 세기 전 인물에게 다가가는 듯한 고충이 있었다. 이제는 만나는 이들에게 기록 남기기를 권하는 버릇이 생겨버렸다.

마지막으로, 여러 기록과 문헌들의 직접적인 도움을 받았다. 2015년에 발간한 나병식 추모문집 《황토바람에 풀빛》에 실린 글들에 너무도 많은 신세를 졌다. 글을 주신 분들 중에 새로이 인터뷰를 한 분들도 있지만, 글이 너무도 생생하고 적실하여 그 글에 의지하는 것으로도 충분하다 판단하여 인용하고 참고한 부분이 상당하다.

당연하게도, 민주화운동을 다룬 많은 역사서가 길 안내를 해주었다. 특별히 2023년 9월 23일, 가을이 짙어가는 저녁에 흥사단 강당에 모여 10·2데모 50주년을 기념하며 오래전 기억을 들려준 분들의 말씀과 자료집에 실린 글들이 큰 도움이 되었다. 그날 밤, 가벼워진 손을 서로 잡고 오래 인사들을 나누던 모습이 잊히지 않는다. 아, 50년이라니. 그 세월이 흘러도 용기와 환희는 기억되고 있었다. 그 누구보다도 나병식은 꼭 와야 하는 자리였는데, 다들 그리워했다.

3.

나병식의 파란만장을, 한 일도 많고 일으킨 파장도 컸던 발자취를 20년 가까이 늦은 후배가 탐구하기엔 벅찬 일이었다. 또한 그의 전기적 사실들은 민주화운동의 역사적 사건들과 중첩되고 직접적으로 교직하는 서사 구조를 갖고 있다. 이는 나병식의 삶의 독자적 의미망을 형성하는 데 이점이자 함정이기도 하다. 역사적 서사 구조는 그것대로, 나병식의 삶이 가진 풍부함은 또 그것대로 담아내는 데 부족함이 있었고, 이 둘의 종합은 아주 조금밖에 나아가지 못했다.

나병식의 삶의 이야기를 구성하는 데 학생운동과 출판문화운동 그 이후 시민사회 활동과 정치 도전을 치우침 없이 배분하였다. 의도적 부각이 있었다면 1973년 유신체제에 맞서는 최초의 시위 10·2데모에 관한 서술이다. 10·2데모는 지금껏 우리 민주화운동사에서 충분히 다루지 못한 부분이며, 국민적 저항을 불러일으킨 10·2데모의 역동성에 대해 더 많은 관심이 필요하다고 보았기 때문이다.

풀빛의 출판과 출판문화운동 관련해서도 요약과 재구성이 있었다. 출간한 책도 800권이 넘고 시대와 사람을 바꾼 위대한 역작들도 수두룩하다. 출판인 나병식의 활동만으로도 한 권의 책이 필요하다. 그의 출판 정신과 사회적 기여를 드러내기 위해서 풀빛이 발간한 책들을 몇 가지 범주로 구분하고 의미를 조명하였다. 이 과정에서 그간 주목되지 않은 현장신서 시리즈와 계간지 사상 문예운동 그리고 민중서사 만화 단행본 출판을 걸맞은 자리로 올려두었다. 책을 소개하고 평하면서 더 많은 책과 작가와 저자들의 성취를 충분히 다루지 못한 아쉬움이 있다.

나병식 생애 후반기의 균형사 활동은 더 많은 이해가 필요한 영역이다. 지역균형에 치우친 경향이 있고, 선언적 기치에서 조금 머뭇거린 측면이 있지만, 균형사회라는 아젠다는 지금 여기에서 다시 논의해볼 만한 문제이다. 나병식의 균형사회의 꿈을 그의 삶의 맥락에서 살피고 탐구할 수 있어 뿌듯했다.

4.

나병식의 살아온 발자취를 다룬 이 책에서 일어난 '발견과 질문'은 무엇일까. 그 생각 몇 개를 적어 나누고자 한다.

하나. 그에게는 삶을 관통하는 원시적 분노와 본능적 저항이 있었다. 가난과 변방의식, 소외와 차별에서 비롯된 것이다. 이에 대한 분노와 저항은 그가 세상을 인식하는 틀이자 삶의 방향으로 연결되었다. 그것들은 굴레이기도, 삶을 이끄는 의지이기도 했다. 그가 보여준 고향 광주 그리고 역사적 상징으로서의 광주에 대한 한없는 사랑은 이러한 배경에서 이해될 필요가 있다. 분노의 원시성으로 인해 그는 자유와 민주, 진실과 정의, 균형과 성숙으로 더 강렬하게 나아갈 수 있었다.

둘. 그는 사회변화를 만드는 운동가였다. 그는 맞닥뜨린 유신 체제와 군사독재정권에서 기꺼이 전사가 되어 자유와 민주주의 그리고 정의를 위해 싸웠다. 출판 현장에서 사상의 자유와 민주적 기본권의 확장을 위해 싸웠고, 사회개혁을 위해 부단히 노력했다. 이러한 발자취 확인에 이어, 그 너머를 조심스럽게 궁리해 볼 필요가 있다. 그는 무엇에 근거하였는가. 운동가 나병식의 가장 큰 무기는 무엇이었는가. 역사 주체이자 지식인의 덕으로서의 운동, 삶의 태도이자 지향으로서의 운동이란 말이 자꾸 떠오른다. 이념 지향과 사회적 목표로 설명되고 정의되는 운동보다는, 좀 더 본원적이며 지속가능한 운동의 한 전형을 나병식에게서 찾을 수 있다고 생각한다.

셋. 그는 용기와 넉넉함이 있었다. 그가 가진 이 두 가지 미덕은 운동은 물론 인간관계에서도 여실히 작동하였고 또한 일을 성공으로 이끄는 동력이 되었다. 그는 실제에서도 은유적 측면에서도,

몸짓도 목소리도 걸음걸이도 컸다. 그의 용기는 개척 정신과 함께 돌파와 도약의 성과를 낳았고, 그의 삶의 여러 고비와 수많은 에피소드들에서 충분히 관철되었다. 그의 소탈함은 강한 리더십을 더욱 돋보이게 하고 여러 허물을 덜어주는 장점이었다. 또 하나의 특별함은 이것들이 어린 시절부터 삶의 현장에서 고투를 통해 훈련되었다는 점이다.

넷. 출판은 그의 삶의 변증법적 통합의 정점이었다. 삶과 운동의 일치, 변혁을 위한 사회적 실천과 직업으로서 일과의 일치, 시대적 요청과 자기실현의 일치를 그는 출판을 통해 실현하였다. 나병식의 출판은 금기를 넘고 경계를 확장하는 부단한 변혁적 실천이었다. 그는 책으로 세상을 앞장서 이끌었다.

다섯. 낙관적 현실주의자의 면모이다. 새로운 해석은 늘 위험 부담이 있다. 실제로 현실주의로 그를 보는 일을 재고하길 요청하는 우려를 듣기도 하였다. 현실주의자란 말이 오염된 측면도 있고 부정적 해석의 가능성을 가지고 때문이다. 그렇지만 포기하지 않은 이유는 그가 현실을 진단하고 대안을 마련하고 전망을 고려하는데 있어서 운동이든 일이든 현실주의자의 장점을 확연히 보여주었기 때문이다. 그는 명분과 이상에 빠져서 현실에서 멀어지지 않았다. 그는 공론과 허영에 찬 논쟁에 치우치기보다 문제 해결에 열심이었다. 현실주의자의 한계로 지적되는 몇 가지 요소는 그의 삶에서는 철저히 탈각된다. 속물주의는 극복은 그가 출판에서 보여준 운동에 대한 헌신으로 그가 보여준 민중적 풍모로 이미 입증되었다. 타협과 현실 추수의 나약함도 철저히 극복되었다. 그가 낙관주의와 전투적 행동주의를 자신의 삶에 끌어들여 일상의 무기로 삼았기 때문이다. 이상과 희망이 없다면 낙관주의는 불가능하다. 낙관주의는 현실을 미래와 목표로 밀고 가는 의지다. 행동주의는 현실적 만족과 태만을 넘어서는 실천의 힘이다. 먼 곳을 보며 열린 자세로 실천하는 낙관적 현실주의자의 모습은 나병식이 보인 성숙함의 진면목이 아닐까 생각한다.

여섯. 나병식에게 매우 적절하며 그에게 유난히 어울리는 말이 '일파만파'이다. 일파만파는 그의 사회적 관계와 역사적 실천에서 그가 늘 주도적이며 핵심적 관건이 되었다는 점을 드러내는 열쇠말이다. 나병식으로 인해 많은 사람이 어울렸고 삶의 에너지를 쏟아냈고 사회운동에서도 파상적 협력을 이루어냈다.

일곱. 풀빛은 나병식이 주는 가장 매력적인 선물이다. 그리고 여전히 미지의 영역이다. 우리가 나병식의 삶에서 생명력과 혁명성을 떠올리는 것은 모두 풀빛이란 말이 가진 힘 때문이다. 풀빛은 구체와 추상이 한 몸으로 드러나는 어떤 경지를 표상한다. 풀빛의 의미에 대한 탐구는 역사적 삶, 실천하는 삶이라는 근원적 질문 앞에서 사유의 한 계기가 될 수 있다. 풀빛이란 무엇인가. 우리 삶에 그 선연한 빛의 실현은 어떻게 가능한가. 그런 질문을 던지는 일은 충분히 가치 있고, 낭만적이다.

5.

이 평전을 준비하는데, 김순진 형수와 홍 석 대표의 엄청난 지원과 도움이 있었다. 또한 책의 줄기를 잡고 인터뷰를 연결하고 교정을 통해 많은 사실과 의미를 바로잡아 준 문국주 선배의 역할이 절대적이었다. 감사드린다.

마지막으로 늘 무력하고 희생을 떠넘기는 삶에, 든든한 버팀목이 되어준 아내 김옥자와 여러 어려움 속에서도 분투하며 자신의 세계를 개척하고 있는 필화, 필태에게 고마움을 전한다. 이 책의 원고를 가다듬고 교정하는 데 아내와 필태의 헌신과 필화의 인내가 있었다. 세상에는 혼자 할 수 있는 일이 없다는 것, 가족의 힘이 크고 아름답다는 것을 알게 하는 시간이었다.

1949.02.25.(음력)	전라남도 광산군 송정읍 송정리에서 아버지 나정주와 어머니 김공순의 큰아들로 태어나다.
1957.03.	송정서초등학교에 입학하다.
1961.03.	광주서중에 입학하다. 기차 통학하다.
1965.03.	광주상고에 입학하다. 1학년을 다니다 자퇴하다.
1966.03.	광주일고에 입학하다. 좋은 선생님들을 만나 사회의식과 정의감을 배우고 도서반장을 하다.
1970.03.	서울대 문리과대학 국사학과에 입학하다. 후진국사회연구회에 가입하여 학생운동을 시작하다.
1971.04.26.	민주수호전국청년학생연맹 소속 대통령선거 학생참관인단으로 경기도 가평에서 참관인 활동을 하다.
10.15.	위수령이 선포되어 모든 학생자치 활동이 중단된 후 서울제일교회와 KSCF에서 활동을 시작하다.
1972.10.	KSCF 산하 학생사회개발단 활동의 하나로 한국노총 외국인투자기업노조연합 노조 결성 지원 활동을 하다.
1973.04.	학생회 부활을 위해 일하고 학생운동 침체기를 돌파할 유신 반대 시위를 준비하다.

10.02.	서울대 문리대에서 전국 최초의 반유신 대학생 시위를 주도하고 구속 기소되다. 10·2데모는 일파만파 유신 반대투쟁을 불러일으키다.
1974.01.	유신 반대 전국 동시다발 시위를 위한 전국민주청년학생총연맹에 주도적으로 참여하다.
04.	긴급조치 4호 위반 등으로 구속되다.
07.	비상보통군법회의에서 사형을 선고받고, 이후 비상고등군법회의에서 20년형이 확정되다.
1975.02.	형집행정지로 가석방되다. 조사 과정 중 받았던 반인권적 고문을 최초로 폭로해 동아일보, 더 타임즈 등에 보도되다.
1976.01.17.	조작된 서울대의대간첩사건에 연루되어 반공법 위반으로 구속되다.
07.	재판에서 반공법 위반 혐의는 벗고 오둘둘시위 관련자 범인은닉죄로 징역 8월을 선고받다.
11.17.	만기출소 하다.
1977.07.	소공동 지하상가에서 풀빛 와이셔츠 가게를 열다.
11.26.	김순진과 결혼하다. 서울 종로5가 기독교회관에서 박형규 목사의 주례로 결혼식을 올리다. 신혼살림을 서울시 등촌동에서 시작하다.
1978.05.	민주청년인권협의회 창립에 참여하다.
1979.03.	도서출판 풀빛을 창립하고 출판을 시작하다.
1980.05.	김대중내란음모사건의 청년학생 주동자로 지목되어 합

동수사본부에 연행되어 모진 고문과 함께 구금되다.

07.   관악경찰서에서 풀려나다.

1981.02.   인문사회과학 출판인 모임 금요회 결성에 적극적으로
참여하다. 금요회를 중심으로 출판문화운동의 기반을
마련하다.

1983.09.   민주화운동청년연합 창립에 참여하고 지도위원으로 활
동하다.

1984.07.   한국출판문화운동협의회 창립에 주도적으로 참여하다.
출판 탄압에 맞서며 사상의 자유를 위해 노력하다.

1985.05.   오월광주의 진실을 최초로 밝히는《죽음을 넘어 시대의
어둠을 넘어》를 출판하다. 출판과 동시에 2만 부를 압수
당하고 1년여의 수배 생활을 하다.

1986.12.   민중사관에 입각한 한국사 개설서인《한국민중사》1, 2
를 출판하다.

1987.02.   《한국민중사》1, 2 출판을 이유로 구속되어 징역 2년에
집행유예 3년을 선고받다. 이후 7월에 석방되다.

1988.05.   광주항쟁의 연구 조사와 공론화를 위한 한국현대사사
료연구소가 창립되다. 1997년까지 이사로 활동하다.

08.   한국출판문화운동협의회 제3기 회장을 맡다.

1990.05.   광주5월민중항쟁 10주년을 맞아 1980년 당시 항쟁 참가
자의 증언을 채록하고 항쟁의 전개 과정과 당시의 상황
일지 등을 조사 연구·채록·분석한《광주오월민중항쟁사
료전집》을 출판하다.

1991.12.	한국출판문화운동동우회 회장을 맡다.
1992.09.	민주대개혁과 민주정부수립을 위한 국민위원회에 참여하고 언론대책특위 부위원장 및 정치연합 팀장을 맡다.
1993.03.	균형사회를 여는 모임 창립을 위한 준비 모임을 시작하다.
06.12.	균형사회를 여는 모임이 창립되고, 사무처장을 맡다.
1994.03.02.	균형사회를 여는 모임과 광주의 시민연대모임이 주관하고 광주일보사, 광주문화방송이 주최한 '21세기 광주 전남의 미래: 활로개척 시민대토론회'를 6주 연속으로 개최하다. 토론회 집행위원장을 맡다.
1997.10.	정권교체민주개혁국민위원회 결성에 참여하여 상임집행위원장을 맡아 일하다.
1998.01.	풀빛미디어를 창사하다.
12.	민주개혁국민연합 창립에 참여하고 상임집행위원장을 맡아 일하다.
1999.09.	21세기 개혁정치를 위한 국민토론회 조직책임자로 전국을 돌며 토론회를 열다.
2000.04.	제16대 국회의원 총선에 고향인 광주 광산구에서 무소속 후보로 출마하다.
2001.09.	민주화운동기념사업회 설립준비위원회 기획단장으로 활동하다.
11.29.	민주화운동기념사업회 출범하다. 초대 상임이사를 맡아 기념사업회 기반을 구축하는 데 공헌하다.

2003.06.	6월 난장 네트워크 대표로 서울시청 앞 광장에서 '6월 난장 - Oh! Peace Corea'를 열다.
08.	민족의 평화와 통일을 위한 8·15범민족대회 방북대표단으로 방북하다.
2004.04.	제17대 국회의원 총선 광주 광산구 경선에 참여하다.
2005.03.	공부모임 그루터기를 결성하여 월 1회 공부모임을 시작하다.
2007.05.	민주평화국민회의 상임대표, 민주대연합을 위한 비상시국회의 대표단을 맡아 대선에서 민주진영 승리를 위해 활동하다.
2009.09.	백두산역사탐방단 21명과 함께 백두산과 중국 일대를 탐방하다.
2010.10.	투병생활을 시작하다.
2013.12.20.	향년 64세로 영면하다.
2015.11.07.	파주시 나사렛공원묘원에서 국립5·18민주묘역으로 이장하다. 추모문집 《황토바람에 풀빛》을 출간하여 헌정하다.
2021.06.10.	국민훈장 모란장이 추서되다.

• 이야기 들려주신 분들

강영원(후사연, 10·2데모) 강창일(대학 시절, 풀빛) 고현석(균형
사) 권형택(국민연합, 민청련) 김경혜(풀빛) 김도현(10·2데모)
김명인(풀빛, 사상문예운동) 김명희(풀빛) 김순진(아내) 김승균
(금요회, 한출협) 김은혜(서울제일교회, 이화여대) 김재술(의형
제, 교도관) 김 찬(그루터기, 정치개혁) 김효순(후사연) 김희택
(광주일고, 민청련) 나병순(여동생) 나빛나(큰딸) 나슬기(둘째
딸) 나힘찬(아들) 남영신(균형사) 문국주(민청학련, 균형사, 민주
화운동기념사업회) 박경옥(풀빛) 박관석(균형사) 송문재(민청학
련) 신일철(후배) 신철영(풀빛) 신형식(풀빛) 양태열(후배) 오
선희(민주화운동기념사업회) 유대기(한출협) 윤정모(소설가) 이
기승(마늘장수) 이무성(균형사) 이종범(풀빛) 이종수(민주화운
동기념사업회) 이 철(10·2데모, 민청학련) 이현배(대학 시절) 임
상택(광주일고, 10·2데모) 장영달(민청학련) 장준영(민청학련, 민
주화운동기념사업회) 정찬용(초중고 시절, 민청학련) 조기환(매
제, 풀빛) 조성우(친구, 민주화운동기념사업회) 채희석(풀빛) 최
권행(고교 시절, 민청학련) 최영희(한출협, 10·2데모) 최옥자(한
출협) 최혜성(서울제일교회) 한홍구(한국민중사) 함세웅(민주화
운동기념사업회) 홍 석(이종사촌 동생, 풀빛) 홍용학(후배) 황경
자(누나) 황인성(10·2데모, 학사단, 민청학련)

• 추모문집 《황토바람에 풀빛》에서 참고한 글들

김성동, 〈만파생각〉

김종철, 〈다정과 격정의 거인〉

김　찬, 〈그는 시대의 진정한 호걸이었다〉

박관석, 〈만파 나병식 대형에 대한 기억〉

박부권, 〈나형의 서원, 그루터기〉

신인령, 〈눈물겨운 민중사 그 자체〉

신철영, 〈모두 고개를 끄덕였지〉

신형식, 〈민주화운동기념사업회의 수호장군〉

안재웅, 〈남사당 나병식 동지를 추모함〉

유대기, 〈출판문화운동과 나병식〉

이재호, 〈역사, 신화 그리고 정으로 남으리〉

이종범, 〈아아, 병식 형!〉

이종수, 〈우렁찬 분노를 그리워하며〉

장준영, 〈그릇의 크기를 알 수 없었던 선배〉

전용호, 〈광주와 오월항쟁과 나병식〉

정동영, 〈현대사를 일이관지한 역사학도〉

진홍순, 〈선생님 같았던 학우〉

최영희, 〈그런 것쯤은 암시랑토 안 혀〉

황루시, 〈우리들의 형부〉

• 참고문헌

김경남, 《당신들이 계셔서 행복했습니다: 보은기》, 동연, 2015.

김수경, 〈'6월 난장' 기획 나병식 대표 "시청앞 광장서 통일의 씨앗을"〉, 동아일보, 2003.06.06. https://www.donga.com/news/article/all/20030606/7951504/1

김순진, 〈[탈춤과 나] ⑭ 김순진의 탈춤-젊은 날의 패기와 좌절, 하지만 탈춤과 사람은 남는다〉, 프레시안, 2021.08.24. https://www.pressian.com/pages/articles/2021081114582756505

김정환, 〈김정환의 '할 말, 안할 말'-세파를 다스리는 그리움의 춤사위 - 채희완과 탈춤운동단체 '한두레' 원조들을 만나다〈9〉〉, 프레시안, 2001.12.14. https://www.pressian.com/pages/articles/69672

김지하, 〈김지하 회고록 '나의 회상, 모로 누운 돌부처' 197 - 조영래〉, 프레시안, 2003.01.01. https://www.pressian.com/pages/articles/112027

_____, 〈김지하 회고록 '나의 회상, 모로 누운 돌부처' 246 - 번뇌〉, 프레시안, 2003.03.15. https://www.pressian.com/pages/articles/112114

김형수, 《김남주 평전》, 다산책방, 2022.

나병식, 〈원고〉.

_____, 〈항소이유서〉, 1987.12.14.

_____, 《10·2시위 관련자 나병식선생 녹취문》, 2007.08.19.

나병식선생추모문집편찬위원회, 《황토바람에 풀빛》, 풀빛, 2015.

만화사랑, 〈만화운동의 위상정립을 위하여〉, 《문학예술운동》 3, 풀빛, 1989.

민주화운동기념사업회, 《성찰과 과제》, 민주화운동기념사업회, 2011.

_____, 《한국민주화운동사 2: 유신체제기》, 돌베개, 2009.

민주화운동기념사업회 연구소, 《민주화운동사 연표》, 민주화운동기념사업회, 2006.

민청학련계승사업회, 《민청학련》, 메디치, 2018.

사단법인 임방울국악진흥회, '문제의 일본공연'. http://imbangul. or.kr/index.htm?file=doc2_03

서울대학교 문리과 대학 학생회, 〈선언문〉, 서울대학교 문리과 대학 학생회, 1973.10.02.

서울시내 각 대학 학생회 일동, 〈전태일 열사의 유지를 받들며〉. 1970.11.26.

서울시내 각 대학 학생회장, 각 청년학생 종교단체 대표, 〈공동결의문〉, 1970.11.20.

서중석, 김덕련, 《서중석의 현대사 이야기 12: 반유신 민주화 운동, 김대중 납치와 인혁당 사법 살인》, 오월의봄, 2018.

석은김용근선생기념사업회, 《나를 깨운 역사 강의》, 2017.

신동호, 《70년대캠퍼스 Ⅰ》, 환경재단 도요새, 2007.

_____, 〈秘錄환경운동25년④ '펜'으로 공해를 퍼뜨려라〉, 주간경향, 2006.02.28. https://weekly.khan.co.kr/khnm.html?mode= view&art_id=11503

신승근, 〈'새 세상' 향한 재야의 두갈래 선택〉, 한겨레21, 1997.11.06. https://h21.hani.co.kr/hankr21/K_97B60181/97B60181_016. html

신홍범 정리, 《박형규 회고록 - 나의 믿음은 길 위에 있다》, 창비, 2010.

유인태, 〈내가 겪은 민청학련 사건〉, 월간중앙, 1988.05.

윤한봉, 〈구술녹취문 8 - 민청학련사건〉, 합수 윤한봉 기념사업회 홈페이지, 2018.12.27. http://habsoo.org/

정선아, 〈'죽음을 넘어 시대의 어둠을 넘어' 5월 영령에 헌정〉, 시민의 소리, 2017.07.03. https://www.siminsori.com/news/articleView.html?idxno=85387

전성원, 〈제5공화국의 출판통제정책과 출판문화운동〉, 성공회대학교, 2014.

정영대, 〈[총선기획-경선후보 좌담회] "지역주의-금권선거 청산돼야"〉, 시민의 소리, 2004.2.13. https://www.siminsori.com/news/articleView.html?idxno=48900

제30회 전국역사학대회 참석 교수 등 350여 명, 《『한국민중사』 사건에 대한 우리의 견해〉, 1987.05.29.

한국기독교사회문제연구원, 《1970년대 민주화 운동과 기독교》, 한국기독교사회문제연구원, 1983.

한국기독교유지교역자일동, 〈1973년 한국 그리스도인 선언〉, 1973.05.12.

한국출판문화운동사 편집위원회, 《한국출판문화운동사》, 한국출판문화운동동우회, 2007.

한국현대사사료연구소 엮음, 《광주오월민중항쟁사료전집》, 풀빛, 1990.

한홍구, 〈[실록민주화운동] 77. '한국민중사' 사건〉, 경향신문, 2004.11.14. https://www.khan.co.kr/article/200411141731091

홍성태, 〈1970년대 독재와 저항의 역동적 관계에 대한 종횡 분석〉, 《기억과 전망》 40호, 민주화운동기념사업회, 2019.

황인성, 〈10·2 유신반대시위에 대한 회고〉, 《1973년 서울대학교 반유신 '10.2' 시위 자료집》, 민청학련동지회 외, 2023.09.26.

_____, 〈산업화 시대와 한국교회의 선교적 응답: 도시산업선교운동이 한국교회에 미친 영향연구〉, 장로회신학대학교, 2020년 박사학위 논문, 2020.

YTN, 민주화20주년 특별기획 〈진실〉, 2006.

나병식 평전
걷고 또 걸었다 풀빛으로

초판 1쇄 인쇄 | 2023년 11월 25일
초판 1쇄 발행 | 2023년 11월 29일

지은이 | 이재호

펴낸이 | 홍 석
이 사 | 홍성우
책임편집 | 온현정 · 이필태
편 집 | 리북(Leebook)
제 작 | 홍보람
마케팅 | 이송희 · 김민경
관 리 | 최우리 · 김지혜

펴낸곳 | 도서출판 풀빛
등 록 | 1979년 3월 6일 제2021-000055호
주 소 | 서울특별시 강서구 양천로 583 우림블루나인 A동 21층 2110호
전 화 | 02-363-5995(영업), 02-364-0844(편집)
팩 스 | 070-4275-0445
홈페이지 | www.pulbit.co.kr
전자우편 | inmun@pulbit.co.kr

ISBN | 979-11-6172-898-8 03990

정 가 | 25,000원